Resi Lienz

Generation Smartphone
in der Pubertät

1.GELEITWORT

Studien und Berichte über die junge Generation gibt es inzwischen viele. Die unter 20-jährigen jungen Frauen und Männer faszinieren ihre Eltern und ihre Großeltern und verschaffen sich auch die Aufmerksamkeit von Pädagogen, Politikern und Journalisten. Das liegt wahrscheinlich vor allem daran, dass sie als junge Generation als erste mit allen Problemen und Herausforderungen konfrontiert sind, die sich in der modernen Welt stellen. Dazu gehört der digitale Wandel, der alle Bereiche des Lebens erfasst hat. Die jungen Leute sind diejenigen, die intuitiv sofort auf diese Entwicklung eingehen. Sie haben im Unterschied zu älteren Menschen keine Angst und probieren alles aus, was sich ihnen anbietet. In der Forschung werden sie deshalb oft bildhaft als die „digitalen Eingeborenen" bezeichnet. Dieses Buch von Resi Lienz ist anders als die bisherigen. Es ist aus unmittelbarer Erfahrung und Betroffenheit heraus geschrieben. Es zeigt, wie riskant der spontane und intuitive Weg der jungen Generation in die digitale Welt sein kann. Es macht deutlich, vor welchen Problemen und Sorgen Eltern stehen, wenn sie ihre Kinder durch die schwierige Phase der Pubertät im digitalen Zeitalter begleiten.
Eine lesenswerte Studie, die vielen Müttern und Vätern aus dem Herzen sprechen wird und ihnen hoffentlich Hinweise und Tipps gibt, wie sie sich in dieser schwierigen Situation verhalten können.

Klaus Hurrelmann
Dr. Dr. h.c.Klaus Hurrelmann Professor em.
Professor of Public Health and Education
Hertie School
The University of Governance in Berlin
Friedrichstr. 180,10117 Berlin
0049 30 259219 322
0049 170 2822991
hurrelmann@hertie-school.org
Universität Bielefeld
klaus.hurrelmann@uni-bielefeld.de Berlin, 22. September 2020

Resi Lienz

Generation Smartphone
in der Pubertät

Internetrisiken junger Mädchen der Generation Z
vor dem Hintergrund
einer authentischen Mutter-Tochter-Beziehung

2. überarbeitete Auflage Februar 2021
Originalausgabe Dezember 2020
Copyright © 2020 Resi Lienz
Printed in Germany © 2021
Autorin: Resi Lienz (Pseudonym)
Lektorat/ Korrektorat: Alberto Lienz (Pseudonym)/Resi Lienz
Satz: Resi Lienz
Umschlaggestaltung: Resi Lienz/Rebekka Lalla
Umschlagzeichnung: Resi Lienz © Silvana Pinterest 2020
Umschlagaufbereitung: AV Print-Express-Digitaldruckerei
Druck und Bindung: BuchDruck123

ISBN: 978-3-00-067835-6 (Paperback)
Als Hardcover lieferbar
Weitere Informationen zur Autorin finden Sie unter:
https://resilienz.site   Kontakt: info@resilienz.site
Resi Lienz c/o AutorenServices.de,Fulda

Bibliografische Informationen der Deutschen Nationalbibliothek:
Die Deutsche Nationalbibliothek verzeichnet diese Publikation in der Deutschen Nationalbibliografie; detaillierte bibliografische Daten sind im Internet über http://dnb.d-nb.de abrufbar.

INHALTSVERZEICHNIS

VORWORT
Noch so ein ein *Ratgeber zum Thema 'Pubertät'?!*

Jede Mutter-Tochter-Geschichte ist einzigartig. Die Zeit bleibt
nicht stehen.Täglich werden 'neue' Töchter in 'neue Zeiten' hineingeboren
und diese wiederum 'schaffen' 'neue Mütter'. Ständig entstehen also
Mutter-Tochter-Beziehungen. Außerhalb des heimischen Mikrokosmos
stehen wir permanent neuen Entwicklungen und Krisen gegenüber. Sie
beeinflussen individuelle Beziehungen und die sich daraus entwickelnden
Lebensgeschichten.
Das **Jahr 2020** wird uns allen im Gedächtnis bleiben. Der hoch infektiöse
Virus *SARS-CoV-2,* **Covid 19,** umgangssprachlich 'Covid' oder 'Corona'
genannt, führt zu einer weltweiten Krise und lässt uns alle völlig
verängstigt 'den Atem anhalten'. Nichts ist mehr wie zuvor. 2020 ist ein
Jahr, in dem es noch schwieriger wird, Mutter einer pubertierenden
Tochter zu sein. Schule findet monatelang gar nicht, dann sporadisch in
Präsenz, 'hybrid' oder ausschließlich digital statt. Bereits vor dem von der
Bundesregierung angeordneten 'Lockdown' war meine Tochter 'schwer im
Zaum zu halten' und wusste in ihrer Freizeit nicht wirklich viel mit sich
anzufangen.Unsere Mutter-Tochter-Geschichte ist eine von vielen oder
eben auch nicht. Meine Tochter wurde 2005 geboren. Dem Smartphone
gelang 2007 mit dem iPhone von Apple der Durchbruch. Die Generation
meiner Tochter gehört somit zu den ersten, die eine 'Smartphone-Pubertät'
'durchleidet'. Von diesem Phänomen betroffen sind nicht nur die
Jugendlichen selbst, sondern auch deren Erziehungsberechtigte. Insofern
ist wieder einmal alles neu. Bereits 2018, dem Beginn unserer Krise, fing
ich an, ein Buch zu schreiben. Ich wurde abrupt gezwungen, es zur Seite
zu legen. Die folgenden zwei Jahre war ich ausschließlich damit
beschäftigt,'Schaden zu begrenzen' und irgendwie durch diese 'unheilvolle
Zeit hindurch zu kommen'. Im Februar 2020 war unsere Krise beendet.
Mein Weg war frei für dieses Buch.
Ich werde Sie, liebe Leser*innen an diesen turbulenten zwei Jahren
teilhaben lassen und Sie dabei auf wichtige Dinge aufmerksam machen,
die Ihnen durchaus nützlich sein könnten.

1. Einleitung

1

2005 wurde das Videoportal *Youtube* gegründet und meine Tochter kam auf die Welt. Es dauerte nicht lange, bis beide sich 'über den Weg liefen'. Meine Tochter wurde in die Generation ? laut Hurrelmann & Albrecht (Tab. 1) bzw. in die **Generation 'Z'** gemäß Scholz (Tab. 2) hineingeboren. Die Forschung versucht, eine Generation zu benennen, deren Geburtsjahrgänge zwischen 2000 und 2015 bzw. 1995 und 2012 liegen. Die Einteilungen der Generationen variieren. Meist unterscheiden sich die Anfangspunkte und die Endpunkte einer Generation um fünf Jahre. Somit ist sich die Forschung hinsichtlich der Festlegung der Anfangs- bzw. Endjahrgänge der auf die Generation Y folgenden Generation ?/Z bisweilen 'uneinig'. In der Literatur wird diese Generation allgemein als *Generation Z* bezeichnet.

Tabelle 1: Die aufeinanderfolgenden Generationen der letzten knapp 100 Jahre

Bezeichnung	Heutiges Lebensalter	Geburtsjahre	Zeit der Jugendphase
Skeptische Generation	75 bis 90 Jahre	1925 bis 1940	1940 bis 1955
68er-Generation	60 bis 75 Jahre	1940 bis 1955	1955 bis 1970
Babyboomer	45 bis 60 Jahre	1955 bis 1970	1970 bis 1985
Generation X	30 bis 45 Jahre	1970 bis 1985	1985 bis 2000
Generation Y	15 bis 30 Jahre	1985 bis 2000	2000 bis 2015
Generation ?	0 bis 15 Jahre	2000 bis 2015	ab 2015

Tab.1   2

Die Shell Jugendstudie, herausgegeben von Professor Hurrelmann, ist eine empirische Untersuchung der Einstellungen, Werte, Gewohnheiten und des Sozialverhaltens von Jugendlichen (Repräsentativbefragungen der 12- bis 25jährigen) in Deutschland, die etwa alle vier Jahre bei einem Wissenschaftlerteam in Auftrag gegeben und vom Mineralölkonzern Shell seit 1953 veröffentlicht wird.

Diese Erhebung hat sich in den letzten Jahrzehnten als ein Bestandteil einer umfassenden Sozialberichterstattung etabliert und wird in Fachkreisen als Referenzwerk wahrgenommen.

Scholz' Begrifflichkeit der 'Generation Z' entspricht nicht Hurrelmanns Vorstellung. Er fragt sich, was nach einer 'Generation Z' noch kommen soll.

In einem persönlichen Austausch über die Generationenbegriffe erläutert Hurrelmann seine Sichtweise:

> Die Bezeichnungen für Generationen sind meist symbolischer Art. Bei der *Generation X* wurde mit dem Buchstaben das Rätselhafte und Unsichere charakterisiert, bei der Generation Y das Fragende, das im Wort WHY steckt. Gemessen daran ist die Bezeichnung *Generation Z* rein mechanisch und folgt dem Alphabet. Das Z hat keinerlei symbolische Aussagekraft. Deswegen suche ich nach einer Bezeichnung, die typisch für diese Generation ist. In unserem Buch „*Generation Greta*", das im April 2020 erschienen ist, haben Erik Albrecht und ich diesen Vorschlag zur Benennung gemacht [Email Hurrelmann an Lienz vom 11.09.2020].

Prof. Dr. Klaus Hurrelmann ist der bekannteste Kindheits- und Jugendforscher in Deutschland. Er ist Professor of Public Health and Education an der Hertie School of Governance in Berlin, Buchautor und Herausgeber zahlreicher Jugendstudien, u. a. der Shell Jugendstudie. Gemeinsam mit Erik Albrecht Autor des Buches *Die heimlichen Revolutionäre* über die Generation Y (Beltz 2014).

3

Um die Klärung des Generationen-Begriffs bemühte sich auch Christian Scholz.
Er war ein österreichischer Wirtschaftswissenschaftler (*1952-†2019).
Scholz beschäftigte sich aus wirtschaftswissenschaftlicher Sicht intensiv mit der 'Generation Z' als Konsument und publizierte ein Buch mit gleichnamigem Titel. Er forderte, dass Produkte 'Generation Z-kompatibel' sein müssen, damit die drei entscheidenden Kauf-Kriterien der 'Generation Z', Struktur, Sicherheit und Wohlfühlfaktor, erfüllt werden

	Baby Boomer	Generation X	Generation Y	Generation Z
Geboren	Ab 1950	Ab 1965	Ab 1980	Ab 1995
Grundhaltung	Idealismus	Skepizismus	Optimismus	Realismus
Hauptmerkmal	Selbsterfüllung	Perpektivenlosigkeit	Leistungsbereitschaft	„Flatterhaftigkeit"
Bezug	(lokale) Gemeinschaft	(lokale) Gemeinschaft	(internationale) Gesellschaft	(globale) Gesellschaft
Rolle	Kollektivismus	Individualismus	Kollektivismus	Individualismus
Aktivitätsniveau	Mittel	Niedrig	Mittel	Hoch
Informiertheit	Mittel	Wenig	Mittel	Stark
Qualifikation	Lernen für das Unternehmen	Wenig lernen	Bezahltes Lernen	Für sich lernen
Ausrichtung	Nur Beruf	Privat (trotz Beruf)	Beruf, verbunden mit Privat	Privat (und Beruf getrennt)

Quelle: Univ.-Prof. Dr. Christian Scholz – Generation Z: Willkommen in der Arbeitswelt

Tab. 2   4

Scholz' These lautet, dass, wenn Produkte Generation-Z-kompatibel seien, die digitale, emotionale Generation Z in ihrem Konsumwunsch alle anderen Generationen 'anstecke'. Die ältere Generation würde dazu neigen, die jüngere Generation 'nachzuahmen'.

> Zurück zum Erfolg von Adidas. Der Sportartikelhersteller hat laut Scholz seine gesamte Unternehmensaktivität auf junge Menschen bis 25 Jahre abgestellt. Und punktet damit auch bei anderen Generationen. „Die Älteren eifern die Jüngeren nach", so Kamleitner[1].

Scholz beschreibt die Generation Z als charakterlich zu unterschiedlich von den Vorgängergenerationen 'X' und 'Y', als dass man die Reihenfolge nahtlos im Alphabet fortführen könnte:

> [Generation Z] anders als ihre Vorgänger: Sie ist hochgradig auf ihre eigenen Ziele konzentriert und definitiv kein Teamspieler. Als Digital Native verarbeitet sie selektiv und zum eigenen Nutzen Informationsfluten aus unterschiedlichen Medien. Sie kommunizier[t] freundlich lächelnd mit anderen Individualisten über sich selber, über ihre Facebook-Lebenslinie und natürlich über ihren Arbeitgeber. Zu diesem hat sie noch weniger Loyalität als zu ihrer Turnschuhmarke (Scholz 2012).

Pubertät war und ist niemals leicht. Im digitalen Zeitalter ist sie noch um einiges schwieriger. Eine übermäßige Smartphone-Nutzung sorgt bei 'anfälligen' und sensiblen Jugendlichen für Isolation und bietet eine Plattform für unendlich viele Gefahren. Meine Tochter kam **2005** als 'digital native' auf die Welt. Sie wurde bereits in eine Internet-Welt hineingeboren, statt sie sich erst mühsam aneignen zu müssen. **2007** präsentierte Apple das erste Modell seiner Smartphone-Reihe. Die ersten Telefone mit dem Betriebssystem Android kamen ein Jahr später auf den Markt. Die Generation Z ist die erste Generation, die ihre Pubertät, flankiert vom Smartphone, 'durchleiden muss'. Das gilt natürlich auch für ihre Eltern. Erfahrungsberichte und 'Anleitungen' sind Mangelware. Regierung, Politik und Polizei versuchen, sich den 'negativen Seiten' der Internet-Nutzung 'entgegenzustemmen'. Dabei halten sie 'kaum Schritt'. Eine notwendige Anpassung der Gesetzgebung erfordert Zeit. Anstatt der Kriminalpolizei schneller den Weg zu ebnen, Cyberkriminalität und Pädophilie im Internet zeitnah 'Herr zu werden', 'talkt' man lieber allabendlich im Fernsehen über den Datenschutz einer 'Corona-App'. Der Virus Covid-19 hat **2020** die Internet-Problematik um einiges 'verschärft'. Seit März 'sprießen' Elternhotlines und Informationsangebote von Medienbeauftragten wie 'Pilze' in den sozialen Medien. Vor allem in Zeiten des 'Shutdowns' wurde der Handlungsspielraum für Prostituierte und deren 'Kunden' eingeschränkt. Kompensation suchte man im Internet. Dabei stießen 'Sexsüchtige' und Pädophile auf Jugendliche, deren Leben durch den Virus genauso 'heruntergefahren' war und die in ihrer 'Muße' und 'Langeweile' öfter im Internet aktiv waren als zuvor. Der Internetkonsum schnellte im selben Ausmaß nach oben wie sich Mediensüchte intensivierten oder völlig neu aufkamen. Internet-Kriminelle werden immer 'gwiefter'. Sie verschleiern ihre IP-Adressen und ziehen sich sofort zurück, wenn sie in entsprechenden Plattformen 'gesichtet' werden. Dann löschen sie in Sekundenschnelle ihre Profile. Die Polizei widmet sich einer Mammutaufgabe und 'kämpft' in einer langen und schwierigen Strafermittlungsarbeit, Täter 'dingfest' zu machen, während Regierung und Gesetzgebung (Datenvorratsspeicherung) die Polizei bei ihrer Arbeit beeinträchtigen, Behörden wie das Jugendamt Internetproblematiken nicht erkennen/wollen, obwohl diese 'schwarz auf weiß' dokumentiert auf ihrem Amtstisch liegen.

Am Ende nahm ich selbst 'die Zügel in die Hand'. Man tut als Mutter plötzlich Dinge, die man sich zuvor nie hätte vorstellen können, wenn es um den Schutz des 'eigenen Fleisch und Blutes' geht. Ich deckte Dinge auf, mit denen ich nicht gerechnet hatte.

Als ich meine Dokumentation mit beweiskräftigen Rechercheergebnissen den Behörden vorlegte, rührte sich dort niemand. Im Gegenteil, man spielte von Amtsseite die Vorfälle lapidar herunter und 'fegte sie dann vom Tisch'.

In meinem 'Kampf um den Schutz meiner Tochter' und gegen die Pädophilie im Internet ließ ich nichts unversucht.
Nahezu täglich kontaktierte ich diverse Behörden bis zur obersten Dienststelle, das Bundesministerium für Kinder, Familie und Jugend, das Jugendamt, das LKA in Berlin, die Kriminalpolizei und das zuständige Familiengericht.

Ich wies auf besorgniserregende 'Tatbestände' hin und forderte 'gebetsmühlenartig' zum unmittelbaren Handeln auf.

Die Reaktionen der verschiedenen Institutionen, die ich als Resonanz erhielt, glichen sich wie 'eineiige Zwillinge', aber in diesem Fall auf sehr beunruhigende Weise.

Ich habe meine Tochter 'gehacked' und 'getracked'.

Auf den ersten Blick scheint mein Weg rechtlich nicht legitim. Er ist es. Der Zweck heiligt in diesem Fall die Mittel. Es geht um den Schutz meines Kindes. Das 'leere Gerede' und die behördliche Handlungsunfähigkeit empfand ich als Mutter genauso unerträglich wie gefährlich.

Dem Jugendamt teilte ich vorsorglich mit, dass ich eine **'Kämpfernatur'** bin.

Ich habe eine 'Mission', daher verfolge ich mit meinem Buch und in den sozialen Medien verschiedene Ziele:

Generation Smartphone in der Pubertät soll berichten, 'aufklären', unterstützen, verändern, aber auch unterhalten.

Mein Wunsch ist es, so viel wie möglich zu bewegen, sowohl was das Thema 'Pädophilie im Internet' betrifft als auch hinsichtlich des Jugendschutzes auf einigen Plattformen, die unsere Kinder nahezu täglich besuchen. Ich möchte dazu beitragen, dass sich behördliche Sichtweisen ändern und weniger verheerende Fehlentscheidungen im System der Erziehungshilfe und in den Jugendämtern getroffen werden. Ich beabsichtige, mit meinem Buch 'Smartphone-gebeutelten Eltern' authentisch zu demonstrieren, wie eine digitale Pubertät verlaufen kann und welche Auswirkung Erziehungsfehler haben können. Ich möchte Menschen, die mit Jugendlichen leben, Handlungsoptionen mit auf den Weg geben und sie in ihrem alltäglichen 'digitalen Kampf' stärken.

Ich spreche aus Erfahrung. Und wenn es   noch so schlimm kommt: Es lohnt sich, niemals aufzugeben!   Der größte Sinn im Leben und der Motor, der uns antreibt, ist die Liebe und ganz besonders die Liebe zu unseren Kindern.

Tatenlos die Hände in den Schoß zu legen, war noch nie meine Art!

Nachbarn nennen mich scherzhaft **'Terrier'**:

**Wo 'Resi Lienz sich einmal 'festgebissen' hat,
da lässt sie so schnell nicht los'!**

5

Wie alles begann (…)

2005. Ich werde Mutter. Erfahrung: Einmalig!Gefühle: Unbeschreiblich!

Zwei Tage vor dem errechneten Geburtstermin 'erreichte mich' meine Tochter mit einer stolzen Länge von 52 Zentimetern und einem dunklen Haarschopf. Entgegen der 'Insider-Berichte' war überhaupt nichts an ihr 'verschrumpelt'. Im Gegenteil, meine Tochter war 'aalglatt' und wunderschön.
Wunderschön waren auch unsere gemeinsamen ersten dreizehn Jahre. Auf der Familienbühne 'tummelten' sich ab sofort zwei Darstellerinnen: Beide erhielten die 'Hauptrolle'. Das 'Gerangel', zu dem dies führen sollte und die Konsequenzen, die eine solche Rollenverteilung nach sich ziehen würde, waren mir damals überhaupt nicht bewusst.
Ich wollte im Leben meiner Tochter omnipräsent sein: Bei ihrem ersten Wort: Es waren 'Bitte' und 'Danke', bei ihrem ersten Schritt: Spät mit 1,5 Jahren und ich wollte auf keinen Fall etwas verpassen. Wie jede Mutter liebe ich meine Tochter über alles und bin 'mächtig' stolz auf sie.

'Damals' beobachtete ich mich so manches Mal selbst aus der Vogelperspektive und 'ertappte' mich dann bei einem ungekannten, merkwürdigen Gefühl: Ich beneidete mich um meine eigene Tochter. Sie war ein absolutes Bilderbuchkind, ein 'Wonneproppen'. Immer lustig, intelligent, kreativ und vor allem 100% ig 'pflegeleicht'. Wie viele Alleinerziehende wollte auch ich, dass es meiner Tochter an nichts mangelt und dass sie ein phantastisches Leben hat. Keinen Kurs ließ ich aus, ob 'Pekip' [Prager Eltern-Kind- Programm], Mutter-Kind-Turnen o.ä. Als meine Tochter zwei Jahre alt war, saß ich <u>jeden</u> Sonntag mit ihr in unserer Küche zum Zeichnen. Sie zeichnete. Ich kann weder Handarbeiten noch zeichnen. Für solche 'Tätigkeiten' fehlt es mir leider an Talent. Meine Tochter lachte sich so manches Mal über meine 'verzweifelten' Versuche 'schlapp', irgendein Tier auf Papier zu bringen. Meine Anwesenheit sollte ihr nur ein Stimulus sein, damit sie ihrer Begabung freien Lauf ließ. Akribisch legte ich meiner Tochter jedes Mal diverse Materialien bereit und sie malte drauf los. Sie zeichnet toll heute!

In meinen Augen ist sie äußerst talentiert. In den letzten Jahren saß meine Tochter auch oft abends oder nachts in ihrem Zimmer und zeichnete bei Musik.

6

Die Titel der Bilder meiner Tochter haben eine Bedeutung.
Zeichnen gehört neben Musik zu ihren Leidenschaften.
Einige der einmaligen Werke meiner Tochter zieren meine Wohnung.

Wir reisten. Als meine Tochter zwei oder drei Jahre alt war, ging es zum ersten Mal im Nachtzug nach Italien. Es folgten Österreich, die Schweiz, Holland, Belgien, Kroatien, Slowenien und andere Länder.

Daraufhin wurde meine Tochter von ihrer Schule 'auserkoren', Klassenfahrten mitzuorganisieren. Sie bewegte sich mit einer Ortskenntnis und Professionalität in Städten und auf Bahnhöfen wie Menschen in ihrer Wohnung, in der sie bereits seit dreißig Jahren leben.
Bereits als noch ganz junge Dame war meine Tochter eine selbstständige 'Globetrotterin'.

Für ihr Alter war meine Tochter überdurchschnittlich verantwortungsbewusst, relativ angstfrei, Spinnen ausgenommen, sehr selbstständig und mit einem Organisationstalent ausgestattet, das unter Gleichaltrigen seinesgleichen sucht.
Natürlich erfüllen mich solche Wesensmerkmale als Mutter mit Stolz und ich schreibe es mir auch auf 'meine eigenen Fahnen'.Bei uns zuhause fiel des öfteren der 'Apfel nicht weit vom Stamm'.

Materiell mangelte es meiner Tochter an nichts. Sie lebte wie ein Kind in der gut bürgerlichen Mittelschicht. Ich sparte bisweilen ein wenig an mir selbst und meiner 'Ausstattung' und kaufte dafür aber alles, was ein Kind meines Erachtens so braucht. Dabei beließ ich es allerdings nicht. Ich kaufte noch viel mehr als das.
Die Füße meiner Tochter wuchsen rasant. Zeitweise war sie stolze Besitzerin von acht Paar Schuhen gleichzeitig, auch wenn in Kürze bereits die nächste Größe folgen sollte und die Schuhe dann nicht mehr passen würden. Meine Tochter brauchte nicht acht Mal 'Schuhbekleidung', aber jedes Paar gefiel ihr und erfüllte in ihren Kinder-Augen jeweils eine andere, eben eine ganz spezielle Funktion.
Das überzeugte mich!

Manchmal fragte meine Tochter:

'Mama, warum kaufst du <u>dir</u> keine neuen Schuhe?'

Eine gute Frage.

Sie bekam selbstverständlich auch die Sandaletten mit dem silbernen Strass und höherem Absatz in einer italienischen Boutique. Auf diesen schritt und stöckelte sie mit ihren vier Jahren wie eine Prinzessin durch Italien. Ich liebte sie! Die Sandaletten und natürlich auch meine Tochter.

Sandaletten von 'Prinzessin' Lienz   7

Diese 'Schühchen' haben es übrigens meiner Freundin Luki angetan. Sie meint, sie müssen unbedingt in einer adäquaten Glasvitrine zur Schau gestellt werden. Luki hat recht. Die Sandaletten sind niedlich.
Vor allem symbolisieren sie die Kinderjahre meiner Tochter:

Glitzernd, unbeschwert und einfach nur schön!

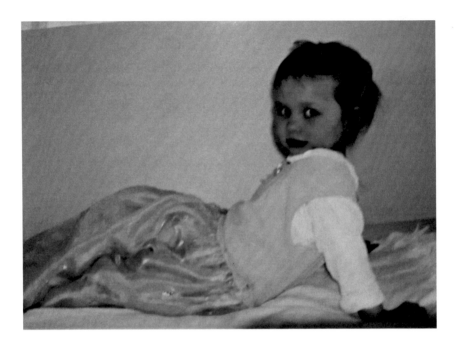

'Prinzessin' Lienz, 4 Jahre alt   8

Ein Fehler, dass ich oft Kinder-Wünsche erfüllte, <u>bevor</u> sie überhaupt von meiner Tochter geäußert wurden?
Der Autor Witzer äußert sich dazu wie folgt:

> Wer bei den Wünschen der anderen beginnt, der muss viel rudern, um bei den eigenen Wünschen anzukommen. Zudem entwickeln die anderen die Fähigkeit, ihre Wünsche so zu formulieren, dass manch einer gar nicht anders kann als zuzustimmen. Manipulation [!] ist dann möglich, wenn wir nicht bei uns sind (Witzer 2012: 82 f).

Im Grunde war meine Tochter immer sehr bescheiden. Auch wir 'durchlebten' finanzielle Höhen und Tiefen. Meine Tochter wurde derart bescheiden, dass wenn ihr Opa sie zu einem Eis einlud, sie erst lange überlegte, ob sie nicht besser nur zwei statt drei Kugeln Eis nähme. Ihre Überlegungen waren aus ökonomischer Sicht unnötig. Ihr Opa hätte ein Jahresabonnement für täglich drei Kugeln Eis bezahlt, wenn seine Enkelin sich das gewünscht hätte.Für meine Tochter erstand ich in einem Zeitraum von vier Jahren bis zu ihrem 14. Lebensjahr ein Klapphandy und **vier** Smartphones. Sie war nicht davon abzubringen, ihr Phone in der Gesäßtasche ihrer Hose spazieren zu führen. Setzte meine Tochter sich, zerbrach das Display und ihre Mutter schaffte Abhilfe. Das Kind sollte glücklich sein. Ich erwarb für meine Tochter einen Laptop, diverse Fahrräder, zwei Paar Skateroller, andere Roller, Spielkonsolen und in schöner Regelmäßigkeit und stets in guter Qualität Spielzeug in 'rauen Mengen' und Bücher, bis man in ihrem Zimmer nicht mehr treten konnte und unser Keller irgendwann so voll war, dass kein Nagel mehr hineingepasst hätte.Wir verbrachten viel 'Qualitätszeit' miteinander. Vollzeittätigkeiten versuchte ich zu 'vermeiden'. So 'jonglierte' ich zwischen prekären Teilzeittätigkeiten, ein paar Monaten Vollzeit, sporadischer Jobsuche und Selbstständigkeit. Neben den Schattenzeiten, die ein solches Dasein mit sich bringt, gab es natürlich auch den großen Vorteil der gemeinsamen Zeit. Bereits vor der Einschulung **2011** konnte meine Tochter lesen und schreiben. Ich las ihr täglich vor und meine Tochter wurde nicht müde, mich nach der 'Bedeutung' einzelner Buchstaben zu fragen. Irgendwann schrieb sie mir die ersten Briefe. Die Grundschule gestaltete sich in den ersten zwei Schuljahren als etwas schwierig. Meine Tochter empfand den Unterricht als 'doof' und 'langweilig'. In regelmäßigen Gesprächen mit ihrer Klassenlehrerin versuchten wir gemeinschaftlich herauszufinden, wo der 'Haken' sein könnte. Es stand die Option im Raum, dass meine Tochter eine Klasse überspringen sollte. Sie war offensichtlich in der Schule 'unterfordert' und deshalb 'aufmüpfig'. Irgendwann 'glätteten' sich die 'Wogen. Meine Tochter gliederte sich in ihren Klassenverband ein und 'brillierte' ab da bis zum Ende der Grundschulzeit mit Bestnoten auf ihrem Zeugnis. Deutsch war ihr absolutes Lieblingsfach. Wir lasen weiterhin. Meine Tochter fing an, erste Geschichten und Romananfänge zu schreiben. Sie sollte nach der Grundschule die bestmögliche weiterführende Schule in Wohnortnähe besuchen.

Während des Vorstellungsgespräches im Gymnasium im Sommer **2014** saß meine Tochter in ihrem extra für diesen Anlass gekauften, blauen Kostüm und den neuen Schuhen schüchtern und brav vor dem Direktor. Er studierte konzentriert und beeindruckt ihr Zeugnis der Klasse 4. Als Musiklehrer freute er sich darüber, dass meine Tochter bereits seit neun Jahren im Chor sang. Ich war ein aktives Mitglied in Chören. Als meine Tochter ein Jahr alt war, 'begleitete' sie mich mangels Babysitter wöchentlich zu meinen Chorproben. Andächtig saß sie neben meinem Stuhl und lauschte aufmerksam. Nach ungefähr zwei Jahren, fing sie an, selbst unsere englischen Lieder mitzusingen. Die Sprache und die Bedeutung der Worte waren ihr unverständlich. Heute verfügt sie über ein phantastisches fotografisches Gedächtnis. Sie muss nicht übermäßig Vokabeln einer Fremdsprache 'pauken'. Das jahrelange Singen in Chören hat ihr viele Vorteile beschert.

Musik ist eine Leidenschaft meiner Tochter. Mit vier Jahren wurde sie als jüngstes Mitglied in den Kinderchor der Stadt T. aufgenommen. Das Mindestaufnahme-Alter lag damals bei fünf Jahren. Meine Tochter überzeugte die Chorleiterin im 'Casting' von sich. Fünf Jahre lang war sie in zwei Chören gleichzeitig aktiv. Ich erinnere mich gern an wunderschöne Musical-Auftritte und mitreißende Konzerte.

Ich beende an dieser Stelle das 'Schwärmen' über meine Tochter und widme mich dem, worum es in diesem Buch geht:

Die Mutter-Tochter-Beziehung in der Pubertät mit Smartphone.

2. Mutter-Tochter-Beziehung vs. Pubertät
2.1. Der Einfluss der Sozialisation der Mutter auf den Umgang miteinander

I. Die Anzahl der Familienmitglieder.

Wächst Ihre Tochter in einer Familie mit Mutter und Vater, eventuell mit Geschwistern auf oder sind Sie 'nur' zu zweit? Ich empfand uns beide, meine Tochter und mich, immer als eine komplette Familie. Die Anzahl der Familienmitglieder und die Situation, in der ihre Tochter aufwächst, beeinflussen die Selbst-und Fremdwahrnehmung, d.h. wie Sie sich selbst wahrnehmen, aber auch wie Ihre Tochter sie 'sieht'. Sind Sie 'nur' zu zweit, sind Sie als Mutter die 'Kapitänin des Bootes', sprich das Familienoberhaupt. Niemand redet Ihnen in die Erziehung hinein. Sie entscheiden als Mutter ganz allein. Das sieht nach einem Glücksfall aus. Das ist es aber je nach Situation und Erziehungsphase nur bedingt. Jede Medaille hat bekanntlich zwei Seiten.

Meine Freundin M., trägt seit Jahren einen 'Kampf' mit dem Vater ihrer beiden Töchter aus. Sie teilen sich das Sorgerecht, sind sich aber 'nicht grün' und selten bis nie einer Meinung, was die Erziehung der jungen Damen angeht. Den Eltern ist es unangenehm, sich zu begegnen Das erzeugt negative Energie. So manches Mal beobachtete ich diese Situation aus der Ferne bzw. durch die Erzählungen meiner Freundin 'schweißgebadet' von außen und war stets froh, nicht an ihrer Stelle sein zu müssen. Eine der Töchter war schwer krank. Die Ärzte und meine Freundin waren davon überzeugt, dass eine Operation dieser Tochter dringend erforderlich war. Der Kindsvater hingegen wollte aus Unwissen über die medizinischen Notwendigkeiten oder aber aus 'Trotz' nicht in eine Operation einwilligen. In dem Versuch, einen solchen Elternteil zur Vernunft zu bringen, verstreicht kostbare Zeit, die für ein krankes Kind lebensbedrohliche Konsequenzen haben kann.

Bei uns war die Situation anders.

Meine Tochter wuchs 'nur' mit ihrer Mutter auf, ohne jeglichen Kontakt zum Kindsvater. Er hatte kein Umgangsrecht. Der Vater meiner Tochter suchte allerdings in all den Jahren auch nicht den Kontakt zu seiner Tochter.

Die ersten dreizehn Jahre waren unproblematisch. Wir waren kein gesellschaftlicher 'Ausnahmefall'. Jede sechste Mutter in Deutschland ist alleinerziehend. Zudem bekundete meine Tochter stets, dass es ihr an nichts mangele. Sie sei es so 'gewohnt', ohne Vater aufzuwachsen.

Mir war es als Mutter immer ein wichtiges Anliegen, neutral zu bleiben und den Kindsvater niemals vor meiner Tochter 'schlechtzureden'.

Einem Mädchen, das allein mit seiner Mutter aufwächst, fehlt nicht zwangsläufig eine männliche Bezugsperson. Bei Jungen ist die Lage etwas anders geartet, wenn das männliche Vorbild fehlt. Eine männliche Bezugsperson für ein Mädchen lässt sich im Freundes – oder Familienkreis finden.

In einer schwierigen, komplizierten Phase wie der Pubertät fehlt jedoch manchmal ein 'Puffer oder 'Schiedsrichter' in der Familie, jemand, bei dem die Tochter sich auch einmal über die Mutter 'beschweren kann' oder umgekehrt. Eine dritte Person, ob m/w/d, kann das Erziehungsverhalten der Mutter reflektieren und korrigieren und wenn nötig ihre 'Macht' 'limitieren', vor allem dann, wenn die Mutter in der Pubertät unter Umständen zunehmend rigide, sporadisch 'betriebsblind' und bisweilen erschöpft vergeblich durchzugreifen versucht. In solchen Phasen mangelt es manchmal an einem Menschen, der die Mutter unterstützt oder auch auf die Jugendliche in der Pubertät korrigierend einwirken kann. Es fehlt jemand Drittes, der in dem ganzen Erziehungs- und Beziehungschaos der Adoleszenz mit Smartphone die eine oder andere Partei 'beschwichtigt', der 'gelassen in den 'Ring steigt' und sich mutig zwischen die 'Kampfhennen' wirft' und je nach Notwendigkeit der einen oder anderen Dame 'emotional den Rücken frei hält'.

Ein solches 'Manko' hatte ich in den ersten dreizehn Lebensjahren meiner Tochter überhaupt nicht empfunden. Damals fehlte mir niemand.

II. Die Sozialisation der Mutter

Die eigene Sozialisation ist wie eine 'zweite Haut', die sich niemand 'abstreifen' kann. Sooft Sie auch versuchen werden, 'sich zu schuppen', Ihre unterste Hautschicht bleibt Ihnen Ihr Leben lang erhalten. Oft ist Ihnen das nicht bewusst. Sie wollen es sowieso ganz anders machen als Ihre eigenen Eltern. Doch auch Sie sind geprägt. Gewisse Muster sitzen Ihnen 'tief in den Knochen'. Teile Ihrer Kindheits-Geschichte werden sich in der Sozialisation Ihrer Tochter wiederholen. Ihre Sozialisation wird sich bei der Erziehung Ihrer Tochter bemerkbar machen in dem Moment, in dem sie am wenigsten damit rechnen.
Die Beziehung zwischen Ihnen und Ihren Kindern wird von Ihrer eigenen Kindheit, Jugend und Pubertät stark beeinflusst und geprägt (→ Kap. 2.2.).

III. Ihr Erziehungsstil

Eltern prägen ihre Kinder durch ihr gesamtes Verhalten, durch ihre Einstellungen, Überzeugungen und Aktivitäten, aber auch durch ihr Erziehungsverhalten und speziell durch ihren Erziehungsstil (Hurrelmann 2017:77).

Das elterliche Erziehungsverhalten wird von vielen Faktoren geprägt: Sowohl von der Persönlichkeit der Eltern als auch von der Persönlichkeit der Kinder, auch von der Beziehung, die die Eltern als Kinder zu ihren jeweiligen Eltern gehabt haben(...).

Unter Erziehungsstilen werden die beobachtbaren und verhältnismäßig überdauernden tatsächlichen Praktiken der Eltern im Umgang mit ihren Kindern verstanden. In das Verhalten geht ein Erziehungswissen ein, nämlich Informationen und Kenntnisse über die Entwicklung der kindlichen Persönlichkeit sowie die Möglichkeiten und Grenzen der Beeinflussung von Einstellungen und Verhaltensweisen des Kindes durch eigene Aktivitäten (Hurrelmann/Bauer 2015 b).

Hurrelmann unterscheidet Erziehungsstile nach dem Grad der Ausübung elterlicher Autorität und der Berücksichtigung kindlicher Bedürfnisse.

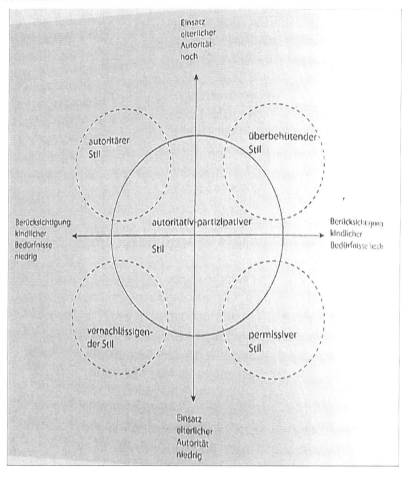

Abb. 8 Typisierung unterschiedlicher Erziehungsstile   9

2.2. Das Thema Grenzen: Grenzenlos? Begrenzen? Grenzen sprengen!

Ich wuchs als 'Babyboomerin' in der ökonomisch abgesicherten Mittelschicht auf. Das 'geflügelte Wort' von Norbert Blüm, dass die Rente sicher sei, schien noch eine Tatsache und keine bloße 'Worthülse'. Das Leben wirkte in den 70iger/80iger Jahren im allgemeinen 'sicherer' und 'unbeschwerter' als heute.

Der Erziehungsstil meiner Eltern schwankte zwischen Anti-autoritär und Laissez-faire. Grenzen wurden selten gesetzt. Meine beiden Brüder und ich konnten oft machen, wonach uns 'dünkte'.Meine Mutter verstarb viel zu früh und dennoch erlebte ich meine eigene Kindheit als glücklich. Ich spürte etwas sehr wichtiges, dass ich geliebt wurde.

Ab meinem zehnten Lebensjahr war ich Mitglied einer Jugendclique in unserer Nachbarschaft. Mit dieser verbrachten meine Brüder und ich den größten Teil unseres Tages draußen an der frischen Luft. So etwas gibt es heute gar nicht mehr und das empfinde ich persönlich als 'herben Verlust' für die heutige Jugend. In den Momenten, in denen sie es tolerierte, erzählte ich meiner Tochter von meiner eigenen Jugend. Sie quittierte meine Sätze mit den Worten:

„Laannngggweeeilliiiggg! So möchte ich gar nicht leben!".

Der Bauer 'frisst' nur, was er kennt. Meine Tochter versuchte, etwas in der Theorie zu 'verurteilen', was sie in der Praxis leider niemals kennenlernen wird.

Die Tatsache, dass es in meiner eigenen Sozialisation nur wenige Grenzen gab, war multikausal bedingt. Meine Brüder und ich schienen 'vogelfrei'. Doch jede Medaille hat zwei Seiten. Grenzen sind wichtig. Menschen sind soziale Wesen und brauchen das Gegenüber.Doch sie brauchen auch einen eigenen 'Raum' und 'Grenzen'. Und dies gilt natürlich auch für Kinder und Jugendliche. Aus der Retrospektive wage ich sogar zu behaupten, dass ein 'eigener Raum' für Kinder und Jugendliche für ihren Umgang mit 'Grenzen' von entscheidender Bedeutung ist.

Bis zum Ende des Mittelalters (ca. 1492 mit der Erfindung des Buchdrucks) hatten Kinder und Jugendliche keinen eigenen RAUM, nicht im wörtlichen und auch nicht im übertragenen Sinne. Die Welt der Kinder und Jugendlichen lag eng bei der der Erwachsenen (Postman 1983: 1.Kap.)[2].

Fast 1500 Jahre lang existierten weder Kindheit noch Jugend. Kinder und Jugendliche wurden bis in die Neuzeit als 'kleine' Erwachsene betrachtet. Sie hatten im Gegensatz zu heute keine besonderen Kinderrechte und genossen auch keinen gesetzlich verankerten 'Jugendschutz'. Oft teilten sich die Menschen, Erwachsene, Jugendliche und Kinder die RÄUME in ihren 'Wohnungen', inklusive dem Schlafzimmer. Niemand hatte ein Privileg auf einen 'eigenen Raum' oder ein Recht auf Privatsphäre. In einigen, z.B. südländischen oder asiatischen Kulturen. ist 'die gemeinsame Raumnutzung' noch heute kulturell bedingt üblich und gesellschaftlich weit verbreitet, weil so gewollt.

Wie groß das Bedürfnis nach einem eigenem Raum bei uns Menschen ist, im tatsächlichen als auch im übertragenen Sinne, variiert von Kultur zu Kultur, von Gesellschaft zu Gesellschaft, aber auch von Individuum zu Individuum. Dies hängt auch vom eigenen Charakter und der selbst erfahrenen Sozialisation ab. Wie man sich in einem Raum verhält, wie und wann dieser von Mitmenschen abgegrenzt wird oder werden muss, wie stark ein Nähe- oder Distanzbedürfnis von Menschen empfunden und eingefordert wird, hängt von sozialen, kulturellen, aber vor allem auch von persönlichen Faktoren ab.

Sich abzugrenzen, im Sinne von sich vom anderen zu distanzieren, kann durch räumliche Entfernung, die Körperausrichtung, die Augenhöhe, Vermeiden von Körperkontakt und Berührung, aber auch durch eine geschlossene Tür ausgedrückt werden:

> Psychologically, the door stands as a protective barrier between the individual and the outside world. When the door is closed, the compartment is sealed and one is safe. Room in hotels and other public buildings often have double doors. (...) Germans keep doors closed. When you encounter a closed door, knock and wait to be invited to enter (Hall 1990: 40-41).

> Aus psychologischer Sicht bedeutet eine Tür eine Schutz-Barriere zwischen dem Individuum und der Welt draußen. Wenn die Tür geschlossen ist, ist der Raum versiegelt und man ist sicher. Hotelzimmer und andere öffentliche Gebäude verfügen oft über Doppel- Türen (...). Deutsche halten Türen geschlossen. Wenn Sie vor einer geschlossenen Tür stehen, klopfen Sie und warten, dass Sie gebeten werden hineinzukommen (von der Verfasserin übersetzt).

Grenzen geben Sicherheit. Es sind 'fiktive Linien', an denen wir uns entlang 'hangeln'. Sie sind notwendig, damit wir überleben. Wir grenzen uns ab, um unser 'Inneres' zu schützen. Grenzen müssen nicht starr und rigide sein. Sie können je nach Alter und Situation verändert werden, aber sie müssen auf jeden Fall existent sein und vor allem auch respektiert werden. <Pass auf, hier fängt meine Grenze an, gehe nicht weiter! Wenn du meine Grenze respektierst, weiß ich, du respektierst mich und schätzt mich als Person. Mit dem Achten meiner Grenzen achtest Du meine Würde und meine Seele>.
Nahezu jede Geschichte verläuft in Wellenlinien. Die Weltgeschichte 'da draußen' und die 'kleine' Geschichte bei uns zuhause. Jeder Epoche und jeder 'Geschichte' folgt meist eine Gegenbewegung. Hierzu zählt auch die Geschichte der 'eigenen Sozialisation'.

In der Sozialisationstheorie herrscht die Grundannahme des Wechselspiels von Anlage und Umwelt in der Persönlichkeitsentwicklung.

Unter Sozialisation wird
die Persönlichkeitsentwicklung des Menschen als Ergebnis der individuellen Auseinandersetzung sowohl mit biologischen und psychischen Anlagen als auch mit der sozialen und physikalischen Umwelt verstanden (Hurrelmann/Bauer 2015 a,b).

Meine Mutter, Jahrgang **1935**, wuchs sehr 'begrenzt' unter einem strengen Familien-Regiment auf. Für heutige Verhältnisse herrschte persönliche Unfreiheit. Meine Oma mütterlicherseits war 'emotional unterkühlt' und 'herrschsüchtig' und das Verhältnis zwischen meiner Mutter und ihr entsprechend 'getrübt'. Ich hatte hingegen mit meiner warmherzigen Mutter ein recht gutes Verhältnis. Sie beabsichtigte, mit ihren drei Kindern ihre eigene Geschichte der Begrenzung und persönlichen Unfreiheit um keinen Preis zu wiederholen. Ihre Kinder sollten möglichst 'vogelfrei' und glücklich aufwachsen. Eine Konsequenz des Wunsches meiner Mutter waren wenige Regeln und seltene persönliche Begrenzungen in unserer Kindheit und Jugend. Dieses Erziehungskonzept drückte sich auch räumlich aus. In unserem Elternhaus gab es eine überschaubare Anzahl von Türen. Durchlässigkeit dominierte. 'Begrenzungssteine' in Form von 'Türen' waren nicht in allen Räumen vorhanden. Das ging teilweise zu Lasten der Privatsphäre einzelner Familienmitglieder. Meine Ursprungsfamilie war wie ein Ganzes bestehend aus fünf Teilen, das miteinander 'verschmolz'.Außenstehenden fiel dieser Umstand nicht weiter auf. In harmonischen Zeiten genossen wir als Familie, diese Art zu leben. Zu fünft lagen wir abends im Ehebett meiner Eltern, um gemeinsam fernzusehen. Unser Elternhaus war stets von vielen jungen Leuten 'besiedelt'. Die Freunde meiner Brüder erschienen täglich in 'Heerscharen'. Sie bewunderten unser freiheitliches Leben, das sie aus dem eigenen Elternhaus nicht kannten, Unser Zuhause war das 'Spielparadies' für eine ganze Nachbarschaft, von dem unsere Jugendfreunde heute, selbst nach vier Jahrzehnten, noch schwärmen.

Die 'räumliche und emotionale Transparenz' in meinem Elternhaus reduzierte die Anzahl der 'Geheimnisse' , die man voreinander haben konnte. Manchmal betraten Familienmitglieder gedankenlos das Badezimmer, auch wenn dieses bereits von jemandem, z.B. einem Jugendlichen in der Pubertät, besetzt war. Dieser war alterstypisch unsicher und wäre vor lauter Scham lieber 'im Erdboden versunken' als im Bad gesehen zu werden.

Meine Eltern liebten sich. Wenn sie sich jedoch stritten, wie es in jeder Familie vorkommt, dann zogen die beiden sich nicht in 'ihr stilles Kämmerlein' zurück, sondern wählten als 'Austragungsort' gelegentlich mein Jugendzimmer. In solchen Situationen kamen sie zu mir herein, <u>ohne vorher anzuklopfen</u>.

Meine 'Ursprungsfamilie' ist nur insofern von Bedeutung, als dass die familiäre Situation in meiner eigenen Jugend auch meine Gefühle, meine Verhaltensweisen als Mutter, meine Art zu 'erziehen' und damit auch meine Tochter selbst beeinflusst hat.

Da es in meiner eigenen Kindheit kaum 'zu überwindende' Grenzen gab, mussten diese auch nicht von mir 'gesprengt' werden. **Meine Pubertät fiel aus.** Dennoch kam es in meiner Jugend gelegentlich und unbewusst zu Grenzüberschreitungen. Es gibt diese unsichtbaren Grenzen, z.B. den Wunsch eines Menschen, für sich allein zu sein. Nicht alles zu wissen, nicht alles mitansehen und mitbekommen zu müssen, vor allem, wenn es einen selbst vielleicht gar nicht betrifft oder belasten könnte. Der Wunsch, einfach nur Kind oder Jugendlicher sein zu wollen. Für alle unsichtbar.
Kinder und Jugendliche, die ohne oder mit wenigen Grenzen aufwachsen, haben u.a. zwei 'Baustellen'*, die sie in die nächste Generation weitertragen könnten:

_____*Mir persönlich gefällt der Begriff 'Baustelle' besser als 'Problem'. Das Wort 'Problem' wirkt oberflächlich betrachtet negativ und 'unlösbar', während auf einer Baustelle in der Regel 'emsig' gearbeitet wird, um etwas Positives zu 'konstruieren'.

Diese Kinder und Jugendlichen könnten darunter gelitten haben, dass es in ihrer Kindheit und Jugend wenige bis keine Grenzen und Regeln gab und das als Desinteresse ihrer Sorgeberechtigten interpretieren. Vielleicht praktizieren sie es später als Eltern mit den eigenen Kindern anders und sind streng, errichten mehr Grenzen und stellen einige Regeln auf, weil sie es 'besser' machen wollen als die eigenen Eltern.

Andere Kinder und Jugendliche wollen eventuell als Erwachsene an den eigenen Kindern 'Wiedergutmachung' üben und ihnen zeigen, dass sie ihnen wichtig sind. Unter Umständen übertreiben sie in ihrer 'Gegenbewegung' zur eigenen Sozialisation, so dass ihr eigenes Kind möglicherweise an der Rigidität ihrer Grenzen und den nicht oder kaum verhandelbaren Regeln, an der Strenge und Autorität der Eltern 'zerbricht' oder aber eine immense Energie aufwendet, um seinerseits Grenzen zu durchbrechen oder zu überwinden.

Kinder und Jugendliche mit den geschilderten Sozialisationserfahrungen könnten dazu neigen, Grenzen zu überschreiten, weil es ihnen in ihrer Kindheit und Jugend so vorgelebt wurde. Es handelt sich um ein erlerntes Verhalten. Sie haben erfahren, dass man Grenzen entweder nicht errichtet, Demarkationslinien nicht wahrnimmt oder dass man die Grenzen des anderen einfach 'passiert'.

Das Maß aller Dinge ist der gesunde Mittelweg. Es ist sehr wichtig, sich mit der eigenen Geschichte und ihren Einfluss auf die eigene Elternschaft auseinanderzusetzen, um 'Baustellen' besser verstehen und im Erziehungsprozess gegenlenken zu können.

Eltern geben an Kinder alles weiter. Wir tragen alles weiter von Generation zu Generation. Die Handlungs-Kette kann durch Selbstreflexion und Introspektive unterbrochen werden, wenn man merkt, dass etwas nicht 'rund läuft'. Ich habe eine Familienaufstellung gemacht. Eine äußerst interessante Erfahrung, in der übertragene oder angenommene Rollen in einer Familie betrachtet werden. Dies verhilft zu einem besseren Verständnis dem eigenen Verhalten gegenüber. Vielleicht suchen auch Sie sich im Ernstfall Hilfe von außen, um Ihr eigenes Familien-System besser zu verstehen, zu 'durchbrechen' und wenn nötig, in 'gesündere' Bahnen lenken zu können.

Wenn meine Tochter im Badezimmer war, betrat ich es manchmal, um ihr etwas wichtiges oder auch belangloses mitzuteilen. Ich senkte den Kopf und sah in eine andere Richtung, dennoch reagierte meine Tochter erbost. Ich hatte mir bei meinem Verhalten nichts gedacht und daher erschien mir ihr Ärger 'übertrieben'. Heute weiß ich es besser. Ich hatte etwas getan, was ich nicht hätte tun sollen. Ich hatte die Grenze meiner Tochter nicht beachtet und überschritten. Bereits die unverschlossene Tür war eine eindeutige Grenze, die ich 'überwand', um in die Privatsphäre meiner Tochter 'vorzustoßen', so wie es meine Eltern auch mit mir getan hatten. Ich hatte in meiner Kindheit und Jugend ein nicht korrektes Verhalten 'erlernt'.

Ich kannte keine verschlossenen Türen und das Smartphone im Bad war zudem mein 'Feind'. Meine Tochter versuchte, ihre Grenze durch böse Blicke und Worte zu signalisieren und ihrer Mutter gegenüber 'zu verteidigen'. So 'reif' und 'defensiv' wie sie war ich in meiner Kindheit und Jugend nicht. Ich ließ die 'Grenzüberschreitung' geschehen. Ich wehrte mich nicht, sondern ertrug.

Es ist immens wichtig, Grenzen zu setzen und die anderer zu respektieren. Gesetzte Grenzen können erklärt werden. Eine Überschreitung sollte sanktioniert werden. Grenzübertritte sollten möglichst 'angesehen', also analysiert und 'bearbeitet', d.h. 'verstanden' werden.

Sind Grenzen zu rigide oder gar 'unsinnig', werden sie irgendwann 'gesprengt'.

Die medialen Grenzen, die ich meiner Tochter auferlegte, waren 'sinnvoll', wohl überlegt und sollten der Prävention und 'Gefahrenabwehr' im Internet dienen.

Je öfter und intensiver meine Tochter die von mir gesetzten 'Grenzen überschritt', vor allem bezogen auf das Internet und ihr Smartphone, um so stärker verteidigte ich die von mir gesetzten medialen Grenzen.
Ich wollte meine Tochter vor den Gefahren, denen sie sich im Internet aussetzte, schützen. Das ist aber nicht die ganze Wahrheit. Auch ich reagierte nicht immer 'angemessen', weil ihre vehemente Grenzverteidigung Erinnerungen in meinem 'emotionalen Gedächtnis' auslöste. Ich war in meiner Jugend und auch später nicht in der Lage gewesen, Grenzen aufzuzeigen und zu verteidigen, dass meine Tochter es nun richtigerweise für sich selbst versuchte, 'riss bei mir wiederum alte Wunden auf'. Ich hatte Grenzen gesetzt und sie sollten wieder nicht eingehalten werden. Ich habe Jahrzehnte gebraucht,um überhaupt Grenzen errichten zu können und auch dafür zu sorgen, dass sie nicht übertreten werden. Meine Tochter war mir in ihrer Pubertät eine gute 'Lehrerin'. Vermutlich 'wehrte' ich mich unbewusst auch gegen die Auflösung unserer Symbiose.
Meine Tochter verstand meine Motivation und mein Verhalten nicht.Sie wehrte sich gegen die 'Internet-Überwachung'. Je intensiver ich meine Tochter kontrollierte, um so häufiger und 'brachialer' wurden ihre Grenzüberschreitungen und um so heftiger steuerte ich dagegen.Je heftiger ich dagegen steuerte, (…).

Schlussendlich waren wir beide in einem Teufelskreis hilflos gefangen.
Jeder <u>einzelne</u> 'Baustein' unserer Krise hat dazu <u>beigetragen</u>, den Turm zu errichten, der am Ende einstürzte.

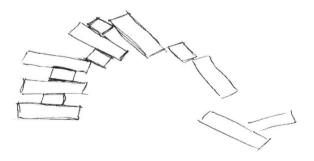

2.3. Respekt und Autorität

Respicere bedeutet im Lateinischen 'zurück sehen'. Respekt ist etymologisch verwandt mit den Begriffen 'Rücksicht' und 'Berücksichtigung'. Wenn wir jemandem unseren Respekt zollen, bedeutet das, dass wir ihn wertschätzen, ihm Aufmerksamkeit schenken oder ihm Ehre erweisen' (Borbonus 2011:13).

Respekt oder Respektlosigkeit können sich auf verschiedenen Ebenen äußern.

Verhalten: Kommen wir im Jogginganzug zu spät zu einer Geburtstagsfeier und es ist uns bewusst, dass wir pünktlich und angemessen gekleidet erwartet worden sind, demonstrieren wir dem Gastgeber mit unserem Outfit und unserem Zuspätkommen Respektlosigkeit. Der Gast könnte nun seinerseits behaupten, dass es sich um Respektlosigkeit ihm gegenüber handele, da seine Kleidung und sein Zeitverständnis nicht toleriert würden. Nichtsdestotrotz gibt es gewisse gesellschaftliche Gepflogenheiten und Erwartungen, die beachtet werden sollten. Das Respektieren anderer, ihrer Erwartungen und Bedürfnisse erleichtert den menschlichen Umgang miteinander. Erweisen wir anderen Respekt, führt das dazu, dass sie uns auch (wegen unseres Verhaltens) respektieren. Es ist auch eine Frage der Sichtweise. Ist es mein Wille, den anderen zu respektieren oder nicht oder ist mir bekannt, was der andere als Respektlosigkeit empfinden würde. Respekt kann auch eine Frage der eigenen Gemütsverfassung und 'Tagesform' sein. Manchmal fällt es uns schwerer, auf die 'Empfindlichkeiten' und Wünsche anderer einzugehen oder wir fühlen uns selbst nicht respektiert und möchten uns daher nicht sonderlich bemühen, auf andere einzugehen. Respekt ist verhandelbar. Wenn die Freude des Gastgebers groß über das seltene Erscheinen des salopp gekleideten, zu spät kommenden Gastes ist und er deshalb seine 'eigenen Erwartungen hinsichtlich der Etikette und der eigenen Wünsche aus 'Gründen der Harmonie' im Sinne des 'großen Ganzen' 'zurücksteckt', so ist für diesen einen Fall das Thema Respekt unausgesprochen verhandelt worden. Der Gastgeber 'zollt' dem Gast einseitig Respekt und es ist gut, wie es ist. Der Gastgeber verzichtet an seinem Geburtstag auf den Respekt, der ihm eigentlich zugestanden hätte. Er weiß, dass Menschen nur 'bedingt' veränderbar sind und es manchmal auch keinen Sinn macht, auf Respekt zu bestehen, wenn der andere die Situation anders empfindet oder nicht dazu bereit oder in der Lage ist, Respekt zu 'zollen'. Grundsätzlich sollten wir allerdings unsere Mitmenschen respektieren.

Mimik, Gesten.und Sprache . Respekt und Respektlosigkeit werden über Mimik, z.b. wertschätzende oder 'vernichtende' Blicke oder Gestik, z.b. abwertende oder anerkennende Handbewegungen, ausgedrückt. Eines der wichtigsten Instrumente ist unsere Sprache.

Schon Borbonus, der sich vor Veröffentlichung seines Buches selbst als 'respektlos' bezeichnete, definiert Respekt als 'Schmiermittel der Gesellschaft'. Er bezeichnet Respekt als 'kommunikative Haltung', die man durchaus lernen kann.

Respektlosigkeit ist eine der schlimmsten Fallen, in die wir bei der Kommunikation tappen können, denn sie ist ein Teufelskreis. Respektloses Verhalten provoziert in aller Regel mehr respektloses Verhalten, wenn es beiden Parteien an der nötigen Achtsamkeit mangelt (Borbonus 2011:14).

Meine Tochter und ich befanden uns am Ende unserer Krise in einem 'Teufelskreis' der Respektlosigkeiten. Vergleichbar mit einer Achterbahnfahrt ging es in einem atemberaubenden Tempo immer weiter steil bergab, ohne Netz und doppelten Boden.

Gelegentlich wurde ich als 'Kontakt' im Smartphone meiner Tochter nicht mehr als 'Mama', sondern nur noch, wie eine Bekannte, mit meinem Vornamen abgespeichert. Sporadisch wurde ich von ihr bei WhatsApp blockiert.

Dieses Verhalten ist heute 'modern'. Jugendliche glauben, wenn sie Gesprächspartner im 'Internet' oder im 'Smartphone' blockieren, würden sie sich ihrer damit automatisch 'entledigen'.

Ähnliche Verhaltensweisen gab es vor der Erfindung des Smartphones auch. Da wurde der Telefonhörer auf die Gabel 'geworfen' und ein Gespräch grußlos abgebrochen. Jedoch bestand in einem solchen Fall für beide Teilnehmer weiterhin die Möglichkeit, sich zu erreichen, das Gespräch wieder aufzunehmen und zu klären, was bei dem Blockieren im Internet nicht mehr gegeben ist.

Das Ausmaß an Respektlosigkeit hat mit den Jahren zugenommen. Ein Motiv für das geschilderte Verhalten des 'Blockierens' ist der Versuch, Nähe und Kritik zu unterbinden. Diese 'Unart' findet sich auch gelegentlich unter Erwachsenen. Es lassen sich zunehmend gesellschaftliche Symptome der 'Hilflosigkeit' im zwischenmenschlichen Bereich in Form von Kommunikations-, Kritik- und 'Konfliktscheue' wahrnehmen für die es eine ganze Palette an Ursachen geben mag, angefangen bei einer gewissen Unreife, fehlender Empathie, geringschätzende Kommunikationsformen, die sich durch die Digitalisierung durchsetzen, eine Inflation menschlicher Wertschätzung usw. Dies hier soll kein generalisierendes Werturteil darstellen, aber eine Tendenz mit negativem Vorzeichen ist durchaus feststellbar.

Als merkwürdig empfinde ich es, wenn Jugendliche ihre Eltern beim Vornamen nennen. Noch 'auffälliger' ist es, wenn dies 'aus heiterem Himmel' geschieht, obwohl man fünfzehn Jahre lang 'Mama' 'hieß'.

Bei meiner Freundin M. ist es so, dass ihre sich in der Pubertät befindende Tochter sie beim Vornamen ruft. M. ärgert das und sie ignoriert 'diese Unart'. Das könnte als 'Sanktion' eventuell nicht ausreichen, da Schweigen juristisch gesehen stillschweigende Zustimmung bedeutet. Die Tochter wird, da sie ihre Mutter kennt, an ihrem Schweigen erkennen, dass sie sich 'ärgert', aber sich nicht wehrt und hat damit zwei Ziele erreicht: Sie hat erfolgreich provoziert und eine Grenze überschritten.

Borbonus behauptet, Respekt mache glücklich, Respektlosigkeit mache 'krank'.

Am Ende unserer Krise waren wir beide, meine Tochter und ich, unglücklich.

Nach den letzten zwei Jahren mit meiner Tochter ist das Thema 'Respekt' für mich tendenziell 'ein rotes Tuch', ein Thema, bei dem ich vor allem bei ihr äußerst sensibel reagiere.

Dass ich von meiner Tochter am Ende nicht mehr respektiert wurde, daran war ich als Mutter beteiligt. Ich 'zollte' ihr auch nicht mehr den von ihr erwarteten Respekt bzw. den auch sie verdient hätte.

Kinder und Jugendliche sind 'der Spiegel unserer selbst'.

Meine Tochter respektierte mich vermutlich aus zwei Gründen <u>nicht</u>:

1. Sie betrachtete mich in ihrer **Fremdwahrnehmung** als 'gleichrangig in der Hierarchie. Ihre Mutter hatte eine solche 'Rangordnung' jahrelang zuhause 'kultiviert' und pflegte einen 'demokratischen und freiheitlichen' Erziehungsstil.
und
2. Meine Tochter ist in der Pubertät. Sie versucht, Grenzen zu überschreiten und zu sprengen und stellt dabei Ordnungen in Frage. Auch acht Monate nach ihrem Auszug, 'sprengte' sie aus der Entfernung meine Grenzen und hielt Regeln nicht ein, nur mit dem Unterschied, dass ich heute sehr wohl in der Lage bin, meine Demarkationslinien zu 'verteidigen' und dagegenzuhalten. Aktuell sind die Möglichkeiten begrenzt. Wir befinden uns beide in einem 'Schutzraum', ohne unmittelbaren Kontakt miteinander. Durch den seltenen Umgang sind die Optionen 'Respekt zu zollen' oder 'Respektlosigkeit' zu zeigen auf ein Minimum reduziert und beide fühlen sich in ihrer Situation 'sicher' und fürchten ein wenig die Nähe des jeweils anderen.

Punkt 1 lässt sich vermeiden, wenn die heimische Hierarchie rechtzeitig gewahrt bleibt oder, falls noch möglich, wieder zurechtgerückt wird, und damit ist auch Punkt 2 um einiges leichter zu handhaben.

Mir ist es zuhause nicht mehr gelungen, die 'heimische Ordnung' nachträglich zu 'korrigieren'. Nach dreizehn Jahren war sie inzwischen 'fest etabliert' und aus Sicht meiner Tochter unumstößlich in 'Stein gemeißelt'. Der Elan der Pubertät, dosiert mit Phantasie und Risikobereitschaft, erleichterte es meiner Tochter, gegen jede 'Veränderung 'vehement und letztendlich auch erfolgreich 'aufzubegehren'.

MEINE TOCHTER WOLLTE SICH <u>AUF GAR KEINEN FALL</u> MEHR VOM 'THRON STOSSEN' LASSEN!!!

www.kostenlose-ausmalbilder.de

Das gab sie mir sehr deutlich zu verstehen.

Haben Sie weder Respekt noch Autorität bei Ihren Kindern, bewegen sie gar nichts. Sie werden so manches Mal verachtet. So ist es mir ergangen. Das gehört zur Pubertät dazu.

Wenn es Sie interessieren sollte, in das Thema 'Respekt' tiefer 'einzusteigen', z.B. warum es manchmal so schwer ist, respektvoll zu sein, wie man Respektlosigkeiten vermeidet oder damit umgehen kann, verweise ich sie gern auf Borbonus. Er hat ein sehr lesenswertes Buch geschrieben (→Kap. 9 Literatur). Borbonus empfiehlt z.B. *Wellness-Rhetorik* , in der man sich gezielt auf ' haarige Situationen' vorbereitet.

Respekt und Autorität sind untrennbar miteinander verwoben. Das 'alte' Autoritätskonzept des rigiden, lautstarken, herrschsüchtigen Patriarchen ist heutzutage überholt.

Laut Witzer gehen neue autoritative Konzepte davon aus, dass ein zeitgemäßes und menschenwürdiges Gegenmodell zu den traditionellen Machtstrukturen in der Entwicklung von Persönlichkeit und persönlicher Stärke liegt. In modernen Zeiten verkörpert derjenige Autorität, der über Handlungskompetenz verfügt. Menschen wenden sich an den, der nicht immer nur redet, sondern auch vorlebt, was er sagt. Es zählt Umsetzungsstärke statt rein rhetorische Stärke. (Witzer 2012: 68 f).

Dies schließt die Vorbildfunktion von Eltern mit ein.

3. Pubertät / Smartphone = ein teuflischer Mix

Abb. 8.1   Shell Jugendstudie 2019 - Kantar

Als ich das 'Licht der Welt' erblickte, gab es weder Internet noch Smartphone. In meiner Jugend eroberten die ersten Spielkonsolen den Markt, z.B. der Commodore. Ich wurde mit Buntfernsehen und Drehscheibentelefonen sozialisiert, die es meist in drei 'hässlichen' Farbvarianten gab (grau,orange,grün) mit Spiral-Kabeln, die sich ständig ineinander verhedderten. Unsere Telefone waren olivgrün und im Wohnzimmer und im Schlafzimmer jeweils fest in der Wand installiert. Ein wichtiges 'Kommunikationsmittel, das stets von irgendwem unter Beschlag genommen wurde. Durch die feste Installation war die Flucht nach vorn verwehrt und alle andere Familienmitglieder konnten der Konversation folgen. Eltern hatten sogar die 'Option des Lausch-Angriffs': Es reichte, den Hörer des zweiten Telefons abzuheben, um das Gespräch mitzuverfolgen. Meine Eltern taten das allerdings nicht. Nichtsdestotrotz war die Familie in den 70iger/80iger Jahren eher 'im Bilde', was Jugendliche nach außen kommunizierten. Das Internet wurde in den **1970**igern 'geboren' und **1990** für kommerzielle Zwecke freigegeben.
Meine Tochter hatte bereits <u>keine analoge</u> Grundschulzeit mehr **(2011-2015)**. Diese Zeiten waren für immer vorbei.

Die Autorin Pia Zimmermann hat die Zahlen der Medienanwendung und ihre Verteilung bis **2016** herausgearbeitet. Auf diese Autorin möchte ich Sie hinsichtlich besonderer Aspekte wie z.B. der Mediengeschichte, Gaming und digitaler Lernwelten verweisen. In diesem Buch liegt der Fokus auf aktuellen Zahlen **(2019/2020)** und der Gefahr, die vom Smartphone für Jugendliche, insbesondere für 'pubertierende Mädchen' ausgeht.

Bereits **2015** hieß das Jugendwort des Jahres 'Smombies', eine Zusammensetzung aus Smartphone und Zombies, das auf die intensive Nutzung und die ständige Vernetzung via Smartphone hinwies.

Dr. med. Bert te Wildt beschreibt in seinem Buch *Digital Junkies* die exponentielle Zunahme des Medienkonsums bei Kindern und Jugendlichen als entscheidende Ursache dafür, dass Internetsucht immer häufiger und in einem stets jüngeren Alter auftritt.

Der Report Digital 2020[4] belegt, dass mehr als 4,5 Milliarden Menschen heute das Internet nutzen.

Das sind 7 % mehr als im Vorjahr:

1. Die Nutzerinnen und Nutzer von Sozialen Medien haben die 3,8 Milliardengrenze überschritten, mit +9 % ist hier das Wachstum sogar noch größer als bei der Internetnutzung.

2. Weltweit nutzen mehr als 5,19 Milliarden Menschen ein Mobiltelefon, damit ist die Zahl gegenüber dem Vorjahr um 124 Millionen (2,4 %) gestiegen.

3. Ungefähr die Hälfte der 3,7 Stunden, die Menschen [Menschen, nicht Jugendliche] täglich mit dem Handy verbringen, wird mit sozialen und Kommunikationsanwendungen verbracht.

Selbsteinschätzung der im Internet verbrachten Zeit:

Wir wollten von den Jugendlichen wissen, wie viele Stunden sie an einem gewöhnlichen Tag o n l i n e sind – unabhängig davon, ob privat, in der Ausbildung oder im Beruf. Im Durchschnitt sind sie 3,7 Stunden im Internet aktiv[7]. Nur 2% haben angegeben, zwischen 12 und 24 Stunden täglich online zu sein. Die große Mehrheit (86%) nennt Nutzungszeiten **zwischen einer halben Stunde und 6 Stunden** (siehe Abbildung 7.4). Jugendliche verstehen diese Frage ganz offensichtlich als Frage nach ihrem aktiven Tun im Internet und nicht etwa danach, wie viele Stunden ihr Smartphone online geschaltet ist [Diese Selbstwahrnehmung finde ich sehr interessant, liegt das Smartphone doch in der Regel in unmittelbarer Greifnähe des Jugendlichen und führt dann auch zu Unterbrechungen dessen, was der Jugendliche gerade tut und er ist somit online]. Nur ein Drittel der 12- bis 25-jährigen Internetnutzer ist täglich maximal zwei Stunden online (18. Shell-Jugendstudie: S. 224).

Internetnutzung und Einsamkeit:

Allerdings zeigt sich ein Zusammenhang zwischen Intensität der Internetnutzung und der subjektiv empfundenen Qualität der eigenen sozialen Einbindung: **Diejenigen, die sich oft einsam fühlen, sind mit 6,6 Stunden überdurchschnittlich lange im Internet** (...). Ob sie sich nun oft einsam fühlen, weil sie so viel Zeit im Internet verbringen, oder ob sie dies tun, weil sie einsam sind, lässt sich an dieser Stelle nicht klären (ebenda., S. 226).

Die 18. Shell Jugendstudie fand heraus, dass WhatsApp ein 'Muss' sei, dass Jugendliche es als sozialen Druck empfinden würden, dabei sein zu müssen, damit sie nicht ausgeschlossen würden (ebenda., S. 228).

Selbstdarstellung im Internet:

Selbstinszenierung im Internet ist für Jugendliche ein längst vertrautes Phänomen. Auch wenn nur eine Minderheit häufig etwas selbst ins Internet stellt, ist es für junge Leute normal, dass neben Influencern auch Personen ihres Umfeldes das Netz wie eine Bühne nutzen.
Ausführliche Interviews weisen ausdrücklich darauf hin, dass hinter dem Hochladen eigener Dateien nicht nur Selbstinszenierung, sondern auch Kreativität stecke. Ob Jugendliche diese Form der Selbstdarstellung betreiben, korreliert auch mit dem Migrationshintergrund (siehe Abbildung 7.9) (ebenda., S. 232).

Seltene kritische Internet-Kompetenz:

Weniger als ein Drittel überprüft, bevor sie im Internet soziale Netzwerke nutzen, ob alle Sicherheitseinstellungen zum Schutz ihrer Daten aktiviert sind. 44% geben sogar zu, dass sie es nicht tun. Ein bezüglich Datenschutz umsichtiges Verhalten ist bei jungen Männern wie Frauen gleichermaßen schwach ausgeprägt. Wie oben beschrieben, äußern Jugendliche aus den höheren Schichten etwas mehr Bedenken als ihre Altersgenossen aus den unteren Schichten, dies führt allerdings nur minimal zu mehr Achtsamkeit beim Datenschutz: Mit 34% sagen sie nur leicht häufiger als die Gleichaltrigen aus der unteren Schicht (28%), dass sie die Sicherheitseinstellungen vor der Nutzung von sozialen Netzwerken prüfen. Lediglich ein Drittel aller Jugendlichen wünscht sich, dass man in Zukunft weniger online ist. Jugendliche aus dem Osten fühlen sich nicht nur seltener von Onlinemedien abhängig, sie stehen einer Dauerpräsenz im Internet auch etwas kritischer gegenüber als ihre

Altersgenossen aus dem Westen. 36% wünschen sich, dass man in Zukunft weniger online ist (29% im Westen). Zudem sind jugendliche Internetuser im Osten achtsamer beim Datenschutz: 39% im Vergleich zu 3 0% im Westen prüfen die Sicherheitseinstellungen, bevor sie soziale Netzwerke nutzen. Mit zunehmendem Alter stimmen die Jugendlichen den verschiedenen Aussagen zum Internet mehr und mehr zu (siehe Tabelle 7.6).

Paradoxerweise nehmen zugleich Bedenken und eine kritische Haltung sowie das Suchtpotenzial zu. Lediglich der Aussage »Ich bin so oft im Internet, dass mir für andere Dinge wenig Zeit bleibt« stimmen konstant über alle Altersgruppen jeweils 15% zu (ebenda., S. 240).

Tatsächlich haben Facebook, Instagram und Snapchat in den letzten Monaten eine Zunahme der Reichweite ihres Werbepublikums gemeldet, sogar bei jugendlichen Nutzern zwischen 13 und 17 Jahren. Datenschutz und Fakes machen weiterhin Sorgen. Der User weiß nie genau, ob es wahr ist, was er da liest, sieht und hört und das ist für leicht beeinflussbare 'Pubertierende' besonders problematisch. Zimmermann erläutert die unter Jugendlichen beliebten Apps mit Social-Media-Funktionen wie Instagram, WhatsApp und Snapchat.

Inzwischen haben weitere Apps den Markt erobert.

Sehr beliebt unter Jugendlichen ist derzeit *TikTok* (Markteinführung September **2016**), eine chinesische Social-Video-App, die bereits 1 Milliarde User weltweit hat (Stand 01.08.**2020**) und exorbitante Wachstumsraten verzeichnet. *TikTok* ist ein chinesisches Videoportal für die Lippensynchronisation von Musikvideos und anderen kurzen Video-clips, das zusätzlich Funktionen eines sozialen Netzwerks anbietet.

Der amerikanische Präsident Trump verkündete im August **2020**, dass er beabsichtige, *TikTok* zu verbieten, da die 'Chinesen' 'geheime Daten' über diese App verbreiten würden.

Pinterest (Umsatzsteigerung **2019**: 29 %, User zu 72% weiblich) ist eine Online-Pinnwand für Grafiken und Fotografien mit optionalem sozialen Netzwerk mit visueller Suchmaschine. Der Name *Pinterest* ist ein Kompositum aus den englischen Wörtern 'to pin' ‚anheften' und 'interest' ‚Interesse'(**2019**: 300 Mio. User weltweit/verfügbar in 30 Sprachen).

> *YouTube* eröffnet eine eigene Welt. Alle befragten Jugendlichen machen Gebrauch von *YouTube*, manche sogar mehrere Stunden am Tag. Nur eine junge Frau geht sehr selten auf diese Seite. Die Jugendlichen tauschen Videos, hören Musik, sehen Serien und Dokumentationen. Sie verständigen sich über die eigenen Interessen auf YouTube. Heavy User haben meist mehrere YouTuber abonniert(...) (18. Shell-Jugendstudie: S. 279).

Instagram ist Spiel und Spaß. Man kann den Eindruck bekommen, die Jugendlichen suchten bewusst nach einer Art »Informations-Overkill«, um sicherzustellen, dass man auch überall präsent und immer auf dem Laufenden ist. *Instagram* nutzen insgesamt 17 von 20 Jugendlichen, viele davon aber eher halbherzig. *Instagram* gilt als das »neue Facebook«. Der Zugang zu *Instagram* ist zwar erst ab 16 Jahren erlaubt, tatsächlich nutzen es die jüngeren aber sogar mehr als die älteren (…) (ebenda., S. 280).

Die 18. Shell-Jugendstudie untersucht u.a. den Zusammenhang zwischen der Ablösung der Jugendlichen von den Eltern in der Phase der Pubertät und der fortschreitenden Digitalisierung:

Zur Frage, ob sich diese Entwicklungsaufgabe durch die digitalen Medien und die neuen Informations- und Kommunikationsmöglichkeiten wesentlich verändert hat, liegen bisher keine abschließenden Erkenntnisse vor. Unbestritten stellt die Digitalisierung vieler Lebensbereiche eine prägende Erfahrung der heutigen Jugendgeneration dar, die ihrerseits mittlerweile schon die erste Nachfolgegeneration der »digital natives« ist. So sehr es geraten ist, rein Problem-diagnostischen Perspektiven auf neue Medien und deren Nutzung immer einen differenzierten Blick auf das tatsächliche Mediennutzungsverhalten entgegenzusetzen (siehe insbesondere Medienpädagogischer Forschungsverbund Südwest **2018**), so wenig ist doch zu bestreiten, dass sich hier in den letzten Jahren ein bemerkenswerter Wandel vollzogen hat. Das Auffallendste an diesem Wandel ist dabei seine Geschwindigkeit. Selbst Analysen zu Mediengebrauch und -nutzung, die jünger als zehn Jahre alt sind, wirken überholt:

Es scheint, als ob das gegenwärtige Zeitalter des Smartphones bei Jugendlichen (aber nicht nur bei diesen) mit dem erst wenige Jahre zurückliegenden Zeitalter des Handys kaum mehr etwas gemeinsam hat. WhatsApp, Instagram, YouTube, Snapchat & Co. bestimmen die Kommunikationswelt Jugendlicher, schon Facebook erscheint oft als out. E-Mail und SMS sind für viele Jugendliche allenfalls Formen fossiler Kommunikation mit der Eltern- und Großeltern-Generation.(...).Dabei gehen wir davon aus, dass diese Veränderungen grundsätzlich sowohl Chancen als auch Risiken bergen. Smartphones und virtuelle soziale Räume sind in der Lebenswelt heutiger Jugendlicher allgegenwärtig, dabei »switchen« sie in ihrem Aufmerksamkeits- und Mobilitätsverhalten schnell zwischen physikalischen und virtuellen Räumen hin und her (Tully und Alfaraz 2017). Schon die Shell Jugendstudie 2015 hatte gezeigt, dass die Alltäglichkeit des Gebrauchs nicht mit einem unbegrenzten Vertrauen in die neuen Medien und in soziale Netzwerke gleichzusetzen ist: Jugendliche kennen die Risiken sozialer Medien, und das Vertrauen in diese ist zum Teil sogar sehr gering. In der Praxis ordnen Sie jedoch Kritik und Skepsis ihre unmittelbaren Nutzungsverlangen unter (siehe auch Lee und Cook 2015). Die umfassende Digitalisierung wirkt sich in vielfacher Weise auf das Leben junger Menschen aus. So bieten die neuen Medien bspw. eine Plattform für eine weiter voranschreitende, subtile Beeinflussung durch Marketing- und Werbebotschaften. Es wird für Jugendliche immer schwieriger, eine von Kommerzialisierung unabhängige Identität auszubilden (siehe Serazio 2015; auch Tully 2018). Andererseits wurde Jugendlichkeit schon immer und in unterschiedlichen Formen inszeniert (siehe etwa Dietrich und Mey 2018). Soziale Medien und Smartphone stellen hierfür gänzlich neue Formen bereit und machen für viele Jugendliche die Selbstinszenierung zum kaum noch vermeidbaren Bestandteil täglicher Mediennutzung (18. Shell:Jugendstudie: S. 40).

Die **DIVSI U25-Studie 2014** für Kinder und Jugendliche im Alter von 9-24 Jahren, die Hurrelmann in seinem Buch 'Kindheit heute' im Kapitel 7.2. aufführt, ordnet Eltern bestimmte Internet-Milieus zu (Hurrelmann 2017:161):

- Digital Souveräne (26%)

- Effizienzorientierte Performer (19%)

- Unbekümmerte Hedonisten (18%)

- Postmaterielle Skeptiker (13%)

- Verantwortungsbedachte Etablierte (9%)

- Ordnungsfordernde Internet-Laien(9%)

- Internetferne Verunsicherte (6%)

Das Spannende an dieser Einteilung ist nicht nur die mediale Kategorisierung der Eltern, sondern auch, dass diese Medien-Mileus die digitalen Interessen und Lebenswelten von Familien bedingen und somit das Internetverhalten der Kinder und Jugendlichen beeinflussen und steuern.

Um den Rahmen dieses Buches nicht zu 'sprengen', wird ausschließlich die Definition betrachtet, die auf unseren Fall zutrifft. Ich möchte Sie aber bei Interesse dazu einladen, sich sowohl mit Hurrelmanns erwähnter Veröffentlichung als auch mit den einzelnen Shell-Jugendstudien zu beschäftigen.

Meine Tochter 'entstammt' dem Milieu der 'Digitalen Souveränen':

Kinder dieser Eltern verfügen über ein größeres digitales Equipment als die Kinder der anderen Milieus. Digital souveräne Eltern nutzen selbst digitale Medien und unterstützen ihre Kinder bei der Nutzung dieser Geräte. Sie zeigen ihnen, wie sie funktionieren, helfen engagiert und sind gut im Bilde über das, was ihre Kinder machen. Sie begutachten auch die von den Kindern gewünschten Spiele, um Missbrauch zu verhindern. Der Medienalltag ihrer Kinder ist durch Regeln und klare Absprachen organisiert (Hurrelmann 2017: 162).

3.1. Warnsignale

Anfangs war geplant, dieses Kapitel mit einer langen Liste von 'Warnsignalen' 'auszustatten'. Im Verlauf des Schreibprozesses kristallisierte sich jedoch heraus, dass es für Leser*innen ausreichend sein wird, zum Praxisteil überzugehen. Vorfälle und Veränderungen im Verhalten und im Wesen eines Jugendlichen, die dort beschrieben werden, reichen mitunter aus, um sich den einen oder anderen 'Gedanken zu machen', beherzt einzugreifen oder im Fall des Falles zu versuchen, erzieherisch gegenzusteuern.

Erlauben Sie mir an dieser Stelle einen kleinen Exkurs zum Schreibprozess an sich. Als die 'Papierberge' des Schriftverkehrs mit den einzelnen Institutionen und Behörden im Sommer **2020** auf meinem Schreibtisch immer höher wurden und ich zur Ruhe kam, entstand eine Idee:
Und jetzt schreibe ich ein Buch.

Ich fing nicht, wie man vermuten könnte, auf Seite eins an zu schreiben und führte das Procedere bis zur letzten Seite konsequent und chronologisch fort. Der Schreibprozess war ein 'kreatives Durcheinander', hin und her, vor und zurück, so wie die Ideen kamen und die Ereignisse sich zutrugen, so wurde geschrieben. Kreativität und 'Schreiblust' 'überfielen' mich unangekündigt zu den 'unchristlichsten' Uhrzeiten, auch nachts um 2 Uhr oder morgens um 5. So wie ich geschrieben habe, können Sie natürlich auch lesen'.Jedes Kapitel kann für sich isoliert betrachtet werden. Und selbstverständlich dürfen Sie auch gern mein Buch zu jeder Tages- und Nachtzeit zur Hand nehmen.

3.2. Kontrolle vs. Vertrauen

Aus Sicht meiner pubertierenden Tochter schienen wir ein Spiel zu spielen. Die 'Stärkere', die es schaffte, die 'Zügel in der Hand zu behalten', hätte am Ende gewonnen.

Ich sorgte mich, weil meine Tochter 'Medien-süchtig' war. Daran bestand kein Zweifel. Bis zum **Sommer 2018** vertraute ich meiner Tochter nahezu 'blind. Das konnte ich auch. Sie handelte nach dem Motto 'Eine Frau-ein Wort'.
Meine Tochter sagte mir, wo sie hinging, wen sie traf und kam dann zur vereinbarten Uhrzeit pünktlich nach Hause. Sie kam nie zu spät in die Schule, sondern 'quälte' sich lieber morgens eine Stunde früher freiwillig aus dem Bett, um einen Bus eher zu nehmen, auch wenn sie dann dreißig Minuten auf den Schulbeginn warten musste. Ich war mir ziemlich sicher zu wissen, wie sie ihre Freizeit verbrachte. Es war 'nur' ein Gefühl, aber ich glaube nicht, dass ich mich damals in ihr getäuscht habe.
Meine Tochter und ich verbrachten viel Zeit miteinander und unterhielten uns ausgiebig. Wir hatten ein sehr gutes Verhältnis. Von Außenstehenden wurde sie in 'höchsten Tönen' gelobt: In der Schule, bei den Großeltern, von Nachbarn und Freunden.

Auf meine Tochter war 100% Verlass <u>bis zum Juni 2018</u>.

'Hinderlich' in unserer Mutter-Tochter-Beziehung, vor allem in der Pubertät, war die Tatsache, dass mir Werte wie 'Ehrlichkeit' und 'Loyalität' sehr wichtig sind. Ich bin authentisch und sage lieber 'ungeschönt' die ganze Wahrheit, wenn ich denke, dass mein Gesprächspartner sie kennen sollte, und handele mir dann dafür lieber Kritik oder 'Unmut' ein, als dass ich 'lüge' oder 'etwas unter den Teppich kehre'. Ich habe einen 'geraden Rücken' und bin loyal. Es fällt mir, bedingt durch meine eigene Sozialisation, schwer, mich von meinen Werten zu distanzieren, auch wenn mir mental bewusst ist, dass sich es bei der Pubertät in den meisten Fällen nur um eine 'vorübergehende Störung' handelt.

'Pubertät' und 'Wahrheitsliebe' schließen einander oft aus.
Insofern war unsere Konfrontation bereits 'vorprogrammiert'. Pubertierende lügen und betrügen in einer erschreckend hohen Quantität aus unterschiedlichen Motiven:

- Es ist ihnen gar nicht bewusst, dass sie lügen.
- Ihr Realitätssinn ist getrübt.
- Sie lügen und betrügen ganz bewusst, um Grenzen auszuloten oder zu sprengen.
- Sie versuchen, sich abzugrenzen und die Eltern auf Abstand zu halten.
- Sie tun es, um Strafe zu vermeiden.
- Ihre Lügen dienen dazu, Privatsphäre für sich zu schaffen.
- Sonstiges

Lügen werden mit Ausreden 'getarnt' wie z.B.:'Oh, das hatte ich gar nicht gehört' oder 'Ach, das habe ich vergessen'.

Wie andere Teenager auch fand meine Tochter es manchmal 'sinnlos', sich täglich zu duschen. Für sie war es ausreichend, dies alle zwei Tage zu tun, auch wenn sie verschwitzt war oder in der Schule Sport gehabt hatte. Es gibt unter Jugendlichen wahrlich schlimmere 'Dusch-Gegner' als sie.
Meine Tochter erzählte mir im Brustton der Überzeugung, dass sie 'bereits geduscht' hätte, obwohl das Feuchtigkeits-Niveau in unserem Badezimmer durchaus mit dem in der Sahara mithalten konnte. Der Raum war staubtrocken.Natürlich kam ich mir dann 'verulkt' vor, aber das ist natürlich kein Anlass für einen häuslichen Konflikt. Das sind allenfalls 'Lügen', die verwundern oder zum Schmunzeln anregen, mit denen man aber durchaus leben kann.

Bei uns zuhause ging es nicht um Alltägliches. Meine Tochter wusste genau, was mir Ehrlichkeit in wichtigen Dingen und 'Loyalität' der eigenen Familie gegenüber bedeuten. Ich habe es oft thematisiert, wenn sie durch 'abweichendes' Verhalten dazu Anlass gab.

Mit vier Jahren stahl meine Tochter wie ein 'Rabe'. Beim Autowaschen fand ich Dinge unter den Autositzen, die unmöglich uns gehören konnten. Die rechtlichen Eigentümer waren, wie sich später herausstellte, Kamerad*innen aus der Kita. Diese 'Diebstähle' im Kleinkindalter sind nichts Ungewöhnliches. 'Mein' und 'Dein' muss auch erst einmal gelernt werden. Das fällt dann auch in den Bereich 'Grenzen ausloten' und geschieht manchmal aus Scham oder Furcht, die Mutter könnte Wünsche ausschlagen oder das Kind möchte eben genau das haben, was das andere auch hat.

Irgendwann hörte es jedenfalls mit den 'Diebstählen' wieder auf.

Und es herrschte 'ABSOLUTE RUHE', NEUN Jahre lang(...).

11

3.3. Die digitale Kreativität der Generation Z

Die Angehörigen der Generation Z wachsen als *digital natives* auf. Entsprechend unkompliziert, professionell und kreativ ist ihr Umgang mit den digitalen Medien. Für die Generation Z ist noch eine Elterngeneration verantwortlich, deren Angehörige 'analog' oder aber als *'digital immigrants'* sozialisiert wurden. Dies stellt Eltern vor besondere erzieherische Herausforderungen. In diesem Kapitel geht es um die 'digitale Kreativität' in Form eines erstaunlichen Engagements der Jugendlichen und ihrer beeindruckenden Fähigkeit, elterliche Internetnutzungsbeschränkungen 'aufzuweichen', zu umgehen oder gar komplett 'auszuhebeln'. Dies betrifft vor allem das 'häusliche WLAN'. Auf die Internetnutzung außerhalb des eigenen Zuhauses haben Eltern nur bedingt Einfluss. Es besteht die Möglichkeit, Internetnutzungszeiten und besuchte Seiten digital zu 'kontrollieren'. Jenseits 'des heimischen Dunst-kreises' 'loggen' sich Teenager jedoch via 'mobile Daten' ins Internet ein oder in ein WLAN-Netz bei Freunden / im öffentlichen Raum. Der Möglichkeiten, 'häusliche WLAN-Einschränkungen' zu unterlaufen, gibt es viele, von recht harmlosen Varianten bis hin zu tendenziell 'kriminell' anmutenden. Die 'Internet- Sabotage' wird durch die Tatsache erleichtert, dass Jugendliche heutzutage keiner physischen Bibliothek gedruckter Rat-geber bedürfen, um ihr 'WLAN-Problem' schnellstmöglich zu lösen. Sie haben uneingeschränkt medialen Zugang zu einer ständig wachsenden Informationsflut in Form von Internet- Hilfeforen der Art 'Wie kann ich das Internet trotzdem nutzen, wenn meine Eltern es nicht erlauben?', Er-fahrungsberichten, Tipps rund um das Internet und digitalen Online-Rat-gebern. Diese digitalen Hilfsmittel machen es ihnen erst möglich oder zu-mindest erheblich leichter, Interneteinschränkungen 'auszuhebeln'. Da das Smartphone der ' verlängerte Arm' der Generation Z ist, ein Körperteil, auf der Jugendliche auf gar keinen Fall verzichten können und wollen, legen manche von ihnen ein unglaubliches Maß an Akribie, Energie und Erfindungsreichtum an den Tag, um möglichst uneingeschränkten Internetzugang zu haben.

Meine Tochter war solch eine Kandidatin.
Es ist keine Lösung, die Internetnutzungszeit nicht zu reglementieren oder nicht zu kontrollieren. Die Pubertät ist eine sehr sensible Entwicklungsphase der Jugendlichen und die Gefahren, denen sie sich im Internet aussetzen, sind groß.

Meine Tochter bekam ihr erstes Smartphone **2015** zu Weihnachten. Ziemlich bald danach befanden wir uns über Jahre in einem alltäglichen 'Kampf' um die digitale Nutzungszeit.

Die harmlosen Vertreter[*] unter den pubertierenden 'Smartphone-Junkies' und auch die, die später zu effektiveren Methoden greifen, versuchen ihren Eltern zu erklären, warum die WLAN-Nutzungszeit unbedingt 'ausgeweitet' werden muss. Sie haben z.B. das von den Eltern eingeräumte WLAN-Nutzungskontingent ausschließlich für schulische Recherchen verbraucht. Man könne als Eltern sicher nachvollziehen, dass sie im Anschluss noch 'einmal eben schnell und ganz kurz' 'privat' ins Internet müssten. Heranwachsende behaupten, das Internet hätte über einen langen Zeitraum eine 'krasse Störung' gehabt, und das, obwohl man als Sorgeberechtigte nebenan im Wohnzimmer mit dem eigenen Smartphone die ganze Zeit problemlos verbunden war und merkwürdigerweise von dieser 'vermeintlichen digitalen Apokalypse' gar nicht betroffen war.
Auch in einem solchen 'Ausnahmefall' müsste weitere Nutzungszeit von den Eltern eingeräumt werden.
Dem Einfallsreichtum der Jugendlichen sind hier keine Grenzen gesetzt. Die verbalen Überredungsversuche sind in der Pubertät so phantasievoll wie 'sympathisch'. Die meisten Eltern räumen dann auch eine weitere WLAN-Nutzung ein. 'Schule' ist in ihren Ohren ein tragfähiges Argument. Sie wollen ihren Kindern glauben. Manchmal sind sie auch einfach des Diskutierens müde und werden sporadisch inkonsequent. Eltern sind auch 'nur' Menschen.

_____ [*]Aus Gründen der besseren Lesbarkeit sind mit der 'männlichen' Form eines Substantivs stets alle drei Gender-Formen w/m/d gemeint.

Andere Jugendliche greifen zu rigorosen Maßnahmen.
Meine Tochter war solch eine Kandidatin.
'Professionelle' und tendenziell 'kriminellere' Methoden treten quantitativ häufiger auf, je (…)

* 'verschobener' die Hierarchie zuhause ist
* weniger Respekt Erziehungsberechtigte 'genießen' und je weniger Sorgeberechtigte als Autoritätspersonen anerkannt werden.
* 'cleverer' und 'mutiger' Ihr Kind ist
* mehr 'kriminelle Energie' und 'Einfallsreichtum' zur Verfügung stehen
* größer die 'pubertäre Not' ist, sich im Internet Anerkennung zu verschaffen
* mehr das reale Leben 'auf Sparflamme' läuft, weil z.b. wenige Freunde 'greifbar' sind
* geringer die sportlichen Interessen sind
* mehr das 'reale Leben' in ein 'virtuelles' verlagert wird ('Stubenhocker-Dasein/Isolation')
* rigoroser Sie versuchen, den digitalen 'Ausuferungen' 'gegenzusteuern' (= 'Endphase', wenn bereits alles 'im Argen liegt.')

Bei uns zuhause kamen folgende Methoden zur Anwendung:

1. Die **Wlan-Zugangs-ID** (das Router-Passwort) wird vom Router* abgeschrieben oder moderner mit dem Smartphone abfotografiert und in das eigene, internetfähige Gerät eingegeben, so dass man als Jugendlicher 'autonom' die Internetzeit 'regeln' kann. Wenn Sie nicht zu den Eltern gehören, die ihr Kind 24 Stunden am Tag kontrollieren, bleibt solches erst einmal von Ihnen unbemerkt. Hier genügt es, den Router in einen verschließbaren Schrank zu räumen oder aber die Zugangsnummer, sprich das Online-Passwort, manuell zu ändern und unzugänglich aufzubewahren.

-----

* Wir nutzten die *Fritzbox von Netcologne* bzw. den *Telekom-Router*.

2. Es wird eine **IP-Adresse für das eigene internetfähige Gerät generiert.** Jugendliche können sich auf diese Art als Administrator einloggen und haben dann über das Internet und ihre Nutzungs-Zeiten 'freie Hand'. Damit schalten Ihre Kinder sämtliche Internet-Regulierungs-maßnahmen aus, die zuvor problemlos funktionierten, wie z.B. eine Internetzeitschaltuhr via Router (→ Kap.10 Anhang Link). Dieses Vorgehen Ihrer Tochter bleibt nur dann von Ihnen unbemerkt, wenn es mitten in der Nacht 'geschieht' und Sie bereits fest schlafen oder aber Ihr eigenes internetfähiges Gerät temporär nicht nutzen. Sobald Sie aber mit ihrem Gerät ins Internet wollen, fällt der 'digitale Eingriff ' Ihrer Tochter auf (→Kap. 4.18.).

3. Ist Ihre Tochter auf *Instagram* und Co aktiv und Sie wollen ihr folgen, was Ihre Tochter unterbinden möchte, weil sie z.B. 'Geheimnisse' hat, auf ihre 'Privatsphäre' Wert legt oder 'Dinge treibt', die sie besser unterlassen sollte, besteht die Möglichkeit, *Instagram*-Profile zu kreieren mit Namen, auf die Sie niemals kämen. Auf diese Weise ist Ihre Tochter bei *Instagram* nicht mehr auffindbar.Sie haben keine Chance, Ihrem 'Spross' zu folgen, um sich seine Videos, Fotos und Kontakte ('Follower') anzusehen. Ihre Tochter stellt ihr 'Profil auf 'Privat', damit sie auch ganz sicher vor Ihnen ist. Sie hat dann kein *Instagram*-Profil mehr, das da heißt Marie-Meier05, sondern durchaus 'abstruse' Alternativen. Niemals kämen Sie auf die Idee, Ihre Tochter unter solch einem Profilnamen zu 'suchen' (→Kap. 4.18.).

4. Um Zugang zu Plattformen und Foren zu bekommen, die eigentlich erst für ein bestimmtes Alter vorgesehen sind, 'altern' Jugendliche plötzlich um viele Jahre und melden sich mit einem **fingierten Geburtsdatum** an. Meine Tochter war mit zwölf plötzlich 25 Jahre alt, geboren **1995**, immer dann, wenn sie mit ihrem tatsächlichen biologischen Alter offiziell keine Zugangsberechtigung erhalten hätte.

Meine Tochter besaß **vier** *Instagram*-Accounts und eine ganze Reihe von Profilen auf diversen Internetplattformen wie z.B. Online-Partnerbörsen nebst entsprechender anonymer Email-Adressen. Ich gehöre nicht zu den Müttern, die die 'beste Freundin' ihrer Tochter sein wollen. Ich wäre nie auf die Idee gekommen, meiner Tochter auf *Instagram* zu folgen, um an jedem Detail ihres Lebens teilzunehmen, während sie gerade versucht, mich in der Pubertät 'auf Abstand zu halten'. Freunde sind in der Adoleszenz wichtiger als die eigenen Eltern.

Erst im **Juli 2020** versuchte ich, ihr auf *Instagram* zu folgen und mir ein Bild von dem tatsächlichen Ausmaß und der Problematik der Internetaktivitäten meiner Tochter zu machen (→Kap. 4.18.).

Instagram[5] halte ich persönlich für eine sehr interessante und nützliche App. Ich ließ mich von anderen Nutzern 'überzeugen'. Bis **2015** oder **2016** wehrte ich mich übrigens vehement gegen ein eigenes Smartphone. Mir reichte mein 'Klapphandy'. Heute weiß ich die Möglichkeiten des Smartphones zu schätzen._____

---

[5] *Instagram* ist ein werbefinanzierter Onlinedienst zum Teilen von Fotos und Videos, der im Oktober **2010** auf den Markt kam und zu *Facebook* gehört, daher ist der Datenschutz zweifelhaft. Es ist eine Mischung aus Mikroblog (= ein kleines 'Tagebuch' mit max. 200 Zeichen) und audiovisueller Plattform und ermöglicht, Fotos auch in anderen sozialen Netzwerken zu verbreiten. Sie werden gefragt, ob Sie Fotos, die Sie gerade bei *Instagram* 'gepostet' haben, auch bei Facebook platzieren wollen.

Im **Mai 2020** fragte mich meine Tochter, ob sie für vier Tage nach Amerika fliegen dürfe. Sie hätte jemanden in den sozialen Netzwerken kennengelernt, der sie in die USA eingeladen hätte. Sie wollte ein Konzert dort besuchen und dieser Unbekannte würde 'natürlich' alles bezahlen. Die Frage meiner Tochter empfand ich als 'unverblümt' bis 'haarsträubend'. Ich lehnte ihren Wunsch ab. Sie reagierte 'ungehalten'. Sie war gerade erst fünfzehn Jahre alt und ich schicke meine Tochter doch nicht zu einem völlig Fremden 'über den großen Teich'.

Sollten Sie bei Ihrer Tochter ein gewisses digitales 'Risiko' 'wittern' und befürchten, sie könne medial auf 'Abwege' geraten, lassen Sie sich ihre Kontakte in regelmäßigen Abständen zeigen. Dann wird es ihr zur 'lästigen' Gewohnheit. Ihre Tochter wird sich je nach Alter und Temperament mehr oder weniger stark gegen diesen 'Eingriff' wehren und das Gegen-Argument 'Privatsphäre' anführen. Argumentieren Sie mit Ihrem Erziehungsauftrag und Ihrer Verantwortung gegenüber 'einer Schutzbefohlenen' dagegen. Im Verdachtsfall müssen Sie hartnäckig durchgreifen. Sie sind dazu verpflichtet.
Andernfalls verlieren beide, Ihre Tochter und vor allem Sie, den Überblick darüber, welche 'Dramen' sich hinter den 'Kulissen' abspielen.

In den letzten zwei Jahren habe ich digital 'Unmengen' dazugelernt, aber die Zeit, die ich diesem 'heiklen' Thema gewidmet habe, nur um anfangs vergeblich 'Gefahrenabwehr' bei meiner eigenen Tochter zu betreiben, hätte ich mir gern 'erspart', von der 'verbrauchten Energie', den 'brachliegenden Nerven' und den negativen Gefühlen ganz zu schweigen.

Es gibt Eltern, die behaupten immer wieder hartnäckig, dass sie fürchten, wenn sie ihre Kinder im Netz kontrollieren, könnten die Jugendlichen denken, dass Erziehungsberechtigte ihnen nicht vertrauen.
Diesen Sorgeberechtigten sind die digitalen Gefahren noch nicht bewusst (genug). Das eine hat mit dem anderen nichts zu tun. Kontrolle und Vertrauen müssen sich in einem solchen Fall nicht ausschließen.
Diese 'irrige' Sichtweise hängt auch mit dem Phänomen der 'Symbiose' zusammen, der 'Verschmelzung' mit dem eigenen Kind und dem Wunsch, von seinen Kindern um jeden Preis und vor allem ständig geliebt werden zu wollen.

Interessieren Sie sich und schauen Sie hin!

Ihre Kinder werden Sie lieben und auch zwischendurch hassen. Das gehört zur Pubertät dazu. Es ändert nichts an den Gefühlen ihrer Kinder, wenn Sie sich deren Kontakte je nach Notwendigkeit bisweilen auch regelmäßig im Display ihrer Smartphones zeigen lassen.
Machen Sie möglichst nicht zu spät von ihrem Erziehungsauftrag Gebrauch. Erklären Sie sich ihren Kindern. Respektvoll, sachlich und bestimmt. Sie müssen auch nicht alle technischen Feinheiten beherrschen. Es genügt, aufmerksam zu sein. Technische oder digitale Unterstützung lässt sich finden.

Es gibt so unendlich viele Orte, wo Sie im Internet genauer hinschauen können und sollten. Das erfordert in den 'Hochphasen' viel Zeit, eine Menge Ausdauer und eine gute 'Portion' Nerven. Daher ist es ratsam, sich zeitnah mit dieser durchaus abwechslungsreichen Aufgabe vertraut zu machen.

Bei meiner Tochter tauchten in 'schöner Regelmäßigkeit' 'mysteriöse' Kontakte in ihrer Telefon-Liste auf.

Es begann bereits, als sie zwölf Jahre alt war.

3.4. Das Gefahrenpotential des Smartphones für pubertierende Mädchen

'Gefahrenpotential' oder 'Gefährdungspotential' beinhaltet die Worte 'Gefahr' und 'Potential'. Mit 'Gefahr' ist eine Situation gemeint, die negative Folgen zur Auswirkung haben kann .'Potential' von 'potentia' (Lateinisch: Stärke, Macht) bedeutet die 'Möglichkeit zur Entwicklung noch nicht ausgeschöpfter Möglichkeiten'. So weit zum Wortsinn.

Es geht in diesem Kapitel um mögliche, negative Auswirkungen des Smartphones (Internets) auf die Gesundheit, die Psyche und die mentale Entwicklung eines Jugendlichen mit besonderem Augenmerk auf junge Mädchen.

Es werden nicht alle Gefahren wie z.B. 'Cyber-Mobbing' näher betrachtet, sondern nur jene, die in der Krise mit meiner Tochter eine maßgebliche Rolle spielten.

Es gibt verschiedene Ausprägungen der 'Internetsucht'. 'Weibliche Wesen' kommunizieren von Natur aus gern, insofern ist die 'Kommunikationssucht' unter Jugendlichen weiblichen Geschlechts stärker verbreitet als unter männlichen[6]

In der Pubertät verändert sich der 'weibliche Körper'. Er reift heran. Mitte des 19. Jahrhunderts bekamen die Mädchen mit knapp 17 Jahren ihre erste Regelblutung.

Neil Postman[2] setzte das Eintreten der ersten Periode mit 14 Jahren (Mitte der 80iger Jahre) in Relation zu seiner Thematik des 'Verschwindens der Kindheit. Experten betrachten die Verbesserung der Ernährungslage im laufenden Jahrhundert und das Gesundheitsbewusstsein der Eltern als Mit-Ursache für eine immer früher eintretende Regelblutung. Viele junge Mädchen 'leiden' durch 'falsche' Ernährung und mangelnde Bewegung bereits an 'Übergewicht'. Je mehr Fett im Körper eingelagert wird, um so früher setzt die erste Regelblutung ein. Forscher der Universität Florenz sehen sogar einen Zusammenhang zwischen steigendem Fernseh- und Computerkonsum und einem stets früheren Eintritt der

Regelblutung[7]. Im 21. Jahrhundert bekommen Mädchen im Durchschnitt mit 12,5 Jahren (zwischen 10 und 16 Jahren) ihre erste Periode. Die 'Schere' zwischen körperlicher und psychischer Reife wird bei Jugendlichen heute immer größer. Es handelt sich um ein nicht zu vernachlässigendes Problem.

Dass Körper und Psyche nicht mehr 'wie früher' zeitlich und entwicklungsbezogen miteinander 'in Einklang sind', führt zu erheblichen Schwierigkeiten.
Jugendliche 'hadern' im Umgang mit der 'Diskrepanz' zwischen Körper und Psyche. Für ihre Eltern ist der Umgang mit ihnen z.B. bei sexueller Frühreife und dem damit verbundenen Drang, Sexualität unmittelbar auszuleben bzw. sich medial mit Dingen auseinanderzusetzen, die für spätere Entwicklungsstufen angemessen sind, bisweilen schwierig.
Meine Tochter war mit elf oder zwölf Jahren die Erste in ihrer Klasse, die ihre Regelblutung bekam. Uns beide erfüllte dieses 'Ereignis' mit einem gewissen Stolz. Die 'Pubertät' ist, insbesondere bei Teenagerinnen, eine Zeit der großen 'Unsicherheit', der 'Launenhaftigkeit', der 'Unberechenbarkeit' und der 'Vergesslichkeit'. Es ist auch eine Phase der großen Unzufriedenheit mit dem eigenen, sich verändernden Körper. Essstörungen und Suizidgedanken sind in diesem Lebensabschnitt keine Seltenheit. Jedes zweite pubertierende Mädchen empfindet sich als zu dick. Jede/r sechste/r von Magersucht Betroffene/r stirbt an den Folgeerkrankungen der Sucht. Auch meine Tochter war mit ihrem Körper unzufrieden. Sie entwickelte 'Minderwertigkeitskomplexe', weil sie sich mit 13/14 als 'zu klein', 'zu dick' und 'hässlich' empfand. Ich nahm sie ernst, aber ich interpretierte ihre 'zerfleischende' Selbstkritik und negative Einstellung sich selbst gegenüber zunächst als 'Scherz'. Ihre Aussagen wirkten auf mich übertrieben. Immer wieder sagte ich ihr, dass ich sie liebe und 'schön' finde. Das dachte ich und konnte ich auch mit eigenen Augen sehen. Meine Komplimente entsprangen nicht meiner 'Rolle' als Mutter. Meine Tochter hat tolle Haare und wunderschöne grüne Augen. Ihr Lachen ist ansteckend und sie verfügt über ein großes Talent, sich selbst zu schminken, so dass ich sie mitunter für 'eigene Zwecke' 'engagierte', um mich für wichtige Termine professionell 'aufhübschen' zu lassen.

Ich empfand meine Tochter mit ein paar Kilogramm zu viel auf den 'Rippen' eher als sinnlich als zu dick und vermutete, dass sich das 'auswachsen' würde'. Kaum eine Frau hat natürlicherweise Oberschenkel, die 'Salzstangen' gleichen. Und wer, bitte schön, möchte die überhaupt haben? Ich bestätigte meine Tochter immer wieder positiv und versuchte, gegen ihre 'großen Selbstzweifel' anzukämpfen. Machen Sie das in Ihrer Rolle als Mutter, ist das jedoch müßig, denn ihre Bemühungen werden in einer Phase, in der andere, z.B. Freunde, wichtiger sind, nicht wertgeschätzt. Jugendliche in der Pubertät unterstellen, dass Mütter 'nur' aus Liebe oder um das verzweifelte Kind zu beschwichtigen, 'Komplimente' machen. Mutter 'lügt'. 'Dünn' war meine Tochter nicht. Aber gut proportioniert. In den letzten Jahren nahm sie zu und war daran nicht 'unschuldig'. Ich erwähne das Thema 'Gewicht', weil es mitursächlich für 'Unsicherheiten' meiner Tochter war und ein Thema unserer 'Konflikte'. Somit war es auch mit-kausal für das Handeln meiner Tochter im Internet. Sie 'vertilgte' Süßigkeiten in großen Mengen, lebte aber frei nach Winston Churchills Motto 'No Sports'***. Bis zum 12. Lebensjahr meiner Tochter unternahmen wir viele lange und wunderschöne Wanderungen und ich hatte immer das Gefühl, dass es ihr Spaß machte. Ich weiß nicht, was für die Antipathie meiner Tochter gegen Sport ursächlich ist. Vielleicht gibt es genetische Gründe. Ihr Vater betätigt sich genauso wenig körperlich wie seine Tochter. Es mag aber auch damit zusammenhängen, dass ich eine Sportfreundin bin und seit meiner Jugend jogge, Fahrrad fahre, schwimme und wandere. Ich brauche Bewegung wie die Luft zum Atmen. Die Sportantipathie meiner Tochter könnte eine Option sein, sich von mir abzugrenzen. Den Zusammenhang zwischen Ernährung und Bewegung, Bewegung und Körpergefühl habe ich ihr immer wieder erläutert. In der Theorie war er ihr klar. Sie wollte überdurchschnittlich viel essen, also sollte sie sich bewegen. Sie sollte sich überhaupt bewegen, unabhängig vom Essen. Sie wollte überdurchschnittlich essen und sich nicht bewegen.

_____ *** Winston Churchill (1874-1965), ehemaliger britischer Premierminister und ein leidenschaftlicher Whiskytrinker und Zigarrenraucher. Auf die Frage eines Reporters, wie er 'trotz allem' so alt werden konnte, soll seine Antwort 'No Sports' gelautet haben.

Als meine Tochter die 4. Klasse der Grundschule besuchte, kaufte sie sich Laufschuhe und tat kund , dass sie nun täglich trainieren würde. Es blieb bei einem Mal. Sie lief ein paar Runden um den Sportplatz in unserem Dorf. Ich fand das toll und übte keinen Druck hinsichtlich einer Fortsetzung aus. 1,5 Jahre lang konnte ich sie dazu motivieren, Hip-Hop zu praktizieren. Es machte ihr Spaß, auch wenn der Kurs nur 45 Minuten dauerte und man aufgrund seiner Gestaltung nicht gerade von 'Hochleistungssport' sprechen konnte. An dem Tag, an dem ich meine Tochter nach anderthalb Jahren Fahrerei bat, dass sie nun bitte alleine zum Kurs fahren möge, weil ich durch Stau oft länger für die Anfahrt brauchte, als das Tanzen überhaupt dauerte, wollte sie nicht mehr. Ich sollte sie sofort von Hip-Hop abmelden. Das tat ich dann auch 'brav'. Meine Tochter war zu bequem und zu wenig motiviert, zum Hip-Hop mit der Straßenbahn zu fahren, um der Gruppe dort 'treu' zu bleiben.

Ich radelte meine ganze Jugend hindurch zur Schule und zu allen Aktivitäten, waren sie noch so weit weg. Es war bei uns zuhause nicht üblich, dass wir 'herumkutschiert' wurden, auch wenn mein Vater das sicher gemacht hätte. Wir wollten unabhängig sein und es war selbstverständlich, dass wir radelten. Viel spaßiger nur unter Jugendlichen war es obendrein auch noch. Meine Sichtweise hat nichts damit zu tun, dass ich spät Mutter wurde oder einer anderen Generation angehöre. Ich empfinde die damalige Variante als die gesündere und die natürlichere. Sie wäre auch für heutige Jugendliche zu befürworten. Reiten. Jahrelang versuchte ich, meine Tochter dafür zu begeistern. Ich vereinbarte Reitstunden und Ausflüge zu Pferd auf verschiedenen Höfen in diversen Städten. Ich führte sie 'hoch zu Ross' auf Waldspaziergängen. Als meine Tochter vom Pferd fiel, weil das Tier scheute, war 'der Ofen aus'. Danach versuchte ich, sie für Ponys zu begeistern, insbesondere für Rassen, von denen bekannt ist, dass sie 'die Ruhe weg haben'. Ich scheute keine Kosten und Mühen, 14 Jahre lang, damit meine Tochter 'Anbindung' und ein Hobby außerhalb unserer vier Wände für sich findet, für das sie 'brennt'. Alles andere, wozu ich sie animieren konnte, auch damit sie Kontakte knüpft und Freundschaften schließt, war dann nicht sportlicher Natur, z.B. zu einem Theater-/Schau-Spielkurs, einem Mal-Kurs (**2019**) und einem Nähkurs.

Meine Tochter besuchte die Kurse dann immer kurzfristig mit Freude. Dann war es aber auch gut. Zum Eintritt in irgendeinen Sportverein konnte ich sie nie bewegen. Ich bot alle denkbaren Sportarten an bis hin zum Kickboxen. Sie wollte nie. Sie wollte es auch nicht ausprobieren. In der Schule machte meiner Tochter sporadisch Volleyball Spaß. Auch das wollte sie allerdings nicht zum Hobby ausbauen Ich war in meiner Jugend über viele Jahre im Reit-, im Basketball- und im Tauchverein der DLRG. Ich absolvierte das Rettungsschwimmer-Abzeichen und den Surfschein. Draußen auf der Straße spielte ich Softball mit meinen Freunden und fuhr ganztags mit den Skaterollern oder dem Fahrrad durch die Gegend. Ein Pferd hatte ich auch, 'Marc'. Ich zähle das hier nicht alles auf, weil ich mich in ein besonderes Licht rücken möchte. Ich tue es, um meiner Verwunderung Nachdruck zu verleihen. Im Gegensatz zu meiner Tochter, machten mir meine Eltern nie irgendetwas 'schmackhaft' oder versuchten, mich zu einem Hobby zu motivieren. Es war mir selbst immer ein intrinsisches Bedürfnis, mich zu bewegen, vieles kennenzulernen, aktiv zu sein bzw. das zu machen, was meine Freunde auch taten.

Diäten' lehne ich persönlich rigoros ab. Zu meiner Tochter sagte ich deshalb:

„Beweg dich doch ein Stündchen. Dann kannst du auch die Süßigkeiten essen. Ich möchte nicht, dass Du eine Diät machst. Auf keinen Fall!"

Regelmäßig erläuterte ich meiner Tochter die Nachteile und die Unsinnigkeit von Diäten, v.a. im Wachstum, sowie den Zusammenhang zwischen Kalorienbedarf und -verbrauch, insbesondere, wenn ich das Gefühl hatte, meine Tochter wollte eine Diät machen, um ihr Körpergefühl zu verbessern. Solch eine Maßnahme bestand dann meist daraus, dass sie auf alle Mahlzeiten verzichtete und sich stattdessen ausschließlich von Süßigkeiten ernährte. Ich war stets in Sorge, was ich ihr gegenüber aber nie äußerte, dass meine Tochter eine Essstörung entwickeln könnte, weil sie mit ihrem Körper so unzufrieden war.

Eine Essstörung wollte ich bei meiner Tochter auf jeden Fall vermeiden, da ich selbst den Leidensweg einer 'Anorexie' in meiner Jugend gegangen war. Ich weiß, wie es ist, wenn man an der 'Schwelle zum Tod' steht und wie verzweifelt Eltern sind, wenn sie einfach nicht helfen können. Ich weiß, wie schwer es ist, mental aus dieser 'Schleife' wieder herauszukommen. Anorexie oder Bulimie entwickelte meine Tochter nicht , aber ihr Essverhalten war deshalb nicht unbedingt normal.

Zu dieser 'gestörten' Sicht auf den eigenen Körper kommt die moderne, weit verbreitete Manie der Selbstdarstellung in den sozialen Medien. Unter Jugendlichen ist es üblich, ein Foto von sich in Unterwäsche zu 'posten', gegenseitig die eigenen Körper online zu vergleichen und diese auch mit einem 'Filter' künstlich zu bearbeiten. So entsteht ein verzerrtes Bild zwischen der Realität und der eigenen Darstellung im Internet. Die mediale Selbstinszenierung der anderen User maximiert den Leidensdruck bei denjenigen, die mit ihrem eigenen Aussehen und Körper unzufrieden sind. Sie möchten genauso sein und genauso aussehen. Kinder werden bereits ab Geburt mit Sexualität, Intimität, Körperschau und Leistungs-denken medial konfrontiert.

Das hatten wir schon einmal, auch in meiner Jugend, wenn uns z.B. 'Fotomodelle' auf den Covern der Zeitschriften und Hochglanzmagazine spärlich bekleidet entgegen lächelten. Dennoch hat sich dieses Problem seit den **90**iger Jahren potenziert, einerseits dadurch, dass die Körperdar-stellung im Internet in einem viel größeren Ausmaß mit einer potentiell viel größeren Reichweite stattfindet, andererseits dadurch, dass es nicht 'fremde Models' sind, die körperlich dargestellt werden, sondern die Jugendlichen selbst sind die Akteure und verstärken somit gegenseitig den Druck aufeinander und auf andere Gleichaltrige:

„Im Schnitt posten Kinder 26 Mal am Tag –
insgesamt etwa 70 000 Posts bis zum Alter von 18 Jahren"
(Hurrelmann 2020:105).

Wenn in der Pubertät im Körper die Hormone 'sprießen', entsteht auch bei Mädchen der dringende Wunsch, die 'erste Liebe' zu erfahren bzw. 'Sexualität' zu (er)leben. In ihrer großen Verunsicherung sehnen sie sich nach einer Bestätigung des eigenen Körpers.

Die folgenden Faktoren waren bei meiner Tochter vorhanden. Sie waren die Generatoren für die Erhöhung des Gefahrenpotentials ihres Smartphones und somit wegbereitend für ihr Handeln im Internet.

1.'Frühreife':
In mentaler, sprachlicher und körperlicher, nicht in psychischer Hinsicht
Meist war meine Tochter Gleichaltrigen in ihrem 'biologischen Alter' ein Jahr voraus. Das kommt bei Kindern von Alleinerziehenden vor, die zur Selbstständigkeit erzogen werden. Zudem beschäftigte ich mich intensiv mit meiner Tochter und wir verbrachten viel 'Qualitätszeit' miteinander.

2.Eingeschränkte Kontakte:
Nach dem Wechsel auf die höhere Schule tat sich meine Tochter von der 5. bis zur 8. Klasse sehr schwer, feste Freundschaften zu 'knüpfen'. Sie litt unter einer Art 'Mobbing' im Klassenverband und fand keinen Anschluss in den Schul-Cliquen. Hierfür war allerdings auch das Verhalten meiner Tochter mit-kausal. Sie 'konsumierte' 'Freundschaften' eher, als dass sie sie pflegte. Sie grenzte sich selbst oft aus oder behandelte Schulkameradinnen 'geringschätzig'.

3. Das Fehlen 'gemischter Gruppen':
Das Leben meiner Tochter war vorwiegend 'weiblich' geprägt. Sie wuchs ohne Brüder mit ihrer Mutter allein auf. In der Grundschule unterrichteten vorwiegend Lehrerinnen. Sie besucht heute ein Mädchengymnasium. Meine Tochter hatte keine männlichen Freunde. Bis auf ihre Mitgliedschaft bei den Pfadfindern ist sie in keinem Verein. Die Jungen dort sind meist gleichaltrig und daher laut Aussage meiner Tochter 'uninteressant'. Das führte schon so manches Mal dazu, dass sie den Leiter der Pfadfinder 'anschwärmte'. Seit Juni 2020 hat meine Tochter einen festen Freund, J., und ist endlich Mitglied einer Clique.

4. Keine 'körperliche Bestätigung' durch Sport:
Es ist wissenschaftlich erwiesen, dass das Ausüben von Sport einen positiven Einfluss auf die eigene Körperwahrnehmung und das Selbstbewusstsein hat, was ein Vademekum hinsichtlich der in der Pubertät 'aufkeimenden' Minderwertigkeitskomplexe sein kann. Wer Sport treibt, fühlt sich nicht nur selbst gut, sondern wird meist auch noch von anderen, Sportlern, Freunden, in seinen sportlichen Aktivitäten bestätigt (Doppeleffekt). Des weiteren ist das Praktizieren von Sport eine sinnvolle Freizeitbeschäftigung für jemanden, der zu viel Muße hat und dann ggf. auf 'dumme Gedanken kommt'.

5. 'Stubenhocker-Dasein' und reduzierte schulische Leistungsbereitschaft:
In der Pubertät hat kaum ein Jugendlicher 'Bock' auf Schule. Bis Klasse 4 hatte meine Tochter nichts für die Schule tun müssen. Ab Klasse 5 tat sie kaum etwas für die Schule. In einigen Fächern wie z.B. Fremdsprachen war das sicher auch nicht nötig, in anderen, wie z.B. Mathematik und Naturwissenschaften, hingegen schon. Da meine Tochter die Hausaufgaben meist noch schnell in der Schule erledigte und zwar in dem Moment, in dem sie aufgegeben wurden, und ansonsten kaum lernte, hatte sie zu viel Muße-Zeit. In 'Deutsch' und 'Französisch' verschlechterten sich ihre Noten bis zur Klasse 9 trotz ihres Sprachtalents um jeweils zwei Schulnoten . In Klasse 10 hat sie bereits zwei Defizitkurse und die mündliche Beteiligung lässt in allen Fächern zu wünschen übrig.

6. Neugier und Risikobereitschaft:
Typische Symptome der Pubertät. Inwiefern sie auftreten und in welcher Ausprägung, hängt allerdings auch von dem Wesen des Jugendlichen und von seinen Erziehungsumständen ab.

7. Viel Freiheit und Eigenverantwortung:
Ursache: Mein Erziehungsstil.

8. Ein 'getrübter' Realitätssinn' und eine manifeste 'Unbelehrbarkeit': Hinsichtlich der Gefahrenpotentiale im Internet Meine Tochter glaubte mir nicht, dass das Internet 'nicht vergisst' und betrachtete es stattdessen als anonymen 'Spielplatz' für ihre ersten sexuellen Erfahrungen.

Einige der hier genannten Faktoren treten typischerweise in der Pubertät auf, andere sind durch den Charakter des Jugendlichen und seine Lebensumstände bedingt.

„Die Katze biss sich in den Schwanz!"

12

Je mehr Zeit meine Tochter mit ihrem Smartphone auf ihrem Bett liegend verbrachte, um so weniger 'raffte' sie sich auf, auf anderen, z.B. analogen Wegen, Kontakt zu Gleichaltrigen zu suchen. Sie war unmotiviert, eine Freundin anzurufen oder Treffen zu initiieren.

Meine Tochter war in ihrer 'eigenen digitalen' Welt 'gefangen' und 'konnte' daher unsere Wohnung nicht mehr verlassen. Noch problematischer war es, wenn sie Schulferien hatte oder ich nicht zuhause war.

In Momenten, in denen ich mich besonders ärgerte, stellte ich mir vor, wie ich ihr Bett aus ihrem Zimmer räumte. Dann hätte sie wenigstens stehen oder mit dem Smartphone im Kreis laufen müssen. Ich vermute, meine Tochter hätte sich dann einfach auf den Boden gelegt.

13

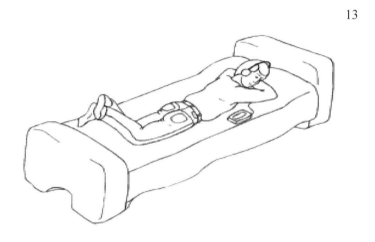

Zum 'ewigen Im-Bett-Liegen' gibt es übrigens eine interessante Studie:

Die **Dallas Bed and Rest Study**[8] von **1966**. Fünf gesunde Zwanzigjährige durften drei Wochen lang das Bett nicht verlassen. Die Wissenschaftler schätzten, dass ihre Muskulatur und Atmung auf dem Niveau von 60jährigen waren, als der Versuch nach drei Wochen abgeschlossen war.

Leider sprach meine Tochter nicht mit mir über ihren 'Drang', unbedingt körperlich bestätigt werden zu wollen. Ich hätte wahrscheinlich 'Anlauf-Schwierigkeiten' gehabt, mich in ihre Situation und ihre Bedürfnisse hineinzufühlen. Ich war in ihrem Alter anders . Ich teilte meine Kindheit und Jugend mit Jungen. Ich wuchs mit zwei Brüdern auf, die ständig eine 'Horde' Freunde um sich 'scharrten'. Die höhere Schule, die ich besuchte, war gemischt. Obwohl ich nur eine mittelmäßige Schülerin war, war ich 'strebsam' und Mitglied in diversen Gender-gemischten Vereinen. Ich war ein ausgemachter 'Spätzünder', selbstbewusst, sportlich aktiv und hatte eine Clique.

Als die Zeit reif dafür war, verliebte ich mich analog. Deshalb bin ich unsicher, wie es sich anfühlen muss, wenn man seine Jugend so völlig anders erlebt.

Ich hätte mir für meine Tochter ein bisschen mehr Geduld gewünscht, bis die Dinge sich auf 'natürliche' Weise entwickeln, so wie dann im Sommer 2020 geschehen. Es wäre wichtig gewesen, dass sie, obwohl sie im Grunde ein 'starkes Mädchen' ist, dem Gruppenzwang in ihrer Klasse hätte besser widerstehen können. Ab Klasse 9 tauschte man sich rege darüber aus, wer es schon 'hinter sich hatte'. Dieses Gesprächsthema schien unter den Jugendlichen zu dominieren. Allerdings stellt sich die Frage, ob alles wahr ist, was die 'Mädels' sich so erzählen oder ob sie sich nicht einfach nur vor den Kameradinnen profilieren wollen.

Ich sagte meiner Tochter immer , dass sie und ihr Körper etwas ganz Besonderes seien und möglichst nicht dem 'Erstbesten' zur 'Verfügung gestellt' werden sollten. In der Theorie pflichtete sie mir bei.

In der Praxis war der 'Sog' stärker als sie. 14

Aus meiner Perspektive sind für den **'Selbstdarstellungs-Drang'** der heutigen Jugendlichen nicht nur die Medien und die psychische Unreife unserer Kinder verantwortlich. Kinder und Jugendliche werden heute viel zu sehr von der Gesellschaft in den Mittelpunkt 'gerückt'. Das gibt ihnen Auftrieb und verstärkt das Gefühl in ihnen,sich mehr erlauben zu können, als sie eigentlich sollten.

Natürlich sind Kinder und Jugendliche 'unsere' Zukunft und selbstverständlich sind die meisten Jugendlichen phantastisch und im Gegensatz zu den beiden Vorgänger-Generationen endlich wieder politisch interessiert und engagiert. Nicht nur die Eltern legen den Fokus viel zu sehr auf ihre eigenen Kinder, sondern auch die Gesellschaft als solche. Das fängt bei Institutionen wie der Schule an. Je mehr Lehrer ihren Status als Respektsperson einbüßen, um so 'heftiger' tauschen sich Mütter mehrmals täglich über jede 'Kleinigkeit' in schulischen WhatsApp-Gruppen aus. Oft werden Dinge thematisiert, die die Jugendlichen selbst in die Hand nehmen sollten. In meiner Jugend wäre es unvorstellbar gewesen, dass meine Eltern mit Erziehungsberechtigten von Klassenkameraden der Klasse 10 'stundenlang' über die richtige oder falsche ISBN-Nummer für das zu kaufende Mathematik-Buch debattierten. Schüler der Klasse zehn sind 16 Jahre alt. Sie bereisen bereits selbstständig andere Kontinente wie Australien und die USA und sind daher mit Sicherheit auch in der Lage, sich um ihre eigenen Arbeitsmittel für die Schule zu kümmern. Durch den Umstand, dass Jugendlichen heute viel zu viel abgenommen wird und Eltern und Schule sich um nahezu alles kümmern, wird unseren Kindern eine Wichtigkeit suggeriert, die sie so nicht haben sollten und die dazu führen kann, dass sie sich in anderen Bereichen, z.B. im Internet, weder alterstypisch noch regelkonform verhalten!

So mancher Jugendlicher betrachtet sich heute als den

'NABEL DER WELT'. 15

3.5. Facetten medialer Süchte
Internetsucht Kommunikationssucht Sexting

Die Internet-Sucht hat viele Namen: 'Handysucht', 'Online-Sucht', 'Computersucht' oder 'computervermittelte Kommunikationssucht'. Es ist eine Verhaltenssucht, die zunehmend häufiger wird. Sie ist noch nicht ausreichend erforscht. Das Bundesministerium für Gesundheit geht davon aus, dass 1% der deutschen Bevölkerung zwischen 14 und 64 Jahren 'Internet-süchtig' ist (Stand 2019). Diese Zahl scheint der Autorin aufgrund der 'Dunkelziffer' und einer relativ schwierigen Diagnose zu niedrig angesetzt.Vor allem Jugendliche werden schnell in den 'Bann' der virtuellen Welt gezogen. Freunde, Familie und Schule verlieren an Bedeutung. Die Abschottung von der Wirklichkeit hat weitreichende Folgen für das soziale Leben und die Gesundheit und führt schlussendlich zur Vereinsamung.

Die folgenden Symptome der Internetsucht traten alle bei meiner Tochter auf:

- Vernachlässigung von Aufgaben: Im Haushalt

- Vernachlässigung sozialer Kontakte

- Leistungsabfall in der Schule: Bei meiner Tochter gab es **2015/2016** eine 'Zäsur' vom Wechsel von der Grundschule auf die weiterführende Schule. Es war kein Zufall, dass dies mit ihrem ersten Smartphone **2015** zeitlich zusammenfiel. Vor allem hasste meine Tochter es, in die Schule zu gehen. Bis heute. Sie empfindet Schule als absolut 'überflüssig' und würde diese nach ihrer Aussage am liebsten sofort verlassen.

- Vernachlässigung von Hobbys: Hobbys hat meine Tochter in einer überschaubaren Anzahl. Dazu zählen Zeichnen und Musik.

- Einen ausgeprägten Kontrollverlust bzgl. der Dauer und dem Zeitpunkt der Internetnutzung!

Das zuletzt genannte Symptom trat als erstes bei uns Zuhause auf. Es war die ganze Krise hindurch präsent und belastete am meisten.

Von Tag Eins des 'Einzugs' ihres Smartphones an war es meiner Tochter unmöglich, sich seinem medialen Sog zu entziehen.

Trotz fünf Jahre langen Übens, Regeln, Kontrollieren, unendlich vielen Gesprächen und Unterstützung durch eine Software gelang es meiner Tochter noch nicht einmal annähernd, sich 'medial' in den Griff zu bekommen'. Es wurde von Jahr zu Jahr 'schlimmer' bis es fast überhaupt keine Smartphone-Pausen mehr gab.

Dem ersten Augenaufschlag morgens folgte als nächstes der Griff zum Smartphone.
Eine Therapie wäre nur möglich gewesen, wenn meine Tochter dieser selbst zugestimmt hätte.
Meine Tochter hatte aus ihrer Sicht überhaupt kein Problem. Sie verhielte sich völlig 'normal'.
Ich schaute fünf Jahre lang als Mutter zu, ohne helfen zu können.
Traurig und bedrückend.

- Reizbarkeit bei Entzug:

Auch dieses Symptom zeigte meine Tochter in starker Ausprägung. Es war der Grund, warum sie sich vehement gegen die Software *Kaspersky Safe Kids* (→ Kap. 4.5.) wehrte.

Dennoch gehen viele leichtfertig mit den vielfältigen Online-Angeboten um. Das [Attraktivitätspotenzial] ist enorm, es treibt viele Eltern an die Grenze ihrer erzieherischen Möglichkeiten. Die Plattformen und Videospiele scheinen eine psychische Abhängigkeit, einen Suchtmechanismus einprogrammiert zu haben (Hurrelmann 2020:110).

Neben diesen souveränen Nutzern gibt es eine große Gruppe, die sich mehr schlecht als recht durch das Labyrinth der digitalen Verlockungen bewegt. Diese Jugendlichen, meist junge Männer, schätzungsweise 30 Prozent eines Jahrgangs, rutschen immer mal wieder in eine Abhängigkeitsschlaufe hinein, können sich aber nach einiger Zeit auch wieder daraus befreien. Ihre psychische Gesundheit und ihre soziale Kontaktfähigkeit stehen auf der Kippe. Sie sind schnell abgelenkt und fahrig. Durch die vielen virtuellen Umgangsformen sind sie es nicht mehr gewohnt, sich in realen sozialen Situationen angemessen zu verhalten, Höflichkeitsregeln einzuhalten und dem Gegenüber ins Auge zu sehen. Weil Konzentrationsfähigkeit und Ausdauer leiden, sinkt ihre Leistungsfähigkeit ab (Hurrelmann 2020: 111 f).

Der diagnostische und psychische Leitfaden für psychische Störungen(DPM) stellte bereits im Jahr 2013 folgende Diagnosekriterien zur Anerkennung der Internetsucht als psychische Störung auf:[9]

- Starkes Verlangen nach und ständige Beschäftigung mit dem Internet
- Entzugserscheinungen, wenn der Internetzugang weggenommen [oder reglementiert] wird
- Toleranzentwicklung mit zunehmender Ausdehnung des Internetgebrauchs
- Erfolglose Versuche, die Internetnutzung zu kontrollieren
- Weitere Nutzung des Internets, obwohl die negativen Konsequenzen bekannt sind
- Verlust anderer Interessen und Hobbys, abgesehen vom Internet
- Nutzung des Internets, um schlechte Stimmungen abzubauen
- Familienmitglieder [die Mutter] und andere Menschen werden hinsichtlich des Ausmaßes der Internetnutzung belogen
- Gefährdung wichtiger Beziehungen [zur Mutter, wenige Freundschaften] oder der Arbeitsstelle [Schule] durch den Internetgebrauch

Mindestens fünf dieser Kriterien müssen in einem Zeitraum von zwölf Monaten auftreten.

Bei meiner Tochter sind alle neun Kriterien aufgetreten über einen Zeitraum von zwei Jahren!

Männliche Jugendliche beschäftigen sich oft mit Computer- und Online-Spielen.

Mädchen verbringen die Zeit im Internet vorzugsweise in sozialen Netzwerken, wie beispielsweise Facebook [WhatsApp, Instagram, TikTok, Youtube]. Sie tauschen sich stundenlang mit Freunden [Klassenkameraden], aber auch [und dies war bei meiner Tochter vorrangig] unbekannten Personen im Netz aus. Das Internet bietet ihnen die Möglichkeit, sich so darzustellen, wie sie gerne sein möchten. Für viele ist es verlockend, die Persönlichkeit und das Aussehen verändern zu können [z.B. durch die auf einigen Plattformen angebotenen 'Foto-Filter', aber auch durch die kreative, manchmal realitätsferne Gestaltung des eigenen Profils nebst 'gefälschtem' Alter].Zudem ist man im Internet nie alleine. Fremde Menschen werden zu scheinbar guten Freunden, auch wenn man ihnen im echten Leben nie begegnet ist.
(Dobmeier, „Internetsucht", Fußnote 8).

Die Ursachen der Internetsucht wurden bislang kaum erforscht.
Experten sehen das Internet nicht als Ursache, sondern als Auslöser für die Internetsucht, der tiefer gehende psychische Konflikte zugrunde liegen:[10]

Kinder und Jugendliche, die sich mit sozialen Kontakten schwertun und eine Vorliebe für das Internet haben, sind besonders gefährdet, eine Internetsucht zu entwickeln. Denn wer in der echten Welt keine Freunde findet, der sucht sich diese heutzutage im Netz.

Zu den Ursachen zählen Einsamkeit, ein geringes Selbstwertgefühl, die Bildung eines Suchtgedächtnisses im Belohnungszentrum des Gehirns und auch soziale und familiäre Konflikte. In soziale Konflikte mit ihren Schulkameradinnen war meine Tochter oft 'verwickelt'. Es wurden Streitigkeiten online ausgetragen und meine Tochter erklärte dann relativ spontan Gleichaltrige zu Nicht-Mehr-Freundinnen. Sie blockierte sie bei WhatsApp oder 'verunglimpfte' Schulkameradinnen auf digitalem Wege. Familiäre Konflikte bei uns zuhause waren keine Ursache, sondern die logische Folge der jahrelangen Internetsucht meiner Tochter.

Meine Tochter praktizierte Aktivitäten im Internet, die sie besser hätte nicht tun sollen. Ihre ständigen Regelbrüche sowie ihr nicht alterstypisches Verhalten im Netz sowie ihre mangelnde Loyalität mir gegenüber führten zu Enttäuschung auf beiden Seiten und meiner sporadischen Hilflosigkeit im Umgang mit meiner Tochter.

Ob die Internetsucht **genetische Ursachen** hat, konnten die Wissenschaftler bis heute noch nicht eindeutig beweisen. Der Kindsvater meiner Tochter z.B. wies Süchte in ganz unterschiedlichen Lebensbereichen auf. Dazu gehört auch die Internet- und die Spielsucht. Sollte hier ein genetischer Zusammenhang hinsichtlich des Internetverhaltens meiner Tochter bestehen, so war ich stets davon ausgegangen, dass Umfeld und Erziehung einiges 'kompensieren' bzw. in andere, gesündere Bahnen lenken können. Es wird allgemein behauptet, dass Gene und Umwelteinflüsse jeweils 50% eines Charakters ausmachen würden.

Für den Begriff der **Smartphone-Sucht** existiert zurzeit noch keine einheitliche Definition.Es kann jedoch davon ausgegangen werden, dass sich aufgrund dieser Form von Abhängigkeit Symptome von Angst, innerer Leere oder Einsamkeit bei den betroffenen Personen manifestieren.

Dieses Verlangen nach Smartphone-Nutzung kann bei Betroffenen insbesondere in Momenten der Unproduktivität [Phasen, die bei meiner Tochter die Regel und nicht die Ausnahme waren],die unter anderem beim Bahn fahren oder in Pausensituationen entstehen, bewusst werden.

Durch die Erweiterung der Funktionsmöglichkeiten bei heutigen Smartphones entsteht das Gefühl einer Sucht nicht nur gegenüber dem Prozess der interpersonalen Kommunikation,sondern es zeigt sich auch in der Abhängigkeit danach, in unbeschäftigten Momenten[,] kurz noch einmal ein Video anzuschauen, im Internet nach irgendetwas zu suchen, Musik zu hören oder eine der anderen zahllosen Apps auf dem Smartphone zu benutzen. Damit vereint diese Form der Abhängigkeit im Grunde **mehrere Arten von Sucht** miteinander zu einer Kompilation von verschiedenen Süchten (Leung 2008: 5f).

Dr. Werner E. Platz ist Facharzt für Neurologie und Psychiatrie am Humboldt Klinikum in Berlin und beschäftigt sich seit mehreren Jahren mit der noch jungen Krankheit Onlinesucht. Er unterscheidet vorrangig drei Arten von Internetsucht:

Als Kommunikationssucht im Internet wird dabei die zwanghafte Kommunikation in Chats, über E-Mail und in Foren bezeichnet. Als Online-Spielsucht gilt das zügellose Spielen von Online-Games wie etwa "World of Warcraft". Als online-sexsüchtig gelten Menschen, die exzessiv Pornoseiten oder Cybersex-Chats besuchen[11].

Das Verhalten meiner Tochter ließ drei Arten von Internetsucht vermuten:

- Die Kommunikationssucht

- Die Cyber-Sex-Sucht /Sexting

- Die Videosucht

> Mit dem seit den **1990er Jahren** existierenden Begriff Cybersex (CS) werden verschiedene Formen der virtuellen Erotik, sexueller Interaktion und Pornografie bezeichnet, die mit Hilfe eines Computers oder über das Internet ausgelebt werden. Das Spektrum reicht von der reinen Betrachtung und/oder Masturbation beim Konsumieren pornografischer Bilder über sexuell anzügliche Chats oder den Austausch erotischer E-Mails innerhalb von Fernbeziehungen bis hin zur sexuellen Stimulation mit Hilfe von Datenhelmen oder Datenhandschuhen (Wikipedia Aufruf 07.09.2020).

Die 'Kommunikationssucht' meiner Tochter, für sich isoliert betrachtet, stellte keine Belastung dar. Das ständige 'Chatten' der Jugendlichen untereinander ersetzt heute das physische Zusammensein vergangener Zeiten.

Ich halte meine Tochter auch nicht für 'sexsüchtig'. Sie hat jedoch eine Art 'Sexting' im Internet betrieben: Sie suchte bewusst unbekannte, männliche Chatpartner in unterschiedlichen Foren (→ Kap. 4.2.).

Unter **Sexting** versteht man in Deutschland das Versenden erotischen Bildmaterials via Smartphone/Internet. Im weiteren Sinne meint es auch die Kommunikation über sexuelle Themen im Internet. Im engeren Sinne handelt es sich um 'dirty talk' zur gegenseitigen Erregung. 'Sexting' [engl. Sex + Texting].

Selbstgemachte Nacktbilder heißen **'Nelfies'**, als Pendant zum 'Selfie'.

Erschreckend für mich als Mutter war, dass meine Tochter wiederholt und über einen langen Zeitraum ein Verhalten im Internet zeigte, das gefährlich und verboten war.

Meine Tochter war in 'einschlägigen' Foren oft die Jüngste im Bunde und recht 'draufgängerisch' und 'eigeninitiativ' unterwegs, was in völligem Kontrast zu ihrem Verhalten stand, das sie in der Öffentlichkeit zeigte und ihr nützlich gewesen wäre, um analoge Freundschaften in der 'realen Welt' zu schließen.

Die Videosucht meiner Tochter war ein reiner 'Zeitklau'.

Sie konnte sich stundenlang Videos von YouTubern oder Instagram-Filmchen ansehen. Sie war die Followerin von vielen Youtubern und etlichen Instagrammern. Diese stellten wiederum viele Videos ins Netz. So war es ein Kreislauf ohne Ende. Meine Tochter konnte die Non-Stop-Video-Schleife von sich aus weder stoppen noch unterbrechen oder limitieren.

Unter den Videos, die sie 'konsumierte', waren auch einige eindeutigen Inhalts.

3.6. Zeitlicher Handlungsspielraum für Eltern

Eltern müssen Grenzen ziehen (→ Kap. 2.2.), damit Kinder und Jugendliche einen 'sicheren' Rahmen haben und sich an ihnen und ihren Eltern 'reiben' können. Jugendliche müssen Grenzen ausloten, austesten und auch 'übertreten' können. Es ist wichtig, ein Klima gegenseitigen Vertrauens und Respekts zu schaffen und ein gutes Vorbild zu sein.
Manchmal tun sich jedoch zwischen Theorie und Praxis abgrundtiefe Gräben auf. Wenn es Ihnen möglich sein sollte, achten Sie auf zwei Zeitpunkte in Ihrem Leben und vor allem im Leben Ihrer Tochter.

<u>Zeitpunkt Nr. 1:Alter: circa 9/10 Jahre</u>
(vor Eintritt in die Pubertät)
Die 'Zügel' noch einmal anziehen (reine Vorsichtsmaßnahme)

Ihre Tochter kommt wahrscheinlich früher in die Pubertät, als Sie vermuten.
Wenn Ihre Tochter ungefähr neun oder zehn Jahre alt ist und Sie vielleicht schon erste Veränderungen in ihrem Verhalten bemerkt haben (→ Kap.4.2.) , versuchen Sie, 'spontan' und 'sporadisch' etwas 'strenger' mit ihr zu sein als 'üblich', auch wenn es Ihnen schwer fällt. Seien Sie ruhig etwas 'unnachgiebiger' und konsequenter als üblich. Das verschafft Ihnen erst einmal einen Vorlauf an Respekt und Handlungsspielraum. Ihre Tochter wird Sie zunächst etwas 'merkwürdig' 'beäugen'. Das legt sich. Sie gewöhnt sich daran. Eventuell befinden Sie sich jetzt auch schon kurz vor oder vielleicht schon mitten in der Diskussionsphase hinsichtlich der Anschaffung eines ersten Smartphones.
Bleiben Sie auch hier möglichst 'hartnäckig' und 'konsequent' und kaufen für Ihre Tochter kein Smartphone, <u>bevor sie nicht 12 Jahre alt ist</u> oder wenigstens die 7. Schulklasse besucht. Selbst wenn alle Klassenkamerad*innen und überhaupt alle auf der 'ganzen Welt' laut Aussage Ihrer Tochter bereits ein Smartphone besitzen, bekommt sie eben bei Ihnen noch keines.

Sie haben Ihre guten Gründe. Stellen Sie ihr ein nicht Internet-fähiges Handy ab Klasse 4 oder 5 zur Verfügung. Schicken Sie Ihre Tochter regelmäßig in ihr Zimmer, jedenfalls öfter als vorher, wenn Sie scheinbar grundlos 'unflätig' oder Ihnen gegenüber respektlos reagiert. Wenn es Ihnen leichter fällt und Sie ein Hundefan sein sollten, stellen Sie sich die Erziehung eines Hundes vor. Sie respektieren ja auch keine Hundehaufen über Jahre in Ihrem Wohnzimmer, ohne einzugreifen. Irgendwann sollte der Hund schon stubenrein sein. Natürlich verhalten Sie sich Ihrer Tochter gegenüber auch generell respektvoll.

Erzählen Sie Ihrer Tochter nichts, was sie nichts angeht. Das sollten Sie sowieso nie tun. Wenn Sie das bis heute so praktiziert haben, warum auch immer, stellen Sie es bitte ab dem jetzigen Zeitpunkt ab. Gerade als Mutter neigt man bei Mädchen dazu. Das ist eine genetisch bedingte Solidarität unter weiblichen Wesen. Eine Frau geht prinzipiell erst einmal davon aus, dass eine andere sie verstünde und dass sie daher mit ihr alles teilen müsse oder könne, ungeachtet der Tatsache, wie alt ihr Gegenüber ist. Das ist ein **archetypisches Phänomen**. Seien Sie vorsichtig! Versuchen Sie nicht, die Freundin Ihrer Tochter zu sein. Ihre Tochter wird das später schamlos ausnutzen und gegen Sie verwenden.

<u>Auf den 'Erziehungs-Fehlern', die Sie genau zu diesem Zeitpunkt machen, baut sich das später nicht 'mehr manövrierfähige Verhalten' Ihrer pubertierenden Teenagerin auf!</u>

Das Handy oder Smartphone muss nachts aus dem Zimmer. Es dient auch nicht als Wecker. Es gibt viele bunte, schöne Exemplare. Kaufen Sie Ihrer Tochter einen. Nur zu kompliziert darf er nicht sein, sonst greift sie aufs Handy respektive Smartphone zurück, zumindest versucht sie das, weil die Bedienung angeblich 'kinderleicht' sei. Das ist 'Unsinn'. Für einen Laien ist ein Smartphone ein hochgradig kompliziertes Gerät, nicht aber für einen 'digital native' der Generation Z. Wir hatten einen ganz schlichten, digitalen Wecker bei uns zuhause. Der wurde trotz ständiger Ermahnung meinerseits nie von meiner Tochter in Betrieb genommen, weil sie angeblich die Gebrauchsanweisung nicht verstand. Das, obwohl meine Tochter spätestens seit ihrem 4. Lebensjahr technisch 'hochbegabt' war. Erkennen Sie Ausreden als solche und lassen Sie sie nicht durchgehen. Seien Sie wachsam und handlungsbereit!

Im Zweifel kümmern Sie sich selbst um die Installation des Weckers. Und noch einmal: Bleiben Sie unnachgiebig in Sachen Smartphone. Es dient einem höheren Zweck. Unabhängig davon, was Ihre Tochter entgegnet. Sie haben jetzt noch einmal eine **kurze 'Verschnaufpause',** um Ihre persönlichen 'Akkus' für die 'richtige Pubertät' aufzuladen. Sie werden sie brauchen!

16

Zeitpunkt Nr. 2: Alter circa 12/13 Jahre
(vor der 'Hochphase' der Pubertät, ansonsten ist es bereits zu 'spät')
Noch einmal Respekt verschaffen/letzte 'Korrekturmaßnahmen'

Auch für diese Altersphase gilt: Erarbeiten Sie sich ein weiteres Mal Respekt! Sind alle vereinbarten Regeln bei Ihnen zuhause klar? Werden sie zum größten Teil eingehalten? Weiß Ihre Tochter, dass Sie Ihre Mutter sind? Das klingt jetzt lapidar, aber Sie wissen, was ich meine. Ich meine es nicht 'biologisch'. Betrachtet Ihre Tochter Sie als Mutter oder ausschließlich als Haushälterin, 'Bedürfnis-Erfüllerin', nette Bekannte, Mitbewohnerin oder ihre persönliche Raumpflegerin? Sollte Sie das Gefühl 'beschleichen', dass all das zutreffen könnte, sollten Sie unbedingt das Ruder 'herumreißen'. Später werden Sie keine Chance mehr dazu haben. Schaffen Sie das zum jetzigen Zeitpunkt bereits nicht mehr allein, suchen Sie sich bitte Unterstützung, in der Familie, im Freundes- oder Bekanntenkreis und wenn es 'hart auf hart' kommt, durchaus auch professionell, rechtzeitig. Sitzen Sie nichts aus. 'Schämen' Sie sich nicht und spielen Sie bitte nichts herunter. Ihre Tochter betrachtet Sie als 'Mutter' im positiven Sinne, wenn sie Sie mit 'Mama, Mutti' o.s.ä. anspricht. Sie macht Ihnen keine Vorwürfe, wenn Sie selbst einmal auf Ihr eigenes Smartphone schauen und ein paar Minuten das tun, was Ihnen als Mensch Freude bereitet oder wichtig erscheint. Bei uns war es z.B. so, dass meine Tochter im Jahr 2019 bereits seit vier Jahren Medien-süchtig war, während ich selbst ein völlig normales Verhältnis zu meinem 'Tool' hatte. Ich bin 'nur' ein 'digital immigrant'. Ich 'checkte' ungefähr dreimal am Tag die 'aufgelaufenen' Nachrichten und betrieb es wie mit dem Zähneputzen, morgens, mittags und abends. Wenn ich z.B. dazu 'abgeordnet' war, an einem Tag , an dem meine Tochter besonders 'übellaunig' und 'mundfaul' war, sie nachmittags irgendwohin "hinzukutschieren', ergriff ich die 'Gelegenheit beim Schopf' und checkte mal eben die Nachrichten. Meine Tochter starrte sowieso nur missmutig auf die schmutzigen Fußmatten im Auto und schwieg. Ich verabscheue angespannte Atmosphären, wenn die Luft so dick ist, dass man sie schneiden könnte.

Als Erwachsene hätte ich mich im Grunde für mein Tun auch nicht vor ihr rechtfertigen müssen. Dennoch fragte ich meine Tochter vorher , ob **ich** meine Nachrichten abhören **'durfte'**. Daraufhin veranstaltete sie ein 'Mordstheater im Auto'. 'Sie machte mich regelrecht zur 'Schnecke', dass das ja wohl das Allerletzte sei und überhaupt nicht gehe, dass ich 'das' jetzt tue. Damals war mir <u>immer noch nicht</u> bewusst, dass ich ein paar Haltestellen in der Erziehung verpasst hatte und dass irgendetwas <u>in unserem Beziehungsgefüge völlig irreal, absurd und ungesund</u> war. In jenem Moment im Auto 'duckte' und fügte ich mich und hörte sofort auf, meine Nachrichten abzuhören. Man rutscht schneller in abstruse Situationen, als einem lieb ist.

Ich hätte anhalten, die Tür öffnen und meiner Tochter vorschlagen müssen, mit dem Bus zu fahren. Stattdessen dachte ich so by myself: Das ist sie wohl, die Pubertät! Das war aber beileibe nicht mehr nur die Pubertät. Meine Tochter hatte seit geraumer Zeit 'das Ruder in unserer Familie übernommen'. Und dass ich mich nicht 'wehrte' und 'Grenzen zog bzw. diese verteidigte, hatte ihr noch weiteres 'Wasser auf ihre Mühlen gegeben' und ihren Willen, die Position auf dem 'Thron' zu behalten, verstärkt. **Wir hatten die Rollen getauscht**. Ich ließ es zu und förderte es. Nicht an jenem speziellen Tag im Auto. Der Zeitpunkt musste weit, weit weg irgendwo in unserer gemeinsamen Vergangenheit liegen. Das zum Thema Erziehungsfehler. Sie können es besser!

Kommen wir zurück zu Ihrer Tochter. Diese akzeptiert Sie als Mutter, wenn Sie Ihnen sagt, wo sie hingeht und wann sie wiederkommt. Sie beachtet die Regeln. Sie hilft im Haushalt. Sie sucht wenigstens einmal am Tag den Kontakt und das Gespräch mit Ihnen bzw. sie nimmt die Gelegenheit des Zusammenseins und der Kommunikation innerhalb der Familie wahr. Ihre Tochter nimmt regelmäßig an gemeinsamen Mahlzeiten teil. Sie verbarrikadiert sich nicht nur noch ausschließlich in ihrem eigenen Zimmer, über Wochen und Monate. Gegen ab und zu, hat niemand etwas, das muss in der Adoleszenz auch so sein!

Bei meiner Freundin M. wurde z.B. jahrelang ein „Tanz um den Kinderzimmerschlüssel veranstaltet". Die Tochter, 12- oder 13jährig schloss sich ständig ein, so dass meine Freundin den Schlüssel entweder versteckte oder mit auf die Arbeit nahm. Das empfand ich nie wirklich als 'Lösung'. Eine Alternative könnte es in diesem Fall sein, dem Kind zu signalisieren, dass man es respektiert, wenn es allein sein möchte, nicht einfach in das Zimmer hineingeht, sondern vorher anklopft und dem Jugendlichen bewusst macht, dass die anderen Familienmitglieder sich auch nicht ständig einschließen.

In der letzten Phase unserer Krise schloss meine Tochter ihre Zimmertür ab, wenn sie in die Schule ging. Das war eine relativ lustige Variante, denn sie schrieb noch nicht einmal Tagebuch, davon abgesehen, dass ich das auch nicht gelesen hätte. Wahrscheinlich hatte ich nicht nach 'Müll' suchen sollen. Dazu kommen wir noch (→Kap. 4.2.).

Sie haben das Gefühl, Ihre Tochter sei Ihnen und Ihrer Familie gegenüber loyal. Sie wissen ungefähr, mit wem sie Kontakt hat. Wenn nicht, fragen Sie ruhig nach. Ihre Tochter fragt, wenn es um Ausnahmen von den Regeln geht. Bei wichtigen Fragen kommt sie auf Sie zu. Sie macht Ihnen keine Vorschriften. Sie haben nicht das Gefühl, die Familienhierarchie habe sich von oben nach unten verkehrt und Sie beiden hätten die Rollen miteinander getauscht. Pubertäres Gemotze, Gejammer, schlechte Laune, Wehleidigkeit und ein bisschen Hysterie sind völlig o.k., auch in schöner Regelmäßigkeit, solange die Pubertät eben dauert. Es geht hier um essentielle Dinge. Schauen Sie auf Ihre Tochter wie auf eine Außenstehende genau unter diesen Aspekten. Sie lieben Ihre Tochter. Ihre Tochter liebt sie, doch sie muss eine 'Stufe in der Hierarchie unter Ihnen stehen'. Sie muss! Das Familiengefüge als Erziehungsgrundlage muss stimmen. Andernfalls haben Sie keine reale Chance, die Pubertät mit Smartphone 'in den Griff zu bekommen.

Das 'Smartphone' ist inzwischen wahrscheinlich als ein neues 'Familienmitglied' bei Ihnen zuhause eingezogen.

Handeln Sie Nutzungszeiten aus. Halten Sie sich in etwa an die vereinbarten Medienzeiten, die für das jeweilige Alter empfohlen werden und erstellen Sie einen Nutzungsvertrag. Sanktionieren Sie Regelbrüche, aber nicht mit der Wegnahme des Smartphones. Da sind manche Eltern immer ganz schnell, weil sie glauben, dass das den Jugendlichen am meisten wehtäte. Tut es auch. Dennoch. Ihre Tochter sollte nicht 'bestraft' werden. Sie soll nur die Konsequenzen ihres 'Regelbruchs' spüren. Wenn Mütter an einem Wintertag mit gruseligem Wetter von morgens bis abends unter der Decke eingekuschelt auf dem Sofa fernsehen, kommt am nächsten Tag auch niemand und nimmt ihnen den Fernseher weg. Was soll das für eine Botschaft sein, wenn einfach das Gerät nicht mehr an seinem gewohnten Platz steht? Wir haben alle das Recht, gelegentlich über die Strenge zu schlagen und es uns so richtig gut gehen zu lassen. Solch ein 24-Stunden Fernsehtag sollte aber nicht sieben Tage die Woche stattfinden und dasselbe gilt für Ihre Tochter und die Nutzung ihres Smartphones. Wenn sie gelegentlich den medialen Rahmen 'sprengt', lassen Sie eine gewisse Toleranz gelten. Finden Sie heraus, wann und warum es zu diesem oder jenem 'Smartphone-Marathon' gekommen ist und sanktionieren Sie nicht gleich ein gelegentliches 'Vergehen'. Es sollte auf Dauer funktionieren. Ständige Regelbrüche sollten sanktioniert werden, aber nicht via Strafe oder Wegnahme von Besitz des Jugendlichen, sondern z.B. über das 'Aufhalsen zusätzlicher Aufgaben', die ruhig etwas anstrengend und damit 'lästig' sein dürfen (z.B. im Haushalt) , andererseits aber der Gemeinschaft (Familie) nützen. Das langfristige mediale Erziehungsziel sollte es sein, einen vernünftigen Umgang mit Medien zu vermitteln und vor allem einen Autoregulierungsprozess bei Ihrer Tochter in Gang zu setzen und zu fördern. Erst wenn Ihre Tochter sich selbst 'kontrollieren' kann, ist sie frei von ihrem Smartphone, verantwortungsbewusst und in der Lage, es selbstständig zu handhaben.

Vielleicht haben Sie sogar eine Tochter, die völlig pflegeleicht ist und die Pubertät geht absolut unbemerkt an Ihnen allen vorüber. Solche Fälle soll es auch geben. Aber sie sind mit Sicherheit eher die Ausnahme als die Regel.

Die Tatsache, dass ein Leben <u>ohne</u> Smartphone <u>nicht mehr vorstellbar</u> und <u>vor allem nicht mehr praktikabel ist,</u> ist an sich schon sehr bedenklich und immens traurig, ganz zu schweigen, von den Abgründen, in die das Smartphone meine Tochter führte und meine Tochter das Smartphone:

Die beiden waren ein 'unschlagbares Team' und leiteten und verleiteten sich gegenseitig.

Ich wünsche Ihnen <u>von ganzem Herzen,</u>

dass die Pubertät bei Ihnen entspannter verläuft

als bei uns!!!

4. Praxis: Persönlicher Erfahrungsbericht

4.1. CHRONOLOGISCHE ÜBERSICHT der Ereignisse

2005-2018: Eine scheinbar 'perfekte', sehr innige und gut funktionierende Mutter-Tochter-Beziehung.

auf Rosen gebetet...2009 (4 Jahre alt)

17

Ich 'bettete' meine Tochter auf 'ROSEN' und das sehr gern.

2012 (7 Jahre)   Einmaliger Vorfall: Meine Tochter zeigt in meiner Abwesenheit einer Klassenkameradin eindeutige Videos auf meinem PC. Ich richte ein Passwort ein.

2015 (10 Jahre)   Das **erste Smartphone** 'zieht bei uns ein'. Der '**Via Crucis**' (lat. 'Kreuzweg'/Wallfahrtsweg, der den 14 Stationen auf dem Leidensweg Christi nachgebildet ist) beginnt.

2018 (13 Jahre)

Meine Tochter sucht aktiv im Internet nach männlichen Chatpartnern.

Sie beabsichtigt, einen Unbekannten in Hamburg zu treffen.

Meine Tochter diskutiert 'Fragwürdigkeiten' mit Fremden im Netz.

Ende Mai 2018   Meine Tochter trifft zufällig einen ehemaligen Mitschüler aus der Grundschule.

Es kommt angeblich zu sexuellen Übergriffen.

03.06.2018   Meine Tochter 'knackt' den heimischen Speedport-Router und loggt sich nachts im Laptop als Administratorin ein.

Konsequenzen:

04.06.2018   Erster gemeinsamer Termin im Jugendamt

06.06.2018   Medienworkshop – 1. Termin

Juni 2018	Erwerb der Software *Kaspersky Safe Kids*
20.06.2018	Medienworkshop – 2. Termin
04.07.2018	Medienworkshop - 3. Termin

2019 (14 Jahre)

22. Mai 2019	Meine Tochter RITZT sich und stellt die Fotos ins Netz.
	Essstörungen
	'Messie-Verhalten'
September 2019	Veröffentlichung und Verbreitung von Unterwäsche-Fotos im Internet und Versand an Unbekannte
02.11.2019	Mir 'rutscht die Hand aus' Es kommt zu Handgreiflichkeiten zwischen mir und meiner Tochter. Wir sind beide geschockt.
02.11.2019	Nachts: Meine Tochter mailt an das Jugendamt und informiert es über den 'Vorfall.

Ein paar Tage später:

Meine Tochter revidiert nach Gesprächen mit mir auf Eigeninitiative ihre Email an das Jugendamt. Sie findet; dass das JA nicht mehr benötigt würde.

29.12.2019	APOKALYPSE now!!! Mitten in der Nacht erstellt meine Tochter bei laufender Webcam heikle Videos und Nacktfotos von sich. Sie versendet diese an verschiedene Unbekannte im Netz.
31.12.2019	Kontakt zwischen meiner Tochter und dem Studenten A. (29).

2020 (15 Jahre)

ab Januar	Meine Tochter ist völlig verändert:
	Sie verweigert das Zusammensein mit mir, gemeinsame Mahlzeiten und Aktivitäten und lebt völlig isoliert 'in ihrem Zimmer'.
	Trotz konfisziertem Laptop versendet meine Tochter weiterhin Nacktfotos via Smartphone.
24.01.2020-02.02.2020	Meine Tochter 'entweicht' ***für 9 Tage von zuhause.
28.01.2020	Erste Meldung nach 4 Tagen. Weigerung, nach Hause zu kommen.
28.01.2020	Zweiter Termin Jugendamt

_____ *** Jugendamts-Deutsch.

06.02.2020	Termin bei der Erziehungsberatungsstelle
10.02.2020	1. Diagnostik-Termin bei Dr. Winterhoff
19.02.2020	2. Diagnostik-Termin bei Dr. Winterhoff
So. 23.02.2020	'Badezimmer-Episode' (Audio-'Beweis)
	Meine Tochter 'entweicht' erneut.
25.02.2020	Meine Tochter sucht das JA auf.
	Unterzeichnung der Inobhutnahme
	Meine Tochter zieht in die Jugendschutzstelle.
02.03.2020	Dritter gemeinsamer Jugendamtstermin (Audio-Mitschnitt)
09.03.2020	Treffen mit meiner Tochter
05.04.2020	Treffen mit meiner Tochter
05.05.2020	Ich bin 'Umzugshelfer'.
06.05.2020	Einzug meiner Tochter ins 'Kinderheim'
10.05.2020	Treffen mit meiner Tochter
15.05.2020	Mein Umzug
26.06.2020	Erstes Ziel-Vereinbarungsgespräch im Kinderheim
28.06.2020	Mein Treffen mit meiner Familie
28.06.2020	Kontaktaufnahme mit dem LKA/Berlin
Ende Juni 2020	Start meiner 'Tracking'-Aktivitäten
06.07.2020	Erster Kontakt mit Polizeihauptkommissar L.

09.07.-24.07.2020	Urlaub der Fallmanagerin des JA
	Absoluter Handlungsstillstand
10.07.2020	Erstellung meiner Dokumentation der Internetaktivitäten meiner Tochter für die Monate Mai und Juni 2020.
13.07.2020	Termin im Polizeipräsidium

Kriminalpolizei und Amtsgericht leiten aufgrund meiner Unterlagen die Strafverfolgung gegen verschiedene Pädophile im Netz ein.

16.07.2020	Prävention-Gespräch zwischen der Kriminalpolizei /meiner Tochter Die internetfähigen Geräte meiner Tochter werden auf mein Drängen hin nachts abgegeben.
17.07.2020	Kontaktaufnahme mit einer Klinik für Suchterkrankungen
Oktober 2020	Der erste Pädophile bekommt einen Namen und eine Adresse. Es wird ein Strafverfahren gegen ihn eingeleitet. Die Strafverfolgung der anderen Täter läuft weiter. Ich unterstütze das. Ich werde im Netz aktiv und mache meine Mission gegen 'Pädophilie im Netz', für die Unterstützung betroffener Eltern sowie die Verbesserung des Jugendschutzes im Internet publik. Die **Eltern-Hotline in Berlin** (im März 2020 gegründet) offeriert sich als erster Kooperationspartner.

Nächstes Zielvereinbarungsgespräch: **?????**

~~26.11.20/ 04.12.20~~/05.01.21: Das zweite Zielvereinbarungs-Gespräch im Kinderheim wurde zweimal durch das JA verschoben und fiel dann aus.

4.2. 360° Grad-Wende: Wesensveränderung und Internetaktivitäten meiner Tochter

In den Jahren von **2005** bis zum Frühjahr **2018** führten wir eine sehr innige und schöne Mutter-Tochter-Beziehung. Obwohl ich mich theoretisch bereits ausgiebig auf das Thema 'Pubertät' vorbereitet hatte, 'schockierte' mich dennoch die plötzliche 360-Grad-Wesensveränderung meiner Tochter. So erging es nicht nur mir, sondern auch meiner Freundin M., die ich als einzige in diesen zwei Jahren in unsere Krise einweihte (→Kap. 4.15). Meiner Familie (→Kap. 4.16.) und Freunden und Bekannten, denen ich später alles berichtete, ging es nicht anders. Meine Freundin D., die neun Jahre lang unsere Nachbarin gewesen war, rief während unseres Telefonats aus:

„Ihr beide? Ich kann mir das alles überhaupt <u>nicht</u> vorstellen! Ihr ward doch so eng und so innig!!Ich muss das jetzt erst einmal verarbeiten!".

In den ersten sechs Lebensjahren meiner Tochter hatte ich als Erinnerung für sie und für mich zwei 'Kinderbiographien' geschrieben: Eine über ihre ersten drei (0-3 Jahre) und eine über ihre zweiten drei Lebensjahre (4-6 Jahre) .

Auszüge der ersten Kinderbiographie integriere ich aus drei Motiven in mein Buch:

I. Die Aufzeichnungen veranschaulichen unsere Beziehung. Sie zeigen, wie meine Tochter aufgewachsen ist und wie sehr ich sie geliebt habe. Sie verdeutlichen, wie <u>ich</u> meine Rolle als Mutter verstanden habe, 'verstanden' im doppelten Sinne der Wortbedeutung: Wie ich meine Aufgabe als Mutter 'ausgeführt' und wie ich meine Rolle als Mutter interpretiert habe.

II. Die Auszüge vermitteln einen Eindruck über den Charakter meiner Tochter. Als ich diese Texte im Rahmen meines Buchprojektes mit einem Abstand von zwölf Jahren noch einmal durchlas, wurde mir bewusst, dass meine Tochter bereits recht früh Wesensmerkmale zeigte, die später in unserer Krise eine Bedeutung bekamen. Es wird deutlich, dass wir quasi von Anfang an in einer Art 'Symbiose' lebten.

III. Sollte meine Tochter dieses Buch eines Tages lesen, so wird sie eine authentische Erinnerung an ihre Kindheit in den Händen halten.

Der 'Titel' auf dem Deckblatt der Kinderbiographie I ist ihr 'Kindermund'. Als meine Tochter anfing zu sprechen, produzierte sie sofort die ersten 'Kindermünder'. Es waren richtige 'Knaller'. Wir teilen übrigens zu 100% denselben 'trockenen' bisweilen 'schwarzen' Humor mit einem großen Hang zur Ironie und 'Albernheit'. In meiner Familie wird Humor groß geschrieben. Meine Eltern haben beide Humor. Meine Mutter war wahnsinnig gern albern. Lustige Eltern bereiten Kindern große Freude. Wenn ich mit meiner Mutter zusammen war, hatte ich manchmal das Gefühl, es seien gar keine 'Erwachsenen' anwesend. Meine Tochter kann sehr 'witzig' sein und ihre 'Gags' sind nie 'flach', sondern 'sitzen'. Mir sind oft die Tränen gekommen, weil wir kein Ende in unseren 'humoristischen Ausflügen' fanden. Leider sind wir in den zwei Jahren unserer Krise kaum zum Lachen gekommen. Unsere Situation zuhause und das Lachen schlossen einander kategorisch aus. Humor und Lachen sind der Kitt eines Lebens, halten uns aufrecht, tragen uns durch schwere Zeiten und können 'heilen'. Selbstverständlich führte ich vor dem 'Veröffentlichen' der Fotos meiner Tochter im Kleinkindalter eine 'Umfrage' im Freundeskreis durch, um auszuschließen, dass meine Tochter auf ihren Ablichtungen 'identifizierbar' sein könnte. Die einhellige Resonanz lautete: „Nein, keine Ähnlichkeit! Kinder sehen in dem Alter alle gleich aus!"
Na, dann!

Auszüge aus dem Kinderbuch I (2005-2008)

„Mammaaaaa!!!, Bäume haben WURZELN, damit sie sich in der Erde FESTHALTEN Können... (5.8.08)

Mai 2004 – August 2008

14.8.08 In Liebe , Deine Mamma

1

18

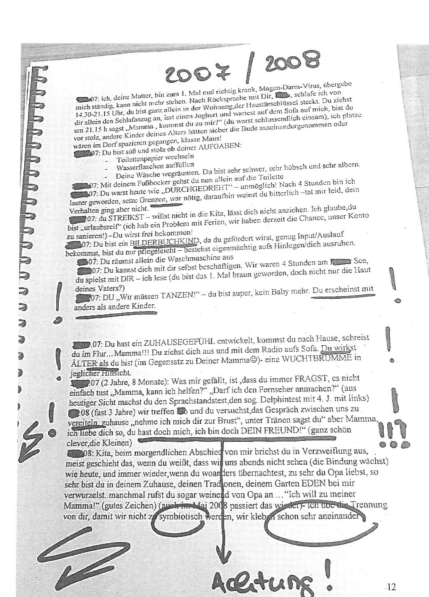

2007 / 2008

...07: ich, deine Mutter, bin zum 1. Mal mal richtig krank, Magen-Darm-Virus, übergebe mich ständig, kann nicht mehr stehen. Nach Rücksprache mit Dir, ..., schlafe ich von 14.30-21.15 Uhr, du bist ganz allein in der Wohnung,der Haustürschlüssel steckt. Du ziehst dir allein den Schlafanzug an, isst einen Joghurt und wartest auf dem Sofa auf mich, bist du um 21.15 h sagst „Mamma , kommst du zu mir?" (du warst schlussendlich einsam), ich platze vor stolz, andere Kinder deines Alters hätten sicher die Bude auseinandergenommen oder wären im Dorf spazieren gegangen, klasse Maus!

...07: Du bist süß und stolz ob deiner AUFGABEN:
- Toilettenpapier wechseln
- Wasserflaschen auffüllen
- Deine Wäsche wegräumen. Du bist sehr schwer, sehr hübsch und sehr albern.

...07: Mit deinem Fußhocker gehst du nun allein auf die Toilette

...07: Du warst heute wie „DURCHGEDREHT" – unmöglich! Nach 4 Stunden bin ich lauter geworden, setze Grenzen, war nötig, daraufhin weinst du bitterlich –tat mir leid, dein Verhalten ging aber nicht.

...07: du STREIKST – willst nicht in die Kita, lässt dich nicht anziehen. Ich glaube,du bist „urlaubsreif" (ich hab ein Problem mit Ferien, wir haben derzeit die Chance, unser Konto zu sanieren!) –Du wirst frei bekommen!

...07: Du bist ein BILDERBUCHKIND, da du gefördert wirst, genug Input/Auslauf bekommst, bist du nur pflegeleicht – bestehst eigenmächtig aufs Hinlegen/dich ausruhen.

...07: Du räumst allein die Waschmaschine aus

...07: Du kannst dich mit dir selbst beschäftigen. Wir waren 4 Stunden am ... See, du spielst mit DIR – ich lese (du bist das 1. Mal braun geworden, doch nicht nur die Haut deines Vaters?)

...07: DU „Wir müssen TANZEN!" – du bist super, kein Baby mehr. Du erscheinst mit anders als andere Kinder.

...07: Du hast ein ZUHAUSEGEFÜHL entwickelt, kommst du nach Hause, schreist du im Flur...Mamma!!! Du ziehst dich aus und mit dem Radio aufs Sofa. Du wirkst ÄLTER als du bist (im Gegensatz zu Deiner Mamma☺)- eine WUCHTBRUMME in jeglicher Hinsicht.

...07 (2 Jahre, 8 Monate): Was mir gefällt, ist „dass du immer FRAGST, es nicht einfach tust „Mamma, kann ich helfen?" „Darf ich den Fernseher anmachen?" (aus heutiger Sicht machst du den Sprachstandstest,den sog. Delphintest mit 4. J. mit links)

...08 (fast 3 Jahre) wir treffen ... und du versuchst,das Gespräch zwischen uns zu vereiteln. zuhause „nehme ich mich dir zur Brust", unter Tränen sagst du" aber Mamma, ich liebe dich so, du hast doch mich, ich bin doch DEIN FREUND!" (ganz schön clever,die Kleinen)

...08: Kita, beim morgendlichen Abschied von mir brichst du in Verzweiflung aus, meist geschieht das, wenn du weißt, dass wir uns abends nicht sehen (die Bindung wächst) wie heute, und immer wieder, wenn du woanders übernachtest, zu sehr du Opa liebst, so sehr bist du in deinem Zuhause, deinen Traditionen, deinem Garten EDEN bei mir verwurzelt. manchmal rufst du sogar weinend von Opa an ..."Ich will zu meiner Mamma!" (gutes Zeichen) (auch im Mai 2008 passiert das wieder)- ich übe die Trennung von dir, damit wir nicht zu symbiotisch werden, wir kleben schon sehr aneinander.

Achtung!

12

107

2008

█████ du hast eine Woche Urlaub, liebe das, keine Rennerei, auch du bist im Urlaub viel relaxter

█████ quatscht dich an, drängt dir eine Konversation auf (er erscheint einsam, öffnet stets die Haustür, geht jem. durch den Flur) – du lässt dich nicht beirren und steigst weiter die Treppe zu uns hoch „Meine Mamma wartet auf mich!!" (stolz, hättest du mit 2 Jahren noch nicht gemacht).

█████08: Du suchst dir selbst aus, was du anziehen möchtest. Wir müssen viele „fliegende Röcke und Kleider nachkaufen" (Hosen magst du gar nicht mehr anziehen) (ab █08 gehst du mit Hocker selbst an den Schrank und nimmst dir die Sachen, die du brauchst von den Bügeln)

Du bist stolz auf dein Kinderzimmer – zeigst es Besuchern, wie Opa und ich auch, sprichst du ██ mit „██" an und umgekehrt (genetisch bedingt?☺)

█████08: du bist im Grunde „stubenrein" (3 Jahre, 1 Monat), trägst nachts noch eine Windel, die du ganz allein anziehst, indem du dich auf den Boden legst, nett anzuschaun☺. Nach 10 Tagen Urlaub, war heute wieder dein 1. Tag in der Kita, du sträubtest dich mit allen Haaren, hinzugehen, unser Urlaub war schön.

█████08: du bist knapp 38 Monate alt. Ich dich find dich mit 3 Jahren schon sehr „sinnlich", du hast eine tolle Figur, tanzt klasse, schwingst dabei Hüfte u. Po wie Shakira, will es immer zeigen und dafür gelobt werden. Opa findet dich auch „supersüß". Du hast in den letzten 2 Monaten wieder einen Wahnsinnsentwicklungssprung gemacht. Du redest wie ein Buch. Fährst geschwind auf deinem Fahrrad (mit Stützrädern, 12 Zoll). Du bist klasse und ich bin total verliebt in dich!

█████08 Bezaubernd! Traumkind! Alles im Lot. 9 Uhr sonntags, wir begegnen uns in der Küche, ich sage dir, dass ich noch die Zeitung lesen möchte, du möchtest dich auch hinlegen, Musik hören, für mich bist du das Gegenteil der derzeit aktuellen „modernen Tyrannen" (siehe Literatur-Psychologe aus Bonn), mit einer Ausnahme: ich muß schwer darum kämpfen, mich mit Großen unterhalten zu dürfen, seit 3 Jahren stehst du ganz oben auf dem Sockel, konkurrenzlos.

█████08: du läufst barfuß über Blätter im Wald, ich genieße deine Begeisterung „Das ist toll, Mamma!!"

Ende Juni 08: Du hast 2 Wochen Urlaub – stehst morgens nie vor 10/10.30 Uhr auf, unglaublich bei der Hitze!

█████08: die Kursrichtung wird etwas verändert. Du bist die number one, sollst aber jetzt lernen, dass auch Dritte genehm sind und es für mich wichtig ist, dass ich „mit Großen" spreche, ohne dass du das vereitelst, wir führen lange Gespräche, du verstehst.

█████ (3 Jahre, 6 Monate) – du hast verinnerlicht, dass „danke" ein Zauberwort ist und man damit unheimlich viele Sympathien sammeln kann, bzw. bewegen, wenn die Autos am Zebrastreifen halten, bedankst du dich auch dafür ausgiebig und winkend, was die Leute freut, ich habe dir gesagt, dass nichts im Leben selbstverständlich ist.

Am █████ See spielst du völlig vorurteilsfrei mit einem 10-jährigen behinderten Jungen, der Vater ist überglücklich, fragt, ob du wiederkämest, sein Sohn hat so gut wie keine Freunde, meines Erachtens ist das aber Schuld der anderen Eltern, die den Kontakt aufgrund „Andersartigkeit" unterbinden, ich genieße ██████ natürliche Frische im Umgang mit dem Knaben. Ich finde es viel wichtiger, Kinder von einem unnatürlichen Computerspielkonsum oder fragwürdigem Umgang fernzuhalten. Das ist auch ██, sie war ja die personifizierte Vorurteilsfreiheit.

13

- Trotzphase „Nein!!!!!!!!!!!!!!!!!!!!!!" u. Tobsuchtsanfälle –
▆▆▆. Du suchst dir jetzt selbst aus, welche Schuhe du anziehen magst
▆▆▆ zum 1. Mal „kakki" auf der großen Toi
▆▆▆ Elterngespräch in der Kita – Du bist mein Schatten, Alleinbeschäftigung noch kein Thema

▆▆▆ nach 6 etwas schwierigen Wochen(Trotz, spät schlafen, früh wach, schreien und quäken,damit ich dich morgens aus dem Bett hole), Du klammerst sehr, wir waren auch umgezogen, spielst du das erste Mal mit Dir allein: backst Kuchen mit unseren Kochtöpfen, wenn du morgens wach wirst, kommst du ganz leise in mein Bett – Lektion gelernt!
▆▆▆ Du kannst dein Holzpuzzle aus dem effeff und alle Teile benennen, selbst wenn sie umgedreht auf dem Boden liegen „Kuh!"
▆▆▆Du stehst morgens auf, hast die Hausschuhe in der Hand, und guckst in alle Zimmer,wo Mamma ist. Du umarmst bei Verabschiedung..liest vorsichtig Mammas Bücher und stellst sie wieder an Ort und Stelle ins Regal
▆▆▆ Du erlebst deinen ersten Karnevalszug bewusst, ▆▆▆▆▆▆. Du schreist „Kamelle" und klaubst sie wie eine Uroma minuziös vom Boden auf, sogar leere Papierchen. Du bittest mich um etwas zu essen. Du staunst,dass wir beide ähnlich beschaffen sind, einen „Poppo" haben und „Knochen"
▆▆▆ du hast eine starke Bindung zu mir entwickelt: suchst mich VERZWEIFELT im „▆▆", als du mich wir uns kurzzeitig aus den Augen verlieren (…)

▆▆▆wie alle Kleinkinder, bist auch du ein totales Gewohnheitstier: habe deinen Spielzeugschrank verrückt, auch nach 2 Tagen läufst du in die Ecke, wo er zuvor stand (…) – es wird noch… oder schon wieder getrotzt (Jacke anziehen) – ich begegne dem abwechselnd mit Konsequenz u. Humor, habe das Gefühl, dass wir ein gutes Team sind, prima zurechtkommen
▆▆▆ wie alle Kinder deines Alters hast du einen Adlerblick und eine Wahnsinns-Auffassungsabgabe (noch keine mentale Ablenkung): Du weist mich draufhin, dass die Wohnzimmerlampe aus der Verankerung sei…
▆▆▆ in der Kita wirst du als „Wildfang" und „Temperamentsbündel" charakterisiert (zwischendurch auch mal als „Krawallbiene"☺)- seit 3 Monaten liebst du Trampolinhüpfen
▆▆▆ entgegen dem Gelesenen lässt du dich sehr wohl sprachlich korrigieren „wegwerfen" statt „wegschmeißen"; Gegenstände, an denen Du Dich stößt, bekommen von Dir die Schuld". Du drehst deine Trinkflasche eigenmächtig zu, beginnst Zusammenhänge zu erklären „kaputt" – Manchmal möchte ich mehr Zeit haben, mit Dir im Arm einfach ganztags auf dem Sofa sitzen (…)
▆▆▆: Du hast ein neues Hobby „Mamma provozieren"
▆▆▆Du stellst fest, dass die Wasseruhr im Bad läuft…
Du willst alles allein machen „ICH holen!"
▆▆▆ Du bestehst auf den Mittagsschlaf (der auch noch mit 38 Monaten zw. 3 und 4 Stunden dauert), rufst selbst „PAUSE machen!"
▆▆▆Du TELEFONIERST Mit Opa (zum Schießen), Oma fragt: „Gehst du gleich ins Bett? Du antwortest: „Mamma, auch!"..die ersten Anzeichen der Quasselstrippe zeichnen sich ab (bewahrheiten sich im Laufe des 3. Lebensjahres)
▆▆▆Du HEULST, das einzige,was nervt (legt sich aber später), i.e. wenn etwas nicht klappt, heulst du direkt los, anstatt mir zu sagen, was du möchtest, ich tun kann
▆▆▆ Du bist noch anhänglicher geworden – beschmust, küsst mich, fragst mich ständig ,wie es mir geht. Du verstehst inzwischen jedes Wort!

1

2004 – 2007

IX Äußerliche Ereignisse

▇▇.04 Onkel ▇▇ bringt dir ein Mützchen aus Bolivien mit.
▇▇.04 Onkel ▇▇ richtet aus, dass ▇▇▇ sich auf dich freut
(ich bin sowieso die ganze Zeit Vorfreude durch und durch)
▇▇.04 du begleitest mich zum 1. Mal in die Sauna. → **ungeboren!**
▇▇.05 (▇▇▇▇▇▇▇▇▇▇▇▇▇er) liefert deinen Wickeltisch.
▇▇.05 die Geburt
seit ▇▇.05 Babyschwimmen
▇▇.05 Beginn Pekip-Gruppe
▇▇.05 erste Impfung
Seit dem ▇▇.05 arbeite ich wieder
▇▇.05 Taufe – unser Taufspruch „mit einer Kindheit voller Liebe kann man ein ganzes
Leben aushalten".
▇▇.05 vor ein paar Tagen bist du in dein Kinderzimmer umgezogen – ich stille ab
▇▇.05: 1. Besuch in ▇▇▇▇▇▇▇▇, bei Cousine
▇▇.05: Du schläfst das 2. Mal bei ▇▇▇▇
▇▇.05: ich bin wieder schwanger, Geburtstermin ▇▇.06
▇▇.05: ich verliere das Geschwisterchen, verbringe ein WE im Krankenhaus, bin fix
und fertig „Nicht immer ist das Leben laut, still bist du gegangen, bevor du zu uns
gekommen bist – für uns hast du dennoch gelebt"
Am ▇▇.05 sind wir ausgezogen (was die Babypflege anging ‚wickeln, füttern, wiegen
etc., hat dein Pappa das alles immer prima gemacht) – sind seitdem zu 2.
Vom ▇▇ bis Ende Juli 05 bist du zur Tagesmutter ▇▇▇ gegangen, 3 Stunden am
Tag, die dich auch heute (▇.07) wieder gelegentlich betreut.
Im ▇▇2006 hast du deine ersten Schuhe bekommen, Gr. 21 – gesponsert by cousin.
▇▇06 (17 Monate): du badest das erste Mal gemeinsam mit deiner Mutter, du bist
hocherfreut, aber auch erstaunt, als hättest du deine Mutter noch nie „nackt" gesehen.
Seit dem ▇▇06 besuchst du die Kita in der ▇▇▇▇▇▇, „Entengruppe".
▇▇(18 Monate): wir unternehmen viel, Schwimmbad, Spaziergänge,
Verwandtenbesuche.Du „reitest" zum 1. Mal (fotografisch festgehalten). Wir halten die
Hektik aus unserem Leben fern, Leben ein Luxus.
Seit ▇▇2006 bist du Mitglied des ▇▇▇▇ Turnvereins und aktuell die beste
Turnerin deiner Altersklasse, als einzige kannst und machst du selbständig Purzelbäume
und auf dem Trampolin bist du sowieso ein As (Stand 12.07).
Seit dem ▇▇06 haben wir unsere Babysitterin ▇▇▇▇▇▇
▇▇06 (20 Monate): Du führst (aus meiner Sicht) ein schönes Leben, sehr
abwechslungsreich, und relaxed, Kita, jeden Tag eine Stunde walk oder Radtour,
schwimmen oder Fitness, Turnverein, zusammenkochen, spielen, Freunde besuchen,
Ausflüge- ▇▇▇(deine neue Babysitterin) findet dich „bezaubernd"
▇▇06: Dein Vater macht sich zum letzten Mal bemerkbar, ein Umgang wird derzeit aber
auch vom Jugendamt abgelehnt, du entwickelst dich zu gut
▇▇07: Du begleitest mich das 1. Mal in den CHOR
▇▇.07: Ich entferne 2 Stäbe aus dem Gitterbett, du sollst FREI sein. Du legst dich
alleine hin, kannst nun selbst entscheiden
▇▇07: **Pseudo-Krupp** u. Backenzähne kommen – Opa springt ein
..du verlierst das Babyhafte...
▇▇07: Onkel ▇▇ wickelt dich zum 1. Mal
▇▇.07: Fieber - 39.5 Grad (unterm Arm, also rund 40)
▇▇07: 1. Nacht bei Opa!!! (in 2007 werden es insgesamt 5 Nächte), du wirst jedes Mal
als unkompliziert, sehr lieb tituliert

16

2007

.07: zum 1. Mal Ostereiersuchen – bei OPA. Du küsst Mamma ständig und fragst, wie es mir geht.

.07: Du bekommst dein 1. BUCH – ein Singbuch von Opa u. Oma

07: dein Vater geht zum Jugendamt – ich muß mich vorstellen. Derzeit ist das Jugendamt gegen einen Umgang mit Dir, dein Vater müsse „erst einmal sein Leben in den Griff bekommen".

Wir haben unsere festen RITUALE, gehen jeden Tag raus und du darfst max. eine halbe Stunde am Tag fernsehen.

07: Du gehst zwischen 21 und 21:30 Uhr ins Bett, mit unseren Traditionen und ich allein ist das halt so- heute: 63. Geburtstag Oma

07: seit heute Abend rufst du aus dem Bett „Tür ein bisschen zumachen"- das Kinderbuch hat recht, das Alter von 2 Jahren ist toll und sehr amüsant (Verhalten/Sprüche)

07: Du hast dich wieder verändert. Du schläfst morgens lange, beschäftigst dich mit dir allein (Puzzle) und zeigst eine starke Bindung zu mir („kommst schmusen").Opa sagt, er habe gestern mit Bewunderung festgestellt, dass ich dir gegenüber liebevoll, aber auch streng sei.

07: wir waren 2 Nachmittage hinteinander am   See. Es sind 30 Grad und du tollst nackt im Sand. Bezeichnet dich ein anderes Kind als „Baby", rufst du „Ich bin kein Baby mehr!"Du schläfst viel u. gern, scheinst glücklich und ausgeglichen. Ich bin es auch mit Dir.

07: wir lagen heute Arm im Arm am   See, nach dem Entenfüttern, wir beide ganz allein in der Natur, total relaxt –das ist GLÜCK!

07: du kommst mit zum   stammtisch. Du benimmst dich 1a, die anderen sagen, du seist groß, sprächest viel, man habe gedacht,du seist 3 Jahre alt (2 Jahre, 2 Monate), es war auch eine 2-jährige dort, die nur unverständiges Zeug blubberte, ganz anders als du.

07: 2. Nacht bei Opa.Mir tut es gut, die Verantwortung mal ein paar Stunden abzugeben...Aber ich vermisse dich sehr kleine Maus, ich liebe Dich so sehr. Ich möchte nie mehr ohne Dich sein! Du rufst von Opa aus an und wir telefonieren richtig, unglaublich.

07: deine erste, große Zugreise –nach   . Du scheinst schwer beeindruckt, sprichst von „Deutschland", als wir in   aussteigen.

Am   07 hast du Ohrringe bekommen (HNO-Arzt).

Am   07 hast du deine ersten goldenen Ohrringe bekommen (Marienkäfer, Juwelier Köln).

2007: erstes Mal FRISEUR

07: Du begleitest mich auf die erste HOCHZEIT (Chortermin)- du singst Kinderreime aus der Kita „Die kleine Ente ist auf Zack, sie wackelt mit dem Popo und macht quak-quak!"☺

07: Deine Kitakollegen lieben dich auch, jeden Morgen stürzen sie sich auf dich „   ist da!!!""Du gehst gern in die Kita, das räumt mir den Kopf frei

07: Besuch Cousine   - sie ist auch total verliebt in dich ,ich platze noch einmal vor Stolz. Du hast dich gut benommen, im Restaurant „   ), haben sie gesagt, du seist superclever für 2 Jahre, sprachlich bist du ein Ass!!! (Ich glaube, deine Kindheit ist schön – du kannst dich richtig „einsauen" und ich beobachte das mit FREUDE!)

07: 3 Stunden   FLOHMARKT (für dich einen Cassettenrekorder)

07: Du hast seit 3 Tagen FIEBER

Weihnachten –via Silvester Kolping in   :
Zum ersten Mal haben wir 10 Tage nur Zeit für uns das ist toll (kein Haushalt)

17

2008

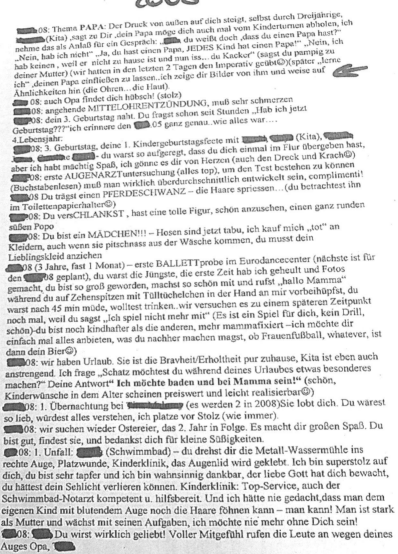

▓▓08: Thema PAPA: Der Druck von außen auf dich steigt, selbst durch Dreijährige, ▓▓▓▓(Kita) ,sagt zu Dir ,dein Papa möge dich auch mal vom Kinderturnen abholen, ich nehme das als Anlaß für ein Gespräch: „▓▓, du weißt doch ,dass du einen Papa hast?" „Nein, hab ich nicht" „Ja, du hast einen Papa, JEDES Kind hat einen Papa!" „Nein, ich hab keinen , weil er nicht zu hause ist und nun iss...du Kacker" (sagst du pampig zu deiner Mutter) (wir hatten in den letzten 2 Tagen den Imperativ geübt☺)(später „lerne ich" ,deinen Papa einfließen zu lassen..ich zeige dir Bilder von ihm und weise auf Ähnlichkeiten hin (die Ohren...die Haut).

▓▓ 08: auch Opa findet dich hübsch! (stolz)

▓▓08: angehende MITTELOHRENTZÜNDUNG, muß sehr schmerzen

▓▓▓08: dein 3. Geburtstag naht. Du fragst schon seit Stunden „Hab ich jetzt Geburtstag???"ich erinnere den ▓▓.05 ganz genau..wie alles war....

4.Lebensjahr:

▓▓08: 3. Geburtstag, deine 1. Kindergeburtstagsfeete mit ▓▓▓▓, ▓▓▓ (Kita), ▓▓▓▓, ▓▓▓, ▓▓▓▓e ▓▓▓- du warst so aufgeregt, dass du dich einmal im Flur übergeben hast, aber ich habt mächtig Spaß, ich gönne es es dir von Herzen (auch den Dreck und Krach☺)

▓▓▓08: erste AUGENARZTuntersuchung (alles top), um den Test bestehen zu können (Buchstabenlesen) muß man wirklich überdurchschnittlich entwickelt sein, complimenti!

▓▓08 Du trägst einen PFERDESCHWANZ – die Haare spriessen...(du betrachtest ihn im Toilettenpapierhalter☺)

▓▓08: Du versCHLANKST , hast eine tolle Figur, schön anzuschen, einen ganz runden süßen Popo

▓▓08: Du bist ein MÄDCHEN!!! – Hosen sind jetzt tabu, ich kauf mich „tot" an Kleidern, auch wenn sie pitschnass aus der Wäsche kommen, du musst dein Lieblingskleid anziehen

▓▓08 (3 Jahre, fast 1 Monat) – erste BALLETTprobe im Eurodancecenter (nächste ist für den ▓▓08 geplant), du warst die Jüngste, die erste Zeit hab ich geheult und Fotos gemacht, du bist so groß geworden, machst so schön mit und rufst „hallo Mamma" während du auf Zehenspitzen mit Tülltüchelchen in der Hand an mir vorbeihüpfst, du warst nach 45 min müde, wolltest trinken..wir versuchen es zu einem späteren Zeitpunkt noch mal, weil du sagst „Ich spiel nicht mehr mit" (Es ist ein Spiel für dich, kein Drill, schön)-du bist noch kindhafter als die anderen, mehr mammafixiert –ich möchte dir einfach mal alles anbieten, was du nachher machen magst, ob Frauenfußball, whatever, ist dann dein Bier☺)

▓▓▓08: wir haben Urlaub. Sie ist die Bravheit/Erholtheit pur zuhause, Kita ist eben auch anstrengend. Ich frage „Schatz möchtest du während deines Urlaubes etwas besonderes machen?" Deine Antwort" Ich möchte baden und bei Mamma sein!" (schön, Kinderwünsche in dem Alter scheinen preiswert und leicht realisierbar☺)

▓▓08: 1. Übernachtung bei ▓▓▓▓▓▓▓ (es werden 2 in 2008)Sie lobt dich. Du wärest so lieb, würdest alles verstehen, ich platze vor Stolz (wie immer).

▓▓08: wir suchen wieder Ostereier, das 2. Jahr in Folge. Es macht dir großen Spaß. Du bist gut, findest sie, und bedankst dich für kleine Süßigkeiten.

▓▓08: 1. Unfall: ▓▓ (Schwimmbad) – du drehst dir die Metall-Wassermühle ins rechte Auge, Platzwunde, Kinderklinik, das Augenlid wird geklebt. Ich bin superstolz auf dich, du bist sehr tapfer und ich bin wahnsinnig dankbar, der liebe Gott hat dich bewacht, du hättest dein Sehlicht verlieren können. Kinderklinik: Top-Service, auch der Schwimmbad-Notarzt kompetent u. hilfsbereit. Und ich hätte nie gedacht,dass man dem eigenen Kind mit blutendem Auge noch die Haare föhnen kann – man kann! Man ist stark als Mutter und wächst mit seinen Aufgaben, ich möchte nie mehr ohne Dich sein!

▓▓08: ▓▓ Du wirst wirklich geliebt! Voller Mitgefühl rufen die Leute an wegen deines Auges Opa, ▓▓▓▓

18

2006/2007

■■■■ ich führe ein ernstes Gespräch mit dir, 15 Minuten, schlussendlich weinst du, du musst verstehen, dass deine Mutter auch mit mit Großen reden MUSS, ich sage, wir wissen alle nicht, wie lange wir leben, jede Minute zählt, dann du „Ich bin so traurig, dass der Opa stirbt" ☺(so etwas hat nie jemand behauptet!!)
■■■■ beim Apfelessen stösst du auf Kerne: „Mamma, da sind KNOCHEN drin!"Du hast heute solange die Leute am See anquatscht, bis einer mit dir spielte „Du musst mit mir spielen ,weil heute noch keiner mit mir gespielt hat!"☺)
■■■■ (3 Jahre, 6 Monate) – beim Bilder betrachten frage ich dich, warum Bäume Wurzeln haben: „Damit sie sich in der Erde festhalten können" (supersüß und nicht unwahr)- Du bist meine Wurzel(n) ...(....)
■■■■ Mamma schläft auf dem Balkon, weil es in der Wohnung so heiß ist, morgens um 5 Uhr höre ich ein Schluchzen im Flur, ich gehe hin „Mamma, wo warst du? Und ... ich habe mich auf den Flur geSTEHT und dicke Tränen geweint, weil du nicht da warst!"☺)
■■■■ (3 Jahre, 6 Monate) – am Tag meines eigenen Geburtstages komme ich in dein Zimmer : „Mamma, hast du jetzt Geburtstag –wo ist denn deine Krone???" (ihr bastelt in der Kita Kronen zum Geburtstag)

VII Verhaltensentwicklung
■■■■ – mit 7 Wochen schläfst du schon durch – Du lachst in der 7. Lebenswoche. Dein Lachen ist sowieso der Hit – du bist Hobby-Lacherin.
■■■■ die Pekip-Leiterin bezeichnet dich als „**optischen Typen**", du erkundest die Welt mit den Augen
■■■■ in der Pekip-Gruppe nennen sie dich „Lachsack"
■■■■ du schläfst morgens lange, oft bis 9.30 h
■■■■ zum 1. Mal „Pippi im Topf" – Du willst die Windel nicht mehr
■■■■ (18 Monate): du bist bezaubernd und total ausgeglichen. Du liebst Tomaten und Äpfel, hängst sehr an Mamma, was diese genießt.
■■■■ (19 Monate): Du begrüßt jeden auf der Straße mit einem freundlichen „Hallo", bist überdurchschnittlich freundlich und extrovertiert, ich lebe es vor, aber du erinnerst mich auch an meine Mutter. Du brichst in Begeisterung aus, wenn auf dein „Hallo" reagiert wird oder aber „monierst", wenn die Leute es ignorieren (ich erkläre, dass es solche und solche gibt). Sogar an der Ampel suchst du Blickkontakt mit anderen Fahrzeuginsassen. Du streichelst deine Kollegen in der Kita und sagst „ei", auf eine schelmische Art.Du verlässt dich auf TRADITIONEN, so verstecke ich deine Milchflasche morgens im Flur und du musst sie suchen, nach dem Finden (Erfolgserlebnis), brichst du in Begeisterung aus.Dir machen „Geräusche von Bohrmaschinen Angst" (auch mit 3 Jahren, 6 Monaten noch, sowie Haare in der Badewanne und Spinnen...)
■■■■ Du wirst immer süßer (falls möglich), sagst „so!", wenn du die Teller in die Küche bringst, holst dir selbst Sachen aus den Schubladen, Zahnbürste etc. ,weißt ,wo sich alles befindet. Heute sagtest du „Nase" und holtest dir dann selbst die Nasentropfen.Beim Kinderturnen bist du in deiner Altersklasse sicher die aktivste (Opa war gestern mal mit), du lässt dir nicht die Butter vom Brot nehmen, selbst größere Kinder schubst du weg oder nimmst ihnen Bälle ab.
■■■■ Du apportierst auf Bitte Dinge z.B: rote Handtücher
■■■■ Du steigst zum 1. Mal allein aus deinem Kinder-Gitterbett (über die Gitter!) und lässt dich auf den Teppich fallen...

9

2009: 4 Jahre alt

Bereits mit 4 Jahren saß meine Tochter an meinem PC. Seinerzeit durfte sie zeitlich limitiert das ein oder andere kindgerechte Spiel 'machen' oder sich mit erster Lernsoftware beschäftigen. Wie bei allen Kindern war die Faszination für dieses Medium deutlich spürbar.   19/20

Mai 2009 (4 Jahre alt)

Mai 2009 (4 Jahre alt)

13 – Dreizehn Jahre (2018) – Die Ernsthaftigkeit

2006 empfahl der *'Spiegel'* das **2004** im Beltz Verlag erschienene Buch *Das KinderBuch. Wie kleine Menschen groß werden* von Anna Wahlgren. Die Autorin ist Mutter von **neun** Kindern und Schwedens populärste Kinderexpertin. Das Buch kaufte ich mir im Sommer **2006**. Es hat **821** Seiten und ich las es im Laufe der Jahre <u>dreimal</u> von vorne bis hinten durch. Der vierte Teil des Buchs ist in Alters-Kapitel (1-16 Jahre) unterteilt. In den letzten Jahren nahm ich mir stets das Kapitel vor, das entsprechend dem Alter meiner Tochter 'an der Reihe' war. Meist musste ich das Kapitel für ein Jahr ältere Kinder lesen, da meine Tochter 'ihrer biologischen Zeit vorauseilte'. Teilweise musste ich beim Lesen schmunzeln, wie genau Wahlgren 'meine Tochter' und damit unsere Situation zuhause beschrieb. Ich kann dieses Buch empfehlen. Es ist aus meiner Sicht eine Art 'Bibel' für Eltern, auf jeden Fall aber eine pädagogische und auch sehr unterhaltsame Bereicherung.

> Der Dreizehnjährige ist ein Denker. Er erscheint ernster als der Zwölfjährige und er ist in seinem Denken konstruktiv und positiv (Wahlgren 2004: 566-573).

Wahlgren beschreibt den Dreizehnjährigen als jemanden, der 'keine dicke Luft um sich herum erträgt und zur Aussprache bereit sei', der möchte, 'dass die Sachen geregelt werden und sich große Mühe gibt, eine gute Atmosphäre zu schaffen'. Die Autorin charakterisiert den Dreizehnjährigen als 'einfühlsam' und 'vernünftig' mit einem großen Hang zur 'Ordnung'.

Das traf bei uns im Jahr **2018** nicht mehr zu, da sich meine 13jährige Tochter mit ihrem Verhalten bereits im 'Folgekapitel befand',sich so verhielt, wie Wahlgren 14jährige charakterisiert.

Der Dreizehnjährige will hören, was andere von ihm denken. Er liest und diskutiert gern (...). Der eigene Körper ist für den Dreizehnjährigen sehr interessant. Mädchen bekommen in diesem Alter oft Komplexe(...). Natürlich kann man mit ihm auch Probleme bekommen – aber dann hat man vorher schon die Situation nicht mehr im Griff gehabt. (...) [Den folgenden Tipp finde ich reizvoll und setzte ihn dann auch um]. Eine gute Regel im Umgang mit Teenagern ist es, sie tagtäglich so zu behandeln, als würde man ihnen zum ersten Mal begegnen [Gemeint ist: Wie man jemandem Fremdes begegnet, ohne die Missverständnisse, den Ärger, die Missgeschicke des Teenagers und die Kritik 'von gestern' im Hinterkopf]. Wenn du einem Menschen zum ersten Mal begegnest, bist du höflich, interessiert, respektvoll, lebendig; du zeigst dich von deiner besten Seite.(...) du gibst seinem Leben eine feste, äußere Form; du legst die Routine und die Grenzen fest. (...) Ich bin der Meinung, dass das Zusammensein mit den Freunden immer noch begrenzt werden sollte (bis zu einem Alter von etwa 16 Jahren) und ausschließlich auf das Wochenende gelegt oder an Wochentagen auf ein paar Stunden täglich begrenzt werden sollte. Übernachtungen sollten nur selten erlaubt werden, vor allem wenn die beiden Freunde nicht vom gleichen Geschlecht sind(...). Das Entscheidende dabei sind gar nicht so sehr die Moral oder das Risiko einer verfrühten Elternschaft, sondern die unzureichende, gefühlsmäßige Reife des Dreizehnjährigen (Wahlgren 2004: 566-573).

Mai 2018. Meine Tochter und ich steigen in ein kleines Flugzeug. Wir ziehen unsere Helme und Schutzbrillen an. Draußen ist es schon etwas stürmisch. Meine Tochter lässt den Motor an. Er brummt. Die Geräusche kommen mir ungewöhnlich vor. Der Propeller rotiert. Die Räder rollen. Die Startbahn ist uneben. Überall Rollsplitt. Das Flugzeug hebt seine Nase. Es schlingert. Wir geraten bereits etwas in Schieflage. Dann heben wir ab. Meine Tochter bestimmt das Tempo. Noch fliegen wir gemächlich. Jippie, die Pubertät ist da! Meine Tochter bedient den Gashebel. Wir werden schneller. Die Schieflage wird steiler. Ich bin nicht angeschnallt. Mir ist schlecht. Meine Tochter lacht. Ich habe Angst. Es geht hoch hinaus(...).

Destination: **KRISE**.

21

Meine Tochter ist dreizehn Jahre alt. Nach einem zufälligen Treffen mit dem ehemaligen Schulkameraden aus der Grundschulzeit, F., kam meine Tochter mit hochrotem Kopf und 'völlig aufgelöst' wieder nach Hause. Die beiden hatten sich drei Jahre nicht gesehen. F. hätte versucht, in den Feldern 'über meiner Tochter herzufallen', erhalte ich als Antwort auf meine Frage nach ihrem ungewöhnlich 'emotional aufgewühlten Zustand'. Damals vertraute sie mir noch und erzählte detailliert und gern. Ich suchte , weil die beiden sich nun öfter treffen wollten, um die Umstände etwas zu 'beleuchten', vorsichtshalber das Gespräch mit der Mutter des Jungen. Ich kannte sie gut. F.'s Mutter konnte oder wollte sich 'den Vorfall' weder vorstellen noch erklären. Sie meinte, im Anschluss an das Treffen der beiden wäre meine Tochter bis über beide Ohren verliebt gewesen und hätte überhaupt 'keine Ruhe mehr gegeben'. Sie hätte ihren Sohn F. mit WhatsApp-Nachrichten 'bombardiert'.Bei F.'s Mutter suchte ich bereits ersten Rat hinsichtlich der intensiven Mediennutzung meiner Tochter. Sie meinte, dass meine Tochter offensichtlich viel zu viel Zeit und erheblich zu wenig Beschäftigung hätte, vor allem keine richtigen Hobbys wie z.B. ihr Sohn, der ständig unterwegs war. Nach dem Gespräch wurde ich erneut aktiv, um Angebote zu finden, die meine Tochter in Gruppen Gleichaltriger einbinden könnten und dazu noch möglichst 'zeitaufwändig' wären. Bis auf die Mitgliedschaft bei den Pfadfindern konnte ich meine Tochter für keine Beschäftigung begeistern. Bei den Pfadfindern fährt meine Tochter auch heute noch auf 'Sparflamme'. Sie besucht normalerweise nur die einmal wöchentlich stattfindenden Gruppenstunden. Sobald die Pfadfinder aktiv werden und z.B. draußen in der Natur Umweltprojekte umsetzen oder ähnliche sinnvolle und spaßige Dinge tun, war meine Tochter immer sofort 'raus': „Keine Lust!"Ich erklärte ihr dann, dass, wenn man einer Gemeinschaft angehörte, man sich dann auch an den Aktivitäten beteiligen sollte. Zwei- oder dreimal konnte ich meine Tochter dazu bewegen, außerhalb der Gruppenstunden an Unternehmungen teilzunehmen. Das war es dann aber auch.

Die 'Feldgeschichte' zwischen F. und meiner Tochter empfand ich damals als etwas 'merkwürdig', nicht aufgrund der Tatsache, dass man nun altersgerecht sexuell neugierig war und aktiv wurde, sondern wegen der ganzen 'spontanen' Umstände und der 'aufgewühlten' Berichte meiner Tochter.

Nach drei Jahren traf sie F. einmal und zufällig wieder und dieser fiel angeblich gleich ohne Ankündigung über sie her. Es war eine gewisse sexuelle Neugier und 'Experimentierfreude' bei meiner Tochter vorhanden. Meine verliebte Tochter stellte sich eine Art Beziehung vor. Der ehemalige Schulkamerad hingegen versuchte nur, sie von dem zu überzeugen, was sie noch nicht zu tun bereit war. F. durfte sie berühren, aber mehr wollte meine Tochter noch nicht. Sie erschien mir im Sommer **2018** ziemlich naiv und 'ausgehungert', eher nach Liebe und Anerkennung als sexuell. Naivität ist ein Bestandteil der Jugend. Der eine Jugendliche ist mehr, der andere weniger naiv. Die Unbedarftheit meiner Tochter erschien mir nur insofern frappierend, als dass sie mir im Allgemeinen mental überdurchschnittlich reif erschien. Diese Diskrepanz zwischen 'Kopf und Unterleib' spielte auch später immer wieder eine Rolle. 'Bauch' wäre an dieser Stelle das schönere Pendant zu 'Kopf'. Es trifft es nur nicht.'Bauch' verstehe ich eher als Metapher für Intuition bzw. für die eigene 'innere Stimme'. Meine Tochter sehnte sich nach Bestätigung, Körperlichkeit, Anerkennung und Liebe.Ihre Hormone und ihr 'angeschlagenes' Selbstbewusstsein setzten ihren Verstand, das 'Gefühl' für den eigenen Wert und ihr Verantwortungsbewusstsein sporadisch außer Kraft. Sie wirkte auf mich so, als stünde sie unter Druck und säße auf einem 'Dampfkessel'. Dringend suchte sie nun ein Ventil, 'um Dampf abzulassen'. Was mich an der ganzen Angelegenheit nur etwas 'störte', war ihre Bereitschaft, sich und ihren Körper dem 'Erstbesten' spontan und ohne Berücksichtigung emotionaler und psychischer Konsequenzen zur 'Verfügung zu stellen'.

Natürlich kamen von mir auch ungefragt elterliche, teilweise 'dümmliche' Kommentare:

> „Ich versteh nicht, warum Du Dich 'dem' so an den Hals wirfst. Du bist doch ein Mädchen. Das will doch erobert werden. Mädchen, die so leicht zu haben sind, will keiner mehr. Du bist doch ein wertvoller Mensch. Hab' Geduld."

F. setzte meine Tochter unter Druck. Sie las sie mir seine Nachrichten vor. Die 'Verwirrung' meiner Tochter steigerte sich mit jeder weiteren WhatsApp-Botschaft. Meine Tochter glaubte an F.'s 'ernstgemeinte' Absichten. Es endete in einer herben Enttäuschung. Nach vielen Gesprächen mit mir beendete meine Tochter den Kontakt mit F.

Ein paar Monate später erzählte sie, dass F. inzwischen auf der Straße lebe. Er sei mit vierzehn Jahren zuhause 'herausgeflogen' und hätte inzwischen x Mädchen 'flachgelegt'. Das traf meine Tochter schwer 'in ihrem Ego, sein schnelles Ausweichen auf 'willige' Mädchen.

„Mama, du hast recht gehabt!"

Ich wollte nicht recht haben. Ich wollte sie nur 'schützen'. F.'s Eltern sind sympathisch und kompetent. Mit ihrem Sohn war es allerdings nie leicht, die ganze Grundschulzeit hindurch schon nicht. Es gab ständig Schwierigkeiten in der Schule und Auseinandersetzungen mit Klassenkamerad*innen.

Ich mischte mich ein, weil ich verhindern wollte, dass 'meine' noch völlig unerfahrene Tochter in etwas hineinschlitterte, was sie derart wahrscheinlich (noch) nicht wollte. Die 'Wunden' wären schmerzhafter gewesen als bei einem abrupten Kontaktabbruch. Später war sie froh über ihre eigene Entscheidung. Sie folgte F.auf Instagram, wo er ständig Fotos von sich in Begleitung verschiedener 'Damen' postete. Meine Tochter war erleichtert, nicht eine von vielen zu sein. Genau das hatte ich ihr vermitteln wollen, dass sie und ihr Körper etwas ganz Besonderes sind.
Am liebsten hätte ich sie unter eine 'Glashaube' gesetzt, bis ein Prinz an unserer Haustür schellt, der ihrer wert wäre. Prinzen tauchen heutzutage nur selten auf. Ich wollte es auf einen Versuch ankommen lassen.
Meine Tochter sollte einen ganz besonderen Freund haben, wenn die Zeit dafür reif gewesen wäre.

Jeder Mensch, vor allem auch Jugendliche, müssen eigene Erfahrungen und auch 'Fehler' machen. Das tat meine Tochter.

Hinsichtlich der Medien, insbesondere des Smartphones, erwarb meine Tochter <u>nie</u> ein Autoregulierungsverhalten in Bezug auf die Medien-Nutzungszeit oder die Internetinhalte. Trotz meiner jahrelangen intensiven Unterstützung gelang es ihr nicht, ein mediales Kontrollverhalten zu entwickeln. In fünf Jahren nicht.

Schlug meine Tochter morgens die Augen auf, griff sie zum Smartphone. Es war ihre erste 'Amtshandlung', so wie ein 'eingefleischter Raucher' 'auf leeren Magen' nach dem ersten Augenaufschlag erst einmal zur 'Fluppe' greift. Intervenierte ich nicht, war sie durchaus dazu fähig, 'from dusk till dawn', ab der Morgendämmerung bis zum Sonnenuntergang, über Stunden selig mit ihrem 'Gerät' 'mucksmäuschenstill und unbeweglich' im Bett zu verweilen.

Ich fühlte mich verpflichtet, diesen 'paradiesischen Zustand' zu unterbrechen. Ihr Smartphone 'verursachte mir 'Magenschmerzen'. Am Wochenende, samstags morgens z.B., 'schlug' ich spätestens nach anderthalb Stunden 'Alarm'. Hätte sie mit einem Buch oder zeichnend im Bett gelegen, hätte ich das niemals getan. Gerade am Wochenende empfinde ich es selbst als sehr entspannend, den Tag langsam angehen zu lassen und auch mal Dinge zu tun, für die im Alltag Zeit und Muße fehlen.

Ich 'lockte' mit Haushaltspflichten oder erwähnte, dass unser Hund 'sich die Beine vertreten müsse'. Ich fragte auch, wie es denn überhaupt mit den Schulaufgaben aussähe.

Vor allem kam ich immer und immer wieder mit meinem alten 'Spießer-Spruch':
>„Erst die Arbeit, dann das Vergnügen!
>Tu doch erst einmal das, was du tun musst und 'verdiene' dir deine Handyzeit!
>Dann kannst du sie später auch viel mehr genießen!"

Ein unerträglicher Nebeneffekt unserer Krise war, dass ich das ganze Wochenende innerlich nicht zur Ruhe kam. Ich konnte nicht genießen,was ich tat. Ich fühlte mich ständig unter Druck und innerlich 'gejagt':

Den Blick stets auf die Uhr gerichtet, 'fürchtete' ich, bereits transpirierend, die nächste Diskussion über ausufernde Mediennutzung und verbotene Inhalte. In solcher Anspannung ertrug ich es noch nicht einmal mehr, wenn mich jemand anrief, um zu 'plaudern'. Meine permanente innere Statusmeldung lautete: 'Gehetzt' ,'Unruhig' und 'Nicht ansprechbar!'.

Es war das Leben einer Co-Alkoholikerin, die ständig daran denkt, dass sie den 'Pegel der Alkoholflaschen' in Augenschein nehmen muss, in der irrigen Annahme, damit den Alkoholismus des Partners kontrollieren und reglementieren zu können.

Dieser negative Kollateraleffekt löste sich Ende Februar bzw. im Mai 2020 ' in Luft auf.

Seitdem fühle ich mich jeden Tag, aber besonders an den Wochenenden, als lebe ich auf einer Insel, fernab von allem, umgeben von Meeresrauschen und Palmen. Der Druck ist weg. Ich bin frei. Äußerlich und innerlich. Ich bin die Ruhe. Ich genieße jeden Moment. Meine Projekte absorbieren mich und ich sie. Ich bin tiefenentspannt.
Und (...) ich telefoniere wieder.

Bevor meine Tochter geboren wurde, hatte ich eine jahrzehntelange' Karriere' als Co-Abhängige 'hingelegt'. Mit wenigen Ausnahmen hatte ich ausschließlich Partner mit Alkohol- und Suchtproblemen. Selbstverständlich suchte ich sie mir nicht bewusst so aus. Oft war mir die 'Suchtproblematik' des 'Auserkorenen' am Anfang der Beziehung weder bekannt noch bewusst. Ich merkte manche Symptome noch nicht einmal, auf die mich Freunde dann hinwiesen. Unter Beziehungsaspekten war ich eine 'Wiederholungs-Täterin'. Ich befand mich bis 2015 in einer Endlos-Schleife. Wie man das Licht einschaltet. Es geht nicht von allein aus, wenn der Schalter erst einmal auf 'on' steht. Aufgrund meiner Sozialisation fühlte ich mich in 'Suchtsituationen' wohl. Ich war sie gewohnt, sie waren mir vertraut. Der Vater meiner Tochter war das 'letzte Glied' einer langen 'Kette'. Auch er hatte ein 'Alkoholproblem'. Ich wäre bis zum 'Nimmerleinstag' bei ihm geblieben. Zudem war ich fest davon überzeugt, dass ein Kind eine Mutter <u>und</u> einen Vater braucht. Ein Psychologe wirkte in monatelangen Sitzungen leidenschaftlich auf mich ein, meine Tochter zu nehmen und mit ihr die Partnerschaft zu verlassen. Wie ein 'Mantra' wiederholte er mir immer wieder, dass Alkoholismus eine 'Dunsthaube' sei, die die ganze Umgebung in Mitleidenschaft zieht und negative Konsequenzen für ein späteres Bindungsverhalten habe. Nach einem gravierenden Vorfall im November **2005** gelang mir am 14.12.2005 mit Hilfe meiner Familie und Freunden die 'Flucht' mit meiner Tochter. Dem Psychologen bin ich bis heute dankbar. Ich 'schwor' mir, dass ich nie wieder in eine 'Suchtproblematik' 'hineinschlittern' würde. Ich wollte kein weiteres Mal Co-abhängig sein. Aus diesem Grund bin ich seit 2005 'Single'. Ich traute meiner' Partnerwahl' nicht mehr. Ich wollte, dass meine Tochter mit 'Suchtproblematiken' niemals in Berührung kommt. Meine 'Vorsichtsmaßnahme', keine Partnerschaft mehr eingehen zu wollen, ebnete der 'Symbiose' mit meiner Tochter den Weg. Es war meine Absicht, keinem Dritten Einlass in unser Leben zu gewähren, um meine Tochter vor meiner Partnerwahl zu schützen und um sie nicht zu enttäuschen, sollte eine Beziehung, an die sie vielleicht schon ihr Herz gehangen hätte, dann doch nicht von Dauer sein. Die Konsequenzen meines Verhaltens konnte ich damals noch nicht absehen. Mit meiner 'Vorsichtsmaßnahme' legte ich meine eigenen Bedürfnisse 'ad acta' und wies meiner Tochter unbewusst einen Platz in unserer

Beziehung zu, der ihr in diesem Ausmaß nicht zustand und den sie mit niemandem teilen musste.

Ich wurde es dann doch wieder: Co-abhängig, ab **2015**. Dass sich das 'Thema' mit meiner eigenen Tochter wiederholte, hätte ich mir in meinen 'kühnsten Träumen' nicht vorstellen können.

Das Internetverhalten meiner Tochter war multikausal bedingt:

1. Als 'digital native' hatte sie <u>zu früh</u> ein Smartphone zur Verfügung, von dem ein großer 'Sog' ausging.

2. Meine Tochter war über viele Jahre massiv 'unterbeschäftigt'. Sie tat kaum etwas für die Schule, hatte nur wenige Freunde und Hobbys, machte keinen Sport und war nur in einem Verein. Außerdem fehlten Kontakte zu Jungen. Sie sprach öfter von einem 'platonischen' Freund.

3. Die Pubertät führt zu dem Bedürfnis, sich 'abzunabeln' und die Eltern auf Abstand halten zu wollen. Zudem 'sprießen' die Hormone. Minderwertigkeitskomplexe kommen auf.

4. Eine vererbte Disposition zur Internetsucht ist kaum erforscht, kann aber in unserem Fall auch nicht ausgeschlossen werden.

5. Das Internetverhalten führte bei meiner Tochter zu einer weiteren Isolierung und Vereinsamung, was wiederum mehr Aktivität in den Medien nach sich zog.

6. Der Drang zur Selbstdarstellung der Generation Z und der 'Gruppenzwang' ihrer Klasse bezogen auf erste sexuelle Erfahrungen

7. Mein autoritativ-partizipativer Erziehungsstil, durch den meine Tochter sehr viel Freiheit, Eigenverantwortung und einen großen Vertrauensvorschuss genoss

8. Meine Vorgeschichte als CO-Abhängige. Ich war es gewohnt, mich in Sucht-Situationen zu bewegen und vor allem mich manipulieren zu lassen. Ich schuf ein 'Schlüssel-Schloss-Prinzip'. Meine Tochter manipulierte und ich 'gehorchte'. Ich war, als es noch rechtzeitig gewesen wäre, nicht rigoros und nicht streng genug mit ihr.

Gegebenenfalls gibt es noch weitere Gründe.

Ich bezweifele, dass ein anderer Erziehungsstil zu anderen 'Ergebnissen' geführt hätte. Dafür waren die Ursachen viel zu mannigfaltig, teilweise unreflektiert und auf fatale Art und Weise miteinander verwoben. Zudem ist ein anderer Erziehungsstil, außer vielleicht noch der des Laissez-Faire, kaum in einer Symbiose vorstellbar.

Des weiteren kann man als Sorgeberechtigter auch nur den Erziehungsstil ausüben, der zur eigenen Persönlichkeit, den eigenen Wertvorstellungen und dem eigenen Konzept von 'Erziehung' passt.

Alles andere wäre 'Verkleidung' und sicher langfristig weder durchhaltbar noch von Erfolg gekrönt gewesen.

Erfolgreich war ich. Meine Tochter ist sehr gut 'gelungen', auch wenn wir in den letzten zwei Jahren 'holprige' und schmerzhafte Wege beschreiten mussten.

Medien:

Vereinbarte Mediennutzungszeiten wurden missachtet. Entweder 'vergaß' meine Tochter, sich an sie zu halten oder die Zeit mit dem Smartphone 'verging' einfach viel zu schnell. Derweil 'ruhte' unser Medien-Nutzungsvertrag unbeachtet in einer Schreibtischschublade.

Meine Tochter wird es ausgenutzt haben, dass ich nicht wie andere Eltern handelte. Ihren Klassenkameradinnen wurde ständig das Smartphone 'entzogen', auch über längere Zeiträume. Ich bin kein Verfechter von 'Strafen' und ziehe es vor, an die 'Vernunft' zu appellieren. Es ist nicht in Ordnung, 'Gleiches mit Gleichem' zu vergelten und meiner Tochter etwas wegzunehmen, das ihr gehört. Für meine Tochter war es somit völlig 'ungefährlich', mir regelmäßig ihren Standard-Vorschlag zu unterbreiten:

„Dann gebe ich eben mein Handy <u>einen Monat</u> ab, mir doch egal!"

Ihr war bewusst, dass mir solche Maßnahmen 'gegen den Strich' gingen, weil ich sie nicht als Lösungen begriff. Meine Tochter hätte mir 'leid' getan. Ich wusste, wie 'wichtig' das Smartphone ihr war. Mein Ziel war, dass meine Tochter 'mental' und 'psychisch' in ihre Medienverantwortung hineinwächst. Vielleicht sind Eltern erfolgreicher, die das Smartphone kommentarlos 'einziehen'.

Das Mitleid mit meiner Tochter war ein fehlgeleitetes Gefühl und völlig kontraproduktiv. Wäre sie ihres Smartphones 'beraubt' gewesen, hätte sie das schließlich selbst zu verantworten gehabt.

Wie zwei parallel zueinander verlaufende Linien schaukelten sich der Medienkonsum meiner Tochter und unsere Diskussionen darum mit den Wochen, Monaten und Jahren immer weiter hoch. Regelmäßig versuchte ich, einzugreifen, um ihr Verhalten zu regulieren: Mit Gesprächen, Ermahnungen, einem Mediennutzungsvertrag, einer WLAN-Zeitschaltuhr und später einer Software.

Bis zum 13. Lebensjahr war meine Tochter wenigstens noch so 'gehorsam', das Smartphone sowohl nachts aus dem Zimmer zu tragen als es auch bei den Hausaufgaben wegzulegen. Wie bei allen Suchterkrankungen erhöhte auch sie die Dosis mit der Zeit. Lug und Trug gehörten zu unserem Alltag wie der Sonntag zum Wochenende. In den letzten zwei Jahren stand meine Tochter nachts wieder auf, um das Smartphone oder den Laptop heimlich in ihr Zimmer zu holen. Nach 'vollbrachter Tat' 'deponierte' sie die Gerätschaften wieder 'fein säuberlich' im Flur, als ob es den Regelbruch ihrerseits nie gegeben hätte. Meine Tochter machte sowohl ihrer Mutter als auch sich selbst etwas vor.

Zu 'Test-Zwecken stellte ich manchmal 'die WLAN Zeitschaltuhr aus. Das wurde angekündigt oder auch nicht. Einerseits wollte ich meine Tochter in ihrem Medienverhalten 'testen', andererseits sollte sie sich daran gewöhnen, dass 'Internetkonsum' irgendwann einmal ohne 'Überwachung' und 'Reglementierung' funktionieren muss. Ich erklärte meiner Tochter, dass es auf Dauer keinen Sinn machen würde, wenn ich sie immer 'kontrolliere', eine Aufgabe, die mir im übrigen auch keine besondere Freude bereitete. Ich sagte ihr, dass es wichtig wäre, dass sie zur Selbstkontrolle fähig werden müsse. Dabei wollte ich ihr gerne helfen:

> „Du gehst doch auch jeden Tag zur Schule, ohne dass ich das immer vorher 'anordnen' oder kontrollieren muss.
> Erst wenn man sich 'selbst regulieren' kann, ist man 'wirklich' [medial]frei".

Als meine Tochter älter war, weitete ich ihre Mediennutzungszeit von anfangs einer Stunde auf zwei Stunden, später drei Stunden aus, mit der Option, am Wochenende oder bei besonderen Anlässen, Notwendigkeiten oder Gemütsverfassungen, 'auch einmal über die Strenge schlagen zu dürfen'.

Unablässig informierte ich mich über altersgemäße Nutzungszeiten, um meiner Tochter bloß nicht weniger Nutzungszeit zuzubilligen, als sie in ihrem Alter haben sollte.

Ich langweilte mich nicht, im Gegenteil. Nichtsdestotrotz investierte ich über alle Maßen Liebe, Zeit und Energie in meine Tochter und ihre Medienproblematik. Menschen mit 'Helfer-Syndrom' und CO-Abhängige verfügen über eine scheinbar nicht enden wollende Energie und Einsatzbereitschaft. Das Überschreiten der 'eigenen Grenzen' in physischer und psychischer Hinsicht wird gar nicht oder erst dann wahrgenommen, wenn es bereits zu spät ist.

Drei Stunden Mediennutzungszeit erschienen mir sehr viel. Obwohl in der Schule meiner Tochter die Nutzung eines Handys ausdrücklich verboten war, war sie in den Schulpausen oft 'online', später auch 'mitten im Unterricht'. Sie rechtfertigte die Smartphone-Nutzung dann mit 'notwendigen' Recherchen für die Schule. Besuchte meine Tochter die Großeltern, hatte sie ständig Opas iPad auf dem Schoß. Ich wies meine Tochter dann darauf hin, dass es bei solchen Besuchen um ganz andere Dinge ginge, um das Zusammensein mit lieben Menschen und um Gespräche.
'Daddeln' kannst Du auch zuhause!", ermahnte ich sie.

Um meiner Tochter zu helfen, schlug ich ihr vor, das Smartphone in Intervallen zu nutzen, z.B. zu verschiedenen Tageszeiten jeweils einen Teil der Mediennutzungszeit zu 'verbrauchen'. Es gelang ihr nicht. Sie konsumierte die gesamte Medienzeit in der Regel sofort. Nachdem ihre Nutzungszeit dann aufgebraucht war, wurde sofort 'gejammert'. In Zeiten, in denen ich nicht zuhause war oder ich es mit ihr ohne 'digitale Steuerung' versuchte, steigerte sich ihre Smartphone-Nutzungszeit von vier auf viereinhalb, von fünf auf sechs Stunden täglich (…). Mit Sicherheit wären es auch noch mehr Stunden geworden, aber meine Tochter hatte damals noch eine Art Rest-Gewissen mir gegenüber bzw. ein, wenn auch schon leicht 'lädiertes', 'Schuldbewusstsein'.
Im Nachhinein wundere ich mich, dass ich in all den Jahren nicht 'verrückt' geworden bin. Ich führte fünf Jahre lang Gespräche zu ein und demselben Thema, die überhaupt keinen Erfolg brachten. Ich beschäftigte mich ständig mit den 'Suchtmitteln' Smartphone und Internet und natürlich der 'Süchtigen' selbst. Ich bin keine 'Helikopter'-Mutter. Ich würde mich eher als das Gegenteil betrachten.

Man kann allerdings auch über einem Kind 'schweben', ohne 'Helikopter'-Mutter zu sein. Es stellte sich mir nur die Frage, ob ich neben meiner Tochter landen oder einfach den Gashebel ziehen und unerkannt weiter-fliegen sollte, dorthin, wo mich niemand kennen und jemals finden würde. Ich sprach regelmäßig gegen 'Wände' und 'badete' oft in Mitleid, weil meine Tochter derart von einem internetfähigen 'Kasten' fremdgesteuert wurde. Ein anderes Mal war ich wieder 'wütend', dass ich mich überhaupt mit der Thematik so intensiv beschäftigte. Im Gegensatz zu meiner Tochter bin ich kein 'digital native', sondern ein 'digital immigrant', der sich 'mühsam' und erfolgreich in das Thema Internet und Smartphone ein-gearbeitet hat. Der Begriff stammt von Hurrelmann. Immerhin trage ich 'digital' im Vornamen. Es kostete mich nicht nur so immens viel Zeit und Energie, mein Kind ständig medial zu kontrollieren, zu ermahnen und mit ihm zu diskutieren. Ich musste mich zudem auch noch über Monate, Tag und Nacht, mit irgendwelchen Software-Programmen beschäftigen. Ich kümmerte mich um Anwendungen, die meine Tochter downloaden wollte, denn das durfte sie erst nach meiner Prüfung der Inhalte und Genehmigung. Das musste dann relativ zügig von statten gehen, da Geduld nicht gerade eine Stärke meiner Tochter ist. Tatsächlich 'fürchtete' ich ihre 'Reaktion. Ich wollte funktionieren. Die Installation der Überwachungssoftware auf allen Geräten erforderte meine Zeit. Manchmal machte das 'Spionage-Programm' von selbst oder von meiner Tochter verursachte 'Spirenzchen'. Folglich kümmerte ich mich auch darum. Parallel dazu las ich Fachartikel zum Thema 'Digitale Medien' und 'Mediennutzungszeit', um mich zu vergewissern, dass ich auch alles tat, wie es sein sollte. Ich konsumierte Literatur zum Thema 'Mediensucht' und 'Pubertät'. Hinzu kam Liegengebliebenes im Haushalt, das eigentlich meine Tochter hätte erledigen sollen. Es war ihr nicht gelungen, da sie digital 'eingespannt' war oder aber ich machte ihre 'Hundeschicht' noch mit.

Vielleicht hätte ich das Weihnachtsgeschenk **2015**, das als Smartphone 'daherkam', im Namen meiner Tochter dankend ablehnen oder zwei, drei Jahre im Schrank deponieren sollen, bis die Zeit reifer gewesen wäre. Auf jeden Fall hätte ich spätestens im Sommer **2018** zügig professionelle Hilfe beanspruchen müssen.

Doch da es zwischendurch immer recht leidlich zwischen uns lief und mir in jenem Jahr noch gar nicht bewusst war, dass meine Tochter 'Smartphone-süchtig' war und wie sehr ihre analogen und digitalen Eskapaden zu einer Eskalation in unserer Beziehung führen würden, tat ich das nicht.

Es waren nach den ersten 'digitalen Ungereimtheiten' zwei Jahre ins Land gegangen. Ich liebte meine Tochter und wollte ihr helfen. Ich hoffte und wollte ihr glauben. Ich nahm ihr ihr Versprechen ab, dass ab 'morgen' 'ganz bestimmt' alles ganz anders werden würde. So oder so ähnlich wiederholte sie diesen Satz nahezu jeden zweiten Tag:

„ Ab morgen wird alles anders, Mama!"

Ich bin ein gutes mediales Vorbild. Ich bin kein 'digital Junkie' und habe viele analoge Interessen. Oft lege ich das Smartphone abends oder am Wochenende weg oder stelle es auf 'lautlos'.

Ich ließ mir von meiner Tochter ab und zu zeigen und erläutern, welche Internetseiten sie besuchte, welche Apps sie nutzte und 'brauchte', welche Spiele sie spielte und mit wem sie in Kontakt stand. Auf Dauer sprengte das aber unseren Tagesablauf. Es wurde sowieso abends oft viel zu spät. Die Zeit 'rannte' uns davon. Ich interessierte mich für meine Tochter, aber bei den meisten Apps konnte ich ihre Begeisterung nicht nachvollziehen. Entsprechend gering war manchmal meine Motivation, mich mit gewissen Anwendungen überhaupt zu beschäftigen. Ich konnte und wollte mich auch nicht 24 Stunden am Tag nur diesem einen Thema widmen.

Waren die Kontakte meiner Tochter unbekannte Chatpartner aus irgendwelchen Social Media Kanälen, thematisierte ich das. Immer wieder sagte ich meiner Tochter, dass ich weder möchte noch erlaube, dass sie mit Unbekannten im Internet chattet. Sie möge sich doch bitte mit Menschen austauschen, die sie aus dem 'real life' kennt. Trotzdem tat meine Tochter genau das immer und immer wieder. Genau solange, bis ich ihr auf 'die Schliche kam'.

RESET

Und dann startete das ganze Procedere von vorne: Sprechen, erklären, Kontakte löschen, sanktionieren, wenn möglich. Sanktionieren war schwierig beim Thema 'Unbekannte Chatpartner'. Das Smartphone wegnehmen wollte ich nicht und mit der Nutzungszeit hatte ihr Fehlverhalten thematisch überhaupt nichts zu tun.

Es war jedes Mal dieselbe 'alte Leier', als hätten meine Tochter und ich niemals zuvor darüber gesprochen! Sie erzählte stets dasselbe.
Ich übrigens auch.

Meine Tochter behauptete, die unbekannten Chatpartner seien alle 'so' nett und 'mit Sicherheit' so alt wie sie selbst. Das merke sie an der Art, wie sie schrieben. Das MÜSSEN Jugendliche ihres Alters sein!! Wie ich überhaupt auf solch abstrusen Ideen käme, dass es sich um 'mittelalterliche Pädophile' handele?!! Ich konnte noch so sachlich, tiefschürfend bis leidenschaftlich darlegen, weshalb mir mein biologisches Alter mit entsprechend umfangreicher Lebenserfahrung solch eine Befürchtung nahelegte.

ICH hatte einfach KEINE Chance!
Ich blieb unerhört!

Meine Tochter hatte die Weisheit mit großen 'Löffeln gefressen'. Ihrer Naivität und digitalen Unbelehrbarkeit war nicht 'Herr zu werden'.

Hierbei handelte es sich um eine nicht zu unterschätzende, explosive Mischung, wenn man sich unter solchen Voraussetzungen im Internet bewegt.

Die Nadel des Schallplattenspielers, inzwischen stumpf durch Materialermüdung. durchlief seit fünf Jahren dieselbe Spur auf unserer Platte. Die Schallplatte drehte und drehte sich und keiner hielt sie an. Sie 'eierte' inzwischen etwas, die Musik leierte, aber die Mechanik funktionierte noch. Der Plattenspieler war grundsolide und entstammte einer qualitativ hochwertigen Zeit. Aber die Geräusche, die die Nadel auf der schwarzen Scheibe erzeugte, die an einer bestimmten Stelle durch die jahrelange Einwirkung der Nadel nur noch hauchdünn war, war mit der wunderschönen Musik, die einst den Raum melodisch erfüllt hatte, überhaupt nicht mehr vergleichbar!

22

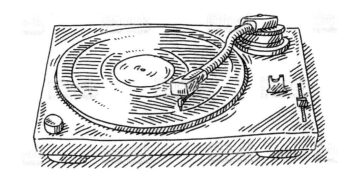

Vierzehn Jahre (2019): Die Einsamkeit

Der stabile, oft robuste, konstruktive Dreizehnjährige verändert sich. Als Vierzehnjähriger ist oder wird er verletzlich. Die Welt um ihn schließt sich. Er steht mittendrin und ist empfindlich, manchmal überempfindlich. Und er steht allein dort. Der Vierzehnjährige wird zum ersten Mal von dem deutlich Gespür davon betroffen, was es bedeutet, sich einsam zu fühlen.(...)[Er wird] von einem Gefühl in die Knie gezwungen, nicht dazuzugehören.(…) Der Vierzehnjährige kann unter ernsthaften Depressionen leiden(...).Oft wird der Vierzehnjährige verschlossen und schweigsam(...). Er wird oft missverstanden und fühlt sich auch selbst oft von vornherein missverstanden. Er schweigt ein bisschen zu lange und grübelt ein bisschen zu viel(...)er kann ganz ohne Vorwarnung in Anfällen von hysterischem Weinen oder verzweifelter Wut explodieren. So vehement, dass die Umwelt darüber zutiefst erstaunt und erschrocken ist. Selbstmordpläne sind in diesem Alter so allgemein verbreitet, dass man sicherlich keinen einzigen Vierzehnjährigen finden würde, der sie nicht hegt, darunter leidet oder zumindest mit dem Gedanken daran spielt.(...) Er erträgt es nicht, wenn jemand mit ihm unzufrieden ist. (...)Kraft seiner Gleichgültigkeit protestiert er gegen die Autorität(...). Man muss als Eltern das Selbstmordrisiko mit einkalkulieren, obwohl man es absurd findet(...). Er benutzt seine Vernunft nur in sehr geringem Maße (Wahlgren 2004: S. 574-580)

23

13-14 Jahre (ab Juni 2018)

Registrierte sich meine Tochter auf Plattformen, für die sie das 'Mindest-Alter' noch nicht erreicht hatte, löste sie das Problem umgehend: Sie 'alterte' auf einen Schlag um mehrere Jahre und datierte ihr Geburtsdatum um zehn Jahre zurück in die Vergangenheit. Durch solche Manipulationen erhalten Kinder und Jugendliche Zugang zu Internetseiten, die für sie weder vorgesehen noch geeignet sind. Internetgiganten wie 'Google' und Provider der entsprechenden Plattformen überprüfen oder monieren solche 'Fehltritte' nicht. Meine Tochter ist heute noch bei Google mit dem Geburtsjahr **1995** registriert. Darüber hat sich Google in all den Jahren noch nie 'gewundert'. Ihre Internet-Profile versah meine Tochter mit ihrer privaten Handynummer. . So war sie für Unbekannte telefonisch erreichbar und konnte bei 'Bedarf' sogar geortet werden. Mein warnendes Veto verhallte ungehört, dass ein Internet-Profil so anonym wie möglich zu sein hätte. Manchmal verliebte sich meine Tochter in völlig Unbekannte. Das geschah auf Basis der beim Chatten erhaltenen Nachrichten. Das Bedürfnis nach Austausch mit Jungen und nach Anerkennung 'befriedigte' sie online. Endorphine durchströmten meine Tochter, so dass sie nach mehr verlangte. Mehr Internet. Mehr Medienzeit. Mehr Austausch. Mehr Unbekannte. Mehr sexuelle Themen. Einfach mehr.

Mit 13 Jahren teilte mir meine Tochter eines Tages mit, dass sie gern einen Chatpartner in Hamburg treffen würde. Ich dürfte selbstverständlich als ihre 'Begleitung' mitfahren. Ich lehnte ab. Meine Tochter durfte selbstverständlich nicht gen Norden reisen. Sie hielt sich an mein Verbot.

Da meiner Tochter die 'verordnete' Mediennutzungszeit nicht reichte, sinnierte sie darüber, wie sie die 'Dosis' erhöhen und an mehr 'Stoff' kommen könnte.

Es störte mich damals, dass immer, wenn ich nicht hinsah oder außer Haus war, die Situation trotz aller gegenteiligen Versprechungen ohne zeitliche Verzögerung ausgenutzt wurde. Das Verhalten meiner Tochter empfand ich als nicht loyal.

Ich bin generell großzügig und man kann mit mir über alles sprechen. Davon machte meine Tochter keinen Gebrauch.

Sie agierte lieber 'klammheimlich' in ihrem 'stillen Kämmerlein'.
Hinzu kam, dass sie mich 'hängen ließ'. Anstatt Hausaufgaben zu machen oder im Haushalt zu helfen, widmete sie sich liebevoll ihrem Smartphone. War ich unterwegs, hinterließ ich ihr eine To-do-Liste. Sie zog es vor, stundenlang 'im Web' aktiv zu sein. Vernahm sie allerdings meinen Schlüssel in der Haustür, sprang sie wie von der 'Tarantel gestochen' von ihrem Bett auf und versuchte hektisch, eine Reihe von zuvor vereinbarten Aufgaben zu erledigen.

Meine Tochter verkaufte mich für 'dumm', aber auf eine Art, dass es mir zwangsläufig auffallen und ich mich ärgern musste. Aufgrund der Pubertät, die von ihr 'Besitz ergriffen hatte', machte ich Abstriche und hob meine Toleranzschwelle an. Doch das Verhalten meiner Tochter war für mich ein Zeichen, dass sie mich weder ernst nahm noch respektierte. Es war ihr völlig egal, was ich zuvor mit ihr vereinbart hatte oder worüber ich mich hinterher beschwerte. Es war auch nicht so, dass ich den Haushalt nicht allein bewältigt hätte. Es gehört allerdings zu der Erziehung dazu, dass Jugendliche an den Familienaufgaben beteiligt werden. Außerdem war es eine Möglichkeit, sie aus ihrer 'Langzeit-Arbeitslosigkeit' zu 'hieven' und ihr auch das wichtige Gefühl zu vermitteln, dass sie von mir 'gebraucht wird'. Ich sagte es ausdrücklich: 'Ich brauche Dich hierfür und dafür' und ich bedankte mich, wenn sie 'Pflichten erledigte'. Ich vermute, nicht alle Eltern bedanken sich bei ihren Kindern, wenn sie im Haushalt helfen.

Meine Tochter verhielt sich in den zwei Jahren unserer Krise wie in Kapitel 4.2. beschrieben. Bis zu ihrem 12. Lebensjahr war sie ein völlig anderes 'Wesen'. Sie putzte z.B. wöchentlich unseren Hausflur und erledigte Einkäufe. Wenn sie kochte, was sie oft und gerne tat, verdienten die von ihr schmackhaft und mit Liebe zubereiteten Gerichte mindestens einen Michelin-Stern.

Bis zu ihrer Pubertät war meine Tochter sehr fleißig und mich beschlich das Gefühl, sie genoss es, mir zu helfen respektive gebraucht zu werden. Wir waren ein sehr gut funktionierendes Tandem. Es war eine reine Freude, sie zu 'engagieren' und nachher die 'Früchte zu ernten' und dafür auch die verdiente Anerkennung auszusprechen.

Tochter Lienz, 6 Jahre alt. 24

Regeländerung. Ab dem 13. Lebensjahr verlangte meine Tochter plötzlich konkrete, schriftliche 'Arbeitsanweisungen'. Sie könnte die Pflichten sonst unmöglich erledigen, behauptete sie. Sie schrieb sich auch selbst To-do-Listen, die aber nicht abgearbeitet wurden. Meine 'Arbeitsanweisungen' 'verloren sich', so dass die Aufgaben einfach nicht erledigt werden konnten. Ständig schrieb ich Listen und Pläne neu, während meine Tochter mich 'an der Nase herumführte'. Es handelte sich um täglich wiederkehrende Aufgaben im Haushalt. Im Grunde hätten wir das 'Rad nicht jeden Tag neu erfinden müssen'. Trotzdem sollte ich alles immer wieder neu schriftlich 'fixieren'. Das 'Ende vom Lied' war eine 'zugepflasterte Wohnung: Überall klebten Zettel und Post-its, an ihrer Zimmertür, an der Haustür, an den Wänden, auf dem Fußboden(...).
Die Aufgaben, wen wundert es, wurden trotzdem nicht erledigt.

Um ihre Mediennutzungszeit auszuweiten, griff meine Tochter zunächst zu der unter Jugendlichen üblichen Methode und schrieb die WLAN-Zugangsnummer von unserem Router ab. Nein, das stimmt nicht. Sie war moderner. Sie fotografierte sie mit ihrem Smartphone, 'hackte' sich in unsere *Fritzbox* ein und modifizierte die Mediennutzungszeit entsprechend ihrer Bedürfnisse. Als es 'aufflog', änderte ich .das WLAN-Zugangskennwort.

Nun brauchte meine Tochter eine neue 'Lösung' für ihre Medienbedürfnisse. Als ich einmal um Mitternacht versuchte, meine Emails im Laptop abzurufen, bekam ich keine Internet-Verbindung und erhielt stattdessen folgende Fehlermeldung:

Es kann <u>nur ein</u> Administrator ins Netz!

Als gutgläubiger 'digital immigrant' war mir diese Meldung völlig rätselhaft. Ich versuchte mich mit 'Nachdenken' und der Wort-für-Wort-Entschlüsselung dieser ungewöhnlichen 'Botschaft':

<u>Ich</u> kann nicht ins Internet!
Es kann <u>nur ein</u> Administrator ins Internet und das bin scheinbar nicht (mehr) ich.

Wer ist es dann?

Es war Mitternacht. Meine Tochter schlief. Dachte ich. Sie war dreizehn Jahre alt und hatte am nächsten Tag Schule. Grübelnd lief ich durch unseren Wohnungsflur. Als ich meine Tochter in ihrem Zimmer 'rumoren' hörte, klopfte ich und ohne ihr begeistertes 'Herein' abzuwarten, öffnete ich die Zimmertür.
Meine Tochter saß mit ihrem Laptop auf dem Bett. Sie schien hochgradig beschäftigt. Bei ihrem Anblick wurde ich 'säuerlich'. Mit meinen damals noch rudimentären Internetkenntnissen, war es mir 'schleierhaft', warum meine Tochter Internetzugang hatte und ich nicht. Am nächsten Tag fragte ich 'meinen digital native' nach 'des Rätsels Lösung':' **Ich habe eine eigene IP-Adresse generiert'**, teilte sie mir unverfroren mit.

'Das sei ganz einfach', ergänzte sie ihr Statement lapidar. Meine Tochter hatte mir die Zugriffsrechte für das Internet genommen. Ich wünschte, es wäre bei dem einmaligen 'Verlust' der medialen Rechte geblieben. Mittlerweile hatte ich die Zugriffsrechte in sämtlichen Bereichen eingebüßt bzw. sie mir 'freiwillig' nehmen lassen. Dass ich nun 'technisch im Bilde' war, änderte nichts an meinem Unmut.

?????

Wie groß musste der 'Druck' bei meiner Tochter sein, dass sie ihre Mutter auf leicht kriminelle Art und Weise mitten in der Nacht dermaßen 'hinterging'?

Was konnte so wichtig und dringend sein, dass es um Mitternacht noch unbedingt erledigt werden musste?

Warum sprach meine Tochter nie mit mir und teilte mir mit, dass sie nachts nicht schlafen konnte und stattdessen lieber noch ein wenig im Internet hätte surfen wollen?

Hatte sie sich überhaupt etwas dabei gedacht, als sie so wenig loyal und regelkonform mir gegenüber handelte?

Der Link zur Generierung eigener IP-Adressen findet sich im Anhang (→Kap. 10). Er wurde am **09.12.2016** hochgeladen und bis zu meinem Aufruf am **21. Januar 2020** bereits **102.577 Mal** verwendet. Es ist nicht nur erstaunlich, sondern auf gewisse Art und Weise auch 'ärgerlich', welche 'Hilfsmittel' im Internet bereitgestellt werden, um elterliche mediale Erziehung zu kompromittieren. Über das Verhalten meiner Tochter war ich enttäuscht und verärgert, als mir bewusst wurde, welche Wege sie zu gehen bereit war, um an ihre Ziele zu kommen. Sie verletzte meine Werte: 'Ehrlichkeit' und 'Loyalität'.

Nach diesem Vorfall vereinbarte ich im **Juni 2018** vorsichtshalber einen ersten Termin beim Jugendamt (→Kap. 4.6.).

Jugendliche posten heute ständig im Internet. Es ist inzwischen Usus, Selfies von sich in Unterwäsche der Öffentlichkeit medial zu übermitteln. Meine Tochter tat das auch. Damals wusste ich allerdings noch nicht, dass und wie verbreitet diese

'Unsitte' heutzutage ist. Unter Umständen hätte ich dann etwas 'entspannter' auf den Regelbruch meiner Tochter reagiert, obwohl ich das Posten von Fotos in spärlich bekleidetem Zustand nach wie vor für unpassend und gefährlich halte.

Im **September 2019** stieß meine Tochter auf Online-Datingbörsen auf User, die nicht lange 'herum fackelten'. Sie verlangten von ihr eindeutige, private Fotos und Videos. Verantwortlich ist meine Tochter dafür, und da lässt sich auch nichts beschönigen, dass sie auf einschlägigen Plattformen mit Chatpartnern, die sexuellen Diskursen gegenüber aufgeschlossen waren bzw. sie suchten, Kontakt aufnahm. Sie handelte aus Eigeninitiative und aus freien Stücken, und dass trotz meiner jahrelangen, unmissverständlichen Warnungen. Sie war auch keine drei Jahre mehr alt, sondern mittlerweile vierzehn. In diesem Alter kann man schon eine gewisse mentale Reife und wenigstens ein rudimentäres Verantwortungsbewusstsein erwarten. 'Weiteres Öl wurde durch die Tatsache ins Feuer' gegossen, dass meine Tochter ihre 'Nelfies' nicht nur bei WhatsApp 'tauschte', sondern sie auf digitalen Partnerbörsen 'feilbot' und damit ihre intimen Fotos dem Internet und im Grunde weltweit zugänglich machte und zwar:

Sowohl Rotkäppchen als auch dem bösen Wolf!

25

Sie warf den 'pädophilen Haifischen' freiwillig ihre 'bebilderten Köder' zu. Sie ließ sich von ihrer Illusion, dass es sich um Gleichaltrige mit 'besten' Absichten handelte, nicht abbringen. Meine Tochter handelte **trotz** jahrelanger Aufklärungsgespräche zuhause und in der Schule, was man im Internet tun kann und was man auf jeden Fall lassen sollte.

Anfangs war sie noch zögerlich und wollte nicht unmittelbar Nacktfotos von sich versenden. Daher whattste sie einem Unbekannten zunächst ein Foto mit ihren mit Socken bekleideten Füssen. Damit war der fremde Chatpartner allerdings nicht zufrieden. Er übte Druck auf meine Tochter aus und verlangte 'richtige Fotos'. Damit meine Tochter auch unmittelbar verstand, was er meinte, wurde der Unbekannte im Chat deutlicher:

'So ein bisschen pervers'

sollten sowohl meine Tochter als auch ihre Fotos sein. Als sie sich 'zierte', wies der Fremde sie ohne Umschweife darauf hin, dass er alle ihre persönlichen Daten hätte: ihren Namen, ihre Telefonnummer und er wisse auch, in welcher Stadt und in welche Klasse sie zur Schule ginge.

Er hätte von ihren Bildern und Daten Screenshots gemacht.

Das war der Preis, den meine Tochter jetzt zahlen sollte, weil sie, entgegen jeder Warnung, ihre Profile nicht anonym gestaltete und auch sonst recht freizügig mit ihren persönlichen Daten umging.

Übersicht der laufenden Strafverfahren bzw. Zuordnung der Täter-Profile hier folgende Screenshots betreffend: →S. 292.

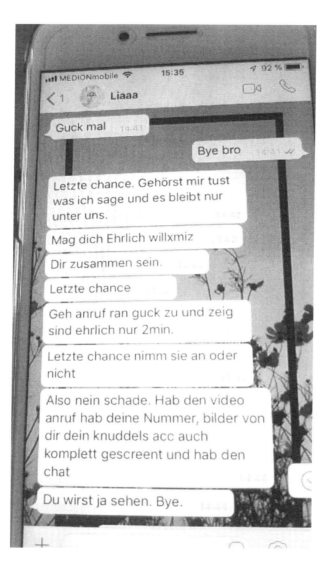

26

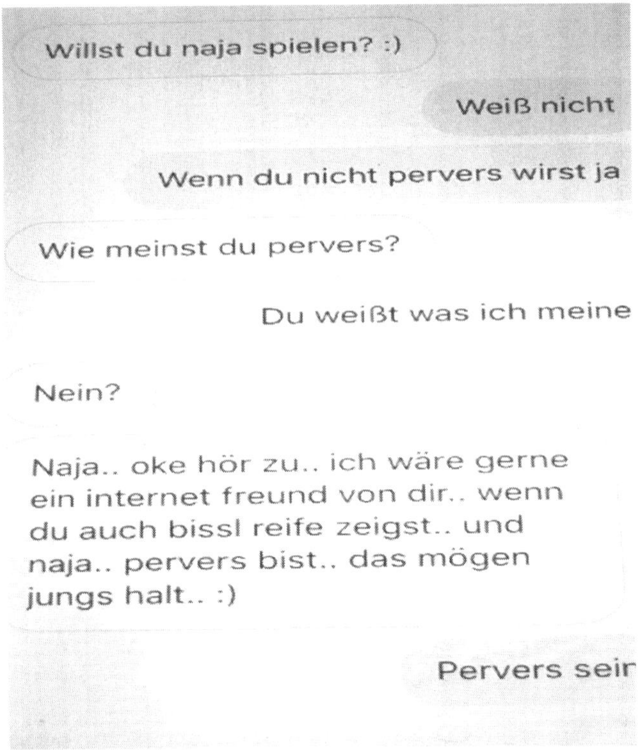

> Willst du naja spielen? :)

Weiß nicht

> Wenn du nicht pervers wirst ja

> Wie meinst du pervers?

Du weißt was ich meine

> Nein?

> Naja.. oke hör zu.. ich wäre gerne ein internet freund von dir.. wenn du auch bissl reife zeigst.. und naja.. pervers bist.. das mögen jungs halt.. :)

Pervers seir

27

Meine Tochter und der Chatpartner 'spielen' 'Wahrheit oder Pflicht'. Ich kenne das entsprechende analoge Spiel noch aus meiner eigenen Jugend. Eine Flasche wurde in die Mitte des Raumes gelegt und dann auf dem Boden gedreht. Wir spielenden Jugendlichen saßen im Kreis um die Flasche herum. Derjenige, bei dem sie 'anhielt' und auf den der Flaschenhals zeigte, war am Zuge. Entweder musste der Spieler eine Frage eines anderen Mitspielers wahrheitsgemäß beantworten oder eine von ihm gestellte Pflichtaufgabe lösen. Interessant, dass dieses Spiel nach Jahrzehnten digital fortgeführt wird.

Hier wird es allerdings eindeutig für sexuelle Themen 'genutzt'.

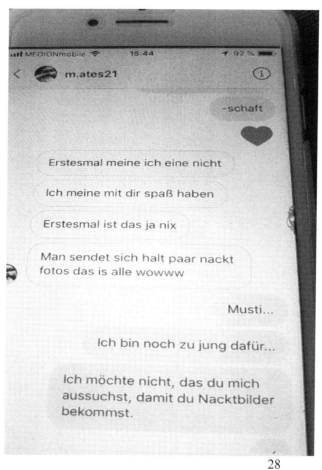

-schaft

♥

Erstesmal meine ich eine nicht

Ich meine mit dir spaß haben

Erstesmal ist das ja nix

Man sendet sich halt paar nackt fotos das is alle wowww

Musti...

Ich bin noch zu jung dafür...

Ich möchte nicht, das du mich aussuchst, damit du Nacktbilder bekommst.

28

'm.ates21' ist der Chatpartner, bei dem sich meine Tochter anfangs noch 'zierte', Fotos von sich zu senden. Nach einer gewissen Zeit wendete sich allerdings das 'Blatt'. Hinter den Profilnamen der Chatpartner 'stecken' 'Pädophile', gegen die dank meiner Recherchen und Dokumentationen seit **Juli 2020** erfolgreich ein kriminalpolizeiliches Strafermittlungsverfahren läuft (→ Kap. 4.12.). Es ist mit an Sicherheit grenzender Wahrscheinlichkeit davon auszugehen, dass sich ihre Profile inzwischen in den Weiten des 'Darknet' verloren haben bzw. dass sie von den 'Tätern' selbst zwecks Spurenverwischung wissentlich gelöscht wurden.

Die Internet-Partnerbörsen, um die es hier geht, werden in diesem Buch unter dem Aspekt des Jugendschutzes einer näheren Betrachtung unterzogen (→Kap.4.18).

'm.ates21' erpresste meine Tochter. Sie ergriff die 'Panik', dass er sie tatsächlich in ihrer Schule 'finden' könnte. Ihre begründeten 'Befürchtungen' teilte sie einer Klassenkameradin via WhatsApp mit. Die Freundin warf meiner Tochter vor, dass sie überhaupt irgendein Foto an Fremde versendete. Das Wort, das nach 'Video' Text abgeschnitten ist, erklärt sich in diesem Zusammenhang von selbst.

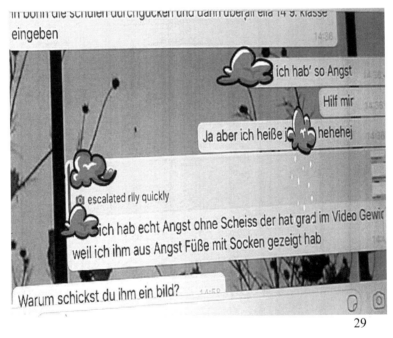

29

Selbst die mahnenden Worte ihrer Schulfreundin beeindruckten meine Tochter leider überhaupt nicht. Sie konnte meine Tochter in ihren Internet-Aktivitäten nicht „bremsen". Doch es gibt Anlass zur Hoffnung: Alterskonformes, vernünftiges Verhalten unter Jugendlichen existiert.

Meine Tochter ließ sich nicht beeinflussen und das, obwohl sie unmittelbar nach dem Versand ihres 'Füße-mit-Socken-Fotos' miterleben musste, was ein fremder Chatpartner nach dem Erhalt vor ihren Augen tat. Das muss eine sehr 'perfide' und 'hässliche' Erfahrung für sie gewesen sein. Sie ließ sich aber nicht beirren und machte weiter.
Die Vorfälle im September **2019** registrierte ich 'zeitnah' durch meine sporadischen Smartphone-Kontrollen. Nur wusste ich von den relevanten Partnerbörsen noch nichts. In meiner 'Unbedarftheit' ging ich davon aus, dass sich 'alles' in mir bekannten Apps wie WhatsApp & Co abspielte. Damals las ich mir aus Nervosität die einzelnen Worte der Chat-Mitteilungen gar nicht richtig durch. Während des Schreibprozesses las ich, dass in den Nachrichten bereits von *'knuddels.de'* die Rede ist.
Unsere auf solche 'Episoden' folgenden, mittlerweile nahezu täglichen Gespräche büßten derweil ihre harmonische Ausgangsbasis ein. In mir machten sich 'Ärger', Nervosität, Enttäuschung und temporäre Hilflosigkeit breit!

Nachdem meine Tochter sich nun bereits ein oder zwei Finger auf der heißen Herdplatte verbrannt hatte, drehte sie ungeachtet dessen am Regler des Herdes, stellte die Temperatur auf das Maximum ein und legte dann (…)

beide Hände gleichzeitig auf die heiße Herd-Platte. 30

Meine Tochter war nie ein Partner-Ersatz für mich. Doch die Art, wie wir zusammen lebten, glich der eines seit vielen Jahren eingespielten, alten Ehepaares. Wir verstanden uns ohne Worte. An den Wochenenden brunchten wir ausgiebig. Bei schönem Wetter vertrieben wir uns die Zeit auf unserer Terrasse. Es wurde zusammen gekocht, gegessen, Musik gehört und ferngesehen. Bis Anfang diesen Jahres las ich meiner Tochter noch vor. Es war ein mittlerweile vierzehn Jahre altes Ritual. Als sie in die Pubertät kam, fragte ich sie, ob sie das überhaupt noch wollte, dass ich ihr vorlas. Sie wollte. Aber: Sie limitierte unsere Lesezeit auf exakt dreißig Minuten. Das war wohl ihre Art, mir mitzuteilen, dass sie nicht mehr wollte. Ich las weiter. Nur Sprechenden kann geholfen werden.

alamy stock photo

31

Rituale und 'Traditionen' gab es viele. Kindern und Jugendlichen geben sie Halt und vermitteln Werte.
Meine Tochter war seit ihrer Geburt ein ausgesprochener Nachtmensch. Als Kleinkind hielt sie stundenlang Mittagsschlaf. Morgens konnte sie 'ewig' lange ausschlafen. Abends wurde sie erst richtig munter. Sie war nicht ins Bett zu bekommen. Während ich auf dem Sofa seit Stunden vor dem Fernseher tief schlief, lag sie putzmunter neben mir.

Von einem Tag auf den anderen setzte mich meine Tochter darüber in Kenntnis, dass sich ihr Biorhythmus 'schlagartig' verändert hätte. Sie bestand von jetzt auf gleich darauf, jeden Tag pünktlich um 20 Uhr ins Bett zu gehen, auch am Wochenende. Sie setzte mich regelrecht unter Druck. Bis genau zu der genannten Uhrzeit hatte im Haushalt und alles andere erledigt zu sein. Ich rotierte.

Ungefähr seit Jahresbeginn verweigerte meine Tochter sowohl das gemeinsame Essen als auch mit mir fernzusehen. Sie deklarierte Fernsehen als 'old school' und Hunger hätte sie sowieso keinen. Zunächst freute ich mich über den neu gewonnenen Freiraum. Ich konnte abends machen, was ich wollte und vor allem mich auf dem Sofa so richtig ausbreiten, ohne dass mich jemand 'lang machte'. Auf die gemeinsamen Mahlzeiten hingegen bestand ich nach wie vor. Wenigstens einmal am Tag sollte eine Familie zusammen kommen, um gemeinsam zu essen und sich auszutauschen. Ich testete verschiedene Strategien. Es war nichts zu machen. Meine Tochter blieb ihrer neuen Einstellung rigide treu.

Von da an erschien sie nie wieder zu gemeinsamen Mahlzeiten oder zum Fernsehen und blieb ausschließlich in ihrem Zimmer.

Mir erschien das vielmehr als ein 'normaler' pubertärer Abnabelungsprozess. Ich versuchte, sie immer wieder zum gemeinsamen Essen und zum Gespräch zu bewegen. Meine Initiativen waren nicht von Erfolg gekrönt. Meine Tochter war auch nicht mehr gesprächsbereit, insofern wurde ich über die Motive ihrer 'Verweigerung' niemals aufgeklärt.

Sie war verschlossen wie eine AUSTER !   32

Ich befragte Google nach dem Schlafbedürfnis von Jugendlichen. Ich erfuhr, dass Menschen im Alter meiner Tochter ständig müde seien. Das beruhigte mich etwas. Ich vermutete, dass meine Tochter dann wohl vielleicht einfach ein paar Stunden mehr Schlaf brauchte. 20 Uhr empfand ich dennoch als eine ungewöhnlich frühe Schlafenszeit für vierzehn Jahre. Es schien so, als hörte meine Tochter Musik, zeichnete und ging dann früh schlafen.

Doch manchmal trügt der Schein.

Ich befragte Google noch nach allerlei anderen Dingen. Zum Lesen oder Fernsehen war ich zu nervös. Ich hatte das Gefühl, bei uns zuhause **'brannte die Hütte'**, ohne dass weit und breit irgendwelche Feuerlöscher in Sicht waren.

© CanStockPhoto.com · csp65874236

33

Außer meiner Freundin M. (→Kap. 4.15.) weihte ich niemanden in unsere Situation ein. Nachts hatte ich keine Fachleute an der Hand, mit denen ich meine Sorgen hätte teilen können oder die mir eventuell Antworten auf meine vielen Fragen hätten geben können. M. führte ihr eigenes anstrengendes Leben und musste morgens früh raus. Ich wollte sie nicht über Gebühr 'behelligen', jedenfalls nicht auch noch nachts.

Google leistete mir Gesellschaft. Dafür war ich dankbar. Ich beschäftigte mich nächtelang mit Themen wie 'Schwierigkeiten in der Pubertät' und 'mögliche Gegenmaßnahmen'. Ich 'surfte' zum Thema 'Nacktbilder im Netz', weil ich wissen wollte, wie weit diese Problematik unter Jugendlichen verbreitet ist, welche möglichen Ursachen diesem Verhalten zugrunde liegen könnten und ob wir eine Ausnahme oder die Regel waren.

Meine Tochter stellte derweil den Schwerpunkt ihrer Ernährung von 'gesund' auf 'Süßigkeiten' um.
Ihr eigenes Geld wurde entsprechend ausgiebig investiert. Bis kurz vor der 'Wesensänderung' meiner Tochter bereitete ich ihr noch täglich Proviant für die Schule zu. Da unser 'Klima' zuhause gestört war und meine Tochter alt genug, befand ich, dass sie sich nun selbst versorgen könnte. Meine Regeländerung wurde von der Unlust und Bequemlichkeit meiner Tochter vereitelt. Erschwerend kam hinzu, dass wir eine offene Küche hatten, die man nicht ungesehen hätte betreten können. Ab sofort ging es ohne Schulproviant, entschied meine Tochter.

Legte ich gewaschene und gefaltete Wäsche in ihren Kleiderschrank, fielen mir haufenweise leere Chipstüten entgegen. Mit der Zeit gesellte sich zu den Chipstüten noch diverses, anderes Verpackungsmaterial.
Sprach ich meine Tochter daraufhin an, behauptete sie, 'all das Zeug' nicht selbst gegessen zu haben. Eine Schulkameradin hätte sie ärgern wollen und den 'Müll' in ihren Schulranzen gesteckt. Warum dieser dann anschließend im Kleiderschrank gelagert wurde, entzog sich meiner Kenntnis. Meine Tochter praktizierte diese Art der Müllentsorgung über viele Monate. Mir erschien es wie Jahre. Der Süßigkeitenkonsum stieg. Mit ihm die Müllberge. Hinzu kamen auch eklige Sachen wie schwarzbraune Bananen oder halb leergegessene Joghurtbecher, die bereits an der Oberfläche eine Schimmel-Schicht angesetzt hatten. Aus meiner Sicht war es nur eine Frage der Zeit, bis mir die ersten Tierchen fröhlich grüßend unter ihrer Zimmertür im Flur entgegen kämen. Der Verpackungsmüll wurde nun differenzierter entsorgt. Nicht nur im Kleiderschrank, sondern

auch hinter Büchern in Regalen, in Schreibtischschubladen und in Schachteln oben auf dem Schrank. Es gibt unendlich viele Möglichkeiten. Jedes Mal, wenn mir alles entgegen fiel, suchte ich das Gespräch. Meine Tochter hatte einfach vergessen, dass der Müll im Schrank sei und ihn in den Mülleimern zu entsorgen. Ich kaufte ihr noch einen zweiten Papierkorb für ihr Zimmer. Vielleicht hätte sie das Thema Mülltrennung gereizt. Ihre Erläuterungen erschienen mir völlig irreal. Ein wirkliches Motiv für ihr Verhalten konnte sie nicht liefern. Sie wusste nur, dass es mich ärgerte. Je professioneller meine Tochter darin wurde, den Müll in den Möbeln zu verstecken, um so talentierter wurde ich beim Suchen. Da war es wieder unser Spiel:

Hase und Jäger, Katz und Maus.

Mich beschlich das ungute Gefühl, eventuell einen 'Messie' zur Untermiete aufgenommen zu haben. Den Gedanken sprach ich auch an und zog in meinem Ärger gleich die Parallele zum Kindsvater, ein Genie auf diesem Gebiet. Ich bin auch nur ein Mensch. Mir kam alles nur noch 'irre' vor.

Ich fragte Google, was ich machen sollte. Dann entschied ich, das Ess- und Müll-Problem zu ignorieren, in der Hoffnung auf eine therapeutische Wirkung. Sie blieb aus. Ich entsorgte das Verpackungsmaterial, still vor mich hin leidend. Das Zumüllen ihres Zimmers fand ich schrecklich. Ich selbst hatte das in meiner Jugend nicht gemacht. Im Gegenteil, in ihrem Alter wienerte ich einmal pro Woche mein Zimmer, um sporadisch die Möbel umzustellen, wie Frauen das eben so tun.

Ein tolles Beispiel für pubertären Erfindungsreichtum habe ich Ihnen gleich auf der nächsten Seite abgelichtet. Das **museumsreife Exemplar** entdeckte ich erst im September diesen Jahres, als ich eigentlich nur einen Klebe-Stift in der Schreibtischschublade suchte. Phantastisch, oder?!

Es handelt sich um einen Bleistiftanspitzer. Er ist nie geleert worden. Stattdessen befindet sich in seinem Innenleben eine leere Verpackung einer 'vertilgten' *Milka*-Schokolade. Natürlich hatte ich auch den Bleistiftspitzer erst suchen müssen, denn auch er war versteckt. Meine Tochter macht keine halben Sachen. Auf solch' eine Idee muss man erst einmal kommen. **Sehr kreativ die 'lieben Kleinen'!**

PER

Zufall 'entdeckt' 18.09.20

34

Ich bestätigte meine Tochter. Nahezu täglich sagte ich ihr, dass ich sie liebe und dass sie schön und klug sei. Das empfand ich so. Ich wusste, wie unsicher Pubertiere sich fühlen können. Später in unserer Krise 'beschwerte' sie sich, dass ich zu oft meine Zuneigung bekundete.

Bemüh' dich nur und sei hübsch froh, der Ärger kommt schon sowieso!
(Wilhelm Busch)

Egal, wie man es macht, man macht es auf jeden Fall verkehrt!

Ich selbst sah mich jedenfalls außerstande, die Zimmertür meiner Tochter einfach vakuumdicht geschlossen zu halten und seelenruhig abzuwarten, bis mir

die ersten **KÜCHENSCHABEN (...)**

(...) entgegen kriechen.   35

In einer Zweizimmerwohnung sind mit nur einem 'zugemüllten' Zimmer 50% des Ambientes ökologisch nicht mehr tragfähig. Ich wollte es für uns beide schön haben. Hätte meine Tochter einen Raum im Keller unseres Hauses 'besiedelt', hätte ich meine Toleranzschwelle mit Sicherheit anheben können. So wohnten wir einfach zu dicht beieinander. Ich fragte meine Freundin M., ob ihre pubertierenden Kinder den Müll auch nicht 'artgerecht' entsorgten. Sie verneinte.

Nächste Etappe: Das RITZEN.

Meine Tochter befragte mich zum Thema 'Ritzen'. Sie erzählte, dass eine Freundin es täte. Ehrlich gesagt, hörte ich das Wort zum ersten Mal in meinem Leben. Nie zuvor war ich mit einem solchen Thema in Berührung gekommen. Ich bedankte mich für das Vertrauen meiner Tochter. Das machte ich, wenn sie mir etwas 'Brisantes' vertraulich erzählte, da dies zunehmend seltener vorkam. Erst bei einer Smartphone-Kontrolle im September **2019,** sah ich zufällig, dass meine Tochter sich bereits **vier Monate zuvor selbst geritzt hatte** und auch diese Fotos ins Netz stellte.

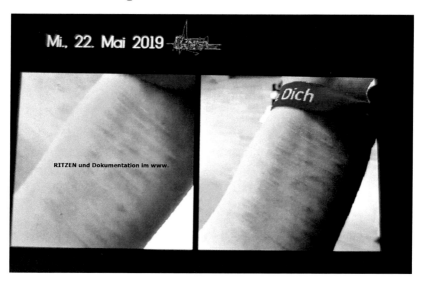

Wir hatten inzwischen schon einige 'Baustellen' zu 'bearbeiten':

Eine Smartphone-Sucht, die Verbreitung von Nacktbildern im Internet, Essstörungen, Messie-Tendenzen, die Selbst-Isolation meiner Tochter und ihre Weigerung, am Familienleben teilzunehmen. Nun kam noch ein weiteres Thema hinzu: Das Ritzen.

Im Sommer **2018** äußerte ich meiner Tochter gegenüber die Befürchtung, dass sie Medien-süchtig sei.
Warum wollte meine Tochter nicht mehr an gemeinsamen Mahlzeiten teilnehmen?
Immer öfter 'meckerte' ich mit ihr, weil sie ihren Haushaltspflichten nicht nachkam und mich 'hängen ließ'. So ganz aus 'der Luft gegriffen' waren meine Vorhaltungen nicht. Allmählich näherte ich mich meiner eigenen 'Belastungsgrenze'.

Die **'Kampfhennen'** fingen an, sich einander zu 'beharken' und die ersten 'Wunden zuzufügen'.

37

Ich bemühte mich. Jeden Tag aufs Neue, eine gute Mutter zu sein. Fürs Wochenende plante ich Ausflüge. Wir gingen oft ins Kino oder auswärts essen, fuhren 2019 zur Ausstellung 'Pferd und Hund' in Dortmund und zur Kreativ-Messe in unserer Stadt. Immer wieder mobilisierte ich meinen Einfallsreichtum und scheute weder Kosten noch Mühen, um zuhause die Stimmung etwas 'aufzuhellen'. Die pubertäre Launenhaftigkeit und Verschlossenheit meiner Tochter war auch für mich, wie für die meisten Eltern, nicht leicht zu ertragen. Ich wusste aber, dass beides wie Schlechtwetterwolken irgendwann vorüberziehen würde. Was mich wirklich belastete, waren die exponentiellen 'Ausschläge' der Pubertäts-Kurve nach oben, die mehr als 'übel schmeckende Medizin' waren. Schwer zu ertragen war auch die völlige Abwesenheit von 'Grautönen'. 'Schwarz' und 'Weiß' dominierten unser Leben. In den ersten drei-zehn Jahren überwog 'Weiß'. Meine Tochter 'quasselte' ohne Unter-lass, war ständig gut gelaunt und ein wahres 'Musterkind'. Ihr 'Mundwerk' stand nie still. Ein anderer hatte kaum eine Chance, zu Wort zu kommen.

Ihre Oma fragte, ob meine Tochter auch einmal still wäre.
Ich antwortete: „Nachts, wenn sie schläft."

Dann wurde es 'schwarz'. Meine Tochter 'mutierte' zu einer mürrischen, verschlossenen 'Taub-Stummen' und das ausgerechnet in einer Phase, in der ihre Worte wichtig waren. Sie wären hilfreich gewesen, um einen 'Einblick' in ihre Gefühlslage zu bekommen und um ihr 'unter die depressiv herunterbaumelnden Arme greifen zu können'. Analog verlief es hinsichtlich ihres Nähe- und Distanzverhaltens. Auch hier fehlten 'Grautöne'. Meine Tochter kannte nur zwei 'Beziehungsvarianten': Sich an andere Menschen 'klammern' und diese quasi 'ersticken', bis sie sich beschwerten oder 'flüchteten' oder aber sich völlig 'einzuigeln' und sich so weit von anderen zu entfernen, dass sie sich quasi in einem anderen Universum befand und mit keinem Überschallflugzeug der Welt mehr erreichbar war. Zeitweise fragte ich mich, ob bei meiner Tochter eine Borderline-Symptomatik vorläge. Ich möchte aber hier nicht weiter auf diese Störung eingehen und darf auf die Konsultation entsprechender Fachliteratur verweisen.

Warum war kein 'grauer' Kompromiss möglich?

Zum Beispiel: Ich möchte jetzt nur noch an drei von sieben Tagen mit Dir zusammen essen, Mama!

Der jahrelange 'Tanz' um das Smartphone, das Chatten mit Unbekannten im Netz seit mittlerweile über einem Jahr, das Verbreiten von Bildern im Internet und das wiederholte Unterlaufen von Regeln und Vereinbarungen durch meine Tochter hatten bereits zu einem spürbaren Vertrauensverlust und Misstrauen auf meiner Seite geführt.

Ich war 'verletzt' und enttäuscht. Ich empfand meine Tochter als unehrlich und nicht loyal mir gegenüber. Ich lebte ihr gegenteilige Werte vor und versuchte stets, diese auch an sie zu vermitteln.

Nach jedem digitalen 'Fauxpas' meiner Tochter mit anschließendem Gespräch zwischen uns sah es so aus, als hätte sie die Botschaft verstanden. Zumindest 'tat sie so' als ob und bestätigte es mir auch. Ich schaute derweil durch meine 'rosarote Brille' in ihre grünen Augen und glaubte ihren Worten.. Mein 'Glaube' hielt meist immer nur ein paar Stunden an. **Dann ging das Spiel von vorne los.**

Die Nacht des **29. Dezember 2019** war einer der beiden schlimmsten Momente in unserer Krise.

Dieser Tag war wunderschön. Ich wanderte mit meiner Freundin M.. Meiner Tochter hatte ich angeboten, mitzukommen, doch sie lehnte ab. Da Weihnachtsferien waren und meine Tochter noch weniger zu tun hatte als sonst, und wie so oft auch nicht verabredet war, bat ich sie, für uns abends zu kochen, so dass wir gemeinsam essen könnten, wenn meine Freundin und ich zurückkämen. Das tat sie auch. Typisch für sie hatte meine Tochter sowohl leidenschaftlich als auch vom Feinsten gekocht, den Tisch schön gedeckt und sich anschließend nett zurechtgemacht und geschminkt. Wir aßen zu dritt und es war ein richtig schöner Abend.

Gegen 22 Uhr fuhr M. nach Hause und meine Tochter ging ins Bett. An manche Dinge kann ich mich nicht mehr ganz genau erinnern, an andere hingegen sehr deutlich. Gegen Mitternacht klopfte ich an die Zimmertür meiner Tochter, weil ich sie noch 'rumoren' hörte. Im Prinzip wäre das um die Uhrzeit völlig egal gewesen. Es waren Schulferien. Ich vermute, dass mich meine Sorge und mein inzwischen manifestes Misstrauen in jener Nacht dazu veranlasst hatten, nachzusehen, was meine Tochter mitten in der Nacht 'trieb'.

Als ich ihre Zimmertür öffnete, saß meine Tochter nackt im Bett, den PC vor sich. **Die Webcam lief!**

Sie warf sich erschrocken ihr Plumeau über den Körper. Der Vorfall liegt inzwischen zehn Monate zurück. Die Gefühle, die mich in jener Situation 'heimsuchten', sind auch noch heute so frisch und plastisch, als wäre es erst gestern gewesen. Der Vorfall belastet mich emotional nicht mehr. Aber vergessen werde ich diese Nacht mit Sicherheit nie.

Sie war eine gravierende Zäsur in meinem Mutter-Dasein.

Instinktiv spürte ich sofort, was meine Tochter getan haben musste. Ich hatte schließlich kein 'unbeschriebenes Blatt' vor mir.

Ich griff nach ihrem Laptop, um ihn an mich zu nehmen. Ich wollte ihn sofort konfiszieren. Meine Tochter wollte aber das Gerät um keinen Preis 'freigeben' und umklammerte den PC. So zerrten wir beide gleichzeitig am Laptop.

Meine Tochter schrie:

„Lass mich, ich muss noch <u>schnell etwas löschen!!!</u>" '
Du löschst gar nichts!", erwiderte ich, ungewöhnlich ruhig.

Wir hielten beide ihren PC umklammert. Es gelang mir, ihn an mich zu reißen. Ich verließ das Zimmer meiner Tochter. Den Laptop verstaute ich sofort in einem Rucksack. Ich hievte ihn auf das oberste Regalbrett in unserem Vorratsraum wie eine 'widerliche Krankheit' oder irgendetwas 'Ekliges', das man um keinen Preis jemals mehr berühren wollte.

Ich wollte nichts mehr hören und sehen! Nie wieder!

Ich stand unter <u>SCHOCK</u>!!!

Ich schlief die ganze Nacht nicht. Ich war tief traurig, maßlos enttäuscht und abgrundtief geschockt! Ich schämte mich! Ich schämte mich für ihre 'Taten'. Für meine Tochter. Ich schämte mich auch für mich selbst! Mein 'Bild' war endgültig zerstört. Meine Vorstellung von einer 'blütenreinen' Prinzessin in einem rosa Kleid. Genau das war es, vor dem ich sie immer hatte bewahren wollen! Ich, Mutter, war gescheitert! Sie, Tochter, war gescheitert. Wir, Familie, waren gemeinschaftlich gescheitert!

Ich schlief die ganze Nacht nicht. Ich weinte die ganze Nacht. Ich weinte Tränen des Schocks.Tränen des Selbstmitleids. Tränen der Enttäuschung.

Die größten Tränen waren die einer maßlosen Trauer, dass etwas in jener Nacht für immer ein jähes Ende gefunden hatte.

Etwas in unserer Mutter-Tochter-Beziehung war für immer zerstört worden. 38

Ich wollte diesen 'Schmuddel-PC' nie wieder anfassen. Meine Tochter sollte ihn niemals wieder zurückbekommen!

Ich konsultierte Google. Wir 'unterhielten' uns von nun an jede Nacht, ungefähr zwei Wochen lang, Google und ich. Gemeinsam suchten wir verzweifelt nach Erklärungen, Ursachen und Lösungen.

Das lenkte ab. Beruhigte teilweise. Scheinbar hatten alle Eltern ähnliche Probleme wie ich auch. Aber der Schein trog. Unser Problem war ein wahrer, individueller 'Ausreißer', für den sich ad hoc keine Lösung im Internet finden ließ.

Zwei Wochen verbrachte ich meine Nächte abwechselnd in 'Schockstarre' weinend und mit Google suchend. Alles an meinem Körper schmerzte. Es waren keine Phantomschmerzen. Es war unsere **Symbiose**. Meine Tochter hatte mir einen enormen 'Wundschmerz' zugefügt, weil wir in unserer Symbiose EINS waren, sie und ich.

Meine Freundin M., der ich berichtete, forderte mich in ihrer sachlichen, teilweise unbeschwerten Art auf:

„Guck doch mal in den PC hinein. Vielleicht ist es gar nicht so, wie <u>du</u> denkst!"

Ich gehorchte nicht. Ich streikte. Mein Inneres weigerte sich, sich dem Laptop auch nur zu nähern. Intuitiv spürte ich genau, dass es so war, wie ich befürchtete. Aus welchem Grund sollte man bei laufender Webcam unbekleidet im Bett sitzen?! Um sich mit den Klassenkameradinnen über die Schulaufgaben auszutauschen?!

Irgendwann ließ ich mich 'breitschlagen', holte den Rucksack und packte den Laptop meiner Tochter aus.

Was soll ich sagen?
Es war so, wie ich es befürchtet hatte.
Nein, das stimmt nicht!

Es war noch viel schlimmer!

Auf dem Laptop meiner Tochter geöffnete Internet-Seiten:

Knuddels.de. Spin.de. Ihr Email-Account.
Der Ordner 'gesendete Nachrichten' mit Emails an zwei verschiedene Empfänger. Im Anhang und auch geöffnet Nacktfotos meiner Tochter in diversen Stellungen und 'heikle' Videos.

Ich bin weder unerfahren noch prüde. Dennoch war ich geschockt. Ich ekelte mich, denn es betraf meine 14jährige Tochter, meine noch unberührte 'unschuldige Prinzessin'.

Später fragte ich sie, warum sie das alles getan hatte, zumal wir jahrelang darüber sprachen, was man im Internet nicht darf und was gefährlich ist.

Ich persönlich erhielt nie eine Antwort.

Es geht auch nicht darum, dass ich meine Tochter für einen einmaligen 'Ausrutscher' zur Verantwortung ziehe.

Es geht vielmehr darum, dass sie 'es' über einen Zeitraum von **sechs Monaten** kontinuierlich betrieb, obwohl ich ständig intervenierte und sie seelenruhig mit ansah, was ihre Aktivitäten in unserer Beziehung und vor allem in mir anrichteten.

Silvester 2019/2020

Ab dem 29. Dezember steuerte die Stimmung bei uns zuhause so langsam auf ihren Tiefpunkt zu.

Ich war für den Silvester-Abend auf einer Studentenfete eingeladen. Darauf freute ich mich schon lange. Ein willkommener Lichtblick in damals etwas dunklen Zeiten.

Nach allem, was vorgefallen war, wollte ich meine Tochter allerdings nicht die ganze Nacht sich selbst überlassen und fragte deshalb, ob sie Lust hätte, mitzukommen. Erst lehnte sie ab. Sie würde niemanden kennen. Ehrlich gesagt, wäre ich auch lieber allein 'losgezogen'. Doch meine Tochter wirkte 'trübselig' bis 'depressiv' und ich fühlte mich in der Verantwortung. So versuchte ich, ihr die Fete 'schmackhaft' zu machen.

Mein Plan ging auf. Es dauerte nicht lange und meine Tochter machte sich zurecht.

Es war eine sehr schöne Feier. Obwohl meine Tochter zunächst nicht hatte mitgehen wollen, wollte sie hingegen um 2 Uhr nachts auf einmal nicht nach Hause. Sie führte über viele Stunden anregende Gespräche mit dem Studenten A, vor allem über Musik, aber nicht nur. A. war in Begleitung seiner langjährigen Freundin auf der Fete. Dies schien aber weder meine Tochter noch A. zu stören. Meine Tochter versuchte, die Freundin 'in den Hintergrund zu drängen', in dem sie sie entweder ignorierte oder sich selbst in den Vordergrund 'spielte'.

Es war das erste halbe Glas Sekt ihres Lebens. Ich gönnte es meiner Tochter von ganzem Herzen. Es ging ihr gut. Das war ihr anzumerken. Sie war fröhlich und fühlte sich 'erwachsen'. Die anderen Gäste hielten sie für eine Studentin.

Während des Silvesterfeuerwerks auf der Straße traf eine Rakete meine Tochter. Sie 'zerfetzte' ihre Strumpfhose. Das war ein großer Spaß für sie. Sie war regelrecht 'aufgekratzt'. A. nahm sie sofort unter 'seine Fittiche' und flüchtete mit ihr ein paar Häuser weiter, um sie vor den 'Geschossen' in Sicherheit zu bringen. Für seine Fürsorglichkeit war ich ihm sehr dankbar. Zum Abschied umarmte A. meine Tochter, so wie man das eben so macht.

A.'s Höflichkeit und seine Fürsorge sowie die Art seiner Verabschiedung wurden von meiner Tochter jedoch überinterpretiert. Es war der 'Hunger' in ihr. Auf dem Heimweg ging sie nicht neben mir zur Straßenbahn. Sie 'schwebte' auf Wolke 7. Sie tat das, was schon ewig lange nicht mehr vorgekommen war. Sie 'schwatzte' ohne Unterlass. Es dominierte 'Weiß'.

In der Nacht schrieb sie noch ihrer Freundin:

'Rate mal, wie 'alt' er ist?

A. ist 15 Jahre älter als meine Tochter.

Weil sie endlich einmal wieder glücklich war und sich mit A. so gut verstand, stellte ich den Kontakt zwischen den beiden her. Ich ließ mir von meiner Freundin Becky A.'s Telefonnummer geben.
Da A. einen guten Eindruck auf mich machte und außerdem gebunden war, hatte ich kein schlechtes Gefühl dabei. Ich kannte allerdings meine Tochter gut und insofern hätte ich etwas umsichtiger sein können.
Sie wünschte sich jahrelang einen 'platonischen' Freund oder einen Bruder.

Doch inzwischen hatten sich ihre Bedürfnisse verändert. Die Vorzeichen hatten sich 'verkehrt'.

Es begann ein Whats-App-Austausch.

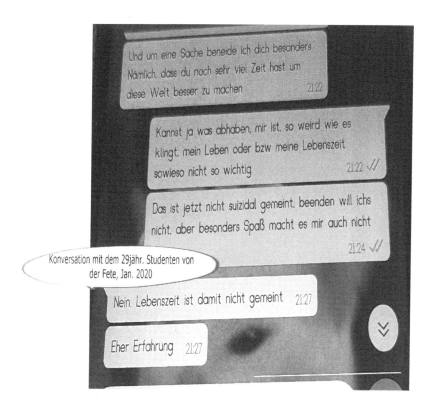

Und um eine Sache beneide ich dich besonders. Nämlich, dass du noch sehr viel Zeit hast um diese Welt besser zu machen. 21:22

Kannst ja was abhaben, mir ist. so weird wie es klingt, mein Leben oder bzw meine Lebenszeit sowieso nicht so wichtig. 21:22 ✓✓

Das ist jetzt nicht suizidal gemeint, beenden will ichs nicht, aber besonders Spaß macht es mir auch nicht 21:24 ✓✓

Konversation mit dem 29jähr. Studenten von der Fete, Jan. 2020

Nein. Lebenszeit ist damit nicht gemeint 21:27

Eher Erfahrung 21:27

39

Bei dieser Unterhaltung 'spürt' man den Altersunterschied von fünfzehn Jahren und dass meine Tochter zu der Zeit des Gesprächs den Fokus sehr auf sich selbst legte. Sie war außerstande, zwischen 'den Zeilen zu lesen' und nahm das Positive an A.'s Aussage somit gar nicht wahr.

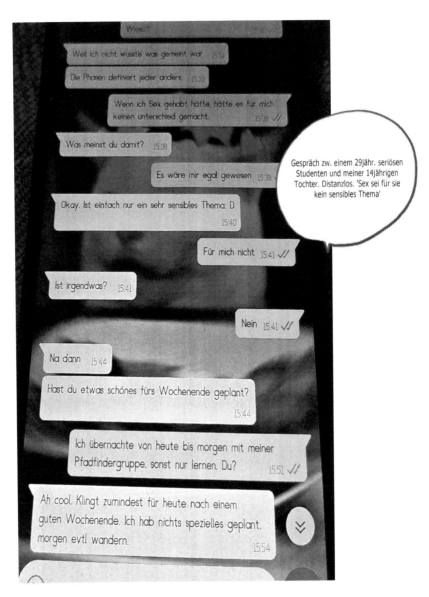

Wieso?

Weil ich nicht wusste was gemeint war. 15:32

Die Phasen definiert jeder anders. 15:32

Wenn ich Sex gehabt hätte, hätte es für mich keinen unterschied gemacht. 15:38 ✓✓

Was meinst du damit? 15:38

Es wäre mir egal gewesen 15:39 ✓

Okay. Ist einfach nur ein sehr sensibles Thema. D 15:40

Für mich nicht 15:41 ✓✓

Ist irgendwas? 15:41

Nein 15:41 ✓✓

Na dann 15:44

Hast du etwas schönes fürs Wochenende geplant? 15:44

Ich übernachte von heute bis morgen mit meiner Pfadfindergruppe, sonst nur lernen. Du? 15:51 ✓✓

Ah cool. Klingt zumindest für heute nach einem guten Wochenende. Ich hab nichts spezielles geplant. morgen evtl wandern. 15:54

Gespräch zw. einem 29jähr. seriösen Studenten und meiner 14jährigen Tochter. Distanzlos. 'Sex sei für sie kein sensibles Thema'

40

Die Aussagen meiner Tochter wirkten auf mich 'distanzlos' und 'naiv'. Es ist schwer zu sagen, ob sie provozieren wollte oder tatsächlich Gleichgültigkeit empfand. Sie unterhielt sich über etwas, von dem sie damals noch gar keine Ahnung hatte. Der 'erfahrene' Gesprächspartner betrachtet es' durchaus als ein 'sensibles Thema'

A. war für meine Tochter ein erwachsener Fremder. Sie unterhielt sich deshalb über ungeeignete Themen mit ihm.
Solch ein Verhalten hätte bei anderen Personen eventuell 'gefährlich' enden können.

A., der sich sowohl des Altersunterschiedes als auch der merkwürdigen 'Gesprächssituation' bewusst zu sein schien, versuchte auf sympathische Art und Weise, seinen 'Kopf aus der Schlinge' zu ziehen' und fragte 'unverfänglich' nach den Wochenendplänen meiner Tochter.

Ja aber das hatten wir doch schon ga— 18:44

Aber da hast du mir noch nicht gesagt, dass du nicht schreiben willst, nur dass du nicht weißt, was. 18:45 ✓✓

Ist für mich das gleiche 18:45

Okay. 18:45 ✓✓

Was heißt eigentlich etwas mit einander anfangen? In der Nachricht war das etwas undeutlich 18:51

Damals war es nämlich Händchen halten 20:49

10. JANUAR 2020

Alles klar? 14:30

Damals war es nämlich Händchen hal⁼

Eben mehr als das. 15:01 ✓✓

Nachricht

41

Meine Tochter tat mir leid. Sie machte sich Hoffnungen auf eine Art Beziehung:

„Eben mehr als das (...)".

A. wusste nicht, was er schreiben sollte. Die Themen gehen bei einem großen Altersunterschied irgendwann 'aus'. Vielleicht spürte er, 'wohin der Hase laufen sollte'.

Meine Tochter war zu jung, zu unerfahren und zu sehr auf sich selbst konzentriert, als dass sie merkte, dass das bereits ein erster Versuch A.'s war, den WhatsApp-Kontakt auslaufen zu lassen.
Einfühlsam fragte A. noch einmal nach, ob alles in Ordnung sei, nachdem meine Tochter auf seine Fragen nicht mehr geantwortet hatte.

Ich ermahnte meine Tochter, einen so viel älteren Studenten nicht derart zu 'bedrängen'.
Sie antwortete mit bösen Blicken.

Äußert ungehalten war ihre Reaktion, wenn A. nicht sofort auf ihre Nachrichten antwortete.

Nach ein paar Wochen verliefen die Gespräche 'im Sand'. Eventuell war es A. zu viel geworden, zumal auch seine Freundin eifersüchtig wurde.

Meine Tochter fand nicht das richtige Maß zwischen Nähe und Distanz.

Kein Grau.

Während der Recherche für mein Buch fand ich eine von mir geschriebene Notiz, datiert auf den **15. Januar 2020**:

Keinen 'Bock' mehr! Stellt mit PC Nacktbilder ins Netz. Das hatten wir alles schon vor zwei Jahren. Vertrauensbruch. Regelbruch. Enttäuschung. Komm mit der nicht mehr klar. Will auch nicht mehr. Will endlich mein Leben leben, ohne dass die ständig Ärger macht!!! PC ganz weg. Wegen der Sache waren wir doch schon beim Jugendamt. Basta.

Nachdem ich dann dem Laptop meiner Tochter seine 'dunkelsten Geheimnisse' 'entlockt' und alles gescreenshottet hatte, um zu vermeiden, dass sie am Ende behauptete, es wäre alles gar nicht wahr, stellte ich meine Tochter zur Rede.

Am 16. Januar 2020 schob sie einen Brief unter die Wohnzimmertür:

Liebe Mutter,

...diese Worte habe ich heute ... aufgeschrieben. ... ... einge... zu wollen. Ich habe PRIVATSPHÄRE und die zählt nicht, ... mein Handy und Computer und lebe sein Leib. ... ... , was ist ... Und ich weiß gar nicht. Du weißt weil nicht, den ... ... bei ... ... , ... wenn ich ... habe, ... es so GEFÄHRLICH ist es aber nicht! Und es gibt dein einzige Einmischen und ... ... ist so krass, dass ich da einfach keine Lust mehr drauf hab.

Möglichkeit I: Vergangenheit wird gelöscht. Auf allen Handys, Computer, wo auch immer. Für immer.

Möglichkeit II: Ich spare auf ein eigenes Handy, jedoch zahlst du die Kosten des alten Handyvertrags.

Und ich lasse mich nicht erpressen damit, dass du das Gps erzählst ... Langsam ist Schluss, jetzt werd ich ganz normal leben wie jede 15 jährige! Keine Überwachung, kein Eindringen in die Privatsphäre! Es reicht! Es geht gar nicht, seine Tochter so zu stellen. Und ja, das ist stalken. Oder wie fändest du es, wenn ich sowas bei dir machen würde? Super, was? Und ich hoffe wirklich für dich, dass du nicht an meinem PC rumgehimmelt hast oder irgend wen eingeschaltet hast. D... irgend wann bring ich auch eine Frau ████████ mal aber Fair zum Überbuten. Such nicht immer die Schuld in anderen! Möglich I oder II bitte bis spät. Sonntag bestätigen. MFG

16.1.2...

Der Brief meiner Tochter ist trotz meiner Bemühungen mit einer professionellen Kamera wegen des Verfassens in Bleistift und der Handschrift meiner Tochter nicht besonders gut lesbar. Resümierend lässt sich feststellen:

1. Die Anrede kann allenfalls ironisch gemeint sein.

2. Keine Chance, an meine Tochter heranzukommen.

3. Meine Tochter versteht nicht, dass ich sie durch Gespräche und 'Maßnahmen' schützen wollte.

4. Getrübter Realitätssinn: Meine Tochter betrachtet ihre Internetaktivitäten als 'ungefährlich'.

5. Hierarchie in Schieflage: Meine Tochter empfindet mein Eingreifen als 'Freiheitsberaubung'.

6. Zwischen den Zeilen: Unangemessener Ton.

7. Meine Tochter sieht uns als 'gleichrangig': „Stell Dir mal vor (...)".

8. Es wird Druck aus der falschen Richtung ausgeübt. Der Mutter wird eine 'Pistole auf die Brust gesetzt': Entweder *Kaspersky Safe Kids* wird vom Smartphone entfernt oder ich (gehe).

9. Übertragung (ein Begriff aus der Psychologie): Meine Tochter unterstellt mir, ich würde die Schuld bei anderen suchen. Dabei ist es das, was sie tut.

Das Jugendamt (←Kap. 4.6.) teilte meiner Tochter im **Juni 2018** <u>deutlich</u> mit, dass *Kaspersky Safe Kids* auf ihrem Smartphone bleiben muss.

Von einer 'Wohngruppe' sprach meine Tochter bereits ab November **2019** .

170

In unserer Beziehung ging es weiterhin bergab.

Meine Tochter blieb 'uneinsichtig' und 'verschlossen'. Haushaltspflichten wurden mangelhaft bis gar nicht erledigt. Die Jugendliche an meiner Seite schwankte zwischen 'Übellaunigkeit', 'Rebellion' und 'Aggressivität'. Die Art und Weise, wie ich gegen Ende unserer Krise meine Rolle als Erziehungsberechtigte ausübte, war sicher keinen Deut besser. Das Maß war voll. Der 'Zenit unserer Krise' lange überschritten. Fachliche Hilfe wurde von meiner Tochter abgelehnt.

Die Quantität meines 'Meckerns' mit ihr nahm zu. Meine Tochter hatte das Gefühl, sie bemühte sich. Das tat sie vielleicht auch. Manchmal. Sie bemängelte, ich wäre nicht zufrieden. Das war ich auch nicht. Ich empfand die Situation bei uns zuhause als katastrophal. Meine Sehnsucht nach einem völlig normalen Leben wuchs. Ich war 'bis zur völligen Erschöpfung ermüdet'. Viel zu lange hatte ich vergeblich versucht, den (digitalen) Schaden zu begrenzen' und auf eine 14jährige 'aufzupassen', die sich vehement gegen Prävention und Schutz wehrte. Ich war es leid, dass meine Tochter, im Gegensatz zu mir, fast nie etwas zu tun hatte. Andere Gymnasiasten hatten aufgrund des Schulpensums kaum noch Freizeit und frönten trotzdem oder gerade deshalb leidenschaftlich diversen Hobbys. Meine Tochter war zu oft allein und bewegte sich auf schädliche Weise im Internet. Die Dauer-Kontrolle entzog mir Energie. Mit Google wollte ich mich nicht mehr beschäftigen. Auch Google ermüdete mich. Meine Gedanken kreisten ständig um meine Tochter und unsere 'verfahrene Lage' wie Fruchtfliegen um einen Obstkorb. Einfach 'abschalten' und das Leben zu genießen, schien für uns nicht mehr vorgesehen. Wir brauchten es beide. Die Liebe, Zeit und Energie, die ich investierte, duellierten sich mit dem 'ungehobelten' Widerstand meiner Tochter. Die 'Sinnlosigkeit meiner Maßnahmen' deprimierte mich.

Nach dem langen 'Kampf' waren wir beide , meine Tochter und ich, inzwischen 'betriebsblind' und kraftlos.

Dennoch gab es zwischen uns einen <u>großen</u> Unterschied:

Meine Tochter wollte aufgeben und weg!

Ich wollte auch weg – aber aufgeben? Niemals!!!

Trotz der 'Apokalypse' in der Nacht vom **29. Dezember 2019** ging meine Tochter weiter ihren Internet-Aktivitäten nach. Sie chattete mit Unbekannten und stellte ihre Bilder online, als sei nie etwas gewesen.

Einige Nächte, an denen sie das tat, habe ich noch protokolliert: Am 2. Januar 2020 nachts um 2:24 Uhr, am 15. Januar 2020 und am 22. Januar 2020.

Es war 'furchtbar' traurig, dass weder der 29. Dezember noch unsere Gespräche oder meine Gefühle (Trauer, Wut, Frust), die ihr unmöglich verborgen bleiben konnten, irgendeinen Eindruck bei meiner Tochter hinterließen. Dass meine Maßnahmen nicht griffen oder sie zur Umkehr bewegten.

Dass meine Tochter in ihrem Tun nicht zu unterbrechen war, signalisierte mir, dass ihr alles, inklusive ihrer Mutter, egal war. Von den Gefahren im Internet, denen sie sich aussetzte, ganz zu schweigen.

Trotz unserer Symbiose und der Tatsache, dass wir dreizehn Jahre lang eine enge Beziehung geführt hatten, drang meine Verzweiflung überhaupt nicht zu meiner Tochter durch.

Sie nahm scheinbar nichts mehr wahr. Sollte sie etwas gespürt haben, so berührte es sie jedenfalls nicht.

Meine Tochter war verzweifelt und allein. Ihre Einsamkeit muss abgrundtief gewesen sein.

Durch ihren völligen Rückzug und ihre explosionsartige Offensive bei unserem Aufeinandertreffen war es mir unmöglich, in das 'tiefe Tal' ihrer Einsamkeit zu blicken.

Die Hauptforderung meiner Tochter war, dass ich die Internetkontrolle sofort aufhob.

Diese Forderung war mit meinem Erziehungsauftrag, der Art, wie ich Jugendschutz verstand und meiner Liebe zu ihr nicht vereinbar.

Ich konnte ihren 'Wunsch' dieses Mal beim besten Willen nicht erfüllen.

Damit entschied ich mich aus Sicht meiner Tochter scheinbar für *Kaspersky Safe Kids* und gegen sie.

So war es nicht. Für mich war es gar keine Option.

Ich wollte beide. *Kaspersky,* weil die Software sinnvoll und wichtig war und meine Tochter, weil ich sie liebte.

Am **22. Januar 2020**, einem normalen Wochentag, erlaubte ich meiner Tochter, bei ihrer Freundin N. zu übernachten. Trotz der Vorfälle bei uns zuhause war ich in gewisser Hinsicht noch großzügig ihr gegenüber. Dadurch hatte ich natürlich auch einen 'Heimvorteil' und in ihrer Abwesenheit meine Ruhe. Am nächsten Tag besuchte ihre Freundin St. meine Tochter. An 'Freundinnen-Tagen' fiel mein 'Spross' im Haushalt aus.Am **25. Januar 2020** wollte sie wieder irgendwo übernachten. Es war ein Wochenende, von dem sie wusste, dass ich sie dringend brauchte. Ich musste eine wichtige Prüfung absolvieren und davor noch lernen .Wir hatten abgesprochen, dass meine Tochter mich deshalb mit Hund und Haushalt unterstützt. Am Montag, meinem Prüfungstag, hatte meine Tochter schulfrei. Lange vorher klärten wir ausführlich die Vorgehensweise. Nun plante meine Tochter, mich 'hängen' zu lassen. Ich ärgerte mich darüber und versuche es mit einem Kompromiss:

> „Fahr doch abends und über Nacht zu Deiner Freundin. Dann bist du am nächsten Morgen um 9 oder 10 Uhr wieder zuhause."

„Dann lass es!! Dann brauche ich da überhaupt nicht zu übernachten, wenn ich so früh zurück sein soll!", war ihre 'pampige' Antwort, auf die ich ebenfalls 'säuerlich' reagierte:

„Dann geh doch zu Deiner Freundin und bleib' am besten gleich da!"

Diesen Satz erzählte meine Tochter später, völlig losgelöst aus dem Zusammenhang, überall herum.

Zunächst aber whattste sie ihrem Freundeskreis folgendes 'Hilfe-Gesuch':

Du ● Status
Kann ich heute bei wem pennen? Es ist dringend

Bei uns? 12:59

Dürfte ich denn? 12:59 ✓✓

Ich will mich nicht aufdrängen 12:59 ✓✓

Ja 13:00

Was ist los? 13:00

Ich hab richtig Stress mit meiner mum 13:01 ✓✓

Aber dolle 13:01 ✓✓

Die will zum Psychologen mit mir 13:01 ✓✓

Dabei braucht die wohl einen 13:01 ✓✓

Und sie will mein Handy wegnehmen und alles durchsehen 13:01 ✓✓

Und sie hat Frau ⭐ gesagt, dass wir nen vertrauenslehrrer brauchen 13:01 ✓✓

Die ist so bescheuert 13:01 ✓✓

Ist es denn ok wenn du kommst für die? 13:01

Nein 13:02 ✓✓

Aber ich kann hier nicht schlafen 13:02

Komm 13:02

43

Fünfzehn Jahre (2020)- Erwachsen oder was?

Der Fünfzehnjährige ist noch nicht erwachsen, aber schon sehr nahe dran(...).Sein Image wird ihm wichtiger als je zuvor. Er ist entsetzt beim Gedanken, dass er ins Fettnäpfchen treten könnte und er begegnet jedem Gelächter und allem Hohn mit herausforderndem Trotz (...)er treibt es noch weiter und zeigt, dass er es noch schlimmer machen kann. Der 15jährige kann beträchtliche Komplexe entwickeln und dazu eine Unsicherheit, die umso mehr wächst, je mehr sie versteckt wird(...). Die glücklichen Stunden zählen nicht. Deren klares Licht ist in irgendeinem unpersönlichen Fotoalbum in der dunkleren Ecke der Seele erloschen. Was zählt und wehtut und blutet mit unnachlässiger Kraft, sind die Stunden, in denen er nicht verstanden und im Stich gelassen wurde und wird(...). Der Geschlechtstrieb des Fünfzehnjähri-gen ist oft sehr stark. Er kann davon vorangetrieben werden, egal ob er es will oder nicht (...). Besonders die Mädchen in diesem Alter fühlen sich oft dazu gedrängt, es 'durchzustehen'-weil sie glauben,dass alle anderen es schon getan haben. Gefühlsmäßig ist der oder die Fünfzehnjährige selten reif genug, um eine sexuelle Beziehung zu handhaben(...). Der Fünfzehnjährige bereitet sich darauf vor, die 'Herde' zu verlassen und sein eigenes Leben zu führen. Er kann deshalb nicht mehr seine Eltern und den oder die Erwachsenen in der 'Herde' als Alleinherrscher akzeptieren. Er tritt in Konkurrenz mit ihnen, rivalisiert und macht ihnen den Rang streitig. Konflikte sind unvermeidbar(...). Druckausübung vonseiten der Erwachsenen, Steuerung und strenge Kontrolle führen zu demselben Ergebnis, aber auch Gleichgültigkeit, Unachtsamkeit und Schweigen ende[n] in einer Revolte. Der oder die Jugendliche wehrt sich gegen eine zu starke, gefühlsmäßige Abhängigkeit, weil er weiß, dass er in seinem Leben weiterkommen muss und soll(...). Der Fünfzehnjährige ist Experte darin, die Familie in ein Dilemma zu bringen(...).

Der Fünfzehnjährige ist meiner Meinung nach zu jung, um ihn mehr als einen Tag allein zu lassen, wenn die Familie sich woanders auffällt. Zu der Bedeutung der sozialen Beteiligung - die notwendige Teamarbeit, die Zusammenarbeit mit den Erwachsenen - und zu den Arbeitsaufgaben des Jugendlichen zu Hause, siehe die Kapitel über den Dreizehn-, den Zwölf- und den Elfjährigen(...). Ganz im Gegenteil glaube ich, dass die Freiheit dem Kind erst dadurch ermöglicht wird, indem man Formen setzt, <u>weil es seine eigenen Grenzen noch nicht selbst setzen kann</u>. [Wahlgren gibt nun einen Tipp, den man leider in den 'heißesten Phasen' und völligem Ärger und Verzweiflung nicht mehr präsent hat, obwohl so oft gelesen:] Mit dieser Haltung sagst du nicht: 'Dir kann man ja nicht vertrauen', sondern: Man kann dem, was passieren könnte, nicht vertrauen(...). (Wahlgren 2004: S. 581-590).

44

Meine Tochter erhielt eine Zusage.

Sie tauchte **neun Tage, vom 25. Januar bis zum 2. Februar 2020,** bei Klassenkameradinnen 'unter'(→ Kap. 4.10.).
Am ersten Abend rechnete ich noch mit ihrer Heimkehr. Vergeblich. Ich wusste nicht, wo sie sich aufhielt. Es kehrte häusliche Ruhe ein. Ich atmete erst einmal tief durch. Ende des Kleinkrieges <u>ohne</u> Waffenstillstand. Es wurde ganz still. In der Wohnung. In mir.

28. Januar 2020. Tag vier der Abwesenheit. Erstes Lebenszeichen.
Meine Tochter wehrte sich am Telefon vehement dagegen, nach Hause zurück zu kommen.
Januar 2020. Meine Tochter kehrte nach einem Besuch beim Jugendamt noch einmal nach Hause zurück, um es am **23. Februar 2020** für immer zu verlassen.
Die drei Wochen ihres 'Intermezzos' zuhause verlaufen so ähnlich wie die Phasen davor. Meine Tochter widmete sich ihrem Smartphone, wir trugen häusliche Konflikte aus und genossen die seltenen 'Aufhellungen' zwischendurch. Unser letzter gemeinsamer Kinobesuch fand am **22. Februar 2020** statt. Es war ein schöner Film und ein netter Nachmittag.
Der Februar endete nicht wie kalendarisch üblich am 28sten oder 29sten des Monats, sondern bei uns bereits am **23. Februar 2020** mit dem zweitschlimmsten Tag unserer Krise.

An jenem Sonntag widmeten wir uns unserem üblichen 'Machtspiel'. Trotz vereinbarter Medienkontrolle, rückte meine Tochter ihr Gerät nicht heraus. Es sollten mal wieder 'heikle Fotos' und 'unbekannte Chatpartner' gelöscht sowie einige Apps überprüft werden. Ich versuchte es zunächst mit der Strategie meine Tochter zu ignorieren, in der Hoffnung, sie überlasse mir dann ihr Smartphone. Erfolglos.
Hinsichtlich ihrer Haushaltspflichten behauptete meine Tochter nach wie vor, dass diese auf freiwilliger Basis nach Lust und Laune von ihr zu erledigen wären. Ihre Motivation befand sich auf dem Nullpunkt. Ich konsultierte Mr. Google hinsichtlich der 'Druckmöglichkeiten',die mir in einer solchen Situation noch zur Verfügung stünden.

Sollte sich 'meine Jugendliche' nicht an den Haushaltspflichten beteiligen, könnte ich ihr üppiges Taschengeld halbieren. Schließlich würde ihr auch Kost und Logis gratis gestellt und beides hätte einen nicht zu verachteten Gegenwert. Das war wohl wahr. Unsere 2-Zimmer-Wohnung kostete inzwischen 1.100 'Münzen', inklusive der Nebenkosten. Google meinte, ich könnte meine Tochter auch an den WLAN-Kosten beteiligen. Ich überlegte derweil, ob ich nicht einfach meinen monatlichen Obolus zu ihrem Australienflug im Sommer 'einfrieren' sollte.

Warum sollte meine Tochter überhaupt in ein solch schönes Land fliegen,wenn sie sich derart' gebärdete' und vor allem bei dem, was sie im Internet 'trieb'?! Ich unterbrach Google. Ich hatte nun erst einmal, wie immer, die 'Haushaltsaufgaben' in den PC zu tippen. Meine Tochter brauchte sie schriftlich.

Sie verbrachte ihre Freizeit derweil mit ihrem Smartphone im Badezimmer. Sie hatte sich eingeschlossen. Ich versuchte von draußen, sie an unsere getroffene Vereinbarung zu erinnern.

Erster Schritt: Klopfen an die Tür.
Zweiter Schritt:Trommeln gegen die Badezimmertür.
Dritter Schritt: 'Hämmern'.

Erst sagte ich und dann schrie ich, sie solle aus dem Bad kommen:

„Bei mir zuhause wird sich nicht eingeschlossen!"

Meine Tochter kam nicht.

Meine Tochter reagierte nicht.

Meine Tochter rief irgendwann von drinnen:

„Ich habe **Angst**, dass du mir etwas tust!"

„So, ein Quatsch! Ich tue dir nichts, komm jetzt da raus! Ich will mit dir reden!", schrie ich und hämmerte gegen die Tür, „Wir zwei haben eine Vereinbarung!"

"Ich habe aber **Angst**, Mama.", vernahm ich ihre Stimme hinter der Tür.

Meine Tochter blieb weiterhin im Badezimmer und wiederholte ständig das Wort „Angst".

Ich verharrte auf der anderen Seite der Tür und begriff nicht.

Wir hatten eine Vereinbarung getroffen und meine Tochter hielt sich nicht daran.

Meine Tochter blieb 'unsichtbar'.
Ich folgte derweil 'brav' ihrem Drehbuch.
Ich erfüllte meine 'Rolle' perfekt, genauso,
wie sie sie mir 'auf den Leib geschrieben hatte'.
Ich ahnte nur nichts von diesem Drehbuch.
Ich ließ mich weiter provozieren.
Ich wurde immer wütender.
Ich wurde immer lauter.
Ich hämmerte gegen die Badezimmertür.
Ich schrie.
Das reichte!
Es genügte meiner Tochter.
Der Dreh war zu Ende.
In diesem Fall handelte es sich nur um eine Audio-Aufnahme.

Erst einige Stunden später erfuhr ich, dass meine Tochter im Badezimmer sofort eine Klassenkameradin anrief. Sie stellte das Telefon auf 'laut' und schnitt alles mit, was sich abspielte.
Das Wort **'Angst'** 'stieß mir übel auf'.
Sie hatte es so oft wiederholt.
Bewusst.
Sie hatte mich provoziert.
Bewusst.
Sie wusste, dass meine Nerven 'brach' lagen.
Ich war hinein getappt.(...) In ihre Falle

Eine Mutter einer Klassenkameradin spielte die Live-Aufnahme meiner Tochter einer anderen Mutter vor. Beide Damen empfanden' es als 'bedenklich', was ihre Ohren da zu hören bekamen. Kein Wunder, es war ja auch völlig aus dem Zusammenhang gerissen.

Ich kehrte ins Wohnzimmer zurück. Schrieb den Haushaltsplan. Gegen 17 Uhr muss eine Familie zu uns gekommen sein. Meine Tochter schlich sich wieder einmal 'klammheimlich' aus der Wohnung.

Ich erhielt eine Nachricht:

„Ich ziehe es vor, heute bei L. zu übernachten."

Meine Tochter forderte ich auf, bis 18 Uhr zuhause zu sein und sich wie eine 'Heranwachsende' zu benehmen, wenn sie auch so behandelt werden wollte.

Danach sperrte ich erst einmal verärgert ihr Smartphone.

Am Montag, den **24. Februar 2020** (Rosenmontag), entsperrte ich vormittags wieder das Handy meiner Tochter.

Sie hätte mir sonst leid getan.

Am Karnevalsdienstag, dem **25. Februar 2020** spielte meine Tochter die Audioaufnahme aus unserem Badezimmer dem Jugendamt als '
'ultimativen Beweis' vor. Als 'Indiz' dafür, dass sie mit ihrer Mutter nicht mehr zusammenleben konnte.

Ihre Vorgehensweise, die nicht nur von mangelnder Loyalität zeugte, erschütterte mich. Meine Tochter lieferte mich 'ans Messer', um ihr Ziel mit allen Mitteln zu erreichen, ohne Rücksicht auf 'menschliche' Verluste.
Sie folgte demselben 'moralischen Leitfaden', der auch dem Kappen unserer Internetleitung zugrunde gelegen hatte.

Es war traurig. Es hätte weder einer solcher 'Inszenierung' noch einer 'Verunglimpfung' meiner Person bedurft.

?????

Warum hatte meine Tochter (mir) das (an)getan?

Was mag sie geglaubt haben, wie ich mich danach fühle?

Ich fühlte mich nun endgültig 'verraten und verkauft' und noch dazu von meinem 'eigenen Fleisch und Blut'.

Mir war es im Grunde völlig einerlei, wenn ein Jugendamt oder Eltern von Klassenkameraden mich 'schreien' hörten. Ich wusste ja, was dem vorangegangen war.

Was mir überhaupt nicht 'egal' war und 'schmerzte' war die Tatsache, dass ich niemals geglaubt hätte, dass meine Tochter zu einem solchen Verhalten in der Lage gewesen wäre.

Ich hatte sie nicht angefasst. Ich hätte es auch nicht getan. Inzwischen war sie mir auch bereits körperlich überlegen.
Es bestand überhaupt kein Grund, vor mir 'Angst' zu haben oder ein solches 'Gefühl' zu 'heucheln' und dann medial zu inszenieren.

Es beschlich mich der Eindruck, dass es auf ihrer Seite 'Strategie' oder zumindest 'Kalkül' war und vielleicht ist sie sogar zu solch einer 'Beweisaufnahme' 'angestachelt' worden. Ich würde es ihr wünschen.

Denn in diesem Fall heiligt der Zweck eindeutig nicht die Mittel!

Meine eigene Tochter stellte mich an den 'Pranger' und 'warf mich den **'Jugendamts-Wölfen** zum Fraß vor'.

Ich konnte es nicht fassen.
Ich konnte es nicht glauben.
Es tat weh.

Ich selbst wäre zu solch einem Verhalten nicht fähig gewesen, auch früher nicht in meiner Jugend, meinen eigenen Eltern gegenüber zum Beispiel.

Bis heute fehlt es mir entweder an Phantasie oder Vorstellungsvermögen, um nachvollziehen zu können, was meine Tochter da eigentlich 'geritten' hatte.

Dass sie Bilder von sich und 'heikle Videos' ins Internet stellte, fand ich schlimm und gefährlich.

Ich nahm es ihr aber nicht übel.

Die 'Aktion Audiodatei im Bad' habe ich meiner Tochter <u>sehr</u> übel genommen!

45

Wenn du **so wütend** bist, dass du deine Gefühle nicht mehr kontrollieren kannst, sollst du dein Heim verlassen, um geradeaus durch die Landschaft zu gehen, die draußen auf dich wartet - so lange, bis du dich beruhigt hast. Dann markierst du mit einem Stock den Punkt, an dem die Wut dich verlassen hat, und steckst ihn in den Schnee. So hast du eine Messlatte für deine Wut. Wenn du wütend bist, ein Zustand, in dem das Reptiliengehirn deine Handlungen steuert, entfernst du dich am besten von dem Punkt, an dem deine Wut ausgelöst wurde
(Eine Tradition der Inuit. Kagge 2018: 98).

46

Die Selbstdarstellung meiner Tochter im Internet war 'nur' gefährlich. Ich verstand in der Retrospektive ihre Sehnsucht und die Motivation, die ihr zugrunde lagen.
Jugendlichen in der Pubertät fehlt es oft an 'Empathie' und 'Weitblick'. Das ist wissenschaftlich erwiesen. Adoleszente können die Konsequenzen ihres Handels nicht abschätzen.
Meine Tochter konnte sich nicht in mich hineinfühlen, wie sich 'ihre Inszenierung' für mich anfühlte, für mich, die ihr 'als **Löwenmutter'** ihr ganzes Leben zur Seite stand. Die jeden 'in Stücke gerissen hätte', der ihr etwas Böses gewollt hätte. Meine Tochter dachte vielleicht nicht darüber nach, was das Jugendamt und Eltern von Klassenkamerad*innen über eine Mutter denken könnten,

wenn sie eine solche Audiodatei erhalten. Meine Tochter wollte nur 'weg' und 'raus' und das schnell und auf dem 'Weg des geringsten Widerstandes, egal, wie hoch der Preis dafür wäre, den sie bezahlen müsste.

Sie wollte 'passende' 'Indizien' für einen 'subjektiv' unhaltbaren Zustand 'generieren', um dieses Ziel zu erreichen.

Ich konnte nicht weg!

Dorthin, wo mich niemand findet und ich endlich meine Ruhe habe!

Eine Mutter ist keine 'Ratte', die das sinkende Schiff verlässt!
'Unsere' Mutter war inzwischen <u>ganz allein und verloren</u> auf dem schnell sinkenden 'Familienschiff. Verzweifelt stemmte sie sich mit ihrem 'Fliegengewicht' und der spärlichen, ihr noch verbliebenen Kraft von unten gegen den absinkenden Rumpf. Die Mutter war nach all der Zeit, in der sie den kindlichen und amtlichen Naturgewalten 'getrotzt' hatte, bereits 'bis auf die Haut durchnässt' und unsagbar müde.

Fast alle, die zufällig vorbeikamen, drückten das Schiff immer noch weiter nach unten. Keiner wollte der armen Mutter helfen. Warum? **Sie bat doch so ausdrücklich um Hilfe?!** Warum wollten nun alle, dass das Schiff untergeht?! Die Mutter versuchte, den klobigen Schiffskörper von unten nach oben zu stemmen und zu stützen, damit er ja nicht endgültig versank. Sie drückte sich dagegen, um das 'trudelnde Schiff' wenigstens ein wenig noch an der Wasseroberfläche zu halten. Die Lage erschien so 'verdammt' aussichtslos! Keine 'Rettungsboote' waren weit und breit in Sicht. Hoch über dem 'gebeutelten Haupt' der Mutter schlugen die Wellen zusammen. Das tosende Wasser drückte den Körper des Schiffes und den der Mutter immer wieder in Richtung Wassergrund. Immer und immer wieder sammelte die Mutter sich neu. Sie strampelte. Sie wehrte sich. Gegen etwas, das sie <u>nicht mehr verhindern</u> konnte. Sie spürte es. Sie wusste es. Sie konnte nicht mehr. Sie wollte es nicht wahrhaben. Sie kämpfte. Sie wollte nicht aufgeben. Ein wenig ging es noch. Noch ein letztes Mal drücken, dann noch einmal, aber dann (…)

Das Sinken des Bootes war nicht mehr aufzuhalten.

Das Wasser beruhigte sich.

Das Schiff sank nicht mehr.

Die Mutter blieb allein an 'Bord' zurück.

47

Ich bin wahrlich kein Mensch, der aufgibt und für meine 'Hartnäckigkeit' bekannt. Ich bin **Resi Lienz,** der 'Terrier'.

Mein Pseudonym ist nicht zufällig gewählt. Alle Mütter sind ein wenig Resi Lienz.

Ich bin erwachsen und verfüge über Reflexionsvermögen. Heute betrachte die Ereignisse aus der 'Vogelperspektive', der Sichtweise einer Außenstehenden. Aus der Distanz konnte ich sie besser verstehen und neu bewerten. Teilweise kann ich mich in meine Tochter hineinfühlen. In eine Jugendliche, die unsicher und mit sich unzufrieden war und dann 'Bockmist baute'. Partiell kann ich ihr Verhalten nachvollziehen, aber beileibe nicht uneingeschränkt. Einige 'Dinge' wird sie nicht so einfach 'unter den Tisch kehren können'. Eines Tages wird sie dazu stehen müssen. Meine Tochter war im Rahmen meines Erziehungsauftrags die letzten zwei Jahre 'eine harte Nuss'. Wir beide konnten nicht 'besser' handeln, als die Umstände es uns ermöglichten.

Vielleicht wird meine Tochter eines Tages nachvollziehen können, wie sie mich als Mutter behandelt hat und was das mit mir als Mensch machte. In der Krise sah meine Tochter keine Perspektive. Ich hätte ihr die Augen öffnen können, aber das wollte sie nicht. Ihr fehlte es an Durchhaltevermögen. Das wollte sie sich aber auch nicht 'antrainieren'.

Meine Tochter ist jung und noch nicht resi-lient(z).

Sie macht ihrem Namen noch keine Ehre.

Sie durfte noch nicht erfahren, dass es irgendwann weitergeht, wenn man nicht aufgibt. Dass es eine enorme Stärke verleiht, festzuhalten, auch für die Bewältigung zukünftiger Krisen.

Wenn sie in der Situation bleibt.

Wenn sie gemeinschaftlich versucht, das Schiff nach oben an die Wasseroberfläche zurück zu drücken.

Am **25. Februar 2020** zog meine Tochter in die Jugendschutzstelle (→Kap. 4.6.).

Am **06. Mai 2020** zog sie auf eigenen Wunsch in eine Wohngruppe ins Kinderheim (→Kap. 4.13).

188

4.3. Hilfeforen im Netz

Es ist davon abzuraten, Hilfeforen im Netz zu konsultieren. Es sei denn, es handelt sich um ein technisches Problem. Die Versuchung ist groß, vor allem dann, wenn man mitten in der Nacht alleine, verzweifelt und hilflos ist und Fachleute nicht greifbar sind.

Der Illusion, man hätte 'Gleichgesinnte' mit analogen Problemen im Internet gefunden, folgt unmittelbar die Ernüchterung.

Es entsteht ein Gefühl einer 'Pseudo-Solidarität'. Um Hilfe zu finden, sollte man fachspezifische, autorisierte Seiten besuchen, z.B. die der Erziehungshilfe, des Jugendamts, öffentlicher Institutionen, Psychologen usw.. Andernfalls droht die Gefahr, dass man sich 'verzettelt', das Problem verschlimmert und sich zur Zielscheibe nicht qualifizierter Angriffe macht, z.B. von Jugendlichen, die sich auch in solchen Foren 'tummeln' und uns Eltern das Gefühl vermitteln, dass wir an unserer Lage selbst schuld seien. Dem ist aber nicht unbedingt so. Nach dem Konsultieren solcher Hilfeforen fühlt man sich noch niedergeschlagener als vorher.

Brauchen Sie jemanden zum Sprechen, rufen Sie einfach mitten in der Nacht einen guten Freund oder einen Verwandten mit Schlafstörungen an. Ist das nicht möglich, schreiben Sie ihre Fragen und Zweifel auf. Das schafft Klarheit. Schreiben Sie Tagebuch. Verfassen Sie einen Brief an sich selbst oder einen an ihr Kind. Besprechen Sie ihre Fragen am nächsten Tag mit Menschen, die Sie nachts nicht 'behelligen' konnten. Lesen Sie *Lieben was ist* von Katie Byron (ISBN 3-442-33650-3). Ein tolles Buch! Ich möchte an dieser Stelle auch anregen, über die Begrifflichkeit der **'Enttäuschung'** nachzudenken:

Ent-täuschung. Die 'Enttäuschung' findet bei einem selbst statt. Man hat sich (selbst) getäuscht. Enttäuscht werden kann man nur, wenn man sich zuvor ein bestimmtes 'Bild' von einer Person oder einer Situation gemacht hat. Die Person, von der wir uns enttäuscht fühlen, ist für unsere Befindlichkeit allerdings nicht verantwortlich.

Es kann allenfalls darum gehen, unser 'Bild' zu hinterfragen und 'zurechtzurücken' bzw. der Realität anzupassen, um zukünftigen Enttäuschungen vorzubeugen.

4.4. Workshop zur Medienerziehung

Die Schule meiner Tochter bot im **Sommer 2018** ein Seminar für Eltern zum Thema **Medienkompetenz** an. Die Veranstaltung wurde von der ISO (Institut für systemische Organisationsentwicklung) durchgeführt und umfasste drei Abende mit den folgenden Themenschwerpunkten:

1. Pubertät-Elternrolle
2. Herausforderungen Web 2.0
3. Kommunikation, die gelingt

Ein interessanter und informativer Workshop zur Medienerziehung. Empfehlenswert. Seminare zur Medienkompetenz werden in jeder Stadt angeboten. In der Regel werden Eltern von der Schule ihrer Kinder auf solche Veranstaltungen hingewiesen.

Meine Tochter war im Sommer **2018** dreizehn Jahre alt und stand kurz vor dem Übergang in Klasse 8. Die Veranstaltung schien aufgrund unserer Situation genau zum richtigen Zeitpunkt stattzufinden.

Solche Veranstaltungen machen Sinn, wenn Smartphone und Internet zuhause bereits ein Thema sind. Vor Ort waren auch einige Eltern, deren Kinder noch kein Smartphone besaßen. Die Jugendlichen waren entweder noch jünger als meine Tochter oder die Anschaffung eines Gerätes war für einen späteren Zeitpunkt geplant. Brisante Problematiken, die vor Ort besprochen wurden, waren solchen Eltern 'fremd'. Bis ihre Kinder ein internetfähiges Handy besitzen, wird der Inhalt des besuchten Medienseminars nicht mehr präsent und daher nicht mehr so effizient anwendbar sein. Des weiteren wurden Fälle in Rollenspielen 'nachgestellt', für die Eltern mit Kindern ohne Smartphone die praxisnahe Erfahrung fehlt. Was Eltern dort berichteten, erschien mir 'normal' bis hin zu 'banal' angesichts dessen, was sich bei uns zuhause 'abspielte'.

'Wir', meine Tochter und ich, waren bereits auf einem 'anderem Terrain' unterwegs. Das merkte ich auch an der Reaktion der Teilnehmer, als ich von Vorfällen von zuhause berichtete.

Ich brauchte Rat.

Mit dem 'Unterlaufen der WLAN-Zeitschaltuhr unserer heimischen *Fritzbox*' war der Router als Vademekum für meine Tochter inzwischen ungeeignet. Zum Zeitpunkt des Medienseminars 'kämpfte' sie <u>bereits seit drei Jahren</u> mit der Einhaltung der Nutzungszeit und 'erlag' konstant der Versuchung nicht erlaubter Internetaktivitäten. Meine Tochter brach kontinuierlich Regeln, respektierte mich nicht und Gespräche führten zu keinem Erfolg. Es musste also eine neue Lösung her.

Am Ende der Veranstaltung suchte ich das Gespräch mit dem Seminarleiter. Er sagte, dass manche Jugendliche ganz besonders schwierige Fälle und uns Erwachsenen digital immer einen Schritt voraus wären. Das hatte ich bereits am eigenen 'Leib' erfahren. Es wird stets dazu geraten, das Gespräch zu suchen und mit den Jugendlichen im 'Dialog zu bleiben'.
Aus der Praxis weiß ich, dass das nur leider nicht immer realisierbar ist. Jugendliche sind oft nicht gesprächsbereit.

Aus heutiger Sicht wage ich zu behaupten, selbst wenn ich das Seminar ein oder zwei Jahre früher besucht hätte, wäre der Verlauf unserer 'Krise' ein ähnlicher gewesen. Zu viele und zu verschiedene Ursachen lagen dem 'Ausbrechen' meiner Tochter zugrunde. Zieht man den Aufbau unserer Erde zum Vergleich heran, so lag die 'Problematik' viele Bytes tiefer unterhalb der digitalen Oberfläche, nicht sichtbar, jenseits des 'Erdkerns' und bereits seit längerem verkrustet in irgendeiner unteren Gesteinsschicht.

Für dieses Seminar erschien mir meine Tochter einfach 'eine Nummer zu groß'.

Für Erziehungsberechtigte, deren Jugendliche (noch) 'nicht neben der Spur laufen', ist solch ein Medienseminar ein sehr gutes Angebot, das in Anspruch genommen werden sollte.

4.5. Überwachungssoftware

Am 03. Juni 2018 wurde mir *Kaspersky Safe Kids* **als** Internet-Überwachungssoftware empfohlen.

Ich kaufte die Software im Jahresabonnement für 15 €, keine große Investition. Für die Installation auf sämtlichen Geräten, meiner eigenen (Smartphone, Laptop) und denen meiner Tochter (Smartphone, Laptop), investierte ich Zeit.

Ich arbeitete mich digital ein und wuchs wie immer an meinen Aufgaben.

Mit der *Kaspersky* Software und ihren Funktionen war ich zunächst zufrieden. Ich war nun in der Lage zu steuern, wie lange meine Tochter internetfähige Medien nutzen durfte und welche Webseiten für sie erlaubt oder verboten waren. Das Passwort für die Software kannte nur ich.

Kaspersky Safe Kids offeriert die Möglichkeit, die Medienzeit mittels eines gewissen täglichen Stundenkontingents zu regulieren oder aber die konkreten Uhrzeiten zu genehmigen, an denen das Internet genutzt werden darf.

Ich war mittels der Software in der Lage nachzuvollziehen, wer meine Tochter anrief. *Kaspersky* ermöglichte nicht, Telefonate mitzuhören oder WhatsApp-Nachrichten mitzulesen, was ich auch gar nicht beabsichtigte.

Es ging darum, 'unbekannte Anrufer' im 'Blick zu haben'. Bei einem fremden Telefonkontakt forderte ich meine Tochter unmittelbar auf, diesen namentlich einzuspeichern. Hier gibt es ein 'Schlupfloch', insofern als dass die Kinder Kontakte pflegen können, wie sie wollen, also Unbekannte auch mit der Mutter bekannten Namen versehen können. Man müsste als Erziehungsberechtigter die in Frage kommenden Nummern abtelefonieren, um die 'Echtheit' der Kontakte zu überprüfen.

Für solche 'Kontrolltätigkeiten' fehlte es mir an Zeit und Motivation. *Kaspersky Safe Kids* sorgte bei mir für eine gewisse Entspannung, bei meiner Tochter hingegen für Anspannung. Den häuslichen Konflikt 'verschärfte' die Software, was aber nicht an dem Programm, sondern an meiner Tochter lag. Sie fühlte sich 'kontrolliert' und es fehlte ihr an Einsicht hinsichtlich der Notwendigkeit der Maßnahme. Gut anderthalb Jahre 'genoss' ich einen ausreichenden Überblick über die Internetaktivitäten meiner Tochter. Ihr Verhalten war ab dem Zeitpunkt der Installation der Software auch nachweislich nicht in Ordnung und das führte zu unendlich, sich ständig im Kreis drehenden Diskussionen.

Meine Tochter stellte wieder einen Vergleich zwischen uns beiden an, der weder 'Hand noch Fuß' hatte. Zudem war es nicht geplant, dass ich sie bis zu ihrem 'Rentenalter' digital überwachen würde, sondern nur, bis ihr Verhalten im Internet sich 'normalisierte'. Sie sollte sich sowohl eine gewisse Vernunft im Umgang mit den digitalen Medien und ihren Gefahren als auch Autoregulierungsmechanismen aneignen.

Hinsichtlich *Kaspersky Safe Kids* äußerte meine Tochter nahezu täglich Unmut. Sie sprach davon, dass ich sie 'stalken' würde, was völlig absurd war. Sie verstand nicht, dass die Inhalte ihrer Nachrichten mich überhaupt nicht interessierten. Es ging nicht um das 'was', sondern um das 'wie', 'wo' und 'wie viel'.

Meine Tochter verriegelte ihr Smartphone durch 'Fingerabdruck' und Passwort. Irgendwann war jede App mit einem eigenen Code versehen.Meine Tochter begründete ihre 'Verriegelungs-Manie', wie schon beim 'Müll-Thema' geschehen, mit dem Verhalten ihrer Schulkameradinnen. Die Mädchen würden ihr Handy aus ihrem Ranzen nehmen und deshalb müsste sie es 'sichern'. Geglaubt habe ich das nie. Meine Tochter hielt mich für eine 'Spionin' und verstand nie den Sinn meiner 'Mission'. Ihre Nachrichten hätte ich einerseits aufgrund der Jugendsprache und deren Abkürzungen überhaupt nicht verstanden, andererseits interessierten mich gewisse Themen 'nicht die Bohne'.

Sporadisch zeigte das Software-Programm 'Ungereimtheiten': Es zeichnete immer wieder ein paar Tage nicht auf und lief auch nicht auf dem Smartphone meiner Tochter. Meine Tochter spielte in solchen Fällen das 'Unschuldslamm'.

Trotz gegenteiliger Aussage des Herstellers ist die *Kaspersky* App auf den zu kontrollierenden Geräten deaktivierbar. In der Theorie müsste ein Kind erst das Kaspersky Passwort eingeben, um etwas in der App ändern zu können. Ich habe es überprüft. Dem war nicht so.

Ein Deaktivieren der Überwachung sollte dem Jugendlichen auf seinem Gerät nicht möglich sein. So behauptet es der Support der Software. Hier besteht dringender Nachbesserungsbedarf seitens des Herstellers. Jedes System hat seine Lücken.

Im Dezember **2019**, dem Zeitpunkt der Verbreitung 'pornographischen Materials', lief *Kaspersky Safe Kids* nur noch auf dem Smartphone meiner Tochter, nicht mehr auf ihrem Laptop. Sie nutzte den Laptop, im Gegensatz zum Handy, kaum. Sie brauchte ihn allenfalls, um etwas bei Ebay zu kaufen oder gelegentlich ein Referat für die Schule anzufertigen. Bei solchen Gelegenheiten beschwerte sie sich jedes Mal bei mir, da *Kaspersky* in seinen Kontrollmechanismen 'sehr streng' war. Bei dem Besuch bestimmter Internetseiten wurde entweder gewarnt oder das Aufrufen wurde ganz verhindert. Dann musste meine Tochter erst meine Erlaubnis einholen, bevor *Kaspersky* zuließ, dass die Seiten aufgerufen wurden. Das Konsultieren von Internetseiten mit jugendgefährdenden Inhalten war gar nicht möglich. Hier liegen die Maßstäbe seitens des Herstellers sehr hoch. Es kam vor, dass meine Tochter Informationen zum 'Abholzen der Regenwälder' suchte und *Kaspersky* dann vor dieser Internetseite warnte. Das 'Ende vom Lied' war, dass ich wie so oft meiner Tochter 'gehorchte' und die Software auf dem Laptop deaktivierte.

Systemlücke: Besuchte Seiten wie *knuddels.de* und *spin.de* (→Kap. 4.18.) hätte ich nicht sperren können. Sie waren mir unbekannt und zudem werden sie nicht als 'jugendgefährdend' gelistet. Ich hätte diese Internetseiten folglich auf keine 'schwarze Liste' setzen können.

Problem: *Youtube* wird von *Kaspersky Safe Kids* berechtigterweise als 'jugendgefährdend' bewertet und insofern 'geblockt'. Als ich anfangs generell jugendgefährdende Seiten 'sperrte', brach bei uns zuhause die 'Revolte' aus. Meine Tochter konnte Youtube nicht mehr im Internet aufrufen. Da war guter Rat teuer. Die Wertigkeit dieses Kanals für Jugendliche muss ich hier sicher nicht näher erläutern.

Dass sich bei *Youtube* in Massen jugendgefährdende Inhalte finden lassen, auch nicht. Ich erklärte *Youtube* also zur Ausnahme. Meine Tochter durfte es natürlich nutzen.

Aus damaliger Sicht sah ich überhaupt kein Problem, die *Kaspersky*-Software auf dem PC nicht laufen zu lassen, da das Hauptgerät meiner Tochter das Smartphone ist und der Laptop zu meiner Betrübnis eher 'stiefmütterlich' behandelt wurde. Das Blatt wendete sich. Zumindest nachts. Das erklärt auch, wie es möglich war, dass meine Tochter im Dezember **2019** im Internet aktiv war. Die Webcam hatte sie vorher nur ein oder zweimal genutzt, um eine Art Musikvideo von sich zu drehen. Den Laptop selbst erachtete ich nie als Problem, sondern das Smartphone. Hätte meine Tochter den Laptop nachts nicht zur Verfügung gehabt, hätte sie mit Sicherheit irgendwann tagsüber 'Material' auf dem Smartphone geteilt. Möglichkeiten finden sich immer. Wo ein Wille ist, ist auch ein Weg. Nur manche Wege führen ganz steil hinunter direkt in den Abgrund. Wochenlang vergeudete ich meine Nächte, um *Kaspersky* auf dem Laptop 'zu reanimieren'. Obwohl ich inzwischen digital ziemlich gewieft bin und auch mit dem Support in Kontakt stand, war keine 'Wiederbelebung' der Software auf dem PC mehr möglich. Ich hätte den Laptop in seinen ursprünglichen Werkszustand zurück setzen müssen. Das wollte ich nicht. Dafür hatte ich schon viel zu viel Zeit für seine Inbetriebnahme und die Installation diverser Programme investiert. Des weiteren 'lagerten' in ihm auch einige Dokumente, die am Ende eine wichtige Bedeutung bekommen sollten. Den Laptop gab ich meiner Tochter im **Mai 2020** zurück. Geschenkt ist geschenkt. Trotz meiner Rede zuvor. Sie wird inzwischen alle Inhalte gelöscht haben. Die Daten, die für die kriminalpolizeiliche Strafverfolgung und für mein Buch Relevanz haben, sind auf externen Speicherorten gesichert.

Fazit:

Das Preis-Leistungs-Verhältnis der Software ist gut. Das System hat Lücken.Es kann nicht alles kontrolliert werden. Telefongespräche können nicht mitgehört, Nachrichten nicht mitgelesen werden. Bei *Instagram* und ähnlichen Social Media-Kanälen kann nicht überwacht werden.

Der Support ist etwas 'behäbig' und 'langsam'. Aus Sicht der Autorin wird die Software für Jugendliche bis zu einem Alter von 13 Jahren empfohlen.

Danach ist ein Jugendlicher entweder sowieso schon Medien-süchtig oder die Anschaffung und Kontrolle durch diese Software verschärft Konflikte, weil das 'Kind' inzwischen in einem Alter ist, in dem es berechtigterweise auf seine Privatsphäre Wert legt.

Sind Kinder jünger und 'pflegeleicht' und das Ziel ist, ihre Medienzeit zu limitieren oder nur sporadisch im Blick zu haben, was die Sprösslinge im Internet so 'treiben', kann *Kaspersky Safe Kids* eine preisgünstige Option sein. Sind Kinder generell vorsichtig, lenkbar und gesprächsbereit, stellt sich allerdings die Frage, wozu man dann überhaupt eine Überwachungssoftware einsetzen sollte, zumal ein Reglementieren der Mediennutzungszeit und das Einschränken des Besuchs bestimmter Internetseiten auch über den Router möglich sind.

Die Situation ist anders gelagert, wenn Sie Ihr Kind 'orten' wollen. Meine Tochter verlor einmal ihr geliebtes Smartphone im Wald. **Es war die einzige Situation, in der sie *Kaspersky Safe Kids aufrichtig* liebte.** Die Software wies ihr über mein Smartphone den Weg im 'bebaumten' Dickicht zu ihrem 'verlorenen Schatz'.

Inzwischen gibt es auch Software, mit der das Mitlesen von WhatsApp-Nachrichten möglich ist.

Weitere Informationen zu *Kaspersky Safe Kids* →Kap. 10 Anhang, S. 472.

4.6. Jugendamt/Jugendschutzeinrichtung

JUGENDAMT:
Der erste Termin im Jugendamt fand am 04. Juni 2018 statt .

Anlass für den Termin im Jugendamt war der Umstand, dass meine Tochter einen Tag zuvor unseren heimischen Router „gehacked" hatte, um die WLAN-Nutzungszeiten 'auszuhebeln'. Sie war vor allem des nachts im 'Internet unterwegs' zu Zeiten, in denen sie eigentlich schlafen sollte. Unsere Regel lautete, dass sie zu Schulzeiten zwischen 21 und 22 Uhr ins Bett geht und alle internetfähigen Geräte außerhalb ihres Zimmers deponiert.

Des nachts sind bekanntlich alle 'Katzen grau'. Eine bereits vorhandene Risikobereitschaft im Netz verstärkt sich mit der Dunkelheit. Nachts sind mehr Menschen mit weniger guten Absichten im Internet aktiv als tagsüber.

Meine Tochter folgte inzwischen einem Unbekannten auf *Instagram* und befragte ihn detailliert über 'Sexualpraktiken'. Ich empfand es als traurig, dass sie solche Gespräche, wenn schon nicht mit mir, nicht mit Freunden führen konnte. Mir kam es merkwürdig vor, dass sie, unerfahren wie sie war, gleich an Details interessiert war.
Entsprechend unserer Vereinbarung, dass meine Tochter nicht mit Unbekannten chatten durfte, zeigte sie mir in unregelmäßigen Abständen, mal kooperativer, meist aber abwehrend, ihr Smartphone. Sie sollte mir ihre Kontakte erläutern.

Immer wieder tauchten unbekannte Personen und entsprechende Chatverläufe in ihrem Smartphone auf.
Immer wieder musste meine Tochter sie löschen.
Immer wieder gelobte meine Tochter Einsicht und 'Besserung'.
Immer wieder führten wir dieselben Gespräche.
Immer wieder erinnerte mich unsere Situation an den Film
Und täglich grüßt das Murmeltier.

Vor unserem Termin im Jugendamt im **Juni 2018** forderte ich meine Tochter abermals auf, drei unbekannte Kontakte und die entsprechenden Chat-Verläufe in ihrem Gerät zu löschen. Inzwischen hatte ich allerdings mitbekommen, dass meine Tochter über digitale Mittel und Möglichkeiten verfügte, das 'Verbotene' zu einem späteren Zeitpunkt zu 'reanimieren' bzw. auf andere 'Kanäle' umzuleiten.

Die Katze biss sich mal wieder in den Schwanz.
Wieder spielten wir Hase und Igel, Katz' und Maus.

Ich empfand das Verhalten meiner Tochter als unmöglich. Sie hielt sich nicht an die vereinbarten Regeln und nach Löschen der Kontakte, verstieß sie erneut gegen die Vereinbarung. Meine Tochter nahm mich 'auf den Arm', was nicht nur ärgerlich, sondern auch sehr ermüdend war.

Im **Erstgespräch** sprach Frau G., die damals zuständige Sachbearbeiterin des Jugendamtes, zunächst zwanzig Minuten allein mit meiner Tochter. Die Unterhaltung mit mir dauerte eine Dreiviertel Stunde. Frau G. kommentierte meinen Bericht mit den Worten, dass sie nichts verharmlosen wolle, aber es relativ 'normal' fände, dass man mit 13 Jahren wissen wollte, wie 'Sex funktioniere'. Auch dass man bei männlichen Personen entsprechende Informationen einhole.
Im Gegensatz zu Frau G. empfand ich das Verhalten meiner Tochter nicht als 'normal', weil sie sich mit intimen Themen an unbekannte Chatpartner wandte und ihre Fragen zu konkret und nicht altersgerecht waren.
Fr. G. erkundigte sich nach meinen Erwartungen. Ich wünschte mir, dass sie sich einen allgemeinen Überblick über unsere Situation verschaffen und Hilfen betreffend des Umgangs miteinander und der Internetproblematik meiner Tochter nennen möge. Frau G. empfand meine Tochter als sehr still und vermutete, sie wäre unfähig, ihre Bedürfnisse mir gegenüber auszudrücken. Meine Tochter wäre zu vielem bereit, um die häusliche Situation zu verbessern, sagte Frau G.
Ein Lichtblick.
Sie meinte auch, dass sich der eine mehr, der andere weniger für sexuelle Themen interessiere

und das Leben meiner Tochter durchgängig 'weiblich' geprägt sei. Sie besuche eine 'Mädchenschule' und wenn sie einen Bruder gehabt hätte (...).

Ich erwähnte beiläufig meine Brüder und meinen Vater als männliche Bezugspersonen, verstand aber, was Frau G. mir klarmachen wollte, obwohl sehr viele Jugendliche heutzutage als Einzelkinder aufwachsen und deshalb noch lange nicht 'Unfug' im Internet treiben.

Den letzten Teil des Gespräches führten wir zu dritt: Frau G., meine Tochter und ich. G. forderte meine Tochter auf, über ihre Bedürfnisse zu sprechen, die sie zuvor im 4-Augen-Gespräch ihr genannt hatte. Meine Tochter antwortete etwas zögerlich, dass sie nicht wolle, dass ich ihre Chats las und dass ich mich um die Schule kümmere. Sie wolle eigenverantwortlich agieren. Ihr Wunsch hinsichtlich der Schule war für mich umsetzbar. Ihre Vorstellung, dass die Internet-Kontrolle wegfiele, erschien mir hingegen schwierig bis nicht praktikabel, so wie sich meine Tochter medial verhielt. Sie sagte, dass sie verstehen könnte, dass ich ihre Chats las. Ich erwiderte, dass sie genau wüsste, dass ich 'vorher' solches nie getan hätte.

Frau G. warnte meine Tochter, dass sie schnell einen gewissen RUF haben könnte, einen, den sie gar nicht haben wolle und gewisse Themen gehörten nun mal nicht in die Öffentlichkeit.

Auf Vorschlag der Sachbearbeiterin des JA wurden folgende Vereinbarungen getroffen:

1. Der Chatverlauf sollte bis zum **16. Juli 2020** (Sommerferienstart) von mir kontrolliert werden. Danach würde neu verhandelt.
2. Sollte meine Tochter noch einmal die Regel brechen,z.B. nach 21 Uhr im Internet aktiv sein oder unseren *Speedport* 'hacken', würden ihre internetfähigen Geräte für einen Monat eingezogen. Den Zeitraum von einem Monat hatte meine Tochter selbst vorgeschlagen. Ich empfand ihn als lang. Es ist aber auch nie zur Umsetzung dieser Maßnahme gekommen.

Des weiteren präsentierte uns Frau G. die verschiedenen **Erziehungshilfe-Maßnahmen**.

Sie forderte uns auf , nachzudenken. Wir sollten nichts 'mit der Brechstange' versuchen. Sie glaubte, dass wir einen Mediator bräuchten, z.B. eine **langfristige Erziehungsberatung.** Es gäbe verschiedene ambulante und stationäre Maßnahmen. Da in unserem Fall alles andere als eine Gefährdung des Kindeswohl vorläge, wären alle Maßnahmen für uns auf freiwilliger Basis. Im Fall, dass ein Kind stationär untergebracht würde, könnte der Erziehungsberechtigte oder das Kind eine solche Maßnahme jederzeit abbrechen. In der Regel wären alle Hilfen kostenlos bis auf die stationäre Unterbringung. Die wäre nach Einkommen gestaffelt und bei Arbeitssuchenden unentgeltlich.

Frau G. reichte mir die Adresse der Erziehungsberatung.

Sie sprach über Wohngruppen, sogenannte stationäre Einrichtungen. Dort lebten 8-15 Jugendliche einer Altersgruppe mit einem Betreuer. Das wäre kein 'Urlaub', denn die Jugendlichen dort leisteten „Erziehungsarbeit", z.B. 'Wie schaffe ich es, meine eigenen Bedürfnisse zu formulieren?' Diese Einrichtungen wären keine Auszeit für die Jugendlichen.

Frau G. fragte mich auch, wie es mit einer Kur aussähe. Diese Idee fand ich sympathisch und sehr reizvoll. Sie war nur leider nicht umsetzbar. G. erwähnte noch die Familienhilfe, die „Beistandschaft für Jugendliche", bei uns zuhause oder außerhalb, eine Art Coaching.

In diesem Buch geht es u.a. darum, die Lücken im System des Jugendamtes und der Erziehungshilfe aufzudecken. Es ist auch ein Ziel, die Handlungsinkompetenz, die Fehlentscheidungen und die 'Betriebsblindheit' eines ganz bestimmten Jugendamtes zu verdeutlichen.

Frau G. war die einzige Mitarbeiterin des Jugendamtes, die uns im Grunde zum richtigen Zeitpunkt sowohl professionell über mögliche sinnvolle Maßnahmen aufgeklärt hat als auch die 'Konfliktsituation' und welchen Anteil meine Tochter an ihr hatte, erkannte.

Jugendämter sind zeitlich und personell überfordert. Im Sommer **2018** wünschte ich mir, dass Frau G. bei uns nachgefragt hätte, wie sich die häusliche Situation nach diesem Gespräch gestaltete und ob die festgelegte Vereinbarung überhaupt eingehalten wurde. Zeitnaher 'Biss' sowohl von Frau G. als auch von mir selbst wäre opportun gewesen.

Es folgte ein Personalwechsel im Jugendamt, der für uns persönlich fatale Folgen haben sollte.

> „Ich finde es gut, dass [meine Tochter] jetzt, fußläufig erreichbar, das Jugendamt als Anlaufstelle hat, wenn sie mit mir nicht zurechtkommt oder etwas auf dem Herzen hat, dass sie mir nicht sagen will/kann!" [Tagebuchaufzeichnung vom 04.06.2018].

Diese Aufzeichnung ist schicksalhaft und problematischer, als sie beim ersten Lesen wirkt. Eine Art verbalisierte Hilflosigkeit einer Alleinerziehenden. Mit diesem Gedanken und dem Jugendamt in 'fußläufig erreichbarer Nähe' 'übergab' ich meine Tochter in die 'Mühlen der Ämter' und öffnete ihr unbewusst 'Tür und Tor ' für ihren **weiteren Alleingang**. Ich ließ das Jugendamt freiwillig in unser Leben hinein.

Noch gravierender war die Rolle der Protagonistin, die meine Tochter übernahm!

Am **4. Juni 2018** dokumentiert ein Tagebucheintrag, wie ich mich nach dem Termin im Jugendamt fühlte:

Meine Meinung? Jetzt erst einmal herunterkommen, alle Wunden lecken, abwarten, ob die Regeln eingehalten werden, bislang zeigt [...]überhaupt keine Reue, kein schlechtes Gewissen, obwohl sie sieht, dass ich seit acht Tagen immer weine, verletzt bin. Verletzt, weil wir immer ein gutes Verhältnis hatten, basierend auf gegenseitigem Vertrauen, auch über sexuelle Themen gesprochen haben, weil immer wieder thematisiert wurde, dass Vertrauen und Ehrlichkeit die Basis einer funktionierenden Beziehung sind, dass ich unsere Regeln auch immer eingehalten habe. Sie zeigt überhaupt keine Gefühle, ist in 'Stein' gemeißelt. Sie sagte nachmittags, sie wisse auch nicht, ob sie Gefühle mir gegenüber habe, Empathie, alles nicht da. Wie ich mich fühle? Unendlich erschöpft! Ansonsten eine Mischung aus Trauer/Enttäuschung /Scham und Gleichgültigkeit (dass es ihr so egal ist, was andere über ihr Verhalten denken, im Gegenteil, sie brüstet sich auch noch damit). Ich habe schon meine Familie jahrzehntelang zusammengetrieben, muss ich es jetzt wieder sein, die ständig zur Kommunikation appelliert, ich bin sogar heute Abend zu müde, irgendwelche Chats zu kontrollieren. Es interessiert mich nicht. Am liebsten würde ich sie eine Weile 'abgeben', zumal sie ja sowieso nie weg war, keine Ferienfreizeiten nichts. Das Zepter einfach einmal aus der Hand geben, zu mir kommen. Ich möchte jetzt ein paar Tage einfach nur Versorgerin sein, ihre Grundbedürfnisse nach Essen/Kleidung usw. erfüllen, mehr nicht. Ich bin <u>emotional ausgeblutet</u>. [04.06.2018].

Der zweite Termin im Jugendamt fand am 28. Januar 2020 statt:

Anlass für den zweiten Termin im Jugendamt war, dass unsere Situation zuhause innerhalb der anderthalb Jahre zwischen **Juni 2018** und **Ende 2019** trotz aller Gespräche, in denen es fast ausschließlich um das Einhalten von Regeln und dem Verhalten meiner Tochter im Internet ging, zunehmend kritischer wurde und mitunter eskalierte. Ursächlich waren sowohl die ausufernde Mediennutzungszeit meiner Tochter als auch ihr Verhalten im Internet und mir gegenüber.

Meine Tochter hatte sich sehr verändert.

Sie log und betrog nur noch. Unsere Mutter-Tochter- Beziehung war offensichtlich gestört, mein Vertrauen in meine Tochter 'marode'. Sie störte sich an der Überwachungssoftware *Kaspersky Safe Kids*.
Ab **September 2019** chattete meine Tochter erneut mit Unbekannten im Netz. Sie stellte sich auf 'gefährliche' Weise im Internet dar und versendete 'unangemessenes Bildmaterial' an Fremde.

Zwei Mitarbeiterinnen des Jugendamtes waren anwesend:
Frau G., mit der wir das Erstgespräch im **Juni 2018** geführt hatten, und Frau Q., die Vertreterin der später und bis heute zuständigen Fallmanagerin, Frau A.
Meine Tochter hatte sich am **24. Januar 2020** von zuhause 'abgesetzt'.
Sie berichtete bei diesem Termin, dass sie den Eltern der Klassenkamerad*innen 'alles' erzählt habe und dass die betreffende Mutter gesagt habe, es sei besser, wenn ich nicht wüsste, wo sich meine Tochter aufhielte.
Frau G. sagte, dass wir professionelle Hilfe bräuchten. Der 'Abstand' zwischen uns würde immer größer und wir kämen allein aus dieser Situation nicht mehr heraus.

Für das verbotene Versenden der Bilder und Videos hatten beide Amts-Damen kein Verständnis.

Es wurde dringend zur Erziehungsberatung geraten.
Warum wir das nicht schon längst in Angriff genommen hätten?
Meine Tochter fühlte sich 'bedrängt' und 'unter Druck' gesetzt. **Zuhause sei der 'schlimmste Ort überhaupt'!** Als ich ihre Worte vernahm, fiel ich erst einmal 'aus allen Wolken', ließ mir aber vor Ort nichts anmerken. Die Äußerung meiner Tochter empfand ich als übertrieben und sehr verletzend, schließlich hatte ich sie mit Liebe großgezogen und bis zum **Sommer 2018** fühlte sie sich zuhause 'pudelwohl'. Sie hatte wohl bewusst zum Superlativ 'gegriffen', um das Jugendamt stärker dazu zu bewegen, eine Wohnraumveränderung für sie durchzuführen und um zu vereiteln. dass ambulante Erziehungs-Hilfe-Maßnahmen zum Tragen kämen. Das Wochenende bei Freunden sei im Vergleich zu zuhause 'eine andere Welt. Das wundert mich nicht. Sie war dort völlig 'unbehelligt', wurde weder bzgl. ihres Internetverhaltens reglementiert noch hatte sie irgendwelche Haushaltspflichten auszuüben oder Regeln einzuhalten. Dass in solch einer Situation bei Fremden überhaupt keine Konflikte auftreten, liegt auf der Hand. Meine Tochter war 'im Urlaub' bei Klassenkamerad*innen.

Frau G. und Frau Q. vom Jugendamt 'ordneten an', dass *Kaspersky Safe Kids* auf dem Smartphone meiner Tochter zu bleiben hätte!

Wir bräuchten jemand Drittes, einen Vermittler und eine Erziehungsberatung, da meine Tochter eine Klinik-Diagnostik ablehne.
Ich benötigte als Mutter die Sicherheit, dass ich meiner Tochter wieder vertrauen könnte und meine Tochter bräuchte eine Art Garantie dafür, dass ich ihr gegenüber nicht 'körperlich' würde.

Meine Tochter 'trat daraufhin in den Streik'.

Ihr wurde bewusst, dass der Termin im Jugendamt nicht so verlief wie erhofft. Sie lehnte es ab, zu einem Psychologen zu gehen, da es nicht ihre Absicht wäre, zuhause wohnen zu bleiben. Es ginge ihr 'schlecht'.

Frau G. war der Wunsch meiner Tochter 'zu einfach'. Man würde von Jugendamtsseite zunächst etwas anderes versuchen. Sie verdeutlichte meiner Tochter, dass eine 'Inobhutnahme' nicht 'schön' sei. Man hätte keine Heimat' und ihre Mutter müsste mit solch einer stationären Maßnahme einverstanden sein. Frau G. reichte mir eine Notfallnummer bei der Jugendhilfeberatung.

Da meine Tochter merkte, in welche Richtung der Termin im Jugendamt tendierte, 'holte sie aus' und setzte dem Ganzen die 'Krone auf: Sie wolle die Beziehung zu mir nicht aufrechterhalten, da 'sie nicht mehr könnte'. Frau G. antwortete ihr, dass sie das aber müsste.

Der zweite Jugendamtstermin verlief nicht so, wie meine Tochter sich das erhoffte. Sie rechnete wohl damit, dass die Überwachungssoftware sofort von ihrem Smartphone gelöscht würde und dass sie dann unmittelbar in eine Wohngruppe umziehen könnte, ohne jemals eine 'Eigenleistung' erbringen, sprich, an sich selbst arbeiten zu müssen.

Nach diesem Termin im Jugendamt machte meine Tochter ihrem Ärger bei einer Freundin 'Luft':

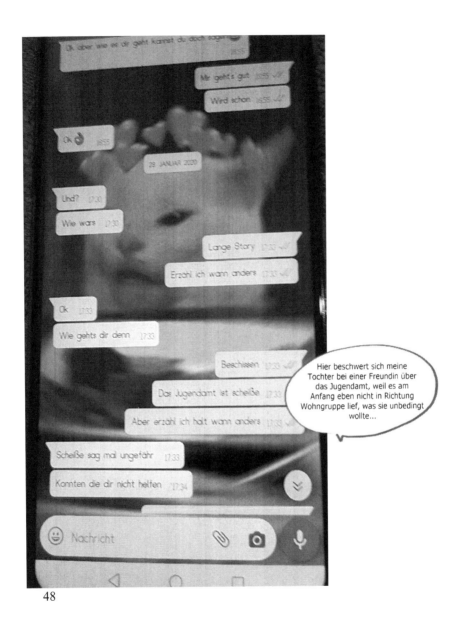

Bei diesem Jugendamtstermin wurde festgelegt, dass meine Tochter bis zum **31. Januar 2020** in der Familie Ha. bleiben durfte (→Kap. 4.10.). Bis Ende Januar 2020 sollte sich meine Tochter überlegen, ob sie einen 'Erziehungsbeistand', also eine ambulante Maßnahme, wünsche.

Diese Vorgehensweise empfand ich als bedenklich bis 'traurig'. Meine Tochter sollte die Entscheidende sein. Ich sollte mir als Mutter für die Zukunft unserer Beziehung weder etwas überlegen noch wünschen.

Ich erlaubte meiner Tochter, bis zum **02. Februar.2020** in der Familie Ha zu bleiben.

Vom 02. bis 23. Februar 2020 wohnte sie letztmalig für drei Wochen zuhause.

In diesem Zeitraum fanden gemeinsame Termine statt:

Am **06. Februar 2020** in der psychologischen Erziehungsberatungsstelle (→Kap. 4.9.)

und

am **10. und 19. Februar 2020** bei dem Kinder- und Jugendpsychologen Dr. Winterhoff (→Kap. 4.8.).

Das 'Entweichen' meiner Tochter von zuhause am **23.Februar 2020** wird in Kapitel 4.10. detailliert beschrieben.

Meine Tochter hatte sechs Tage 'Karnevalsferien' und wie so oft nichts für die Schule zu tun. Nach wie vor beharrte sie auf ihrer irrigen Annahme, Pflichten im Haushalt nur auf freiwilliger Basis erledigen zu müssen. Das sähe der Gesetzgeber so vor, verkündete sie kühn. Dementsprechend 'schleppend' bis gar nicht lief ihre Beteiligung im Haushalt. Ich hätte mit der 'Faust auf den Tisch hauen' können. Fragt sich nur, in welcher Form.

Ich wurde zunehmend 'mürbe'.Wir hatten noch ganz andere Probleme als den 'Haushalt'. Das Thema 'Vernachlässigung der Haushaltspflichten' war für mich nur ein weiteres Indiz dafür, dass meine Tochter sich weder an Regeln hielt noch mich respektierte. Dieses ewige Diskutieren mit ihr, ihr Quittieren meiner Worte mit 'giftigen Blicken' oder übellaunigem Schweigen waren anstrengend. 'Verwirklichte' sich meine Tochter im Haushalt, tat sie es in der letzten Zeit entweder absichtlich schlecht oder unvollständig mit der Konsequenz, dass ich anschließend 'das vermeintlich Erledigte' fertigstellen oder 'korrigieren' musste und auffällig unzufriedener wurde. Irgendwann war ich einfach nur 'froh', alles alleine zu erledigen, ohne von ihren 'Blicken durchbohrt' oder ihren 'unqualifizierten bis verletzenden Kommentaren' ausgesetzt sein zu müssen. Konflikte zu umgehen, sparte Zeit und vor allem Energie.

Meine Tochter wollte sich oft ausruhen. Das hätte sie 'verdient'. Ich versuchte gelegentlich weiterhin, die Wogen zu 'glätten' und uns beiden 'eine Auszeit und Kraft zu verschaffen' und unternahm trotz ihres Verhaltens Ausflüge, bevor wir in die nächste 'Kampfrunde' eintreten mussten.

Meine Tochter hatte nun schon zweimal für einen längeren Zeitraum unser Zuhause verlassen.

Sie wehrte sich während des zweiten Jugendamtstermins und auch immer wieder zwischendurch dagegen, zuhause zu wohnen.

Das Jugendamt teilte mir mit, dass man eine 15-jährige nicht zwingen könnte, bei den Eltern zu wohnen. Das kam mir damals äußerst merkwürdig vor. Man versicherte mir, dass ich jederzeit von meinem Rücktrittsrecht Gebrauch machen könnte. Ich unterschrieb am **25. Februar 2020** die **INOBHUTNAHME.**

Meine Tochter und das Jugendamt setzten mich gemeinschaftlich GEKONNT unter Druck, damit ich einen Stift in die Hand nahm, um unten rechts auf dem Formular zu unterzeichnen.

Der Begriff der *Inobhutnahme* [Link→ Kap 10, S. 471] beschreibt die vorübergehende Unterbringung von Kindern oder Jugendlichen in einem Heim oder einer Pflegefamilie. Das Jugendamt kann diese Maßnahme vollziehen, wenn das Wohl des Kindes in der eigenen Familie gefährdet ist. Wie lange das Kind aus der Familie genommen wird, ist dabei individuell zu entscheiden. Die Maßnahme kann zudem nicht nur angeordnet werden. Kinder und Jugendliche selbst können sich an das Jugendamt oder den Notdienst wenden, wenn sie anderweitig untergebracht werden wollen. Gründe für eine Inobhutnahme können u.a. sein: Drogensucht oder Alkoholsucht der Eltern, Misshandlungen, sexueller Missbrauch, Vernachlässigung, Überforderung der Eltern, Kriminalität. Rechtliche Grundlage ist der § 42 SGB VIII.

Nach der 'Besiegelung des Verwaltungsaktes' 'siedelte' meine Tochter am Nachmittag in die Jugendschutzstelle (JuSchu) um.

Für den Fall, dass Ihnen dieser Begriff an dieser Stelle zum ersten Mal begegnen sollte, hier eine kurze Erläuterung:

Die **Jugendschutzstelle** [JuSchu] heißt offiziell Kinder- und Jugendnotdienst (KJND) und ist eine Einrichtung der örtlichen Jugendhilfe, die es in den meisten bundesdeutschen Gemeinden gibt. Sie ist eine zentrale Anlaufstelle für Kinder und Jugendliche in Krisen- und Notlagen. Gesetzliche Grundlage der Kinder- und Jugendnotdienste ist der bereits erwähnte § 42 SGB VIII, Inobhutnahme. Der Sorgeberechtigte muss die Inobhutnahme beim Jugendamt unterschreiben, sonst kann der Jugendliche dort nicht aufgenommen werden, es sei denn, es handelt sich um minderjährige Flüchtlinge, bei denen kein Sorgeberechtigter ausfindig zu machen ist und die einen Schutzraum benötigen. Die Jugendschutzstellen haben 5-20 Plätze. Es sind Sozialarbeiter dort tätig. Eigentlich dienen Jugendschutzstellen als 'Übergangs-Aufenthaltsort'. Sie sind für einen Not-Aufenthalt von 1-2 Tagen bis maximal einer Woche vorgesehen, bis eine andere Lösung gefunden wird. Eine Alternative wäre, das Kind kehrt nach Hause zurück. Der/die Jugendliche kann auch zu Verwandten, Freunden, in eine Pflegefamilie oder in eine stationäre Wohngruppe eines Kinderheims ziehen.

Die Aufgaben dieser Kinderschutzstellen sind in der Theorie:

1. Die materielle Grundversorgung (Essen, Schlafen, Körperpflege) sicherzustellen.

2. Eine gemeinsame Interventionsplanung durchzuführen und einen Schutzraum zu schaffen, in dem der aufgenommene Jugendliche Sicherheit, Ruhe und Zeit findet sowie emotionale Zuwendung.

Zu den weiteren Aufgaben gehören:

3. Eine umfassende sozialpädagogische Beratung und Stabilisierung mit dem Ziel, Handlungsperspektiven aufzuzeigen.

Dies alles und noch viel mehr können Sie auf der Internetseite der Jugendämter bzw. der Kinder- und Jugendnotdienste Ihres Wohnortes nachlesen.

Soweit zur Theorie.
Nun zur Praxis:

Das Jugendamt bat mich, meiner Tochter die nötigsten Dinge in die Jugendschutzstelle zu bringen.
Ich packte zuhause diverse Koffer und Taschen und versetzte mich dabei in die Lage meiner Tochter: Was würde sie benötigen und bei sich haben wollen? Ich packte Dinge, an denen, wie ich vermutete, ihr Herz hing. Dann fuhr ich in das Zentrum unserer Stadt. Es regnete in Strömen. Fußgängerzone. Parken vor der Jugendschutzstelle unmöglich. Überall 'Poller'. Die Fußgängerzone mit dem Auto zu befahren – verboten. Gezwungenermaßen parkte ich mein Vehikel weiter weg. Auf Anhieb fand ich keine Jugendschutzstelle. Ich lief kreuz und quer, prüfte Hausnummern und versuchte immer wieder, vor dem Regen Schutz zu suchen. Wenn ich heute über mein Herumirren dort in der Stadt nachdenke, ist mir bewusst, warum diese Einrichtung anonym und 'unauffällig' in gewöhnliche Häuserreihen ohne ein 'Hinweis-Schild' ' eingebettet' ist und auch nicht von mehreren bunt leuchtenden Flaggen auf

dem Dach geziert wird. Völlig durchnässt, klingelte ich am Tor der Einrichtung. Eine zierliche, blonde Sozialarbeiterin öffnete mir. Ich war unsicher. Ihr die Sachen übergeben und mich schnellstmöglich aus 'dem Staub machen'? Hineingehen? Ich glaube, sie fragte mich sogar, ob ich hereinkommen wollte.

Ich war vollkommen durcheinander.

Ich wollte nicht. Als ich die Jugendschutzstellenmitarbeiterin sah, übergab ich ihr die Koffer, die eher den Eindruck machten, als würde meine Tochter nun ein Jahr *work and travel* in Australien antreten.
Ich fragte die Sozialarbeiterin spontan, ob ich sie in den Arm nehmen durfte. Sie nickte. Ich drückte sie vorsichtig. Das tat gut.

Dann brach ich in Tränen aus!

Ich schluchzte und weinte. Es war das erste Mal seit langem, dass ich meinen Tränen freien Lauf ließ. Die zierliche 'Elfe' sprach:
'So wie ich die Situation sehe, kommt Ihre Tochter bestimmt bald nach Hause zurück.

49   **Sie täuschte sich** (...)

Praxisabgleich: Die offiziellen Aufgaben der Jugendschutzstellen

Notunterkunft, Aufenthalt 1- 2 Tage bis maximal eine Woche:
Meine Tochter hielt sich vom **25. Februar 2020 bis zum 05. Mai 2020** in der JuSchu auf. Das Motiv dafür seitens des JA: Urlaube der zuständigen Fallmanagerin A./Eingeschränkte Handlungsfähigkeit des JA wegen *Covid-19*

Risiko für meine Tochter: Aufenthalt gemeinsam mit dreizehn Drogenabhängigen, die meiner Tochter auch 'Stoff' anboten. Aufenthalt ohne Regeln und Kontrolle (Thema: Internet). Keine Bezugsperson (fehlende Anleitung/kein emotionaler Halt). Zimmer: Kleiner Raum in der 4. Etage ohne Schreibtisch und ohne Gardinen (Hitze, ständig hell (Schlafprobleme), keine Voraussetzungen, um für die Schule zu lernen).

Gegenargument: Das JA arbeitet vorrangig per Telefon/Email. Ein Wohngruppenplatz wird über diesen Weg gefunden. Auch im Mai wurde der Wohnheimplatz für meine Tochter mit 'Nasen-Mund-Schutz' besichtigt. O.g. Motiv des JA fehlt damit jede Grundlage.

Vorwurf an das Jugendamt: Gefährdung des Kindeswohls aufgrund o.g. 'Begleitumstände'.

- **Materielle Grundversorgung:**

    gegeben.

- **Schutzraum und Interventionsplanung**

    Ein Schutzraum im Sinne eines temporären Rückzugsorts vor 'häuslichen Konflikten' wurde geboten.

    'Deeskalation', ein 'Durchatmen' und 'zur-Ruhe-Kommen' für beide Parteien war somit möglich.

    Interventionsplanung: Fehlanzeige.

    Vorwurf an das Jugendamt: Meine Tochter gewöhnte sich an grenzenlose Freiheit.

Gefährdung des Kindeswohls durch fehlende Kontrolle im Internet, keine Gewährleistung des Jugendschutzes. Konflikte mit einer Juschu-Mitbewohnerin. Meine Tochter stellte Strafanzeige bei der Polizei.
Wertvolle Zeit ging verloren, die bereits therapeutisch hätte genutzt werden können. Indirekte Forcierung der Entfremdung zwischen Mutter und Tochter

- **Sicherheit, Ruhe, Zeit:**

Sicherheit: fragwürdig. Drogenmilieu. Sexuelle Freizügigkeit in der Einrichtung Handgreifliche Konflikte mit einer Mitbewohnerin. Diese 'drohte,meine Tochter kaltzustellen'. Meine Tochter reiste in ein anderes Bundesland. Sicherheit und das Fehlen von Regeln/Kontrolle schließen einander aus.
Ruhe: vor 'häuslichen Konflikten', wobei diese eine logische Konsequenz des Verhaltens meiner Tochter und fehlender ambulanter Maßnahmen/Erziehungshilfen seitens des JA waren. Meine Tochter war nicht zu 'bändigen' und setzte sich seit Jahren großen Gefahren im Internet aus.
Zeit: Im Überfluss. Keine Schule durch den 'Corona-Lockdown' viel zu viel Zeit.
Fazit: Die Sicherheit in einer 'normalen' Familie wie der unsrigen ist um einiges größer als in einer Jugendschutzstelle. **Die Kindeswohlgefährdung meiner Tochter in dieser Einrichtung war durch die Abwesenheit jeglicher Kontrolle und Anleitung gegeben.**

- **Emotionale Zuwendung:**

Sozialarbeiter arbeiten mit Leidenschaft. Meine Tochter fühle sich heute im Kinderheim wohler als in der JuSchu. Durch die Abwesenheit einer konkreten Bezugsperson zweifele ich im Fall meiner Tochter, dass dieser Punkt erfüllt worden ist.

Meine Tochter lebte zuvor in einem 'warmen' Elternhaus voller Liebe .

- **Eine umfassende sozialpädagogische Beratung und Stabilisierung mit dem Ziel, Handlungsperspektiven aufzuzeigen**

Absolute Fehlanzeige. Wäre auch nicht zu realisieren in einer temporären Notunterkunft.

<u>Vorwurf an das Jugendamt</u>:

Dieser Punkt wird BIS HEUTE, nachdem meine Tochter bereits 9 Monate stationär untergebracht ist, <u>NICHT ERFÜLLT</u>!

Eine entsprechende Absicht ist nicht erkennbar

Das Jugendamt teilte deutlich mit, dass es KEINEN Aktionsplan gäbe!

Die 'Baustellen' meiner Tochter bleiben unbearbeitet.

An einer Wiederaufnahme der Beziehung zwischen Mutter und Tochter wird therapeutisch nicht gearbeitet.

Die Beziehung bleibt gestört. Die festgeschriebenen Ziele des Hilfeplans vom 26. Juni 2020 werden nicht realisiert.

Obwohl Frau G. (JA) meiner Tochter sowohl im **Juni 2018** als auch im **Januar 2020** deutlich sagte, dass <u>ihre</u> Eigenleistung, sprich Mitarbeit, vonnöten sei, ist diese nach wie vor nicht erkennbar (Stand November 2020).

Es war das ausdrückliche Ziel meiner Tochter, in einer Wohngruppe zu leben.

Sie hat sich inzwischen an diesen Status quo gewöhnt.

?????

Warum sollte meine Tochter <u>freiwillig</u> auch nur 'einen Finger rühren', um diesen aus ihrer Sicht 'paradiesischen' Zustand aufzugeben?

Ein Leben frei von jeglicher Internet-Reglementierung und häuslichen Pflichten?

Woran sollte sich die Motivation meiner Tochter 'entzünden', an sich selbst zu arbeiten?

?????

Der einzige Grund an sich arbeiten zu wollen, wäre die Absicht meiner Tochter, die Beziehung mit ihrer Mutter wieder aufzunehmen.

Dem scheint bis November 2020 nicht so. Alle Zeichen sprechen dagegen.

Meine Tochter lehnt nach wie vor alle Hilfemaßnahmen strikt ab inklusive einer begleiteten Gesprächstherapie.

!!!!!

Anders hätte sich die Situation entwickelt, hätte man **ab Tag eins** mit meiner Tochter gearbeitet und ihr auch mit gewissem Druck deutlicher gemacht, dass sie sich nicht einfach so aus der Verantwortung respektive Familie 'stehlen' kann. Nach dem zweiwöchigen 'Urlaub' bei Klassenkamerad*innen hätte sie sich noch eine Woche in der Juschu 'erholen' können, um dann ambulant und erzieherisch zu Hause gemeinsam mit ihrer Mutter und einem Mediator zu arbeiten.

Ein Jugendlicher, dem man über einen so langen Zeitraum alles 'durchgehen' lässt und ermöglicht, dem Zuhause fernzubleiben, ist nicht mehr in ein häusliches Ambiente re-integrierbar.

C., eine befreundete Klassenkameradinnen-Mutter, alleinerziehend mit vier Kindern, berichtete, dass ihre älteste Tochter, jetzt 17.5 Jahre alt, im **Juni/Juli 2020** für sechs Wochen in derselben Jugendschutzstelle wie meine Tochter gewesen sei. C. setzte ihre Tochter allerdings in ihrer Verzweiflung 'an die Luft'. Nach diversen 'Experimenten' und etlichen 'Erziehungsversuchen' kam sie mit ihrer Tochter nicht mehr zurecht. Die Tochter lebt nun beim Vater.

C. ist eine sehr 'toughe' Frau mit einem brillanten Humor!
Ein Beispiel dafür ist, wie sie ihre eigenen Kinder beschreibt:

Ich habe vier Kinder, davon sind **'3,5' in der Pubertät.** '
Die Jüngste 'läuft sich gerade warm'!"

Man kann sich die Situation so richtig schön plastisch vorstellen, wie C.'s pubertierende Tochter

die Spikes anzieht,
dann in die Hocke geht,
die Füße auf das Startpodest stellt(...).und los geht es!

↓ PUBERTÄT   50

Als die Suche nach einem Platz in einer Wohngruppe für meine Tochter akut wurde, dachte ich zunächst darüber nach, es tatsächlich zu tun: Die Inobhutnahme zurückzuziehen.

Ich bestand nach wie vor auf die Umsetzung 'ambulanter Hilfen' ('Erziehungshilfen') bei uns zuhause.

Mein Wunsch schloss allerdings zwangsläufig eine stationäre Unterbringung meiner Tochter in einer Wohngruppe und ihre Inobhutnahme durch das Jugendamt aus.

Regelmäßig erkundigte ich mich bei A., der neuen 'Fallmanagerin' im JA, nach dem aktuellen Sachstand. Sechs oder sieben Wochen später informierte sie mich, dass sie sich bei verschiedenen Trägern stationärer Jugendeinrichtungen bewerbe, um einen Platz für meine Tochter in einer 'passenden' Wohngruppe zu finden.

Ich fuhr noch einmal 'alle Geschütze auf' und wiederholte meine Gegen-Argumente. Ich versuchte, den Zug, der sich langsam rollend in Richtung 'Kinderheim' in Bewegung setzte, anzuhalten bzw. auf die 'richtigen Gleise' umzuleiten.

Mein Gefühl sagte mir, dass es nicht in Ordnung sei, wenn mein Kind in einem 'Kinderheim' lebe.

Ich war auch nach wie vor nicht dazu bereit, 'die Zügel aus der Hand zu geben' und meine Tochter 'heimatlos' stationär 'aufziehen zu lassen'.

Daher schrieb ich A. am **14. April 2020** folgende Email:

Guten Morgen, sehr geehrte Frau A.   **14.4.20**
vielen Dank für Ihr Lebenszeichen.
Ich möchte auf das ursprünglich geplante, auch mit Fr. G./Q. besprochene,
Vorgehen zurückkommen.
Es ging zunächst einmal darum, räumliche Distanz zu schaffen, damit alle
'Parteien' sich sammeln und zur Ruhe kommen.
Diese Distanz läuft nun seit mehr als sieben Wochen und [Name meiner
Tochter] und ich haben uns zwischenzeitlich dreimal getroffen und
miteinander telefoniert.
Nun geht es darum zusammenzuarbeiten. Eine Pflegefamilie oder
Wohngruppe sollte immer der letzte Ausweg für absolute
Problemfamilien sein, bei denen gar nichts mehr geht und das auch nur,
wenn alle anderen Möglichkeiten zuvor ausgeschöpft worden sind.
Bei uns ist das nicht der Fall. Ich hatte zwischenzeitlich auch genug Zeit,
darüber nachzudenken. [Name meiner Tochter] ist m.E. zu frei, zu
antiautoritär und zu gleichberechtigt aufgewachsen und hat sich
'gewundert', dass ich, nachdem sie 2 Jahre die Regeln brach, plötzlich
anfing gegenzusteuern. Für eine Pflegefamilie halte ich [Name meiner
Tochter] zu alt. Einen Heimaufenthalt betrachte ich als problematisch
(…).Frau G. hat die Situation 2018 deutlich erkannt. [Name meiner
Tochter] ist in einer narzisstischen Phase, ob vorübergehend oder für
immer, wird sich zeigen. Natürlich bin ich daran beteiligt. Ich habe sie in
diese Richtung erzogen. Ich bin jetzt dafür, dass wir an das
Vorangegangene anknüpfen, sprich an die **Erziehungsbegleitung**
(6 Stunden wöchentlich bei uns zuhause), von der Sie sprachen und dass
mit [Name meiner Tochter] das nicht normale sexualisierte Verhalten
aufgearbeitet wird. Von mir aus kann sie sich solange in der
Jugendschutzstelle aufhalten. Damit habe ich zunächst kein Problem.
Außerdem haben wir auch Familie, [Name meiner Tochter] und ich sind
ja nicht die einzigen des Familienverbandes, warum soll sie zu Fremden?*

[***Hintergrund: Meine Tochter war im **April 2020** zum Abendbrot bei der
Familie eines Freundes. Bei dieser Gelegenheit hatte sie mit den Anwesenden
'ausgetüftelt', dass diese sie als 'Pflegekind' aufnehmen könnten. Meine Tochter
schlug diese Familie in Eigenregie dem Jugendamt als Option vor.

Ich befinde mich mitten in der Renovierung und im Umzug. Natürlich bin ich immer bereit, mich zu treffen und an solchen Erziehungsmaßnahmen teilzunehmen. Lassen Sie sich nicht von [Name meiner Tochter] um 'den Finger wickeln'. Sie weiß genau, wo sie hin will (Fr. G. hatte ihr seinerzeit schon gesagt, [Name meiner Tochter], der Weg des geringsten Widerstandes ist keine Lösung) und versucht, alle 'einzuspannen'.

Ich werde [Name meiner Tochter] jetzt erst einmal in Ruhe lassen. Ich habe genug 'Karten' geschrieben, Geschenke gebracht und mit ihr telefoniert. Ich warte solange, bis sie von sich aus kommt. Ggf. können Sie einen Kontakt zu Frau G. herstellen. Sie ist wirklich im Bilde und hat uns ja auch vor zwei Jahren beraten.

Bei [Name meiner Tochter] handelt es sich um eine Jugendliche, die sich nun nicht mehr einbringen möchte und keine Regeln befolgen will. Einerseits ist dieses Verhalten in der Pubertät normal, anderseits durch Erziehungsfehler verursacht. Das sollten wir nicht so unkritisch unterstützten und Sie werden auch verstehen, dass ich nicht so ohne weiteres die 'Zügel aus der Hand' gebe, zumal [Name meiner Tochter] und ich dreizehn Jahre lang ein sehr gutes Verhältnis hatten. Mein Erziehungsauftrag ist noch nicht zu 100% erfüllt.

Stellen Sie bitte die Dinge mit Pflegefamilie/Wohngruppe usw. zurück und lassen Sie uns mit der Therapie beginnen!

Die Zeit arbeitet für [Name meiner Tochter]. Je länger sie in ungezügelter Freiheit lebt, desto schwieriger wird es, sie in den Familienverband, in den sie gehört, zu reintegrieren. Das sollte Ihre Hauptaufgabe sein und nicht, Kinder von ihren Eltern auf Dauer zu trennen.

Dass mir im November die Hand ausgerutscht ist, tut mir natürlich leid. Das ist 'menschlich' bei einem Pubertier, das sich zwei Jahre lang derart verhält. Das würde Ihnen jeder bestätigen.**Um mir zu helfen, jetzt "einmal klare Kante zu zeigen" bzw. von meiner liebevollen Autorität Gebrauch zu machen, die [Name meiner Tochter] so dringend nötig hat, wäre es jetzt von Ihnen strategisch klug,** [Name meiner Tochter] nicht das mitzuteilen, was eigentlich das Ziel ist. Das sind jetzt Dinge, die NUR ERWACHSENE betreffen. [Name meiner Tochter] ist viel zu lange in alles involviert worden, auch in Dinge, die sie überhaupt nichts angehen, (...). Wir lassen ihr weiter Zeit, einen 'klaren Kopf' zu bekommen. Angeblich soll das mit dem Narzissmus mit dem 16. Lebensjahr besser werden (...).

[Name meiner Tochter] kann übrigens auch jederzeit Frau B. der psychologischen Erziehungsberatungsstelle kontaktieren, mit der ich sehr gut zusammenarbeite. Ich bin auch noch bei Herrn Dr. Winterhoff. Sie sehen, aktuell bin ich die einzige, die an unserer Beziehung arbeitet.

Es ist nun Ihre Aufgabe als Jugendamt, [Name meiner Tochter] dort hinzuführen.

Bei Dr. Winterhoff hat sie leider [die Therapie] abgebrochen. Für eine Diagnostik wären weitere Termine sehr wichtig.

Mit freundlichen Grüßen und bleiben Sie gesund [mein Name]

Am Folgetag, dem 15. April 2020 rief mich A. (JA)aufgrund meiner Email an.

Ob ich beabsichtige, die Inobhutnahme zurückzunehmen. A. drohte mir mit der Anrufung des Familiengerichts. Meine Tochter wolle keine Familienhilfe, behauptete sie. Man könne sie nicht dazu zwingen. Sie möchte in der Jugendschutzstelle bleiben, bis eine Wohngruppe gefunden sei. Sie bräuchte 'Ruhe'. Das Motto 'Ruhe für meine Tochter' wiederholte A. nahezu gebetsmühlenartig in jeder unserer Unterhaltungen. Meine Tochter befand sich damals bereits im dritten Monat einer 'Ruhe-Phase'. Was ich brauchte, wollte Frau A. leider nicht wissen.

Im Anschluss an unser Telefonat wird A. ein Schreiben diktiert haben, das meine Tochter unterschrieb und das dann dem Familiengericht zuging (→Kap. 4.14.).

Ich fühlte mich vom Jugendamt allein gelassen.

Es war von keinerlei Interesse, was ich als Mutter brauchte und wollte oder mir für die Beziehung mit meiner Tochter wünschte und für sinnvoll hielt. A. war freundlich mir gegenüber, aber ich empfand sie nie als loyal . Meine Freundin M. bestätigte meine Sichtweise, als ich ihr von dem Telefonat mit dem Jugendamt berichtete:

„Sag' mal, ist die Frau parteiisch?!"

Ich fühlte mich nicht nur von meiner Tochter, sondern auch von den Behörden 'verraten und verkauft'. 'Mein Spross' hatte nach dem 'Schlüssel-Schloss-Prinzip' endlich die 'passende' Sachbearbeiterin gefunden und sie dann mit ihrer Version der Geschichte manipuliert. Beide, Frau A. und meine Tochter, saßen inzwischen in einem Boot und paddelten stromabwärts immer schneller gen Kinderheim.

Meine Tochter berichtete mir bei einem unserer Treffen, dass A. ihr folgendes gesagt hätte:

'Wenn Deine Mutter nicht will, dass Du in eine **Wohngruppe** ziehst, rufen wir das Familiengericht an und **wir werden haushoch gewinnen!**'

Als meine Tochter mir das erzählte, war ich konsterniert. 'Haushoch gewinnen'?! Die Formulierung klang nach einem sportlichen Wettbewerb, in dem die Jugendamtsfallmanagerin meine Tochter ' anfeuerte'. Mich verunsicherte die Aussage **'Das Familiengericht anrufen'.**

Was sollte das überhaupt heißen?!
Versuchte A., an meinem Sorgerecht **'zu sägen'?**

Ich fragte lieber mal meinen 'Freund Google'!

51

Google beruhigte mich. Ganz so gravierend wäre die Amts-Aussage nicht, verkündete mein medialer 'Freund'. A.'s 'Drohung' besage 'nur', dass wenn meine Tochter unbedingt <u>gegen meinen Willen</u> in einer Wohngruppe leben wolle, das Familiengericht zu dieser Situation angehört und eine Entscheidung fällen würde.Ich stellte mir eine andere Frage. Wenn meine Tochter unbedingt in eine Wohngruppe ziehen wollte, was hätte ich davon, wenn ich dagegen 'arbeitete'? Ein gewisser räumlicher Abstand täte uns beiden nach den vielen Jahren der Symbiose vielleicht wirklich gut.

Ich dachte damals und so denke ich auch noch heute, <u>dass es hätte anders laufen müssen</u>! Meine Tochter war zweimal über einen längeren Zeitraum 'untergetaucht', um dann Monate 'führerlos' in einer Notunterkunft für 'gestrandete' Jugendliche 'zu hausen' und schlussendlich in einem Kinderheim 'zu landen'. A. (JA) hätte wie G. im Juni 2018 **erkennen müssen,** dass es zwar Erziehungsprobleme gab, aber dass man es mit einer Jugendlichen zu tun hatte, der die Luft zuhause 'zu dünn geworden' war. Die in ihrer Pubertät extrem 'rebellierte', sich nicht in die 'Internet-Karten schauen lassen wollte und häusliche Regeln mit 'Stalking' verwechselte. Das Jugendamt hätte mich dabei **unterstützen müssen,** auf 'den heimischen Tisch zu hauen'. Es hätte mir **helfen können,** mir bei meiner Tochter Respekt zu verschaffen und sie auf den richtigen Weg zu führen:

„**Du** wohnst mit Deiner Mutter und **wir helfen Euch** zuhause!'

Für mich gehört eine Tochter zu ihrer Mutter, vor allem in einer solch wichtigen, labilen und sensiblen Phase wie der Pubertät. **Das Verhalten des für uns zuständigen Jugendamtes hebelte das Credo der Erziehungshilfe aus.**

Am **07. Juli 2020** wendete ich mich zum x-ten Mal an das Jugendamt, um den Sachverhalt zu klären:

Sehr geehrte Damen und Herren,   07.07.2020

Herr L. /Polizeipräsidium hat heute mit [Name des Kinderheims] und dem Jugendamt telefoniert.

Sowohl das Jugendamt als auch die Einrichtung hätten gesagt:

'Nein, nein, man bräuchte sich überhaupt nicht mehr Sorgen zu machen als bei anderen Jugendlichen auch. Da wäre wohl mal ein *Foto mit Socken* gewesen'.

Liebes Jugendamt, das Foto mit den Socken stammt aus **September 2019.** Die letzten Nacktbilder/Videos sind im **Januar 2020** versandt worden. Diese wurden auch an Sie weitergeleitet, woraufhin Sie mich 'beschimpft haben', als wäre ich die 'Täterin'. (...) Bereits **2018** wollte [Name meiner Tochter] sich mit Unbekannten in Hamburg treffen. Daraufhin unser erster Besuch im JA im **Juni 2018.**
Meine Tochter ist bereits im Internet erpresst worden. Sie hat die Bilder und Videos, wie ich Ihnen schon bereits mehrmals mitgeteilt habe, (...) 'gestreut'. Es existieren Empfängeradressen und entsprechende Korrespondenz. Ich habe alles gescreenshottet. Meine Tochter besitzt diverse Instagram-Accounts, auch mit anonymen Namen. Erst vorgestern hat sie Programme auf ein Gerät hochgeladen, das nicht ihr eigenes ist. Ich kann ihr nicht folgen und sehe nicht,was sie macht. Ich bekomme nur Hinweise, wenn sie Accounts wechselt, löscht, erneuert und andere Geräte nutzt. (...) **Es ist ziemlich müßig, das immer alles zu wiederholen.** Ich habe Ihnen das schon x-mal gesagt. Wie kann man das nur so herunterspielen? (...) Zudem hätte das JA gesagt, man wollte nicht, dass [Name meiner Tochter] mit der Polizei spreche! Bei der Kriminalpolizei geht es um Prävention (Gefahrenabwendung) und vor allem darum, das andere Ende der 'Internetkette aufzudecken' (Strafverfolgung).

224

(...)Soweit ich mich erinnere, habe ich das Sorgerecht, und **Sie können doch nicht einfach 'nein'** sagen, wenn L.(→ Kap. 4.12.) so freundlich ist, sich darum zu kümmern?! Wir sollten alle an einem 'Strang ziehen'. Bei Ihnen schwimme ich aber nur gegen den Strom. (…)

L. war sehr erstaunt, als er von Fotos/Videos hörte: Es ist **Ihre** Aufgabe, ihn diesbezüglich zu unterrichten.

Vielen Dank für Ihre Kooperation!

Wie definieren Sie eigentlich 'Jugendschutz/Kindeswohl'?
(...)
Und auch das wiederhole ich noch einmal:

Nur das Internet war Grund unserer Konflikte und letztendlich Anlass, dass [Name meiner Tochter] im Februar 2020 'geflohen' ist. Das Problem wird unnötig in die Länge gezogen und ausgesessen. Ich bin froh, dass L. ein 'Mann der Tat' ist und nicht alles 'unter den Teppich kehrt'.

Vorsichtshalber mache ich es einmal kurz schriftlich:

Ich, [mein Name], Erziehungsberechtigte von [Name meiner Tochter], wünsche, dass [Name meiner Tochter] mit Herrn L. /Polizeipräsidium spricht, sollte es zu einem Termin kommen!

Mit freundlichen Grüßen

Warum wollte das Jugendamt nicht, dass meine Tochter mit der Polizei ein Prävention-Gespräch und eine Unterredung zur Aufdeckung der Straftaten im Internet führte?

?????

Wie kann ein Jugendamt sich erlauben, es zu versuchen, ein Gespräch zwischen meiner Tochter und der Polizei zu unterbinden, wenn ich als Mutter das alleinige Sorgerecht habe und bereits **seit zwei Jahren** darauf hinweise, dass meine Tochter ein 'Problem mit dem Internet hat'?

Wieso opponiert eine Behörde, die dem Jugendschutz dienen soll, gegen eine offensichtlich notwendige und sinnvolle polizeiliche Maßnahme und fällt damit der Mutter 'in den Rücken'?

Die 'Auseinandersetzung' mit dem Jugendamt, von Kooperation kann keine Rede sein, gestaltete sich als überaus anstrengend. Ich war dankbar dafür, dass meiner Tochter trotz der Inkompetenz der Behörden bis dato weder in der Jugendschutzstelle noch im Kinderheim etwas 'Schlimmeres' geschehen war.

Der Vollständigkeit halber füge ich noch das Dementi zu meiner o.g. Email des Kinderheims hinzu:

> Das entspricht nicht den Tatsachen. Ich habe im Beisein meiner KollegInnen, (...) gesagt, dass wir **nicht beurteilen können, ob und in wieweit [Name meiner Tochter] zurzeit im Internet unterwegs ist**. Wir kennen lediglich einen Screenshot von ihrem Smartphone, den Sie uns in einer Ihrer Mails haben zukommen lassen. Ich fragte Herrn L.noch, ob er diesen auch von Ihnen zu gemailt bekam. Er wollte daraufhin nochmal nachforschen.

Mit Ihrer Tochter habe ich über das Telefonat mit Herrn L. gesprochen. Er machte nämlich das Angebot, dass [Name meiner Tochter] sich für ein Gespräch gerne an ihn oder seine Kollegin wenden könne.
(Email Kö./Kinderheim vom 07.07.2020 – 19:42 h).

Das Kinderheim scheint grundsätzlich am 'Thema Internet' interessiert. Es fällt jedoch nicht in dessen Aufgabengebiet. Es verfügt über keine Möglichkeiten, in die Internetproblematik meiner Tochter 'einzugreifen' oder sie 'therapeutisch zu bearbeiten'.

Es ist eindeutig der Fehler des **Jugendamtes, es versäumt zu haben**, das Kinderheim über die 'wahre Problematik' meiner Tochter aufzuklären.
Genau das zählt zu den Aufgaben eines Jugendamtes, wenn es einen **adäquaten**, <u>nämlich auf die individuelle Problematik 'ausgerichteten' Wohnheimplatz</u> für einen Jugendlichen sucht.

Am 8. Juli 2020 schrieb ich erneut an Jugendamt und Kinderheim.
Ich teilte beiden Einrichtungen mit, dass ich Dokumente und Beweise für die Strafverfolgungsermittlungstätigkeiten der Kriminalpolizei zusammenstelle. Bei dieser Gelegenheit erinnerte ich zum wiederholten Male an die eigentliche Problematik meiner Tochter. Ich wollte nicht einsehen, dass meine 'Botschaft' nach all den Monaten immer noch nicht angekommen wäre.

Ich wies auf etliche **'Fehler' und 'Unterlassungen'** hin, die sich seit **Februar 2020** in unserem Fall 'angehäuft' hatten:

1. Entgegen des Credos der Jugendhilfe wurden weder die geringsten Mittel (Erziehungshilfe zuhause) noch eine therapeutische Begleitung (Einzelgespräche) angeboten, sondern ausschließlich eine reine Wohnraumveränderung durchgeführt. Hierdurch lernte meine Tochter abermals, dass sie ihren Willen bekommt, wenn sie nur 'hartnäckig' genug 'am Ball bleibt' und dabei die richtigen Leute 'rekrutiert' und die passende Strategie einsetzt.

2. Zu Punkt 1. zählt auch die Unterlassung, dass die Aufnahme meiner Tochter beim Kindsvater und/oder ihre Unterbringung bei nahen Verwandten nicht geprüft wurden, um z.B. Kosten zu sparen und dem Kind einen vertrauten Rahmen zu bieten, aus dem es jederzeit unproblematisch nach Hause zurückkehren kann. Die Heimkehr wäre insofern unkomplizierter, als dass ein 'Abbruch des stationären Aufenthaltes' im Kinderheim von alle Beteiligten als ein 'Scheitern' wahrgenommen wird, während es sich im anderen Fall um eine Rückkehr nach Hause handeln würde, die 'unauffällig' vonstatten gehen könnte. Es würde dabei keine Maßnahme abgebrochen.
Mir ist bewusst, dass meine Tochter nicht zu ihrem Vater ziehen will. Er hatte ihr das bereits mehrmals vorgeschlagen. Meine Tochter möchte ihre neue Autonomie bewahren. Nichtsdestotrotz ist diese Option weder vom Jugendamt thematisiert worden, noch hatte sich das Kinderheim den Kindsvater wie angekündigt 'angesehen' (→Kap. 4.13).

3. Es wurde keine 'Diagnostik' durchgeführt, weil meine Tochter sie nach wie vor ablehnt. Hier stellt sich die Frage, ob es nicht zur Gefahrenabwehr und aus therapeutischen Gründen dem Kindeswohl dienlich hätte sein können, wenn eine solche Maßnahme 'gegen den Willen' der Jugendlichen vorgenommen worden wäre. Laut unserem Kinderarzt, der meine Tochter bereits seit Geburt kennt, sei eine Therapie die einzige Möglichkeit der Intervention. Auch das teilte ich dem JA mit.

4. Meiner Tochter wurde mit ihrer 'Vorgeschichte' ein junger Betreuer im Kinderheim zur Seite gestellt und sie lebt in einer Wohngruppe, deren Bewohner ganz andere 'Problematiken' haben als sie selbst. Die Jugendlichen, die im dortigen Kinderheim leben, sollen zur Selbstständigkeit und 'Lebensfähigkeit' 'erzogen' werden, was bei meiner Tochter nicht vonnöten ist.Zudem hatte Frau A. vom Jugendamt betont, dass sie eine 'adäquate' Wohngruppe für meine Tochter suchen wollte. Die unter Vertrag genommene Einrichtung erachte ich für meine Tochter als nicht passend.

5. Der Kontakt zur Erziehungsberechtigten wird nicht gefördert und die Mutter ist zu keinem Zeitpunkt hinsichtlich der offensichtlichen 'Erziehungsschwierigkeiten' unterstützt worden. Ein definiertes Ziel auf der Internetseite des Kinderheimes ist die 'Rückführung des Jugendlichen nach Hause' und die 'familiären Ressourcen zu stärken'. Im Hilfeplan vom **26.06.2020** (→Kap. 4.13.) formulierte meine Tochter selbst derartige Ziele.

Ich forderte das Jugendamt mit meinem Schreiben auf, innerhalb einer Woche einen konkreten Aktionsplan vorzulegen. Des weiteren äußerte ich die Bitte, dass jemand im Kinderheim 'Kontrollen' der internetfähigen Geräte meiner Tochter durchführen möge.
Ich fügte noch hinzu, dass es mein Hauptwunsch wäre, dass das Jugendamt seinem Namen als 'Familienhilfe' endlich alle Ehre mache und dass man die 'Feriensituation' meiner Tochter in eine effiziente Maßnahme überführen möge.

Am **09. Juli 2020** erhielt ich eine Email von G. (JA), die zwischenzeitlich zur Bezirksleiterin des örtlichen Jugendamtes aufgestiegen war. Sie teilte mir mit, dass es **KEINEN Aktionsplan** geben werde. Ambulante Hilfe würde nach wie vor von meiner Tochter abgelehnt. Ein Zwang zur Therapie oder Diagnostik wäre auch nicht möglich.

Es ginge jetzt nun darum, bei meiner Tochter ein 'Bewusstsein zu schaffen', 'dass sie die Gefahren im Internet erkenne' und 'dass man einen Zugang zu ihr fände'.

Gesuch abgelehnt. Ich fragte mich, wie das 'Ziel' ohne Aktionsplan und ohne pädagogisch-therapeutische Begleitung erreicht werden sollte. Die Tatsache, dass es 'im Amt' überhaupt keine 'Strategie' zu geben schien, war schließlich mein Motiv gewesen, nach einem 'Aktionsplan' zu fragen.Einlenkend fügte G. hinzu, dass das Jugendamt [nun doch] eine polizeiliche Intervention in Form einer Beratung befürwortete.

Aufgrund meines Schreibens vereinbarte die Leitung des Kinderheims mit meiner Tochter, dass sie ihre internetfähigen Geräte abends im Büro der Einrichtung abzugeben habe. Abends heißt gegen 'Mitternacht'. Da meine Tochter gegen 6 Uhr morgens aktiv wird, verbleiben ihr rein rechnerisch 18 Stunden, im Internet 'unterwegs' zu sein. Es ist wiederum das Kinderheim und <u>nicht</u> das Jugendamt, das **Ende Juli 2020** von meiner Tochter aufgrund meiner 'Dokumentation' präventiv eine Vereinbarung zum Thema 'Suizid/Ritzen' unterzeichnen lässt.

Es ist positiv, dass das Kinderheim, das meine Tochter nicht in Obhut genommen hat, sondern ihr nur einen Wohnplatz zur Verfügung stellt, sich trotz seiner eingeschränkten Optionen redlich bemüht.

Kö. teilte mir am **27. Juli 2020** mit, dass meine Tochter keine Therapie hinsichtlich einer 'Internet-Suchtgefährdung' machen wolle. Ich hatte mich am **16. Juli 2020** bezüglich der ambulanten Therapiemöglichkeiten in einer ortsansässigen Klinik erkundigt. Ein paar Wochen zuvor hatte das Kinderheim mir noch geschrieben, dass meine Tochter bereit wäre, mit mir zu einer Sucht-/Internetberatung zu gehen. Ich hatte das als Voraussetzung für eine mögliche Wiederaufnahme unserer Beziehung gemacht. Die Launen der Jugendlichen 'schlagen manchmal schneller um als das Wetter'.

Das 'Credo' der 'Erziehungs-/Familienhilfe, das den Internetauftritt 'unseres' Jugendamtes/der Jugendhilfe 'ziert', lautet wie folgt:

Komme ich, wenn ich zuhause Probleme habe, in ein HEIM?

Vorrangiges Ziel der Jugendhilfe ist es, <u>eine Unterbringung außerhalb der Familie zu vermeiden</u> und Unterstützung zu geben, damit die Eltern baldmöglichst wieder alleinverantwortlich für ihr Kind oder den Jugendlichen sorgen können.

Wenn es dann doch darauf [hinausläuft], dass sich die Familie zunächst trennt, ist die Arbeit damit nicht beendet: Die Erzieher und Sozialpädagogen der Heime stehen in engem Kontakt zu den Eltern. Denn der Aufenthalt in einer solchen Einrichtung soll letztendlich dazu führen, <u>dass Eltern und Kind wieder zusammenfinden</u>. Gute Einrichtungen bieten beispielsweise regelmäßige Hilfeplan-Gespräche über die Entwicklung des Jugendlichen an.

[aus Gründen der Wahrung der Anonymität keine Quellenangabe]

4.7. Amt für Kinder, Jugend und Familie

Das Amt für Kinder, Jugend und Familie ist eine dem Jugendamt und der Jugendhilfe übergeordnete Behörde. Diese erstellt die **Kostenbescheide nach § 42 SGB VIII Inobhutnahme** (in Einrichtungen) und teilt den Erziehungsberechtigten die Leistungsgewährung und ihre Kostenbeitragspflicht gemäß § 97 a, SGB VIII mit. Wenn ein Jugendlicher vollstationär untergebracht wird und diese Maßnahme vom Träger gewährt wurde, entstehen Kosten. Hierzu müssen die Erziehungsberechtigten ihre Einkommens- und Vermögensverhältnisse darlegen und sind dazu verpflichtet, gemäß der Kostenbeitragstabelle sich an den Kosten zu beteiligen. Erziehungsberechtigte, die über ein monatliches maßgebliches Einkommen von bis zu € 1.100,99 verfügen (Stand 2020 Bemessungsgrundlage unserer Stadt), sind von der Kostenbeitragspflicht befreit. Verdient ein Sorgeberechtigter hingegen zwischen 9.500 € und 10.000 € monatlich, liegt seine monatliche Beitragspflicht bei € 2.428,00 €. bei rund einem Viertel seines Gehalts. Auch der oder die Jugendliche selbst unterliegt der Beitragspflicht. Von jedem Euro, den er oder sie zum Zeitpunkt der Aufnahme in die Einrichtung oder später verdient, sind 75% an die Einrichtung abzuführen. Erhält Ihre Tochter also z.B. eine Ausbildungsvergütung von € 1.000 monatlich, gibt sie davon 750,00 € an den Träger der Erziehungshilfe ab. Das tangierte meine Tochter scheinbar überhaupt nicht:
'Das ist mir egal, Hauptsache, ich kann <u>allein</u> wohnen!'"

Die erste Postzustellungsurkunde, in der man mich über meine Beitragspflicht unterrichtete, wurde am **27. Februar 2020** auf mich ausgestellt, also <u>bereits zwei Tage nach</u> meiner Unterzeichnung der Inobhutnahme. **Die <u>monatlichen</u> Kosten für die Unterbringung meiner Tochter in der Jugendschutzstelle beliefen sich seinerzeit auf € 6.700,00 monatlich.**

Die Beitragspflicht der Erziehungsberechtigten beginnt mit der Zustellung des Kostenbescheids. Bei mir war das Ende Februar 2020. Leistungen, die Ihr Kind bis dato erhalten hatte, wie z.b. das Kindergeld, Kindesunterhalt oder Unterhaltsvorschuss, stehen ab diesem Zeitpunkt unmittelbar dem Amt für Kinder, Jugend und Familie zu und sind von den Sorgeberechtigten an diese Behörde abzuführen. Während der Beitragspflicht hat der Erziehungsberechtigte zugunsten des Kindes keine Zahlungen mehr an Dritte zu leisten. Hierunter fallen z.b. Ausgaben für Taschengeld, Klassenfahrtkosten, Schülertickets, Schulbücher, Kleidung, Kosmetik usw. Die Kosten, die die Schule betreffen, wie z.b. Klassenkasse, Büchergeld und Schulausflüge, werden in unserem Fall vom Kinderheim getragen. Im Kinderheim erhält meine Tochter ein monatliches Taschengeld von 60,00 € und ein Kleidergeld von € 40,00. Das Kleidergeld muss sie nicht ausgeben, sondern kann es auch ansparen. Andere Kosten, wie z.b. solche für kieferorthopädische Behandlungen, werden ab Aufnahme von niemandem mehr übernommen weder vom Amt für Kinder, Jugend und Familie noch vom Jugendamt oder der stationären Einrichtung. Solche Kosten werden von behördlicher Seite als sogenannte 'Luxus-Kosten' erachtet. Sie haben dann die Möglichkeit, bei Ihrer Krankenkasse eine Härtefallregelung zu beantragen oder ihre Tochter oder den Kindsvater zu bitten, diese Kosten zu tragen. Meine Tochter hatte insofern 'Glück im Unglück', als dass wir die kieferorthopädische Behandlung zwei Jahre vor ihrem Auszug vornehmen lassen hatten, sodass die Behandlung bei ihrer Aufnahme im Kinderheim nahezu abgeschlossen war.

Am **6. Mai 2020** erhielt ich den endgültigen Bescheid für die vollstationäre Unterbringung meiner Tochter in der Wohngruppe im **Kinderheim.** Hier belaufen sich die **Kosten auf € 4.900,00 monatlich.*** ____

*** Im Hilfeplan vom 26. Juni 2020 sind die genauen Kosten aufgeführt. Der Platz im Kinderheim kostet **€ 5.124,30 monatlich** und € 60.334,50 / jährlich. Für eine vollstationäre Unterbringung bis zum 18. Lebensjahr meiner Tochter fallen in drei Jahren rund **€ 180.000,00** an Gesamtkosten an.

Ein 'stattlicher Betrag'. Wie es zu einer monatlichen Differenz von € 1.800,00 im Vergleich zu den Kosten für den Aufenthalt in der Jugendschutzstelle kommt, ist mir nicht ersichtlich, zumal das Kinderheim eine recht exklusive Einrichtung ist, in der jedem Jugendlichen ein 'eigener' Betreuer zur Seite steht, während meine Tochter in der Jugendschutzstelle ohne persönlichen Ansprechpartner mehr oder minder in einem 'Kabuff hauste'.

Beim Aufnahmegespräch erfuhr ich, dass meine Tochter bis zur Vollendung ihres 21. Lebensjahres in der Wohngruppe leben und später in ein angegliedertes Apartment umziehen könnte.

Auf dem Kostenbescheid des Amtes ist hingegen vermerkt, dass die Maßnahme bis zur Vollendung des 18. Lebensjahres befristet sei.

Kostenbeitragstabelle

	1 maßgebliches Einkommen	2 Beitragsstufe 1	3 Beitragsstufe 2	4 Beitragsstufe 3	5 Beitragsstufe 4
			vollstationäre Betreuung		Teilstationäre Betreuung
		1. Person	2. Person	3. Person	
1	bis 1.100,99 €	0,00 €	0,00 €	0,00 €	0,00 €
2	1.101,00 - 1.200,99 €	50,00 €	0,00 €	0,00 €	40,00 €
3	1.201,00 - 1.300,99 €	130,00 €	0,00 €	0,00 €	50,00 €
4	1.301,00 - 1.450,99 €	210,00 €	30,00 €	0,00 €	60,00 €
5	1.451,00 - 1.600,99 €	259,00 €	60,00 €	30,00 €	70,00 €
6	1.601,00 - 1.800,99 €	289,00 €	85,00 €	40,00 €	85,00 €
7	1.801,00 - 2.000,99 €	342,00 €	105,00 €	50,00 €	95,00 €
8	2.001,00 - 2.200,99 €	378,00 €	140,00 €	60,00 €	105,00 €
9	2.201,00 - 2.400,99 €	437,00 €	175,00 €	80,00 €	115,00 €
10	2.401,00 - 2.700,99 €	510,00 €	220,00 €	120,00 €	130,00 €
11	2.701,00 - 3.000,99 €	570,00 €	275,00 €	165,00 €	145,00 €
12	3.001,00 - 3.300,99 €	630,00 €	335,00 €	210,00 €	160,00 €
13	3.301,00 - 3.600,99 €	725,00 €	410,00 €	260,00 €	175,00 €
14	3.601,00 - 3.900,99 €	825,00 €	485,00 €	320,00 €	190,00 €
15	3.901,00 - 4.200,99 €	932,00 €	560,00 €	380,00 €	205,00 €
16	4.201,00 - 4.600,99 €	1.056,00 €	635,00 €	440,00 €	220,00 €
17	4.601,00 - 5.000,99 €	1.152,00 €	715,00 €	500,00 €	240,00 €
18	5.001,00 - 5.500,99 €	1.313,00 €	790,00 €	555,00 €	265,00 €
19	5.501,00 - 6.000,99 €	1.438,00 €	865,00 €	605,00 €	290,00 €
20	6.001,00 - 6.500,99 €	1.563,00 €	940,00 €	658,00 €	315,00 €
21	6.501,00 - 7.000,99 €	1.688,00 €	1.015,00 €	710,00 €	340,00 €
22	7.001,00 - 7.500,99 €	1.813,00 €	1.090,00 €	763,00 €	365,00 €
23	7.501,00 - 8.000,99 €	1.938,00 €	1.165,00 €	815,00 €	390,00 €
24	8.001,00 - 8.500,99 €	2.063,00 €	1.240,00 €	868,00 €	415,00 €
25	8.501,00 - 9.000,99 €	2.188,00 €	1.315,00 €	920,00 €	440,00 €
26	9.001,00 - 9.500,99 €	2.313,00 €	1.390,00 €	973,00 €	465,00 €
27	9.501,00 - 10.000,00 €	2.438,00 €	1.465,00 €	1.025,00 e	490,00 €
	über 10.000 €	Heranziehung gem. § 5 der Kostenbeitragsverordnung			

Abb: Kostenbeitragstabelle unserer Stadt bei vollstationärer Unterbringung von Jugendlichen im Rahmen der Jugendhilfe.

4.8. Kinder-/Jugendpsychologen

52a

Dr. Michael Winterhoff ist Kinder- und Jugendpsychologe und Bestsellerautor. Er selbst 'sorgt' dafür, dass er inzwischen in Deutschland sehr bekannt ist. Seine Buchtitel sind so prägnant wie seine Fernsehauftritte und Podcasts zahlreich. **2011** kaufte ich mir sein Buch *Lasst Kinder wieder Kinder sein*. Meine Tochter war gerade sechs Jahre alt und 'Erziehungsproblematiken' nicht in Sicht. Ich hätte nicht damit gerechnet, dass ich neun Jahre später in der Praxis des Autors sitzen würde. Seine 'pädagogischen Botschaften' zogen mich in ihren Bann.

In den letzten Jahren schrieb Winterhoff einige Bücher, die in viele Sprachen übersetzt worden sind. Auch diesen Titel werden Sie schon einmal gehört haben. Achten Sie auf das zweite Wort: *Mali tyrani: kształtowanie dojrzałości psychicznej i emocjonalnej u dzieci i młodzieży.*
Das ist die polnische Übersetzung (2011) von Dr. Winterhoffs Bestseller *Warum unsere Kinder Tyrannen werden* (2008).

Dr. Winterhoffs zuletzt veröffentlichtes Buch ist *Deutschland verdummt.*
Warum unser Bildungssystem die Chancen unserer Kinder verbaut.

Michael Winterhoff, geboren 1955, ist Kinder- und Jugendpsychiater und
Psychotherapeut. Er studierte von 1977 bis 1983 Humanmedizin an der
Universität Bonn. Seit 1988 ist er als Facharzt für Kinder- und
Jugendpsychiatrie in Bonn niedergelassen. Als Sozialpsychiater ist der
anerkannte Facharzt auch im Bereich der Jugendhilfe tätig. Er befasst sich
vorrangig mit psychischen Entwicklungsstörungen im Kindes- und
Jugendalter aus tiefenpsychologischer Sicht.
Seine These: Immer mehr Erwachsene befinden sich in gravierenden,
unbewussten Beziehungsstörungen gegenüber (ihren) Kindern. Dabei
unterscheidet er zwischen drei wesentlichen Ausformungen: Das Kind
wird wie ein kleiner Erwachsener behandelt (Kind als Partner); der
Erwachsene gerät in Abhängigkeit vom Kind, da er von diesem partout
geliebt werden will (Projektion); das Kind wird im Rahmen einer
psychischen Verschmelzung vom Erwachsenen als Teil seiner selbst
wahrgenommen (Symbiose). Gesellschaftliche Fehlentwicklungen
verhindern, dass Erwachsene für Kinder ein klares Gegenüber sind, ein
Gegenüber, das für eine gesunde Entwicklung der kindlichen Psyche und
Persönlichkeit eine unbedingt notwendige Voraussetzung wäre. Die
Folge: Immer mehr Heranwachsende zeigen Symptome, die einer
allgemeinen Beziehungsunfähigkeit ähneln. Sie weisen Defizite in
grundlegenden sozialen Kompetenzen auf und scheitern immer häufiger
an der Integration [,] zunächst in den schulischen Klassenverband, später
in das Arbeitsleben. Die überraschenden und aufrüttelnden Ergebnisse
seiner Analysen machen Winterhoff zu einem gefragten Gesprächspartner
und Experten in Zeiten, in welchen sich Politiker und Intellektuelle wieder
auf die zentralen Werte Familie, Kinder und Erziehung besinnen und das
Ausmaß gesellschaftlicher Fehlentwicklungen immer klarer zu Tage tritt.

52 b

Ich telefonierte Kinder- und Jugendpsychologen zwecks einer möglichen Terminvereinbarung ab. Die von mir kontaktierten Fachleute konnten jedoch keine 'freien' Therapieplätze anbieten. Entweder waren sie 'hoffnungslos ausgebucht' oder hatten eine 'ellenlange' Warteliste für Neupatienten.

Zu meiner großen Verwunderung bekam ich innerhalb einer Woche einen Termin bei Dr. Winterhoff..

10. Februar 2020 Erster Diagnostik-Termin für meine Tochter

Ein kurzes Vorgespräch.

Meine Tochter berichtete mir im Anschluss an ihren Termin nicht sonderlich viel. Sie beschwerte sich vor allem darüber, dass sie ein Bild hätte malen müssen, einen Baum. Sie sei nur kurz bei Dr. Winterhoff im Besprechungszimmer gewesen und er wäre sehr 'unfreundlich' und 'unsympathisch'.

Das Bild hatte die Praxis meine Tochter malen lassen, um therapeutische oder diagnostische Rückschlüsse auf ihre Entwicklung machen zu können.

Was die vermeintliche Unfreundlichkeit Dr. Winterhoffs angeht, so war er nicht unfreundlich, sondern hatte meine Tochter 'kurz und bündig' 'getestet', wie sie auf 'Autoritäten' reagierte. Eine solche Respektsperson war ihr völlig neu und sie interpretierte das als 'Unfreundlichkeit'. Meiner Tochter fehlt eine entsprechende Erfahrung.

19. Februar 2020 Zweiter Diagnostik-Termin für meine Tochter

26. Februar 2020: Dritter Termin Ein Elterngespräch

Ich 'kauere' mich in den mir angebotenen Sessel. Ich merke, dass ich etwas sensibel bin. Für mich ist Dr. Winterhoff eine Autorität. Ich erhoffe mir Hilfe von ihm. **Endlich sind wir in fachlichen Händen.** Ich bin sicher, dass er meine Nervosität spürt. Dr. Winterhoff fragt mich zunächst, ob ich alles verstanden hätte, was er mir letztes Mal erklärt habe. Er hatte mir mehr oder mindert erläutert, was auf S. 237 in seiner Biographie nachzulesen ist.

Er sagt: (Mitschrift):

Sie sind das Problem!

Sie sind eine „Katastrophe", weil Sie in der Symbiose sind! Wenn ich Sie aus der Symbiose gelöst habe, haben Sie keine Fragen mehr. Wenn das meine Tochter wäre, würde ich denken, die hat einen 'Knall', dass sie 'sexuelle Videos' ins Internet stellt!
60-70 % aller Kinder im Alter Ihrer Tochter sind 'gestört.Das hat nichts mit Erziehung oder Intelligenz zu tun. Die sind alle erzogen. Für eine Symbiose gibt es zwei Gründe, vor allem:
1. Die Gesellschaftssituation und die ganzen Krisen, Deutschland/Europa weiß gar nicht mehr, wohin mit sich und 2. die digitale Überforderung. Die sind nur noch mit diesen Dingen beschäftigt!
Wenn sich Ihre Tochter nicht auf dem Reifegrad eines 10-16monatigen Kindes befände, dann würde sie keine Nacktbilder ins Internet stellen. Dann würde sie sich schämen und sie käme auch nicht auf die Idee auszuziehen. Ich habe oft 12jährige im Wartezimmer. Die liegen auf dem Teppich wie Säuglinge oder schaukeln auf dem Schaukelpferd. Wenn ich dann ins Wartezimmer komme, rufen sie 'rotzfrech' aus: 'Na endlich!'.

Ich habe einen 15jährigen, der einen IQ von 140 hat, aber seit zwei Jahren nicht zur Schule geht, da er mehr schlafen wolle. Seitdem 'chillt' er auf dem Bett. Bei kleinen Kindern ist das ja auch so. Da reicht ein Mobile über dem Bett. Ich hatte den Fall, bei dem ein Mädchen dem Jugendamt erzählt hatte, ihre Eltern würde es mit Ketten in ihr Zimmer festbinden und schlagen. Das Jugendamt hatte ihr geglaubt, ohne Beweise. Sie sind nicht die Wohnung inspizieren gegangen. Daraufhin wurde den Eltern das Sorgerecht entzogen. Das ging durch die Presse. Sie haben es später wieder bekommen. Sie können Ihrer Tochter ruhig Ohrfeigen geben. Das ändert an der Situation gar nichts. Die Kinder, die bei mir auf dem Teppich liegen, merken gar nicht, dass sie woanders sind, also außerhalb ihrer selbst und sich entsprechend benehmen. **Die Welt der 10-16monatigen [Kinder] besteht nur aus Objekten und Bedürfnisbefriedigung.** Sie kreisen um sich selbst, wollen die Objekte haben und die Bedürfnisse befriedigen. Ihrer Tochter geht es nur um 'Likes', Likes für ihre Fotos und Videos. Sie 'rafft' gar nicht, was das mit den anderen Leuten macht, wie das wirkt, welche Konsequenzen das hat. Ihre Tochter wird immer Leute finden, die das nicht 'raffen', die sie in ihre Machenschaften einbeziehen kann und die dann entsprechend ihrer Vorstellung agieren [→Kap. 4.10.]. Diese Leute „raffen" einfach nicht, **dass [Name meiner Tochter] sie sie für ihre Zwecke „missbraucht", um sich selbst zu inszenieren und um ihr Ziel zu erreichen.**

Dr. Winterhoff charakterisiert meine Tochter treffend. Unsere häusliche Situation beschreibt er exakt. Ich bin kein Einzelfall. Es trifft alles zu, was der Kinder- und Jugendpsychologe zu mir sagt.

Dr. Winterhoff fährt fort [Mitschrift]:

Sie sind für Ihre Tochter eine reine „**Witzfigur**" [Als Dr. Winterhoff diesen Begriff verwendet, zucke ich zusammen. Genauso so empfand ich es.]und **sie** [meine Tochter] **hat entschieden, dass Sie <u>nicht mehr </u>die Funktion ihrer Mutter zu erfüllen haben** und sie ab jetzt woanders wohnt. Da Sie sich in der Symbiose befinden, wollen Sie, dass es dem Kind gut geht. Ihre **Tochter ist Ihr Arm. Sie agiert und Sie reagieren REFLEXARTIG.** Da Sie wollen, dass sie [meine Tochter] sich ändere, damit alles funktioniere, reagieren Sie immer **rigider und Ihre Tochter wird in ihren Methoden 'brachialer'.** Sie tritt Sie gegen das Schienbein, da sie ja <u>ihre Objekte</u> haben will. Das hat mit Ihrer Erziehung nichts zu tun. Sie haben erzogen und sich immer bemüht. Ihre Tochter ist <u>psychisch nicht entwickelt</u>. Es ist doch 'wurstcht', was die in der Schule Ihrer Tochter denken [Auch eine meiner vielen Befürchtungen, dass 'es' 'die Runde macht' und 'unser Ruf für alle Zeiten lädiert ist']. **Es ist wichtig, dass Sie aus der Symbiose kommen!** Dass sie von dem Kopf in den Bauch gehen. **Aufhören, Fragen zu stellen und verstehen zu wollen!** Machtkämpfe einstellen, die Sie nicht gewinnen können!

Ich frage Dr. Winterhoff, was ich am Montag der folgenden Woche dem Jugendamt bzgl. der Aufnahme meiner Tochter in eine Wohngruppe sagen soll.

Bin ich dafür oder dagegen?

Dr. Winterhoff antwortet :

„Wenn das Kind meint, <u>Sie wären nicht mehr seine Mutter</u>
<u>und nicht mit Ihnen wohnen will</u>, soll es doch wohnen, „wo
der Pfeffer wächst"!"

Seine Antwort bestätigt, was ich gefühlt, aber mich nicht zu denken
getraut hatte. Die zwei Jahre 'Krise' mit meiner Tochter hatten mich
enorm viel Energie, Kraft, Liebe und Zeit gekostet und alles war 'umsonst'
gewesen. Obwohl ich grundsätzlich ein 'stolzer' Mensch bin, ließ ich es
immer noch zu, dass ich von meiner Tochter 'mit den Füßen getreten
wurde'. Ich hatte überall 'Wundschmerz'. Alles war 'verletzt': Meine
'Mutterseele, mein Stolz, meine Würde und meine Selbstachtung.

Es musste nun endgültig 'Schluss' sein!

Dr. Winterhoff wiederholt für mich ständig den Satz, den ich ab sofort
immer denken soll, der quasi stets über meinem 'Haupt schweben soll',
ausnahmslos:

Ich, Resi Lienz, habe mich immer bemüht!
<u>WER IST MEINE TOCHTER,</u>
dass sie so <u>respektlos mit mir</u> umgehen darf und
mich als ihren <u>'Fußabtreter'</u> 'benutzt' ?!?!?!

Dr. Winterhoff fährt fort[Mitschrift]:

Frau Lienz, Sie müssen <u>nur bereit sein, an sich zu arbeiten</u>! [Ich stimme zu, natürlich bin ich das!] Es gibt jetzt zwei Möglichkeiten: Sie machen Waldgänge, einmal 4-5 Stunden lang und drei bis vier Mal jeweils 2-3 Stunden lang, nur mit Essen und Trinken (nicht unterzuckert), aber ohne alles, ohne Handy, ohne Joggen, ohne Hund, ohne Freunde. Sie gucken sich auch keine Blumen an. Sie gehen stur gemächlich geradeaus. Die Gedanken werden rasen wie verrückt und irgendwann werden Sie merken,wie Sie bei sich ankommen. Oder Sie setzen sich drei Wochen lang, je eine halbe Stunde täglich, in die Kirche. Das hat nichts mit Religion zu tun. Es ist nur dafür da, bei sich anzukommen.

Ich wähle die erste Option. Ich mache das mit den Waldgängen. Jeden Tag eine halbe Stunde Kirche, das 'packe' ich nicht. Schließlich wohne ich neben keiner Kirche.

Dr. Winterhoff sagt, dass ich am **14. Mai 2020** aus der Symbiose heraus wäre. Dann hätte ich keine Fragen mehr. Ich bräuchte ihn dann allenfalls noch, um eventuell zu besprechen, wie ich von dem Kind 'Abstand bekomme' oder aber, wie es nachreifen kann.

Aus der Retrospektive betrachtet, nannte er ein sehr symbolträchtiges Datum. Ich zog am **15. Mai 2020** in meine neue Wohnung. An jenem Tag sagte ich meiner Tochter, dass ich ihr nun <u>genug</u> 'hinterher gerannt' sei und dass <u>sie sich bitte melden möge</u>, wenn ihr nach Kontakt mit mir wäre.
Ich hatte meine Bitte an sie an meinen Auszug 'geknüpft', an ein 'neues Leben', das mit meiner Wohnraumveränderung begann. Ich bin meiner Tochter seit dem **15. Mai 2020** nie mehr hinterhergelaufen.

Dr. Winterhoff neigt dazu, sämtliche Eltern und Jugendliche 'über einen Kamm zu scheren'. Seines Erachtens sei der Großteil der Jugendlichen heute 'gestört', ihre Eltern befänden sich mit ihnen in einer 'Symbiose' und machen entsprechend viele Erziehungsfehler. Mich überzeugt Winterhoffs zutreffende Sicht auf die 'moderne' Gesellschaft und auf die Art und Weise, wie heute erzogen bzw. nicht erzogen wird.

Es sei jedem selbst überlassen, sich eine Meinung über Dr. Winterhoff und seine Fachkompetenz zu bilden. Ich habe bei ihm die Hilfe gefunden, die ich dringend brauchte, um mich aus der Symbiose mit meiner Tochter lösen zu können.

An dem Tag entschied ich mich auch dazu, mich von der Überwachungs-software *'Kaspersky'* zu 'trennen'. Sie war ein Bestandteil unseres 'Symbiose-Systems', dachte ich. Ich löschte meiner Tochter die Kaspersky-App am **15. Mai**, am Tag unserer letzten privaten Begegnung, von ihrem Smartphone und kündigte den Vertrag mit dem Provider. Meine Tochter machte sowieso, was sie wollte.

Wir waren beide 'Opfer' und 'Täter' zugleich.

Im Anschluss an ihren Termin am **19.02.2020** bei Dr. Winterhoff sagte meine Tochter dem Jugendamt, dass sie alle weiteren Termine bei Dr. Winterhoff vereinbarten Termine absage. Sie hätte geglaubt, dass ihrer Mutter dort geholfen würde. Das wurde mir auch, nur anders, als meine Tochter sich das erhofft hatte. Ihr konnte leider nicht geholfen werden, da sie nicht 'mitspielte'.

Meine Tochter wollte nur eines: Ihre Ruhe.

Insofern kam es leider nicht mehr zu dem Auswertungsgespräch der Diagnostik. Mich hätte das sehr interessiert.

Nach meinen Gesprächen mit Dr. Winterhoff ging es mir viel besser als vorher.

Ich wusste nun endgültig, dass so weitermachen wie bisher keine Option für mich war. Es war aber auch ein Abschied von etwas, das nicht war und nicht so sein sollte, wie ich es mir immer vorgestellt hatte. Ich wusste bereits genau,was ich ab sofort wollte. Ich wollte auf keinen Fall mehr eine 'Witzfigur' für meine Tochter sein. Ich hatte keinen Einfluss mehr auf sie. Aber ich hatte auf etwas anderes Einfluss, nämlich auf die Gestaltung meines ganz persönlichen Lebens, auf mein Leben nach dem 'Mutter-Dasein' und vor allem auf die Art, mit der ich behandelt werden wollte!

Für mich zählte jetzt der allseits bekannte Spruch der anonymen Alkoholiker:

Love it, change it or leave it!

Mit 'Love it' und 'Change it', zumindest dem Versuch, hatte ich mich jahrelang 'herumgeschlagen'. Nun war **'leave it'** dran, die letzte, noch verbliebene Option: So schnell wie möglich raus aus der Symbiose!

**Meine Selbstachtung verbat es mir,
auch nur eine Sekunde länger
die MARIONETTE
meiner Tochter
zu sein.**

✓ Die Wartezeit auf einen Elterntermin beträgt in der Regel drei Monate. Bitte berücksichtigen Sie dies, falls Sie einen Termin absagen müssen. Vereinbaren Sie auch hier am besten sofort einen Ersatztermin.

Ihr Kind wird von der jeweils zuständigen Therapeutin im Wartezimmer abgeholt und geht in der Regel *alleine* mit der Therapeutin in den Therapieraum. In diesem Therapieraum – eine „Mischung" aus einem Spielzimmer und einem Büro - findet die diagnostische Arbeit mit Ihrem Kind statt. Die Diagnostik umfasst psychometrische und projektive Verfahren. Die psychometrischen Verfahren beinhalten Intelligenztests, Entwicklungstests und psychomotorische Tests. Hierbei kommt es darauf an zu sehen, was Ihr Kind schon alles kann, aber auch, wie gewillt es ist, dies auch zu zeigen. Im Gegensatz zu Erwachsenen können Kinder ihre Sorgen und Probleme nicht oder nur eingeschränkt in Worte fassen. In den projektiven Verfahren malt, baut, spielt und erzählt Ihr Kind und kann so seine innere Befindlichkeit ausdrücken. Für jeden Teilbereich der Diagnostik ist eine Therapeutin zuständig. Während die einen Kinder hochmotiviert an den Stunden teilnehmen, gibt es möglicherweise andere, die eine Abwehr gegen die Stunden oder die Therapeutinnen entwickeln. Dies sollten Sie nicht bewerten. Bringen Sie Ihr Kind dennoch regelmäßig zu den Terminen, denn auch Unlust ist ein Thema, das in die Stunde gehört.

Im Anschluss an die Einzeltermine werden alle Beobachtungen und Ergebnisse in den wöchentlichen praxisinternen Teamsitzungen mit den Ärzten besprochen und eine erste, vorläufige Arbeitsdiagnose erstellt, die Ihnen zu den Abschlussgesprächen mitgeteilt wird.

Sollten während der Diagnostikphase Fragen aufkommen, so wenden Sie sich bitte an die zuständigen Ärzte, die Sie zu den entsprechenden Telefonsprechzeiten erreichen können.

- Wir weisen darauf hin, dass eine Behandlung Ihres Kindes aus abrechnungstechnischen Gründen bei nur **einem/r** Kinderpsychiater/in im Quartal möglich ist. Bei Fragen hierzu sprechen Sie uns gerne an.

Telefonsprechzeiten

0228-631039

Frau Rischar	**Herr Dr. Winterhoff**
Mo.: 15.00 Uhr, Die. und Do.: 8.30 Uhr	Mo., Mi. und Fr.: 7.45 bis 8.00 Uhr
Mi. und Fr.: 13.30 Uhr	Di. und Do. 8.30 bis 8.45 Uhr

4.9. Erziehungs-Beratungsstelle

Erziehungsberatungsstellen gibt es in jeder Stadt. Manchmal sind sie dem Jugendamt zugeordnet oder sie sind in kirchlicher oder anderer Trägerschaft.Die von uns aufgesuchte psychologische Erziehungs-Beratungsstelle veranschaulicht auf ihrer Internetseite ein vielfältiges Angebot für Kinder, Jugendliche, Erwachsene, pädagogische Fachkräfte, 'Alleinerziehende' und Schwangere.

Am **06. Februar 2020** nahmen meine Tochter und ich das Erstgespräch bei Frau B. wahr. Sie ist angestellte Psychologin und machte einen sympathischen und ruhigen Eindruck.

Ich beschrieb Frau B. unser Ziel, erneut **Vertrauen** 'aufbauen', und wieder ein **Team** werden zu wollen. Ich wünschte mir von meiner Tochter, dass sie sich an den Haushaltspflichten beteiligte, Regeln einhielt und loyal mir gegenüber sei. Bis zum 12. Lebensjahr meiner Tochter wäre ich ihr gegenüber weder 'laut' geworden noch hätte ich sie 'angefasst'. Inzwischen wäre das 'Fass übergelaufen'.

Meine Tochter erwähnte zunächst ihren Vater. Er wäre ein Fremder für sie, den sie kennenlernen wollte. Sie hätte nie behauptet, dass sie in eine Wohngruppe ziehen oder sich nicht an den Haushaltspflichten beteiligen wollte. Ich fragte mich ein weiteres Mal, ob das jetzt wieder eine ihrer Strategien war, 'um gute Stimmung zu machen'. Meine Tochter berichtete, dass sie unter unserem Umzug 2015 gelitten und alle Freunde dadurch 'verloren' hätte.Wir waren umgezogen, um näher an ihrer Schule zu wohnen. Bereits als 'kleines Mädchen' war meine Tochter 'mitten in der Nacht' aufgestanden und hatte noch im Dunkeln das Haus verlassen, um pünktlich in der Schule zu sein. Das gefiel mir nicht. Zudem passierte der Schulbus eine Autobahnbrücke, die man seit Jahren abreißen wollte, so dass der Schulweg dann noch länger und komplizierter geworden wäre. Dass meine Tochter alle Freunde aufgrund unseres Umzuges verloren hätte, halte ich persönlich für ein 'Gerücht', da ihre beiden besten Grundschul-Freundinnen aus unserem ehemaligen Dorf die ihrem Gymnasium direkt angegliederte Realschule besuchen.

Außerdem halten alle Jugendlichen über die sozialen Medien Kontakt. Wir wohnten seit unserem Umzug auch nicht so weit weg, als dass sie ihre Grundschulfreunde nicht jederzeit hätte besuchen können. Meine Tochter machte ihre typischen 'Fehler'. Sie erzählte Dinge, die in der Erziehungsberatungsstelle völlig 'fehl am Platz' waren:

Wir hätten 'Geldprobleme'. [Uns ging es finanziell gut, aber die hohe Miete 'fraß' damals einen Großteil meines Einkommens auf.] Die Großeltern wären 'reich'. Meine Tochter plauderte aus dem Nähkästchen. Sie reihte Interna aus unserer Ursprungsfamilie aneinander, die eine Frau B. gar nichts angingen. Das, was meine Tochter da einfließen ließ, hatte mit unserer persönlichen 'Krise' überhaupt nichts zu tun und war auch nicht für die Ohren einer 'Fremden' bestimmt. Meine Tochter war wieder einmal nicht in der Lage, abzuschätzen, wem man was erzählt.

Sie erwähnte, dass sie nicht viele Freunde, sondern nur eine gute Freundin hätte. Frau B. fragt meine Tochter, warum sie mit zu dem Beratungsgespräch gekommen sei. Meine Tochter antwortete, dass sie es für sinnvoll hielt. Sie müsste auch 'etwas' an sich arbeiten und 'man' sollte sich gemeinsam ändern. Diesen Satz habe ich in den letzten zwei Jahren nur ein einziges Mal von meiner Tochter gehört. Leider sind ihrem Statement niemals Taten gefolgt. Ich hätte in der letzten Zeit öfter im 'Streit' zu meiner Tochter gesagt, dass sie 'ihre Sachen packen und das Weite suchen' sollte. Das stimmt. Das hatte ich. In besonders verzweifelten Momenten. Da hatte ich das nicht nur gesagt, sondern auch gedacht. Als sich die 'Wogen glätteten', revidierte ich die Worte meiner Tochter gegenüber und versuchte, mich ihr zu erklären. Weil ich sie liebte und weil ich ihr Zuhause war. So habe ich ihr das auch gesagt. Ich hatte ihr auch jedes Mal gesagt, dass das 'Fass übergelaufen' wäre und dass es so nicht weiter ginge, ich mich nicht respektiert fühlte und sie die Regeln einhalten müsste. Allerdings wird meine Tochter auch gespürt haben, dass eine solche Aussage von mir nicht einfach völlig unmotiviert vom 'Himmel fiel'. Es mag sein, dass meine Worte ihr 'destruktives' Verhalten und ihre Kontra-Einstellung ihrem Zuhause und ihrer Mutter gegenüber beeinflusst haben. Wohl hatte sie sich sicher nicht gefühlt.

Ich bin auch nur ein Mensch und hatte bereits 'mächtig' 'die Nase voll', nicht nur von unseren Konflikten und dem Verhalten meiner Tochter, sondern auch von der Tatsache, dass wir beide mit dem 'Rücken an der Wand standen' und uns gegenseitig einen möglichen Ausweg versperrten. Jede Veränderung war ausschließlich 'negativ'. Es ging überhaupt nicht mehr weiter. Damals hätte ich mir doch gern meinen Erziehungsauftrag respektive das Sorgerecht mit jemandem geteilt.

Meine Tochter war auch in den letzten zwei Jahren fast ausschließlich zuhause. Es gab keine Möglichkeit des 'Sich-aus-dem-Weggehen', wie man das von herkömmlichen 'Papa-Wochenenden' kennt. Solch eine Situation verschärft zwangsläufig eine bereits manifestierte Krise.

Dennoch sollte man es tunlichst vermeiden, seinen eigenen Kindern zu sagen, dass sie das Weite suchen sollen. Das ist mir bewusst. Doch genau das war es, was ich am Ende oft gefühlt hatte.

Bis zum 13. Lebensjahr meiner Tochter hatte ich so etwas niemals weder gedacht noch gefühlt. Mir war immer bewusst, dass es in der Pubertät mit uns beiden schwieriger werden würde, viel komplizierter als in anderen Familien, weil wir ein sehr enges Verhältnis hatten. Nichtsdestotrotz war ich davon ausgegangen, dass wir länger zusammenwohnen würden.

Mein Buch soll unsere Krise authentisch und 'schonungslos' darstellen. Insofern versteht es sich von selbst, dass ich als Mutter nicht nur einseitig mit erhobenem Zeigefinger auf die 'Fehler meiner Tochter zeige'.

Es ist wichtig, unabhängig von 'Erziehungsfehlern', die auch anderen Eltern unterlaufen, darzustellen, inwiefern auch mein Verhalten ausschlaggebend und ich somit für die 'Zuspitzung' unserer Krise verantwortlich war. Wie meine Tochter auch war ich am Ende dieser zwei turbulenten Jahre völlig erschöpft, mental, seelisch und auch körperlich. Wir beide hatten uns aneinander und an unserer Situation 'aufgerieben'.

Wir hätten eine Chance gehabt, wenn wir zeitnah eine größere Wohnung oder ein Haus gefunden hätten oder im besten Falle bereits im Sommer 2018 ambulante Hilfe in Anspruch genommen hätten.

Der Ausgang unserer Krise war eine Mischung aus Schicksal, einer Verkettung 'unglücklicher Umstände', nicht wahrgenommener Optionen und die destruktive Einstellung des Jugendamtes, die dafür sorgten, dass es am Ende anders lief.

Zwischendurch gab es auch einige 'ruhigere und lustige Phasen'.

Doch 'unser' 'Wurm hatte sich bereits tief ins Unterholz gefressen'. Wir waren beide **unendlich müde, unendlich misstrauisch und unendlich hilflos.** Da spielte es auch keine Rolle mehr, ob man nun ein Erwachsener oder eine Jugendliche ist. Irgendwann waren die Kräfte auf beiden Seiten gleichermaßen verbraucht.

53

Frau B. meinte, wir hätten das Ganze schon ganz gut 'gelöst'. Gelöst?! Schließlich hätten wir sie zur Unterstützung aufgesucht. Somit täte sich etwas. Meine Tochter sagte, dass es für sie in Ordnung wäre, wenn wir weiter zusammenwohnen, vorausgesetzt, es käme zu 'keinen heftigen Auseinandersetzungen'. Frau B. möchte wissen, woran sich unsere nächste Krise entzünden könnte. Für mich wäre das eindeutig der Fall, wenn wieder Bilder und Videos im Netz 'auftauchten'. Daraufhin schlug meine Tochter vor, ich könne einmal im Monat ihr Smartphone auf solche Auffälligkeiten 'untersuchen'. Frau B. bot meiner Tochter an, sie alleine zum Gespräch aufzusuchen, damit man über 'Pornographie im Netz' und darüber, wie es in der Zwischenzeit zuhause gelaufen wäre, sprechen könnte. Meine Tochter könnte 'ihre Sorgen' mit ihr teilen. Die Psychologin. riet uns allerdings, nicht 'doppelgleisig' zu fahren und Dr. Winterhoff und sie parallel zu konsultieren. Wir sollten uns für einen von beiden entscheiden.

Résumée dieses Termins: Wir fühlten uns beide wohl, insbesondere auch meine Tochter. Sie hatte das Gefühl, das Jugendamt wäre parteiisch***, Frau B. hingegen nicht. Ich entschied mich aufgrund seiner Kompetenz in den Fachgebieten 'Erziehungsprobleme' und 'Symbiose' für Dr. Winterhoff. Meine Tochter nahm das Angebot von Frau B. nie in Anspruch. Sie verhielt sich überall immer gleich: **Sie sagte, dass sie es sich überlegen würde, um dann ein Hilfe-Angebot auszuschlagen.** So war es beim Jugendamt, so war es bei Frau B. und so war es im Kinderheim. In regelmäßigem Kontakt stand ich mit Frau B., bis ich das Gefühl hatte, es wären alle 'Baustellen bearbeitet' und ich auf dem 'richtigen' Weg. _____

*** Das ist paradox, was meine Tochter behauptete und wie sie die Realität wahrnahm. Solange Frau G. im Jugendamt für uns zuständig war, war das JA nicht parteiisch und versuchte, auf meine Tochter einzuwirken, dass sie mitarbeiten müsste. Als Frau. A. für uns zuständig wurde, war diese parteiisch und zog mit meiner Tochter an einem Strang. Ab dem Zeitpunkt beschwerte sich meine Tochter nie wieder darüber, dass das JA parteiisch wäre.

März 2020 - Erster Telefontermin mit Frau B.

Ich berichtete Frau B., dass ich meiner Tochter eine Karte in die Jugendschutzstelle geschickt hatte, dass ich sie vermissen würde. Die Psychologin hielt das für eine gute Idee. Ich sollte meine Gefühle ruhig zeigen. Es könnte sein, dass meine Tochter zurückschriebe, dass ich ihr auch fehlte. Es könnte aber genauso gut passieren, dass sie mich nicht sehen wollte. Frau B. empfand es damals als zu früh, meine Tochter einzuladen. Sie ermahnte mich, mir nicht so viele Sorgen zu machen. Meine Tochter und ich hätten zuvor eine sehr enge und innige Beziehung gehabt. In der Pubertät käme es häufig vor, dass 'Ablösekämpfe' sehr 'krass' verliefen. Frau B. beschrieb meine Tochter als sehr intelligent und fähig, 'reflektiert zu sprechen'. Es wäre gut, dass sie die 'Reißleine gezogen' hätte. Die Psychologin widerspricht meinem Wunsch, zum jetzigen Zeitpunkt [März 2020] eine gemeinsame Therapie anzustreben. Es würde sich für mich vielleicht 'merkwürdig' anhören, aber wir beide bräuchten erst einmal eine 'Pause'. Es käme durchaus vor, dass Eltern lange Zeit keinen Kontakt zu ihren Kindern hätten. Eine enge Verbindung in der Kindheit führe gemäß ihrer Erfahrung später in der Regel zu einem neuen intensiven Kontakt. Sie sagte:

> „Dazwischen wird sich 'beharkt' mit 'allem, was wir haben. Ihre Tochter wird nicht untergehen Eine 'Pause' in der Beziehung ist 'hart', hat aber ihre Berechtigung. In den meisten Fällen sind es die Jugendlichen, die wieder den Kontakt zu den Eltern suchen. Das Jugendamt kann froh sein, dass es es mit zwei derart reifen Persönlichkeiten wie Ihnen beiden zu tun hat. Sie kümmern sich und denken nach."

8. April 2020- Zweiter Telefontermin mit Frau B.

Es ging mir um meine 'eigene Familie. Ich 'leide' unter meinem 'Geheimnis'. Meine Ursprungsfamilie ist nicht darüber 'im Bilde', was sich bei uns zuhause seit zwei Jahren 'abspielt'. Allerdings bin ich innerlich noch nicht bereit, 'das Geheimnis zu lüften'. Ich beabsichtige, meinen Vater zu 'schonen'. In seinem 'fortgeschrittenen Alter' befürchte ich, dass er 'einem Herzinfarkt' erläge, wenn er hörte, dass seine Enkelin, die für ihn ein 'Engel' ist , auch noch andere Verhaltensweisen an den 'Tag legt'. Wie alle Eltern macht mein Vater sich ständig Sorgen und kann dann nicht schlafen. Dies teilt er seinen Kindern auch gerne ungefragt mit. Ich weiß intuitiv, dass meine Familie mir nicht helfen kann.. Mir helfen jetzt zunächst ihre physische Anwesenheit und Gespräche über andere Themen, wenn ich sie besuche. Mein Vater ist in Erziehungsfragen kein Fachmann. Er ist weder Psychologe noch Erziehungsberater und kennt sich auch mit der Pubertät im 21. Jahrhundert nicht aus.***

Mein Ziel war es, meine restliche Energie um jeden Preis zu bündeln und ganz gezielt einzusetzen. Mir sachliche Argumente zurechtlegen und eventuell in eine Spirale der Rechtfertigungen geraten zu 'müssen', hätte mir die Kraft genommen, die ich noch brauchte. Ich hatte 'soeben' mein 'Kind' in die Obhut des Jugendamtes gegeben und meine Wohnung deshalb gekündigt, ohne neuen Wohnraum in Aussicht zu haben. Obwohl ich entscheidungsfreudig bin, hatte ich noch nie so riskant agiert, ohne Netz und doppelten Boden, und das hätte ich auch niemals getan, wenn ich mich durch den Auszug meiner Tochter nicht in einer Zwangslage befunden hätte.

―――――

*** Durch das Lektorat meines Buches hat sich mein Vater auf verschiedenen Gebieten zu einem wahren Fachmann entwickelt. Er sagte während der Lektüre des Buches, dass er nun die Situation verstanden habe, was mich persönlich sehr freute.

Ich hätte also meinem Vater sagen müssen:
„Deine Enkelin lebt im Kinderheim und Deine Tochter ist obdachlos".
Das wollte ich nicht!

Vor meinem 'Coming out' sollten die Fakten stimmen. Ich wollte wenigstens eine neue Wohnung gefunden haben und umgezogen sein. Dann würde eine gewisse Ruhe einkehren und ich würde mit meiner Familie sprechen.

Der 'Apfel fällt nicht weit vom Stamm'. Mein Vater und ich sind uns charakterlich ähnlich. Er kann genauso 'hartnäckig' wie ich sein, gibt nicht auf und bleibt immer schön 'am Ball'. Das ist dann etwas 'anstrengend', wenn ich eine Sache erst einmal vorübergehend auf sich beruhen lassen will, die er am liebsten sofort besprechen möchte.

Im **Frühjahr 2020** hatte mein Vater bereits 'Verdacht geschöpft'. Ich fotografiere gern und 'streute' meine Bilder stets in der Familie. Nun kamen bereits seit ein paar Wochen keine Bilder mit meiner Tochter und mir.

Ich hoffte, dass die extremen Veränderungen bei uns zuhause sein Vorstellungsvermögen sprengen würden und dass er einfach nicht so weit denken würde oder wollte.

Regelmäßig besuchte ich ihn. Bei jedem Treffen fragte er nach dem 'Status quo' bei uns zuhause. Bei jedem Gespräch versuchte ich, thematisch 'den Kopf aus der Schlinge zu ziehen' und mich irgendwie 'abzugrenzen'. Dabei fühlte ich mich zunehmend unwohler. Ich konnte mir beileibe nicht vorstellen, dass mein Vater besser schliefe, wenn er erführe, dass seine Enkelin in einer Jugendschutzstelle mit dreizehn Drogenabhängigen 'hauste'.

Ich fürchtete mich auch vor 'dem schwarzen Peter', den mir meine Familie 'zuschieben' könnte.Mein Vater dachte, dass ich mit meiner Tochter zu 'streng' wäre und sie daran eventuell 'zerbrechen' könnte. Genau das Gegenteil traf zu. Ich war nicht rechtzeitig genug autoritär mit ihr gewesen. Auch die damalige Sichtweise meines Vaters veranlasste mich, lieber erst einmal 'den Mund zu halten'.

Unabsichtlich, mangels Kenntnis der Fakten reihte sich mein Vater in den Reigen derer ein (Jugendamt, Eltern von Klassenkameraden), die das 'Problem' ausschließlich aus Sicht des vermeintlich 'unschuldigen' Kindes betrachteten und auch den Fokus nur auf dessen Wohlsein legten.

Das waren meine Gedanken, als ich ein zweites Mal mit Frau B. telefonierte.

Wenn alle schweigen, ist es vielleicht allen unangenehm, 'das Geheimnis zu lüften'. Der Virus [Covid-19] 'arbeitet einem zu'. Wenn alle damit ihren Frieden haben, ist es eine Lösung, das Geheimnis für sich zu behalten. Vielleicht hat Ihr Vater ja auch schon etwas gemerkt (Frau B.).

Es war das erste Mal, dass ich ein 'Geheimnis' vor meinem Vater hatte und versuchte, 'eine Grenze zu ziehen'.

Frau B. sagte zum Abschluss unseres Telefonats:

Wenn die Familie das aushält, ist es gut. Man muss nicht immer alles klären und erörtern. Sie haben Ihrer Tochter alles Wichtige mitgegeben. Nun dürfen Sie 'ernten'. Dies ist eine rundherum positive Entwicklung und alle können 'entspannt' sein. Sollte Ihre Tochter jemals zurückkehren, wäre das gut vorzubereiten. Man müsste sich ansehen, was dann die 'Stolpersteine' sein könnten und wie ein Zusammenleben sich gestalten könnte.

23. April 2020 Dritter Telefontermin mit Frau B.

Ich hatte zwei Anliegen.

Ich wollte wissen, wie ich mit dem Thema 'Wohngruppe im Kinderheim' umgehen sollte. Mir war es auch wichtig, die Entscheidung meiner Tochter zu respektieren. Dann war da noch das 'Familien-Geheimnis'. Frau B. sagte, dass das Jugendamt die Motivation meiner Tochter sicher ausgiebig geprüft hätte. Die Plätze in Wohngruppen seien limitiert. Jugendlichen, die – Zitat – 'einfach so mal keinen Bock auf ihre Eltern haben, weil diese nervten', würde mitgeteilt, dass sie zuhause zu wohnen zu hätten, bis sie 18 Jahre alt wären. Sie müssten selbst zusehen, wie sie mit der Situation zurechtkämen. Einige Eltern hätten natürlich die finanziellen Möglichkeiten, ihre Kinder in Internaten unterzubringen.

Über diese Alternative hatte ich auch nachgedacht. Sie wäre durchaus ein 'Ausweg' gewesen. Es ließ sich nur kein Internatsplatz finden, der unter 1.000 € monatlich kostete. Ich hätte es mir für meine Tochter schön vorgestellt, zumal sie sich in ihrer aktuellen Klasse unwohl und 'gemobbt' fühlte. Dort hätte sie in einem 'überschaubaren Klassenverband' in 'niveauvoller und familiärer Atmosphäre' gelebt. Wir hätten uns in der Woche aus dem Wege gehen und trotzdem zusammenwohnen können. Ein Internat hätte mir auch das Gefühl einer gewissen Sicherheit hinsichtlich ihrer Internet- Problematik vermittelt.

Frau B. teilte mir mit, dass der Prozess 'Wohngruppe' 'nur definitiv ' bei solchen Jugendlichen anliefe, die ausdrücklich ihren Willen dazu bekundet hätten. Nicht bei 'Wankelmütigen', die einfach einmal 'eine Weile aussteigen wollen'. Die Wohngruppe wäre 'kein Gefängnis' und ihres Erachtens gäbe es mit der Einrichtung keinen Vertrag, der rechtlich bindend wäre. Ich sollte meine Tochter auch nicht mehr fragen, ob sie in eine Wohngruppe ziehen oder nach Hause zurückkehren möchte. Es sei alles gesagt. Meine Tochter wüsste Bescheid.

Frau B. ermahnte mich, mich selbst nicht so 'herunterzuputzen'. Meine Tochter hätte nicht mehr gelitten als jeder andere Jugendliche auch.

Der Schritt, in eine Wohngruppe zu ziehen, sei zwar radikal, aber eine vernünftigere Variante als den Ausweg in Drogen- oder Alkoholkonsum zu suchen. Meine Tochter würde auf jeden Fall den Kontakt zu mir aufnehmen und wenn es zwei Jahre dauert.

Schmerzhafte Trennungen würden länger brauchen. Je nachdem, welchen Weg meine Tochter einschlüge, würde sie irgendwann nach ihren Wurzeln suchen und sich fragen, woher sie käme und wer zu ihrer Familie gehört. Meine Tochter schiene mehr 'über den Kopf zu arbeiten'. Normalerweise käme es zu keinem totalen Kontaktabbruch. Solche Fälle wären äußerst selten. 'Schlimm' wäre es gewesen, wenn meine Tochter mit mir so weiter gemacht hätte, wie gehabt, wenn sie nicht dazu in der Lage gewesen wäre, 'die Reißleine zu ziehen'. So wäre unsere Situation 'etwas anders' als bei anderen, aber alles völlig 'normal'. Das Verhalten meiner Tochter wäre ein 'Signal' gewesen, dass etwas habe geändert werden müssen. Vielleicht wäre meine Tochter damit überfordert gewesen, sich abzugrenzen, und ich wäre ein wenig 'betriebsblind' gewesen. In einer Zweierbeziehung wäre es immer schwierig. Man wäre eingespielt und wenn nur einer nicht mehr mitmachte und ausstieg, geriete das ganze 'System' in 'Schieflage'. Sie hätte viele Mütter in der Beratung, die gar nicht wüssten, worum es in dem 'häuslichen Konflikt' eigentlich ginge und wie ihnen geschähe. Meine Tochter hingegen hätte sich klar ausgedrückt. A.s Drohung mit dem Familiengericht verwunderte Frau B.. Es wäre normal, dass das Jugendamt mit Eltern gemeinsam prüfte, wie es nun weitergehen könnte. Jugendliche reagierten meist sehr extrem. Die Hälfte von dem, was Jugendliche sagen, könnte man 'zurückstutzen'. Das wäre aber nicht ihr 'Terrain'. Üblicherweise dauere eine Inobhutnahme in einer Jugendschutzeinrichtung drei Tage. Meine Tochter befände sich aktuell in einer 'Blase'. Frau B. meinte den 'luftleeren Raum', in dem nicht gehandelt wurde. In der Wohngruppe im Kinderheim würde es anders. Dort würden Kinder und Jugendliche, die der therapeutischen Hilfe bedürfen, entsprechend angebunden und der Kontakt zum Elternhaus forciert.

Hier täuschte sich Frau B.
Es gibt eben immer auch Ausnahmen von der Regel.

4.10. Eltern von Klassenkameradinnen

Am **24. Januar 2020** suchte meine Tochter dringend eine Möglichkeit, bei Klassenkameradinnen zu übernachten.

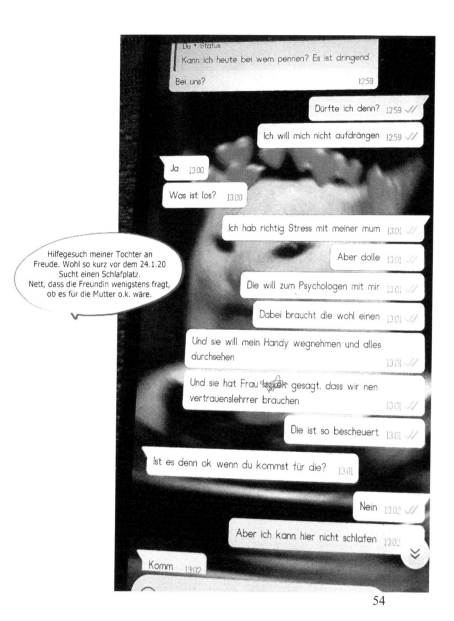

Hilfegesuch meiner Tochter an Freude. Wohl so kurz vor dem 24.1.20 Sucht einen Schlafplatz. Nett, dass die Freundin wenigstens fragt, ob es für die Mutter o.k. wäre.

54

Die Screenshots erstellte ich im Zuge meiner 'Smartphone-Kontrollen'. Sie fanden stets angekündigt statt. Dabei las ich nicht 'wahllos' sämtliche Chatverläufe, sondern nur stichprobenartig 'brisante' Inhalte. Meine Tochter stellte Außenstehenden die häusliche Situation einseitig subjektiv dar, so als wollte ihre Mutter aus 'Lust und Laune' ihr Smartphone konfiszieren. Dass dem eine Vereinbarung zugrunde lag, wird im o.g. Gespräch 'geflissentlich ausgespart'. Die eigene Mutter als 'bescheuert' zu bezeichnen, ist in der Pubertät nicht unüblich, aber andererseits auch ein Zeichen von Respektlosigkeit. Meine Tochter wollte sich mal wieder der notwendigen 'medialen Kontrolle' 'entziehen'. Mit ihrer Wortwahl und der einseitigen Darstellung des Kontextes versuchte sie, bislang 'unbescholtene' Personen mit in ihr 'Boot zu ziehen', damit diese ihr einen 'Rückzugsort' boten.

Die Kontaktaufnahme mit dem Vertrauenslehrer schlug ich meiner Tochter vor, da sie sich seit geraumer Zeit in ihrer Schulklasse 'ausgegrenzt' und 'gemobbt' fühlte. Ich sah es als eine Möglichkeit, sich dem Lehrer hinsichtlich der Thematik 'Internet' zu öffnen. Etwas musste zeitnah passieren, um den 'Schaden' zu begrenzen bzw. eine Zuspitzung der Problematik entgegenzuwirken.

Meine Tochter ging beim Thema 'Internet' grundsätzlich in die Opposition. Alle Vorschläge meinerseits wurden nahezu ausnahmslos abgelehnt. Meine Tochter war im Gespräch sehr 'nervös' und wollte möglichst schnell zurück in ihr Zimmer, um ihre Ruhe haben.

Am **25. Januar 2020** schlich sich meine Tochter 'klammheimlich' aus dem Haus.

Meine Tochter war bei Familie Ha.
Am **28. Januar 2020** führte ich ein erstes Telefongespräch mit Frau Ha. Sie suchte zuvor überhaupt keinen Kontakt zu mir, was ich an ihrer Stelle getan hätte. Sie berichtete, dass meine Tochter ein eigenes Zimmer bei ihnen hätte, da ihre große Tochter bereits ausgezogen wäre.

Sie teilte mir mit, dass meine Tochter erst einmal zur **Ruhe** kommen sollte und behauptete, dass sie sich nicht einmischen würde.

Frau Ha. ist beruflich sehr engagiert. Sie ist sehr viel unterwegs, sodass meine Tochter in der Familie Ha. während ihres Aufenthalts absolute Freiheiten genoss. Nächtelang schauten sich die beiden Klassenkameradinnen, auch zu Schulzeiten, Netflix-Filme an, ohne dass es irgendeine zeitliche Begrenzung gegeben hätte. Es wurde in der Familie generell nicht auf das Internetverhalten der Kinder eingewirkt. Das weiß ich von späteren Erzählungen meiner Tochter.

Als meine Tochter im Februar noch einmal bei uns zuhause wohnte, 'hackte' sie sich in den Netflix-Account ihrer Klassenkameradin L. ein, um weiterhin Filme gucken zu können. Ich empfand ihr Verhalten als merk-würdig und auch tendenziell 'kriminell'.

Als meine Tochter bereits in der Jugendschutzstelle wohnte, beschwerte sich die Klassenkameradin L. Ha. bei ihr. Sie warf meiner Tochter vor, dass sie sich niemals bei der Familie Ha. für deren Gastfreundlichkeit bedankt hätte. Man hätte sie ja schließlich anstandslos aufgenommen. Ohne sie hätte meine Tochter auf der 'Straße gesessen', gab die Freundin L. zu Bedenken. Meine Tochter las mir die Nachrichten vor und winkte lapidar ab. Die Klassenkameradin übertrieb. Ich konnte die Enttäuschung der Familie Ha. allerdings gut nachvollziehen und fand das Verhalten meiner Tochter nicht korrekt. Es passte jedoch zu ihrer damaligen Einstellung 'einfach alles mitzunehmen' und Leute für die eigenen Zwecke 'einzuspannen'. Nach diesem Vorwurf brach meine Tochter sofort den Kontakt zu L. Ha. ab und sperrte sie bei WhatsApp. Das zeugte nicht gerade von Kritikfähigkeit oder Unrechtsbewusstsein. Den Umgang meiner Tochter mit ihren Freunden empfand ich teilweise als sehr 'unreif' und 'destruktiv'. Die Klassenkameradin L. hatte schließlich recht mit ihrem Vorwurf.

Es entwickelte sich ein netter Email-Austausch zwischen Frau Ha. und mir. Daher empfand ich es später als bedauerlich, dass ich mich mit beiden involvierten Familien der Klassenkameradinnen überwerfen musste. Es war leider ein 'müssen'.

Beide Elternpaare hatten es in der Situation sicher nur gut gemeint. Sie waren der Manipulation meiner Tochter jedoch 'hilflos erlegen'. Obwohl beide Familien behaupteten, sich in unsere Situation nicht 'einmischen' zu wollen, sabotierten sie meine Rechte durch ihr Verhalten. Sie respektierten mein gesetzliches Recht hinsichtlich des 'Aufenthaltsbestimmungsortes' meiner Tochter überhaupt nicht. 'Andere Eltern' sollten einer Mutter nicht über Wochen das eigene Kind 'entziehen'. Die Eltern der Klassenkameradinnen meiner Tochter 'deckten' sie, was meine Situation als Mutter noch schwieriger machte, als sie sowieso schon war. schon war. Hätten die Eltern der Klassenkameradinnen mit mir an einem 'Strang gezogen' und meine Tochter unmittelbar nach Hause geschickt, wären meiner Tochter wichtige 'Grenzen aufgezeigt' und ich in meiner 'Autorität' unterstützt worden. Dadurch dass meine Tochter wusste, dass die Eltern es unterstützten, dass sie nicht heimkehrte, spürte sie auch keine Motivation, das zu tun. Ihr nicht korrektes Verhalten wurde auch noch durch Erwachsene 'legitimiert'. Die Eltern halfen dabei mit, meine Position als Mutter weiter zu 'untergraben'.

Mir erschien es ganz allgemein so, als ob ich in meiner Rolle als Mutter von keiner Seite respektiert wurde, weder von meiner Tochter noch vom Jugendamt noch von den Eltern der Klassenkameradinnen.

Im Jugendamt machte Frau G. meiner Tochter sehr deutlich, dass ihr Verhalten überhaupt nicht akzeptabel sei. Sie könnte nicht einfach heimlich von zuhause 'abhauen', ohne zu sagen, wo sie sei und wann sie wiederkäme. **Das sei ein klarer Regelbruch.**

Am **23. Februar 2020** stand erneut eine vereinbarte Smartphone-Kontrolle an.

Meine Tochter weigerte sich, mir ihr Smartphone vorübergehend auszuhändigen. Ihr Argument lautete, dass sie mir nicht vertrauen würde. Diese Aussage war völlig absurd. Wenn jemand nicht mehr vertrauen konnte, dann war ich das. Es schien eine 'Masche' meiner Tochter zu sein. Sie fürchtete, ich könnte von ihren 'Aktivitäten' 'Wind bekommen'. Durch ihren Widerstand nahm die Eskalation zu und meine Tochter näherte sich weiter ihrem Ziel 'Wohngruppe' .

s. Badezimmer-Episode (→ Kap. 4.2., S. 179).

Meine Tochter wurde am selben Tag von Familie He. zu Familie Ha. gebracht. Am nächsten Morgen rief mich Herr He. an. Er hatte zwischenzeitlich alle Dienstsitze des Jugendamtes unserer Stadt angerufen und beabsichtigte, meine Tochter nun zum zuständigen Jugendamt zu begleiten. Es ginge ihm um 'Deeskalation'. Der gemeinsame Termin könnte aber erst am folgenden Tag wahrgenommen werden. Ich war etwas verwundert, dass das Jugendamt, das so oft 'durch Abwesenheit glänzte', ausgerechnet an Karneval arbeiten wollte. Herr He. bat mich um meine schriftliche Genehmigung, dass meine Tochter bei ihnen eine Nacht bleiben durfte. Ich war erstaunt über seine korrekte Vorgehensweise. Da meine Tochter in den anderen Familien unentwegt 'unbehelligt' im Netz unterwegs war, informierte ich Frau Ha. darüber, dass meine Tochter bitte nur höchstens drei Stunden am Tag das Internet nutzen durfte. Um die Mutter zum Handeln zu motivieren, informierte ich sie auch darüber, dass meine Tochter bereits 'Bild-Material' online gestellt hatte. Frau Ha. gab zu, dass sie selbst dazu nicht in der Lage wäre, dies alles zu kontrollieren. Sie würde sich das Handy meiner Tochter geben lassen. Herr He. würde es mir bei seiner Fahrt zum JA in meinen Briefkasten werfen. Trotz dieses Vorschlages erhielt ich nie das Smartphone meiner Tochter.
Ich schrieb Herrn He., der jeden weiteren Kontakt mit mir unterband und überhaupt nicht mehr erreichbar war, dass ich einer weiteren Übernachtung meiner Tochter nicht zustimmen würde, da sie es bereits seit vier Wochen so praktizierte, ständig woanders zu übernachten.

Am **23. Februar 2020** 'vergeudete' ich vier Stunden, um meine Tochter zur Rückkehr nach Hause zu bewegen. Erfolglos. Es war Karnevalssamstag. Wäre ich direkt zur Familie Ha gefahren, wäre meine Tochter mit Sicherheit nicht in mein Auto gestiegen. Frau Ha. äußerte am Telefon immer wieder dasselbe: Meine Tochter bliebe bei Ihnen und sollte sich **ausruhen**. Ich wollte die unerlaubte Abwesenheit meiner Tochter nicht länger tolerieren. Nachdem ich nach Stunden weder bei ihr noch bei Frau Ha. etwas erreicht hatte, rief ich die Polizei an. Ich wollte meine Tochter abholen lassen. Es ging mir jetzt ums Prinzip. Der Polizeibeamte am Telefon war ausgesprochen freundlich. Er fragte mich, ob ich wüsste, dass Karneval sei und er im Augenblick viele Einsätze hätte. Wenn ich allerdings darauf bestünde, würde er natürlich sofort 'einen Wagen schicken', um meine Tochter abholen zu lassen. Wenn sie nicht nach Hause wollte, müsste sie jedoch in die Jugendauffangstation der Stadt. Andererseits wüsste ich doch jetzt, wo sich meine Tochter aufhielte und dass es ihr gut ginge. Ich empfand Mitleid mit dem 'überlasteten' Polizeibeamten und nahm deshalb von meiner ursprünglichen Absicht Abstand, meine 'widerspenstige 'Tochter durch einen Dienstwagen abholen zu lassen.Am Vortag zog meine Tochter noch sehr über die Freundin L. 'her' und beschwerte sich darüber, dass sie 'Komasaufen-Videos' ins Netz stellte und dass sie selbst so etwas nie tun würde. Am nächsten Tag war L. 'gut genug' und meine Tochter 'kroch Schutz suchend unter die Fittiche der Familie Ha.'

Am Abend des 23.02.2020 ging es mir nicht gut.

Ich war ziemlich unglücklich. Nicht, weil meine Tochter nicht da war, sondern weil ich mich von ihr, der ganzen Situation und allen Beteiligten 'verraten und verkauft' fühlte: Ihre Internetaktivitäten, Lug und Trug seit zwei Jahren, Konflikte und nun auch noch das!
Mich beschlich das Gefühl, dass ich mit meiner Tochter überfordert und ihren 'Machenschaften' nicht gewachsen wäre.

Ich weiß noch, wie ich sie einmal scherzhaft fragte, ob sie mich für 'dumm verkaufe' und sie nur 'breit grinste'.Ich hatte den Eindruck, dass ich immer wieder 'auf sie hereingefallen' war.

Niemals zuvor in all den Jahrzehnten, weder privat noch beruflich, hatte ich mich auch nur ein einziges Mal überfordert gefühlt.

Ich hatte immer meine 'Frau gestanden' und 'biss mir nun an einer 15jährigen in der Pubertät vergeblich die 'Zähne aus'. Mir erschien alles so irreal. Zwischen dem 24. und dem 25. Februar versuchte ich nahezu pausenlos, Herrn He. zu erreichen. Erfolglos. Ich empfand das als 'traurig'. Ich hätte zu gern ein Gespräch mit ihm geführt. Er 'hatte' meine Tochter und hielt 'die Mutter auf Abstand'! Warum?

Am 25. Februar fuhr Herr He. mit meiner Tochter zum Jugendamt. Dort spielte man die Audiodatei von Sonntag vor.

Am Nachmittag telefonierte ich mit Frau G. (JA). Sie teilte mir mit, dass meine Tochter nicht nach Hause wollte und das JA sie deshalb in Obhut nähme, wenn ich einverstanden wäre. **Meine Tochter wäre zu 'ambulanter Hilfe' bereit.** Sie würde zunächst an eine 'neutrale' Stelle, die Jugendschutzstelle, kommen. Dort würde meine Tochter sozusagen in einer 'Warteposition' bleiben, um die häusliche Situation zu 'deeskalieren' und vor allem auch, damit ich als Mutter aus der 'Schusslinie' geriete.

Meine Tochter hätte in sämtlichen Familien von Schulkameraden ein negatives Bild von mir gezeichnet.

Das sei aber keine Ausnahme, sagte sie, solches käme in vielen Familien vor. Was leider kein Trost für mich war.

Ich hatte bis dahin niemandem in meiner Familie oder im Freundeskreis (Ausnahme: M. →Kap. 4.15.) von den Vorfällen erzählt.

Ich sehnte mich danach, mich auszusprechen, doch ich hielt an meiner 'Loyalität' fest. Ich wollte im Gegensatz zu meiner Tochter das 'Bild' nicht 'zerstören', das andere von ihr hatten.

SCHADE, dass an jenem Tag keine Hand schützend **über MIR** geöffnet wurde, **um MICH zu halten oder 'in Obhut zu nehmen'.** Auch ich hätte nach alledem wahrlich einmal ein bisschen 'Schutz', 'Ausruhen' und 'Pflege' gebrauchen können

So schritt ich hinaus aus den 'Gemächern' des Jugendamts, wie 'von oben angeordnet', heraus **'aus der SCHUSSLINIE',** **und war dennoch schwer GETROFFEN.**

Ich machte mich auf den Weg nach 'Hause' (…), allein.

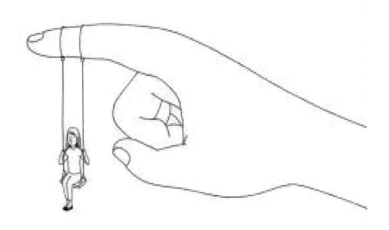

55

4.11. Klassenlehrer

Meine unerfüllten Wünsche hinsichtlich der Schule meiner Tochter: Direkte Ansprache durch die Klassenlehrer und ein wenig Interesse. Meine Tochter hatte in der Klasse 9 zwei Klassenlehrer: Frau H. und Herrn O. Ich erfuhr, dass meine Tochter ihre Klassenlehrer darüber informiert haben musste, dass sie seit Ende Februar 2020 in einer Jugendschutzstelle wohnte. Deshalb suchte ich am **28. Mai 2020** mit beiden Klassenlehrern das Gespräch.

Ich beabsichtigte, mich zu erkundigen, wie es mit meiner Tochter in der Schule lief und teilte persönliche Ansprechpartner und den aktuellen Sachstand im Kinderheim mit. Ich hätte nach wie vor das Sorgerecht für meine Tochter und alle wichtigen Informationen sollten daher über mich laufen.

Sollte den Klassenlehrern etwas an meiner Tochter auffallen oder sie Gesprächsbedarf haben, wäre ich für eine Mitteilung dankbar .

Herrn O. lernte ich nur kurz auf einer Klassenpflegschaftssitzung kennen. Mit Frau H. hatte ich von Anfang an sehr gutes Verhältnis. Wir trafen uns auf Elternsprechtagen und Schulfesten. Sie ist eine äußerst sympathische Frau, die selbst vier Kinder im Ausland alleine großgezogen hat.

Email der Klassenlehrerin H. <x.hxxxx5@googlemail.com> Freitag, 11.10.2019

an xxx

Liebe Frau xxxxx , Ehrlich , ich freue mich auf Ihre E-Mails immer. Sie sind eine wonderfule Frau, Mutter und Mensch und das alles wirkt so toll bei [Name meiner Tochter]! und Ihnen und [Name meiner Tochter] happy relaxing holidays. Best regards.x.Hxxxx

14 Tage vergingen. Es passierte nichts. Ich startete einen neuen Versuch und bat um eine Kopie des Zeugnisses meiner Tochter. Am **12. Juni 2020** meldete sich Herr O.:

Sehr geehrte Frau xxx,
offenbar ist ein Kommunikationsfehler bei den Mails aufgetreten: Wir haben seit einigen Wochen offizielle Schulmailadressen: Name@xxx.de. Darum dürfen wir aus datenschutzrechtlichen Gründen keine Mails mehr über private Mailadressen schreiben. Da ich meine Schülerinnen darüber informiert habe, erreichen mich fast alle Mails jetzt auch nur noch über die neue Schulmailadresse. Sie kannten diese Neuerung vermutlich nicht, sodass Sie sicher die Mail noch an die alte private Adresse bei xxx geschickt hatten. Diese habe ich jetzt gerade kontrolliert, gelesen und kann Ihnen natürlich auch darauf antworten:
Ich habe vor ca. 3 Wochen zwei Mal mit [Name meiner Tochter] persönlich telefoniert. Sie machte einen zufriedenen Eindruck.
Ihre Aufgaben für die Schule hat sie auch erledigt, sodass ich keinen Grund für irgendwelche Sorgen habe - soweit ich das beurteilen kann. Natürlich weiß ich nicht, ob Ihnen diese Nachricht hilft, aber mehr kann ich dazu nicht sagen, da ich [Name meiner Tochter] im Unterricht nicht sehe. Es findet nur Mathematik- und Englischunterricht statt, leider kein Deutschunterricht.
Sollten Sie noch Fragen haben, schreiben Sie mir bitte unbedingt nur noch an diese schulische Mailadresse.
Mit freundlichen Grüßen
[Name des Klassenlehrers O.]

Alle Schülerinnen der Klasse wurden gelegentlich von den KlassenlehrerInnen angerufen, da in Zeiten von Covid-19 nur noch digitaler Unterricht stattfand und man Kontakt mit ihnen halten wollte. Niemand, weder meine Tochter noch die Schule, hielt es für nötig, mir eine Kopie des Zeugnisses zukommen zu lassen.

Ich war von dem 'Stillschweigen' Frau H.s in einer solch 'brenzligen' Situation ein wenig enttäuscht. Das Verhalten der Schule hinsichtlich des Zeugnisses erschien mir ungewöhnlich. Frau H. fragte meine Tochter, ob sie mir das Zeugnis mailen dürfe. Eine ungewöhnliche Frage. Schließlich bin ich die Mutter einer minderjährigen Schülerin und hatte ausdrücklich um das Zeugnis gebeten. Nun wurde sich bei meiner Tochter erkundigt, ob ich es erhalten sollte, obwohl ich als Sorgeberechtigte dazu verpflichtet bin, es zu unterzeichnen. Bislang war meine Tochter auf der höheren Schule auch nie gefragt worden, ob sie das Zeugnis mit nach Hause nähme auf die 'Gefahr hin', dass ihre Mutter es sehen könnte.

Am **01. Juli 2020** teilte mir Herr O. mit, dass Frau H. das Zeugnis vor einer Woche im Schulsekretariat habe einscannen lassen, um es mir über den sicheren Schulserver zu senden. Der Auftrag wäre scheinbar im Schulsekretariat 'hängengeblieben'. Man würde die Angelegenheit aber wieder aufnehmen, sollte ich noch an einer Zeugniskopie interessiert sein.

?????

Warum schickte man mir nicht einfach eine Kopie per Post ?
Was sollte das heißen, wenn ich noch an der Zeugniskopie interessiert wäre?
Mit welchem Grund sollte mein Interesse erloschen sein?

Am **3. Juli 2020** meldete sich Frau H.:

> Sehr geehrte Frau xxx,
> es tut mir leid wegen der Fehlers in Bezug auf xxx Zeugnis. Ich habe Sie nicht vergessen und habe Frau xxx das Zeugnis gegeben, um es zu scannen und an mich zu schicken, sodass ich es an Sie weiterleiten kann. Sie hat es vergessen und ich auch!!! [Im Originaltext sind drei !!!]. Ich habe gestern mit ihr telefoniert und festgestellt, dass sie keine Kopie mehr hat. Ich bin extra in die Schule gefahren und habe mir die Notenliste geholt, so dass ich Ihnen die Noten schicken kann.

Hier ist eine Kopie von unserer Schulakte mit den Noten von [Name meiner Tochter]. Ich entschuldige mich nochmals und wünsche Ihnen schöne Ferien und 'das Wiedergutmachung' mit [Name meiner Tochter]. LG H.

Frau H. ist keine Deutsche. Mit 'Wiedergutmachung' meint sie, dass mit mir und meiner Tochter alles wieder 'ins Reine' käme.

Ihrer Nachricht hingen Fotos an. Frau H. hatte mit ihrem Apple-Smartphone die Noten von Mitschülern auf der Klassenliste abgedeckt, um mir unter Aufrechterhaltung des Datenschutzes nur die Leistungen meiner Tochter zu übermitteln. Angesichts des Rufes, den diese Schule in unserer Region genießt, wirkte das ganze Procedere derart 'dilettantisch', dass es schon wieder rührend war.

Die Nachricht Frau H.s versöhnte mich, denn sie entschuldigte sich mehrmals. Es schien sich offensichtlich um eine 'Verkettung unglücklicher Umstände' gehandelt zu haben. Selbst in einer modernen Schule arbeiten letztendlich 'nur' Menschen, denen auch Fehler unterlaufen, sollten sie manchmal auch 'absurd' wirken.

Ich betrachte es allerdings als die 'Pflicht' eines Klassenlehrers, den unmittelbaren Kontakt zu den Eltern zu suchen, sollte sich an den Lebensumständen eines Schülers eine gravierende Veränderung ergeben. **Das ist in unserem Fall leider nicht geschehen.**

Es ist den beiden Klassenlehrern meiner Tochter jedoch zugute zu halten, dass auch ihre Schule seit **März 2020** in einer schwierigen Lage ist. Durch *Covid-19* sind die Klassenlehrer meiner Tochter seitdem sporadisch zu Home-Schooling verpflichtet und haben somit mehr zu tun als vor Ausbruch der Pandemie. Außerdem stand Herrn O. damals ein Schulwechsel unmittelbar bevor.

Meine Tochter hat in der Klasse 10 keine Klassenlehrer mehr, sondern eine Stufenleitung. Herr O. wollte im Sommer den Kontakt zwischen uns herstellen. Das ist wohl 'im Eifer des Gefechts' versäumt worden. Ich habe mich im November selbst mit Frau H., der Oberstufenleiterin, in Verbindung gesetzt. Das Kinderheim ließ sich derweil in den Email-Schulverteiler aufnehmen. Zu Anfang erschien mir das merkwürdig. Inzwischen bin ich dankbar für diese 'Maßnahme'.

Die Schule meiner Tochter ist überdurchschnittlich aktiv. Es gibt Tage, an denen werden 'Unmengen' an Emails, Rundbriefen und WhatsApp-Nachrichten zu verschiedenen Themen versendet.Ich bin zwar nach wie vor im schulischen Email-Verteiler, worauf ich auch großen Wert lege, lese die Nachrichten aber nur noch, wenn sie mir wichtig erscheinen.

Frau H. bot mir an, dass ich sie jederzeit anrufen könne. Das freute mich.

Da waren **ZWEI BOOTE.**

Im **ersten Boot s**aß nur eine Person. Sie war ganz allein. Das war ich.

Das **zweite Boot** wurde zunehmend voller und drohte inzwischen fast unterzugehen, so viele Passagiere waren bereits eingestiegen. Die Schlange der Interessenten am Kai riss überhaupt nicht mehr ab und meine Tochter winkte ihnen einladend zu. In dem zweiten Boot saßen bereits meine Tochter als Kapitänin, Herr P. vom Amt für Familie, Kinder und Jugend als Sponsor der Bootsfahrt, Frau A. und Frau Q. vom Jugendamt an den Rudern, der Leiter K. und der Betreuer K. des Kinderheims als dem Jugendamt untergeordnete und weisungsgebundene Hilfs-Matrosen und die beiden Familien He. und Ha. als Bodyguards für meine Tochter. Hinzu kamen die Klassenkameradinnen L. und A., die eigentlich von Booten keine Ahnung haben, aber dennoch wie 'Lemminge' vor dem Abgrund dem 'Ruf der Herde' folgten. Es saßen also bereits **zwölf Personen im zweiten Boot** und es wurden immer mehr Passagiere von meiner Tochter gebeten, in ihr Boot einzusteigen.

Ich hatte in den ersten Monaten das Gefühl gehabt, die beiden Klassenlehrer säßen inzwischen auch in diesem bereits übervollen Boot meiner Tochter.Sie hätten sich 'anheuern lassen' und auf 'die Seite meiner Tochter geschlagen', ohne die Hintergründe zu kennen oder die andere Seite jemals gehört zu haben. Anders konnte ich mir ihr 'Stillschweigen' mir gegenüber nicht erklären. Ich ging davon aus, dass sie sich sich auf 'hoher See' befanden und mich, aus welchen Gründen auch immer, auf Abstand hielten. Ich saß weiterhin allein im ersten Boot.

Boot Eins - Das Boot meiner Tochter 56

Da! Plötzlich winkte mir jemand vom Kai aus zu!

Er wollte in mein Boot! Es war (…)

Polizeihauptkommissar L.

4.12. LKA (Landeskriminalamt)
KRIMINALPOLIZEI

Die Internetseiten der Kriminalpolizei sind [57] informativ, insbesondere auch hinsichtlich des Themas 'Pädophilie im Netz' und der polizeilichen Strafverfolgungs- und Präventionsarbeit.

Erfolge im Kampf gegen Darknet-Plattformen

Das 'Darknet' erschwert der Polizei die Arbeit – auch im Bereich [der] Kinderpornografie. Dennoch gelang es in der Vergangenheit immer wieder[,] Täter zu ermitteln und Plattformen zu schließen. Das 'Darknet' ist ein loser Verbund von vielen privaten Computern, die als 'Peer-to-Peer-Netz' untereinander verbunden sind und zwischen denen die Daten häufig verschlüsselt übertragen werden.***
Der Zugang zum 'Darknet' erfolgt über das 'Tor-Programm', wobei TOR für 'The Onion Router' (TOR) steht.

***[**peer**/engl.: Gleichgesinnter. Gemeint ist ein Verbund von 'Insidern' und Internet-Usern gleicher Interessen; onion/engl: Zwiebel. Eine Zwiebel besteht aus vielen Schalen, die kreisförmig um das Innere, der sogenannten 'Knospe', angelegt sind. Man stelle sich diese 'innere Knospe' der Zwiebel nun als 'anonymen Server' vor.
Verschlüsselt: Codiert, somit nicht für jedermann lesbar, vergleichbar mit einer Art 'Geheimsprache'. Bekannt aus dem Email-Verkehr oder auch bei Apps wie WhatsApp, bei denen Nachrichten inzwischen auch 'verschlüsselt' übertragen werden.
'Onion Routing' ist somit eine Technik, die Inhalte, die im Netz 'ausgetauscht' werden, über ständig wechselnde Routen 'kreisförmig' um diese 'Zwiebelknospe' (den Router) herumführt, so dass es schwer bis unmöglich ist nachzuvollziehen, von wem welche Inhalte kommen und wer welche Informationen angefragt hat. Ziel dieses Vorgehens ist die Anonymisierung der Daten, sprich, die Verhinderung ihrer Zurück-Verfolgbarkeit [Erläuterung: Resi Lienz].

Klar ist: Das Darknet erschwert es den Sicherheitsbehörden, Anbieter[n] und Konsumenten der entsprechenden Marktplätze zu ermitteln. Und dennoch gibt es Erfolge: Im Juni 2017 flog die Website „Elysium" („Insel der Seligen" - die bislang größte deutsche Plattform zum Tausch von kinderpornografischem Bild- und Videomaterial) auf. Sie ist seither abgeschaltet. Durch die internationale Zusammenarbeit der Behörden gelangen die Ermittlungen zu dieser Plattform, die über 87 000 Mitglieder zählte. 14 Verdächtige, darunter fünf Deutsche, wurden festgenommen und Anfang 2019 zum Teil zu hohen Haftstrafen verurteilt. Die Ermittlungen führte seinerzeit die Zentralstelle zur Bekämpfung der Internetkriminalität (ZIT) in Gießen, eine Sondereinheit der Generalstaatsanwaltschaft Frankfurt am Main. Ende April 2019 gelang ebenfalls ein Schlag gegen die Betreiber und Administratoren der Underground Economy Plattform „Wall Street Market" (WSM). Grundlage war erneut die umfassende Zusammenarbeit nationaler und internationaler Sicherheitsbehörden. Bei WSM handelte es sich um eine der größten Darknet-Plattformen, die dem unerlaubten Handel mit verschiedenen Waren wie Drogen, Waffen und kinderpornografischem Bild- und Videomaterial diente. Nach eigenen Angaben der Betreiber von WSM beliefen sich die Nutzerzahlen auf 1 150 000 Kunden und 5 400 verifizierte Verkäufer. Als mutmaßliche Administratoren der Plattform wurden drei Deutsche festgenommen.Übrigens: Die Technik der Anonymisierung der Daten haben 2019 zwei Millionen User genutzt!

Quelle: https://polizei.nrw/artikel/erfolge-im-kampf-gegen-darknet-plattformen. Aufruf: 23. August 2020.

Da weder das Jugendamt noch das Kinderheim trotz meiner monatelangen Aufforderung zu keiner 'Gefahrenabwehr und Prävention im Internet' fähig oder bereit waren und somit das Kindeswohl meiner Tochter gefährdet schien, kontaktierte ich nach einem Treffen mit meiner Familie (→Kap. 4.16) am **28. Juni 2020 das Landeskriminalamt (LKA) in Berlin.** Für diese Thematik wurde extra eine Sonderkommission eingerichtet:

LKA 131 – Dokumentierter sexueller Missbrauch von Kindern'

Ich schilderte die medialen Vorkommnisse der letzten zwei Jahre.
Die zuständige Empfängerin meines Schreibens, Frau D., war sehr 'rührig' und leitete meine Emails unmittelbar an 'Kolleg*innen außerhalb Berlins weiter.

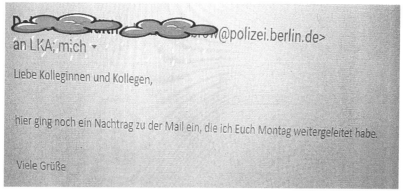

58

Um die Gefahrenabwehr und eine Strafverfolgung durch die Kriminalpolizei zu ermöglichen, fertigte ich in den folgenden zwei Wochen eine umfangreiche und aussagekräftige Dokumention mit entsprechenden Indizien an. Frau D. vom LKA bat mich, mich an das **örtliche Polizeikommissariat** zu wenden, das meine Unterlagen zwischenzeitlich erhalten hatte.

Am **06. Juli 2020** nahm **Polizeihauptkommissar L.** Kontakt zu mir auf:

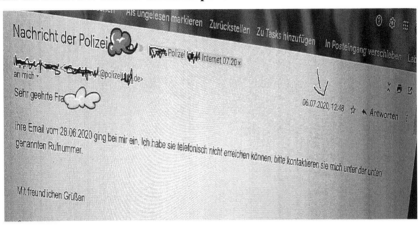

^ 59

Da ich L. nicht erreichte, schrieb ich eine Email und bat um Mitteilung seiner Dienstzeiten. Daraufhin antwortete L.:

„Ich werde immer mal wieder versuchen, Sie zu erreichen, Anrufe <u>von mir</u> erscheinen bei Ihnen <u>ohne</u> angezeigte Rufnummer".

Spannend. Bis dahin hatte ich es tunlichst vermieden, Telefongespräche anzunehmen, bei denen im Display 'unbekannte Nummer' angezeigt wurde. Das sollte ab sofort anders werden.

Am **7. Juli 2020** führten wir ein Telefonat.

L. informierte mich darüber, dass er nun alle Daten zum Sachverhalt aufnehmen wolle. Er hätte zwei Ziele: Die **Gefahrenabwehr**, sprich, ein Gespräch mit meiner Tochter hinsichtlich der 'Brisanz' ihrer Internetaktivitäten zu führen und die **Strafverfolgung von Tätern im Netz**. Außerdem wollte L. herausfinden, <u>warum</u> meine Tochter handelte, wie sie handelte.

Der klassische Polizeiansatz unter Zur-Hilfe-Name von Repressalien z.b. 'greife' hier zu kurz, erklärte L.

Wir verabredeten uns für den **17. Juli 2020** im Polizeipräsidium. Bis zu diesem Termin sollte ich alle beweiskräftigen **Fotos und Videos auf einem USB-Stick** abspeichern.

Am **10. Juli 2020** mailte ich die Dokumentation nebst medialen Indizien an den Polizeihauptkommissar L., das Jugendamt und das Kinderheim.

Am **13. Juli 2020** rief L. bereits früh morgens an:

Wir können nicht bis zu dem ursprünglich vereinbarten Termin am 17. Juli warten! **Sie müssen SOFORT** kommen! Ich habe jetzt alle Bilder und Videos und Ihre komplette Dokumentation gesehen. Ich bin nun vollständig informiert und **MUSS** in meiner Funktion handeln! Es geht um **IHRE Tochter**!

Der Anruf L.'s erreichte mich völlig unvorbereitet und auf einem USB-Stick hatte ich auch noch nichts abgespeichert. Warum plötzlich eine solche 'Eile'? Sein nachdrückliches Auftreten wirkte. Es geht um Ihre Tochter' waren Worte, die L. bewusst als Familienvater so gewählt hatte, um seiner Aufforderung Nachdruck zu verleihen.

Ich war noch müde, vor allem von den letzten zwei Jahren, und hatte doch mit meiner Dokumentation jetzt erst einmal meine 'Pflicht' erfüllt. Meine Zusammenstellung der Beweise hinterließ bei den Behörden, Jugendamt und Kinderheim, keinen bleibenden Eindruck und meine Tochter bewegte sich ohnedies weiterhin im Internet wie gehabt. Da ich vom 'alten Schlag' bin und ein Polizeibeamter für mich eine Respektsperson darstellt, lud ich in Windeseile alle Dokumente auf einen USB-Stick, sagte alle Termine für den Vormittag ab und fuhr 'mit wehenden Fahnen' ins Polizeipräsidium.

L. hatte inzwischen sowohl mit dem Jugendamt als auch mit dem Kinderheim telefoniert.

Beide Institutionen hätten alles 'abgewiegelt'. 'Es sei alles gar nicht so schlimm'! Um so konkreter sei meine Email und meine Dokumentation vom **10. Juli 2020**, so dass L. sich nun 'gezwungen' sehe, zu handeln. Er müsste nun die Gefahrenabwehr und ein Strafverfahren gegen die involvierten, noch unbekannten Personen im Internet einleiten. Er beabsichtige, noch am gleichen Tag zu meiner Tochter ins Kinderheim zu fahren, um mit ihr zu reden. Er würde sie 'belehren'. Auf die Unterbringung im Kinderheim und alles andere habe er keinen Einfluss.

L. wollte wissen, warum meine Tochter 'das kompromittierende Material im Internet verbreitete und mit ihr ein Gespräch über korrektes mediales Verhalten führen. Er fände es auch nicht in Ordnung, wenn Jugendlichen ständig ein Smartphone, vor allem auch nachts, zur Verfügung stünde.

Es erschienen zwei weitere Polizeibeamte. L. händigte ihnen den USB-Stick mit der Bitte aus, die darauf abgespeicherten Bilder auszudrucken.

Ich fragte L, wie er als Familienvater in einer solche krisenhaften Situation reagieren würde. Das Zurücknehmen der Inobhutnahme hielt er für keine gute Lösung, da meine Tochter mit 15 Jahren ein Mitspracherecht habe. Er würde direkt den Jugendamtsleiter ansprechen.

[Der damalige Jugendamtsleiter war im Juli 2020 dabei, in Pension zu gehen. Ein Nachfolger war noch nicht bekannt. Dennoch recherchierte ich ausgiebig und wandte mich dann auch schließlich direkt an die Jugendamtsleitung. Die Resonanz deckte sich mit den Reaktionen, die ich von Jugendamt und Kinderheim 'gewohnt' war: Man sah absolut keinen Handlungsbedarf, in keiner Hinsicht, weder was die Internetaktivitäten meiner Tochter betrafen noch hinsichtlich ihrer 'Fehlunterbringung' im Kinderheim!].

Die beiden Polizeibeamten kehrten mit dem ausgedruckten Bildmaterial zurück. Ich unterschrieb das Gesprächsprotokoll.

L. führte mit meiner Tochter das angekündigte Gespräch im Kinderheim und rief am **20. Juli 2020** an, um mir davon zu berichten:

Er habe mit meiner Tochter eine Stunde lang ein 'vernünftiges Gespräch', geführt, um die 'Straftaten abzuklären' und festzustellen, wer 'Täter', wer 'Opfer' sei. Zur **Gefahrenabwehr** habe er sich mit meiner Tochter intensiv unterhalten, sie darüber aufklärend, was man im Internet tut und vor allem, was nicht.

L. sagte über meine Tochter, was ich bereits wusste und was mir immer wieder aufs Neue durch Dritte bestätigt wird, dass sie ein 'tolles Kind' und intelligent sei. Der Kommissar hat von ihr einen sehr positiven Eindruck. Ich könnte mir nicht vorstellen, auf welche 'Gestalten' man bei solchen Gelegenheiten manchmal träfe. Meine Tochter würde ihren Weg gehen. L. berichtete, dass sie glaube, dass die 'Unbekannten', an die sie Bild- und Video-Material verschickt hat, ein junger Mann und eine junge Frau wären. 'Danach' hätte sie es nicht mehr getan. 'Danach' ist ein dehnbarer Begriff. Das 'danach' kann nicht überprüft werden. Wenn überhaupt, kann mit 'danach' allenfalls ab **Februar 2020** gemeint sein. Bis **Ende Januar 2020** hat meine Tochter sich durch mein Eingreifen von ihren Internetaktivitäten nicht abhalten lassen.

Meine Tochter 'gestand' L., dass sie 'es' getan habe, um Bestätigung zu bekommen. Sie habe sich 'hässlich' gefühlt und die Unbekannten hätten ihr bestätigt, dass sie 'schön' sei. Dass meine Tochter 'es' überhaupt getan hat und dass sie sich als 'hässlich' empfunden hat, kann ich als Mutter nicht nachvollziehen. Ich kann mich in ihre Unsicherheit in der Pubertät hineinfühlen.
Sie wurde im Internet bestätigt. Dann wurde mehr Bildmaterial gefordert.
Da ist meine Tochter schwach geworden.

L. sagte meiner Tochter wortwörtlich, dass es **SCH...e** gewesen sei, was sie da getan habe. Er ist sich ziemlich sicher,was er allerdings nur mir mitteilte, dass es sich bei den Unbekannten, mit denen meine Tochter in Kontakt stand, um **'Pädophile'** handeln muss, die an Fotomaterial herankommen wollten.

Der Polizeihauptkommissar leitete ein Strafverfahren ein.

In diesem Fall sei meine Tochter das 'Opfer'. Für mich ist sie auch Täterin. Man ist immer beides. Sie hat im Internet 'akribisch' gesucht und ist dann fündig geworden.
Sie hätte sich 'übermäßig überprüft und beaufsichtigt gefühlt' und führte das als Motiv für ihre 'gefährlichen Unternehmungen' an.

?????

Anmerkung der Mutter: Die Überprüfung/Beaufsichtigung meiner Tochter begann im **Juni 2018,** als sie im Internet 'auffällig' wurde und anfing, mit Unbekannten zu chatten sowie heikles Material im Netz 'zu streuen'
.Das 'Ei' war hier ganz eindeutig <u>vor</u> der Henne da!!

60

L. ließ am Ende unseres Telefonats etwas Persönliches 'einfließen', Worte, die sicher kaum eine Mutter 'kalt lassen':

> Er betriebe schon lange 'Ermittlungsarbeit' und sei Vater zweier Kinder. Er halte meine Tochter nicht für 'sexsüchtig' [Das tue ich übrigens auch nicht !]. Es sei ein 'Hilferuf' ihrerseits [Dieser Meinung schließe ich mich an]. Pubertiere haben 'Minderwertigkeitskomplexe'. In knapp zwei Jahren wäre meine Tochter 18 Jahre alt. Dann könne sie machen, was sie wolle.

„Schlagen Sie die Tür <u>nicht ganz</u> zu!", riet L.
Was für ein schönes Bild!

61

Ich brauche noch Zeit.

Ich warte ab, ob meine Tochter die Initiative ergreift und wie sie sich mir gegenüber verhält.
Momentan genieße ich es, nichts zu 'hören und zu sehen' und in mein neues, spannendes Leben 'einzutauchen'.

Ich bleibe die Mutter meiner Tochter.

Aktuelle Zeit: Nach-Krisen-Phase.
Aktueller Ort: An der Batterieladestation.
Aktuelles Ziel: Ich sorge jetzt erst einmal dafür, dass es **mir** gut geht.

Die Tür ist nur angelehnt.
Ich kann durch den Spalt hindurchschauen.

62

Am **28. August 2020** ließ mich Hauptkommissar L.schmunzeln:

(…) Bezüglich Ihrer letzten Mail: Es ist so, dass das Internet voll ist von diesen und ähnlichen Profilen.
Das LKA [...] führt sogenannte verdachtsunabhängige Internet-Recherchen durch, mit dem Ziel,
diese Leute zu erkennen und soweit strafbare Handlungen geschehen sind, zu verfolgen.
Tun Sie mir bitte den Gefallen und fangen Sie nicht selber an zu ermitteln.
Wir bemühen uns wirklich, entsprechende Straftaten zu verfolgen, aber wie Sie sich sicher vorstellen können, ist das eine Mammut-Aufgabe.
Mit freundlichen Grüßen
und ein schönes Wochenende (…).
[Auszug/Originalmail L. vom 28.08.2020].

Ich beruhigte L. Ich habe nicht vor, zu ermitteln. L.'s Dienststelle und insbesondere er machen einen sehr guten Job. Außerdem fehle mir dafür auch die Zeit. Ich sei mit dem 'Thema Internet 'durch'. Strafverfolgung in Eigenregie behindert die Polizeiarbeit eher, als dass sie sie unterstützt.

Ich fragte Polizeihauptkommissar L., ob ich seine 'Worte' in meinem Buch veröffentlichen dürfe, wenn er selbst 'unkenntlich' bliebe.

Er war damit einverstanden.

Als ich L. dann fragte, ob ich ihm nach der Veröffentlichung des Buches ein Exemplar zukommen lassen dürfe, schrieb er:

L.   28.08.2020, 09:17

    an
mich

Ich würde mich darüber freuen und es lesen.
[Auszug aus der Originalmail vom **28.08.2020**].

Ich rechnete mit dieser Reaktion. Nein. Ich erhoffte sie mir. Polizeibeamte wirken äußerlich manchmal 'unnahbar'.

L. arbeitet nicht nur äußerst professionell, sondern er ist auch einer der wenigen Beteiligten in unserer Krise, der beide Protagonisten im Blick hat.

Vielleicht ahnte L., dass es sich um ein nicht alltägliches Buch handelt. Er kennt bislang auch nur 'seinen Teil' der Geschichte.

10

Am **30. Oktober 2020** erhalte ich Post von der Staatsanwaltschaft.
Gegen einen der drei oder vier Pädophilen, mit denen meine Tochter in Kontakt stand, <u>**ist erfolgreich ermittelt worden!**</u>
Das Strafverfahren wird nach Itzehoe weitergegeben.

Meine Tochter wollte bereits 2019 einen 'Unbekannten' in Hamburg treffen. Die Himmelsrichtung stimmt.

Ich freue mich!

Es handelt sich um einen wichtigen Teil-Erfolg für die Kriminalpolizei, für mich als Mutter und für **alle Mütter**, deren Töchter von diesem Täter hoffentlich nicht mehr 'behelligt werden'.
Einer ist schon mal 'dingfest' gemacht. **Weiter geht es!**

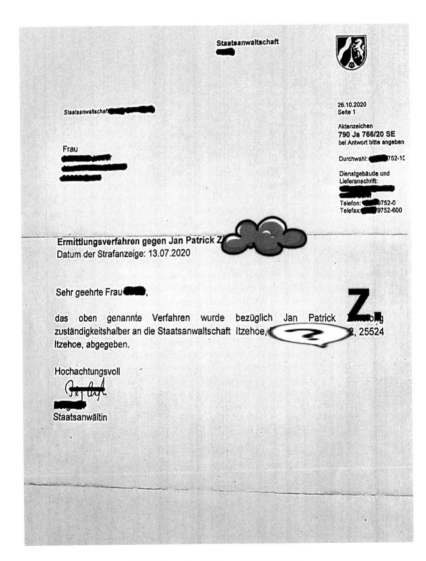

Staatsanwaltschaft

Staatsanwaltschaft ████████████

Frau
████████████
████████████

26.10.2020
Seite 1

Aktenzeichen
790 Js 766/20 SE
bei Antwort bitte angeben

Durchwahl: ████752-1C

Dienstgebäude und
Lieferanschrift:
████████████

Telefon: ████8752-0
Telefax: ████9752-600

Ermittlungsverfahren gegen Jan Patrick Z
Datum der Strafanzeige: 13.07.2020

Sehr geehrte Frau ████,

das oben genannte Verfahren wurde bezüglich Jan Patrick Z███████
zuständigkeitshalber an die Staatsanwaltschaft Itzehoe, ████████, 25524
Itzehoe, abgegeben.

Hochachtungsvoll

Staatsanwältin

Das Schreibens der Staatsanwaltschaft in meinen Händen merke ich, dass der Sachverhalt erneut 'aufwühlt': Die Straftat 'Pornographie im Netz' ist nicht mehr anonym. Das 'Kind hat einen Namen'.Der Täter erhält ein konkretes **'Gesicht', eine Identität, einen Namen und eine Adresse.**

Es ist zehn Monate her, dass meine Tochter ihm ihre Bilder und Fotos 'überließ'. Ich google den 'Typen' und finde ihn in den sozialen Netzwerken. Ein solider, professioneller Werdegang 'tarnt' ein, verzeihen Sie, 'widerliches Schwein'.

Ich betrachte den fremden Mann, an den meine 'Prinzessin' intime Fotos und Videos verschickt hat. Ich stelle mir vor, wie er das 'Material' meiner Tochter 'in den Händen hält und sie 'anglotzt'.

Alte Gefühle nehmen von mir Besitz: Mitleid mit und Ärger über meine Tochter.

?????

Wie konnte sie nur so naiv, dumm und unbelehrbar sein!

Scham für uns beide, Schrecken und Ekel!

Ich 'packe' alle Emotionen weg und warte jetzt darauf, dass gegen die anderen zwei oder drei Täter erfolgreich ermittelt wird.

Am **07. November 2020** erhalte ich erneut Post von der Staatsanwaltschaft. Inzwischen erfüllt mich das Entgegennehmen der offiziellen Umschläge mit Vorfreude. Beim Öffnen bin ich ein wenig aufgeregt:
Ein Strafermittlungsverfahren gegen einen gewissen **'Kuru'** (*knuddels.de*) wird eingestellt, weil seine Telefonnummer ein 'Fake-Anschluss' sei.
Den Namen *'Kuru'* höre ich zum ersten Mal. Da meine Tochter wieder einmal behauptete, dass besagter 'Kuru' 16 Jahre alt wäre, recherchiere ich, um sein Alter zu überprüfen.

Ich rufe die Internetseite *Knuddels.de* auf. Angeblich kennt *Knuddels* mein Profil *VerträumterSam17* nicht mehr. Ich muss mich neu registrieren. Ich bin heute Nadine, 14 Jahre alt (nick: Nadinecraz14).
Wie immer ist die Registrierung ein 'Kinderspiel', aber es gibt seit **August 2020** ein paar Änderungen auf der Dating-Plattform. Vielleicht haben die Kriminalpolizei oder die Staatsanwaltschaft den Provider des Dienstes nach meinen Recherchen und der Dokumentation kontaktiert (→. Kap. 4.18.).

Meine Tochter hat eine 'Falschaussage' getätigt. Ich stelle fest, dass besagter 'Kuru' ein **29jähriger Mann** ist. Ich leite sein Profil und sein Foto an die Staatsanwaltschaft und die Kriminalpolizei weiter.

Gegen Ende November ruft L. (Kriminalpolizei) an. Er hat ermittelt und sich diesem Zweck auch bei *Knuddels* eingeloggt. Doch er muss leider mitteilen, dass wir uns in dem Fall 'Kuru' in einer Sackgasse befänden: Alles an ihm sei Fake, sein Profil, sein Geburtsdatum und die Telefonnummer. Da sei leider nichts zu machen.

Wir haben es bei ihm versucht!

02.11.2020
Seite 1

Aktenzeichen
775 UJs 230/20 SE
bei Antwort bitte angeben

Durchwahl: 102

Dienstgebäude und
Lieferanschrift: ▮

Telefon: ▮9752-0
Telefax: ▮9752-600

Staatsanwaltschaft ▮

Frau
▮

Ermittlungsverfahren gegen Unbekannt
Tatvorwurf: Besitzverschaffen jugendpornografischer Schriften
Datum der Strafanzeige: 19.10.2020

Sehr geehrte Frau ▮,

das Ermittlungsverfahren ist eingestellt worden, weil ein Täter nicht ermittelt werden
konnte.

Die polizeilichen Ermittlungen aufgrund Ihrer Strafanzeige vom 19.10.2020 haben
ergeben, dass Ihre Tochter ▮ im vergangenen Winter - wie Sie ja bereits wissen -
via die Internetplattform "Knuddels" Kontakt zu einer anderen Person aufgenommen
hat, der sie Nacktaufnahmen von sich übermittelt hat. Im Hinblick darauf, dass es
ausschließlich eigene Bilder waren, hat sich ▮ durch die Versendung auf Bitten
des Empfängers hin nicht selbst strafbar gemacht. Da ▮ zu diesem Zeitpunkt
bereits das 14. Lebensjahr vollendet hat, scheidet auch eine Strafbarkeit des
Empfängers aus, sofern dieser die Bilder nicht an Dritte weiterleitet. Um wen es sich
bei dem Chat-Partner gehandelt hat, ließ sich nicht ermitteln. Ihre Tochter geht davon
aus, dass die Person namens "Kuru", wie von ihm angegeben, tatsächlich 16 Jahre
alt war. Aus dem Umstand, dass der vom Chat-Partner genutzte Telefonanschluss
nicht auf eine existierende Person angemeldet war, können keine weitergehenden
Schlüsse gezogen werden. Denkbar ist sowohl, dass gezielt ein "Fakeanschluss"
genutzt wurde, um die eigene Identität und das eigene Alter zu verschleiern. Denkbar
ist aber ebenso, dass der noch junge Anschlussnutzer die falschen Personlien allein
dazu genutzt hat, ohne die Mitwirkung der Eltern einen Mobiltelefonvertrag schließen
zu können. Dies wäre keinesfalls gutzuheißen. Stellt jedoch in Bezug auf Ihre Tochter
keine Straftat dar. Seine Identität lässt sich aufgrund der von ihm genutzten falschen
Daten nicht feststellen.

Sprechzeiten: Mo, Di: 8.30 - 11.30 Uhr und 13.30 - 15.00 Uhr, Mi - Fr: 8.30 - 11.30 Uhr und 13.30 - 14.30 Uhr

Übersicht der laufenden Strafverfahren gegen 'Pädophile im Netz':

Gründe für die Übersicht:

I. Zuordnung der einzelnen Strafverfahren.

II. Prävention: Sollten die Kontaktdaten in Chats Ihrer Kinder auftauchen, sind Sie bereits über die 'Täter' im Bilde.

Strafverfahren I:
Am **13. Juli 2020** wurde gegen Pädophile mit folgenden Kontaktadressen ein Strafverfahren eingeleitet Es ist davon auszugehen, dass es sich insgesamt um drei oder vier Personen handelt, wobei ein Täter auch zwei unterschiedliche Kontaktadressen haben kann Bei Nr. 2 und Nr. 3 ist davon auszugehen, dass es sich um einen Täter handelt.

1. mates21 (→ S.142/143)

2. i-love-keeneth@live.de (Kontakt über E-mail-Account)

3. starfieldpowercherry@gmail.com (Lioba/Liaaa) (→ S.141)

Ergebnis: Ein Täter wurde bereits erfolgreich ermittelt (→S.288).

Strafverfahren II:
Am **19. Oktober 2020** wurde aufgrund meiner Recherchen gegen diesen Kontakt ein Strafverfahren eingeleitet (Nr. 4 + 5 gehören zu einem Täter-Profil).

4. 'soulmate' Tel. +1 (737) 239 6974

5. 'Kuru' (*knuddels.de*)

Ergebnis: Das Verfahren wurde am 02.11.2020 eingestellt. Täter ist nicht ermittelbar(→S.290) (Sein Fake-Profil: →S.388/389)

4.13. Wohngruppe/ Kinderheim

🎤 Sprachnachricht (3:14)

Naja heim ist es nicht. es ist eine Art wg mit leuten in meinem Alter und Betreuern. Geht eigentlich. Aber ich übertreibe echt nicht. ich habe keinen Grund. Nach zwei Jahren ist es halt viel, was sich aufstaut und deswegen erzähl ich das so sauer. Tatsächlich hab ich immer gedacht. ich bin das Problem. aber kann ja nicht sein. oder? Und ja. vielleicht ist sie eine cholerikerin oder wie man das nennt xD ich glaube das heißt so. Und vielleicht psychopathisch angehaucht. Ich will raus. aber natürlich hat man Angst. Am meisten mach ich mir Sorgen um meinen Hund. weil sie ihn weggeben wird. Und davor hab ich angst

17:29 ✓✓

Konversation meiner Tochter.
Kinderheim ist es sehr wohl.
'Ihren Hund' ist gut. Den hat sie
nie mehr aufgesucht...

Am **06. Mai 2020** zog meine Tochter in die Wohngruppe des Kinderheims.
„Naja heim ist es nicht, es ist eine Art wg mit leuten in meinem Alter und Betreuern", beschrieb sie die Einrichtung ihren Freunden .

Meiner Tochter schien immer noch nicht bewusst zu sein, dass 'Wohngruppe' ein Euphemismus für 'Kinderheim' ist oder aber es war ihr vor ihrer Freundin unangenehm, 'das Kind beim Namen zu nennen'. In einem 'Kinderheim' leben in der Regel Kinder und Jugendliche, die kein 'Zuhause' und/oder keine Eltern (mehr) haben.

Das Kinderheim ist in Vereinsträgerschaft und präsentiert sich auf seiner Internetseite wie folgt:

Der Verein ist ein freier, gemeinnütziger, katholischer Träger der Kinder- und Jugendhilfe und fördert gemäß der Satzung junge Menschen, unabhängig ihrer Herkunft, ihrer politischen und religiösen Überzeugung.
Die [Name der Einrichtung] wurde 1946 gegründet, um Jugendlichen, die in der Folge des Krieges obdachlos geworden waren, ein Zuhause zu geben. In den vergangenen Jahrzehnten hat sich der Verein immer wieder den sich verändernden Erfordernissen und Bedürfnissen junger Menschen angepasst. Entstanden sind spezifische Angebote in den Bereichen Hilfen zur Erziehung, Jugendsozialarbeit und offene Kinder- und Jugendarbeit. Insgesamt arbeiten rund 100 Mitarbeiter/innen in den verschiedenen Aufgabenfeldern. Vertreten wird der Verein durch einen ehrenamtlichen Vorstand. Unser Leitbild orientiert sich am christlichen Menschenbild und basiert auf den Grundwerten christlicher Weltanschauung.

Das Ziel der pädagogischen Förderung ist darauf [aus]gerichtet, ein angemessenes Sozialverhalten, die Integration in den Gruppenprozess und die Fähigkeit zur selbständigen Lebensführung zu vermitteln, als Ergänzung zum Lernen in Schule, Beruf und Arbeitswelt.

Im Jugendwohnen [Name der Einrichtung] bieten wir rund 40 Kindern, Jugendlichen und jungen Erwachsenen differenzierte Angebote im Rahmen der Hilfen zur Erziehung und der Jugendsozialarbeit. Unsere Arbeit ist geprägt von klaren Strukturen, verlässlichen Beziehungen und gegenseitigem Respekt und Akzeptanz. Eine gute Zusammenarbeit ist uns dabei sehr wichtig. In unseren Wohngruppen lebt jeder Jugendliche in einem eigenen Zimmer. Gemeinschaftlich nutzen sie eine Küche, ein Wohnzimmer und mehrere Badezimmer.

[Keine Quellenangabe aus Gründen der Anonymität]

Im **Mai 2020** sind dreizehn Jugendliche ab 16 Jahren im Kinderheim stationär untergebracht. Meine Tochter ist mit 15 die jüngste Bewohnerin. Sie lebt mit jeweils zwei 16- und zwei 17 Jährigen auf einer Etage. Das möblierte Zimmer (16 qm) hat ein großes Fenster mit Blick auf einen schönen Garten. Die Etage verfügt über ein gemütliches Wohnzimmer, das die Jugendlichen leider selten nutzen, eine Gemeinschaftsküche und ein Bad.

Für meine Tochter kommen Alternativen zur stationären Wohngruppe nicht in Betracht. Sie hätte jederzeit die Möglichkeit gehabt, in den ersten drei Monaten, oder auch später, nach der Inobhutnahme nach Hause zurückzukehren. Das bot ich ihr immer wieder an.

Mir 'gefiel' ihre Unterbringung in einem 'Kinderheim' auch nicht, weil es Kinder und Jugendliche gibt, die einen solchen Wohnplatz weitaus dringender benötigen: Jugendliche, deren Leben gefährdet ist oder deren Eltern drogen-, alkoholabhängig oder gar verstorben sind. Das Kindeswohl meiner Tochter war <u>zuhause</u> zu keinem Zeitpunkt gefährdet.

Es existieren unzählige Dokumentationen, die ähnlich 'verheerende Fehl-Entscheidungen' seitens der Jugendämter belegen, sowie ihr Eingreifen und das 'Auseinanderreißen' von Familien anstatt der Gewährung von ambulanter, erzieherischer Hilfe. Eine erschreckend große Anzahl von Jugendämtern steht noch nicht einmal zu den eigenen Fehlentscheidungen. Waren es 2004 noch 25.000 Kinder und Jugendliche, die von den Jugendämtern in Obhut genommen und in Pflegefamilien und Kinderheimen untergebracht wurden, so lag diese Zahl 2014 bereits bei 50.000 Kindern und Jugendlichen in Fremdunterbringung (→Kap. 10 Anhang, S. 514 f).

Meine Tochter befindet sich bis zum **Frühjahr 2021** in Stufe 1 der Regelbetreuung:

<u>Gemeinsam auf dem Weg in ein selbstständiges Leben</u>
In unserer Regelgruppe betreuen wir Jugendliche, die aus unterschiedlichen Gründen nicht zu Hause leben können. Sie leben in drei aufeinander aufbauenden Kleingruppen. Die Inhalte und Schwerpunkte der Betreuung vereinbaren wir mit jedem Einzelnen individuell. Von Stufe 1 bis 3 wächst unsere Erwartung an die Selbstorganisation der Jugendlichen. Stück für Stück ziehen sich die Betreuer aus den Bereichen zurück, in denen die Jugendlichen selbst Verantwortung übernehmen können. Durch unser Stufenmodell hin zu mehr persönlichen Freiräumen sind die Jugendlichen stark motiviert, sich [weiterzuentwickeln} und sich stets neue Freiräume zu erarbeiten.

Stufe 1 und 2: Sozialpädagogisch betreute Jugendwohngruppe
Diese Gruppe umfasst die Stufen 1 und 2 unseres Dreistufenmodells (Alter: 15-18 Jahre). Am Anfang der Betreuung in der Wohngruppe klären wir gemeinsam mit den Jugendlichen ihre persönliche und schulische oder berufliche Situation. Daran schließt sich an, dass wir persönliche Ziele mit den Jugendlichen vereinbaren. Im Laufe der Betreuung bringen wir ihnen dann vor allem lebenspraktische Fertigkeiten wie Einkaufen und Haushaltsführung bei. Zuverlässige Jugendliche, die Grundkenntnisse in der Haushaltsführung besitzen und motiviert kontinuierlich an ihren persönlichen Zielen arbeiten, können in die Stufe 2 umziehen (Quelle: Internetseite des Kinderheims).

Die primären Ziele des Jugendwohnens sind, dass die Jugendlichen regelmäßig und pünktlich aufstehen und zur Schule gehen. Sie sollen ihr Zimmer in Ordnung halten, jeweils einmal die Woche das Bad putzen und für die Gruppe kochen. In der Woche muss meine Tochter um 21 Uhr in der Einrichtung sein, am Wochenende um 22 Uhr. Möchte sie außerhalb des Kinderheims übernachten, wird zunächst das Einverständnis der Sorgeberechtigten eingeholt und danach das der Familie, bei der die Jugendliche ihre Übernachtung beabsichtigt.

Die 'Farce an der Geschichte' ist, dass die Jugendlichen im Kinderheim das 'üben', was meine Tochter bereits seit Jahren kann: 'Lebenspraktische Fähigkeiten wie Einkaufen und Haushaltsführung'.

Die 'Baustellen' meiner Tochter liegen woanders.

Paradox:?????

Zu den Haupt-Aufgaben des Jugendamtes gehört es, das 'Kindeswohl' zu schützen. Wird <u>aber</u> das Kindeswohl durch internetfähige Geräte und den Umgang damit gefährdet, ist es <u>nicht mehr</u> Aufgabe des Jugendamts, das Kindeswohl zu schützen.

Hier 'BEIßT SICH DIE KATZE <u>WIEDER</u> IN DEN SCHWANZ!

64

Meine Tochter war immer pünktlich in der Schule. Sie hat nie gefehlt und stets gute Noten nach Hause gebracht. Sie kocht mit Leidenschaft.
Sie ist zuverlässig. Ambitioniert verfolgt sie zukünftige berufliche Ziele Kinder von Alleinerziehenden sind besonders selbstständig, da ihnen oft viel abverlangt wird und sie Aufgaben übernehmen, die in der Regel ein zweiter Erwachsener im Haushalt erledigt. Meine Tochter war ab dem 12. Lebensjahr in der Lage, einen Haushalt zu führen. Das war mein Ziel. Meine Aufgabe war es auch, ihr 'Hilfe zur Selbstständigkeit' anzubieten. Ich wollte aus meiner Tochter einen lebensfähigen Menschen und eine 'starke Heranwachsende' 'machen', was mir scheinbar gelungen ist. Ich habe ihr stets alles beigebracht, was ihr in ihrem Leben dienlich sein könnte.

Bis **Oktober 2020** fiel meine Tochter bislang nur zweimal negativ in der stationären Einrichtung auf:

Einmal machte sie kurz nach ihrem Einzug Anspielungen' beim Abendbrot in der Gruppe hinsichtlich der 'sexuellen Identität eines Mitbewohners'. Dem Kinderheim zeigte sie hierdurch ihr 'anderes Gesicht'.

Bei dem zweiten Vorfall, der mir gemeldet wurde, musste ich schmunzeln. Endlich einmal ein ganz normaler Jugendstreich nach all ihren digitalen und sonstigen Eskapaden! Hierfür wurde meiner Tochter allerdings mit dem Abbruch der stationären Maßnahme gedroht. Sie kam eine Stunde zu spät in die Einrichtung und kletterte mit 'Mitbewohnern aufs Dach. Das 'Durchgreifen' der Kinderheimleitung ist nachvollziehbar. Regeln müssen eingehalten werden und die stationären Wohnplätze sind begrenzt.

Die von der pädagogischen Ausrichtung der Einrichtung abweichenden 'Baustellen' meiner Tochter sind folgende:

I. Ein fehlendes gesundes Verhältnis zu digitalen Medien (Nutzungszeit/Inhalte/eigene Darstellung). Eine Mediensucht sollte diagnostiziert und behandelt oder eben von Fachleuten ausgeschlossen werden.

II. Die gelegentliche Distanzlosigkeit meiner Tochter sollte bearbeitet werden, Ursachen, die dem zugrunde liegen, analysiert und ihr Verhalten müsste ein wenig 'nachgeschliffen' werden, um es gesellschaftsfähiger zu machen.

III. Bei Interesse meiner Tochter könnte die 'brach liegende' Mutter-Tochter-Beziehung unter Zuhilfenahme eines Mediators (Verhaltens-/Gesprächstherapie) 'aufgearbeitet' werden.

Résumée:
Meine Tochter ist in der stationären Einrichtung 'deplatziert'. Das Kinderheim erwähnt in Berichten die guten Schulnoten und ihre unkomplizierte Art, sich in Gruppen einzugliedern. Die Schulleistungen sind wie sie immer waren. Meine Tochter gliedert sich problemlos in Gruppen ein, da sie gut erzogen und selbstständig ist. Sie hat mit Regeln, die Dritte ihr auferlegen, keine Probleme.

Mit der Auflistung dieser positiven Faktoren lenken beide Institutionen von den eigentlichen Problemen ab und schreiben sich zu allem Überfluss auch noch die Schulleistungen meiner Tochter und ihre Anpassungsfähigkeit als Verdienste auf die eigene Fahne.

Stufe 3: Regelgruppe mit dem Schwerpunkt Verselbstständigung
Alter: ab 17 Jahren Plätze:3
Im Neubau [Name der Einrichtung] auf unserem Gelände stehen den betreuten Jugendlichen für die letzte unserer drei Stufen drei Appartements mit eigener Küche und Bad zur Verfügung. Die Jugendlichen können hier das Leben in einem selbstständig geführten Haushalt praktisch erfahren. Sie sind der Regelgruppe entwachsen und möchten meist auch aufgrund ihrer bisherigen persönlichen Entwicklung nicht mehr eng an Gruppen angebunden leben. Die Jugendlichen können und sollen ihr Leben in der eigenen kleinen Wohnung weitestgehend selbstständig regeln. Hierzu wenden sie die Fertigkeiten praktisch an, die sie in der Stufe 1 und 2 gelernt und eingeübt haben. Wir fördern die Jugendlichen dieser Stufe sehr individuell, um sie auf das eigenständige Leben ohne Betreuung vorzubereiten. Zuverlässigkeit in Bezug auf Absprachen und im Umgang mit Geldern, sowie Kontinuität in Schule und Ausbildung sind die Voraussetzungen für das Leben im Appartement.

Des weiteren unterbreitet die Einrichtung folgendes Angebot :
Sozialpädagogische Familienhilfe (SPFH)

Mit der Sozialpädagogischen Familienhilfe unterstützen wir Familien, deren Lebenssituation durch vielfältige psychosoziale Schwierigkeiten gekennzeichnet ist. Zum einen suchen wir die Eltern aktiv auf, um sie in ihren Erziehungsaufgaben zu unterstützen. Zum anderen unterstützen wir die Kinder in ihrer persönlichen Entwicklung durch sozialpädagogische und lebenspraktische Hilfestellungen. Wir arbeiten stets mit den vorhandenen Ressourcen der Familie und bauen darauf auf. Grundvoraussetzung für das Erreichen besserer Lebensumstände sind der Wille zur Veränderung und eine aktive Mitarbeit der Familie.

?????

Warum erhalten wir nicht dieses Angebot?

Argument des JA: Weil Ihre Tochter nicht will!

Mit dem Angebot der Erziehungsbeistandschaft stellen wir den Jugendlichen oder jungen Erwachsenen in den Mittelpunkt der Unterstützung im familiären System.Sie ist eine ambulante Hilfe mit beratendem Charakter, die die Erziehung in der Familie ergänzt. Sie setzt bei den Stärken und Fähigkeiten der Familie an und hat zum Ziel, wieder tragfähige Beziehungen innerhalb der Familie herzustellen. Die Jugendlichen und jungen Erwachsenen können mit Hilfe einer längerfristigen Unterstützung unterschiedliche Entwicklungsprobleme oder schwierige Verhaltensweisen verändern und bewältigen.
(Quelle: Internetseite des Kinderheims)

Klingt gut!

April 2020 Telefonat mit Kö., dem Leiter der Einrichtung

5. Mai 2020 Aufnahmegespräch im Kinderheim:

Ich erfahre, dass die Einrichtung nicht 'therapeutisch' arbeitet, sondern auf Verhaltensänderung abzielt und gewinne deshalb zunächst den Eindruck, dass diese Ausrichtung für meine Tochter passend sein könnte. Ihr wird der Bezugsbetreuer Ka. zugeteilt. Er würde stets über die wichtigen Dinge informiert und auch alle entscheidenden Termine wahrnehmen wie z.B. Arzt, Schule usw.

?????

Im **August 2020** erhalte ich eine Email des Kinderheims, dass es nicht zu den Aufgaben der Betreuer zähle, an Schulpflegschaftssitzungen teilzunehmen.

'Wittere' ich da einen Widerspruch?

Ich unterzeichne den Bewohner-Vertrag mit dem Kinderheim respektive die Hausordnung und Gruppenregeln für das betreute Wohnen. Inzwischen habe ich keine Wahl mehr.

Im Vertrag steht unter § 8, dass Karten-Handys erlaubt wären. Ich finanziere für meine Tochter einen Handyvertrag. Dieser 'Verstoß' scheint hier aber niemanden zu interessieren.

Die in der Einrichtung für die Erziehung verantwortliche/n Person/en, ist/sind bis auf Widerruf berechtigt, im Rahmen der Hilfe zur Unterbringung in Vollzeitpflege einer Einrichtung die /den Personensorgeberechtigte/n in der Ausübung der elterlichen Sorge in folgenden Punkten zu vertreten:

1. Rechtsgeschäfte des täglichen Lebens für den/die Jugendlichen abzuschließen und Ansprüche aus solchen Rechtsgeschäften des täglichen Lebens geltend zu machen; Rechtsgeschäfte des täglichen Lebens sind solche, über die im Erziehungsprozess üblichen anfallenden Angelegenheiten, wie z.B. Abschluss von Kaufverträgen über Bedarfsgegenstände des täglichen Lebens, Beantragung eines Personalausweises, Antragstellungen beim Jugendamt und sonstigen Behörden, Vorstellung bei einem Arzt im Rahmen der Grundversorgung, Mitgliedschaft in Vereinen, Jugendgruppen, Urlaubsfahrten ggf. auch ins Ausland

Ja ☒   Nein ☐   *- Vereinbarung*
                        Personensorge -

2. Den Arbeitsverdienst eines Jugendlichen zu verwalten

Ja ☐   Nein ☐

Regelgruppe   Jugendwohnen ▓▓▓▓▓▓▓▓▓▓

3. Rahmen einer Grundentscheidung der/des Personensorgeberechtigten, Rechtshandlungen im Zusammenhang mit dem Besuch einer Tageseinrichtung oder einer Schule oder mit der Annahme eines Berufsausbildungs- oder eines Arbeitsverhältnisses vorzunehmen.

Ja ☒   Nein ☐

4. Bei Gefahr im Verzug alle Rechtshandlungen vorzunehmen, die zum Wohl des Jugendlichen notwendig sind; die/der Personensorgeberechtigte ist unverzüglich zu unterrichten.

Ja ☒   Nein ☐

Von Bedeutung sind insbesondere gesundheitliche Maßnahmen wie z.B. Notoperation.

Ja ☒   Nein ☐   *Nach Rücksprache!*

5. Weitere Vereinbarungen:

Bei zu spät kommen oder fernbleiben des Jugendlichen möchten wir gerne:

☒   umgehend, d.h. auch nachts informiert werden.

☐   am nächsten Tag informiert werden.

Die in der Einrichtung für die Erziehung verantwortlichen Personen sind bis auf Widerruf berechtigt, bei Bedarf unangekündigt Drogentests bei dem / der Jugendlichen durchzuführen

Im Anschluss unterzeichne ich die Vereinbarung über die Personensorge nach § 38 Kinder- und Jugendhilfegesetz (Copyright Fotos R. Lienz 2020).

26. Juni 2020: Erstes Hilfeplan-Gespräch im Kinderheim

Die sechswöchige Probezeit in der Einrichtung hat meine Tochter bestanden.

Gesprächsteilnehmer:
- Frau A. (zuständige Fall-Managerin des Jugendamtes)
- Herr Kö.(Leiter des Kinderheims)
- Herr Ka.(zuständiger Betreuer meiner Tochter)
- Meine Tochter und
- ich.

Wird ein Kind in einer Pflegefamilie [oder in einer stationären Wohngruppe] untergebracht, muss es einen sogenannten Hilfeplan geben. Dies schreibt der Paragraf 36 SGB VIII (bzw. KJHG) vor. In diesem Hilfeplan werden alle Vereinbarungen und Entwicklungen festgehalten, die die Unterbringung des Kindes betreffen.
Der Hilfeplan soll regelmäßig in Zusammenarbeit mit allen Beteiligten fortgeschrieben werden. Es wird geschaut, was in der Vergangenheit erreicht werden konnte und welche Ziele in der Zukunft anstehen werden. Der Hilfeplan beschreibt auch die Bedingungen, unter denen eine Pflegefamilie [eine Einrichtung] ihren Auftrag erfüllt. Er beschreibt die Aufgaben der Herkunftsfamilie [des Kinderheims] z.B. im Rahmen von Besuchskontakten und die Hilfe sonstiger Beteiligter ebenso wie die finanzielle Regelung. (Quelle: moses-online.de, Aufruf 05.10.2020).

A. präsentierte den **Fall-Bericht** und den **Hilfe-Plan des Jugendamtes**.

Kö. berichtete, dass man noch auf das 'Auftauen' meiner Tochter in der Einrichtung warte. Sie hielte sich bisher viel in ihrem Zimmer auf und habe keinen Laut von sich gegeben.

Ka. thematisierte den Vorfall beim Abendbrot in der Gruppe. Er halte das Thema, das meine Tochter in einer Wohngruppe unter 'Unbekannten' angesprochen hat, als völlig unpassend und nicht altersgerecht. Außerdem sei die Freundin des Mitbewohners in der Küche anwesend gewesen. Dies habe zu einer 'Irritierung im Hause' geführt.

Eine psychologische Gesprächstherapie sei meiner Tochter angeboten worden.

Sie hätte unsicher reagiert und darüber nachdenken wollen.

2. Leistungsbereich/Klärungsbereich/Gefährdungsbereich

Leistungsbereich

Fallpräsentation

3. Verortung

Durchführung

Jugendamt

vom 22.06.2020

4. Ressourcen der/des Klienten

Ressourcenkarte von:

Persönliche Ressourcen	Soziale Ressourcen (Beziehungen)
Intelligent, freundlich, interessiert, neugierig, Musik hören, Zeichnen, Chor, ▓▓▓▓▓	Bewohner des Jugendwohnen ▓▓▓▓▓▓▓ Betreuer/innen des Jugendwohnen ▓▓▓▓▓▓ ▓▓▓▓ Großvater, Großmutter, Freundinnen Klassenkameraden, Mutter, Vater gelegentlich
Materielle Ressourcen	Infrastrukturelle/institutionelle Ressourcen
Taschengeld, Bekleidungsgeld, Handy	Jugendwohnen ▓▓▓▓▓▓▓▓▓▓▓▓▓ Anbindung an ÖPNV

5. Wille, Ziele der/des Klienten (Vater/Mutter/Geschwister/soz. Umfeld...)

Wille

Ich ▓▓. will mehr Kontakt von meiner Mutter
Ich ▓▓. will ein konfliktfreies Zusammenleben mit meiner Mutter
Ich ▓▓. will, insofern sich der Kontakt zu meiner Mutter verbessert hat, wieder mit ihr zusammen ziehen
Ich ▓▓. will mich gut in der Wohngruppe einleben und wohlfühlen

Ziele meiner Tochter

Ziele (Richtungsziele/Handlungsziele)

I. Ich ▓▓. werde alles dafür tun, dass sich das Verhältnis zu meiner Mutter von meiner Seite aus verbessert (konfliktfreier).

I.1 Ich werde dazu mit meiner Mutter im Gespräch bleiben und den Kontakt aufrecht erhalten
I.2 Ich werde dazu gemeinsame Aktivitäten mit meiner Mutter initiieren

2

Abb.: Informationsbogen des Jugendamtes zur Fallpräsentation vom 22. Juni 2020 (Copyright: Foto Resi Lienz 2020).

Abb. Hilfeplan vom 26. Juni 2020 (Copyright: Foto R. Lienz 2020).

2.   Im Verlauf der nächsten 6 Monate habe ich, ▧. auf dem nächsten Halbjahreszeugnis in keinem Fach eine 4

2.1   Ich werde weiterhin regelmäßig die Schule besuchen
2.2   Ich werde mich mit Wortmeldungen aktiv am Unterricht beteiligen
2.3   Ich werde meine Hausaufgaben regelmäßig erledigen
2.4   Ich werde meine Hausaufgaben nach der Schule unaufgefordert vorzeigen
2.5   Um meine Handlungsschritte konsequent verfolgen zu können benötig ich strukturelle Unterstützung durch die Betreuer (z.B. feste Zeiten).

3.   Im Verlauf der nächsten 6 Monate habe ich, ▧. einen Praktikumsplatz im Bereich ▧ gefunden

3.1   Ich werde mich bei der ▧ei bewerben
3.2   Ich werde mich beim ▧ bewerben
3.3   Ich werde mich beim ▧ bewerben
3.4   Sollte ich keinen Platz in der angestrebten Richtung finden, werde ich mit Hilfe der Betreuer einen Plan B entwickeln.

4.   Im Verlauf der nächsten 6 Monate war ich, ▧. in meiner Freizeit weiterhin als ▧ aktiv und bin in den nächsten Rang aufgestiegen

4.1   Ich werde regelmäßig zu den Treffen gehen
4.2   Ich werde mich an gemeinschaftlichen Reisen beteiligen

5.   Ich ▧. setze mich auch mit Unterstützung der pädagogischen Fachkräfte mit dem Thema, sexualisiertes Verhalten und altersentsprechende Sexualität auseinander (Ziel wurde vor Beginn der Maßnahme mit dem JA erarbeitet)

Da passiert seit 6 Monaten NICHTS! ↑ Stand 1.9.20

Ergebnisauswertung (welche Ziele wurden erreicht, was war *hinderlich/förderlich*, z.B. genutzte Ressourcen)

Zu 1. Zu Beginn der Maßnahme bestand ein regelmäßiger, persönlicher und telefonischer Kontakt zwischen ▧ und ihrer Mutter. Laut ▧ sei der Umgang vor einigen Wochen, seitens der Mutter jedoch abgebrochen worden. ▧ weiß noch nicht wie sie mit dieser Situation umgehen soll und mit ihrer Mutter wieder in Beziehung treten kann.
Parallel dazu hat der leibliche Vater den Kontakt zur Tochter wieder aufgenommen. Zurzeit sehen sich beide regelmäßig und stehen auch telefonisch in Kontakt.

3

Meine Tochter und ich, sollten uns bis zum **26. November 2020**, dem ursprünglich vereinbarten zweiten Termin eines Hilfe-Plan-Gesprächs, überlegen, was wir wollen und welches unsere Ziele seien.

Am Hilfe-Plan-Gespräch im **Juni 2020** 'irritierte' mich:

I. Die Hilfeplan-Gespräche in dieser Einrichtung finden nur <u>zweimal im Jahr</u> statt. Das halte ich hinsichtlich der anzugehenden Probleme für zu selten. Die 'Entfremdung' zwischen Mutter und Tochter nimmt kontinuierlich zu. Als Sorgeberechtigter hat man jederzeit die Möglichkeit, Gespräche mit dem Kinderheimleiter oder dem Betreuer wahrzunehmen.

II: Sowohl den 'Fall-Bericht' des Jugendamtes als auch den Hilfeplan erhielt ich bereits vorab per Email. Ich hatte beides gelesen und auch kommentiert. Nichtsdestotrotz wurden diese Dokumente beim Ortstermin <u>nochmals </u>vorgelesen. Neues hat sich im Gespräch nicht ergeben. Das macht ein solches Hilfe-Plan-Gespräch ineffizient und überflüssig.

Ich 'machte' meine Hausaufgaben:

I. Ich dementiere die immer wiederkehrende Falschaussage, dass ich den Kontakt zu meiner Tochter abgebrochen hätte (→Kap. 4.17.)

II. Im Zeitraum von **Juni 2018 bis Mai 2020** hätte ich mir gewünscht, wieder eine 'normale Tochter' an meiner Seite zu haben. Ich hoffte, dass sie sich zu einer Gesprächstherapie und zu 'Beziehungsarbeit' bereit erklärt hätte. Selbst nach ihrem Auszug, seit sie völlig 'unbehelligt von ihrer Mutter' in Ruhe lebt und ihr Ziel erreicht hat, behandelt sie mich nach wie vor wie ihren 'Fußabtreter'.

Nach Kontakt mit meiner Tochter wäre mir nur, wenn:

a. sie bereit wäre, die Vorfälle gemeinsam in 'Therapie' oder im Gespräch aufzuarbeiten.
b. meine Tochter mir den gleichen Respekt zeigt, den ich ihr entgegenbringe.
c. wenn mit ihr ein ganz normaler zwischenmenschlicher Umgang möglich wäre, ohne dass sie ein Telefonat einfach unterbricht, mich als Kontakt sperrt und mit mir redet, wie das mit einem Erwachsenen normalerweise üblich ist.
d. wenn es meiner Tochter wirklich ernst wäre, den Kontakt mit mir zu pflegen.

Ich ergänze meine 'Wünsche' durch die Anmerkung, dass ich mir ein Zusammenleben mit meiner Tochter augenblicklich nicht vorstellen könnte. Dazu sei viel zu viel geschehen. Die letzten zwei Jahre waren eine 'Katastrophe'. Ich hatte überhaupt keinen 'Raum' für mich, weder tatsächlich noch im übertragenen Sinne. Alles 'drehte' sich um meine Tochter': Ihre Bedürfnisse, die ewigen Konflikte mit ihr, das ständige Kontrollieren und ihre 'Eskapaden'.
Hatte ich in der Vergangenheit zu wenige Grenzen gezogen, so sollte und wollte ich das jetzt unbedingt 'nachholen' (→Kap. 6.2.).

Kö. teilte mir mit, dass ein solcher 'Sinneswandel' unter Sorgeberechtigten häufiger vorkäme. 'Steckten' Eltern gerade mitten in der 'Misere' mit ihren Kindern, würden sie zunächst kämpfen, 'ziehen und zerren'. Hätten sie dann den nötigen Abstand zu den Jugendlichen gewonnen und seien selbst zur Ruhe gekommen, änderte sich auch ihre Betrachtungsweise der Situation. Die Eltern nähmen dann Abstand von ihren ursprünglichen Wünschen und Zielen und sähen alles viel 'klarer'.

Am **28. Juni 2020** wandte ich mich wieder an Jugendamt und Kinderheim, um zum wiederholten Male auf die Dringlichkeit des Themas 'Internet' hinzuweisen.

Außerdem hatte ich beim Hilfe-Plan-Gespräch den Eindruck gewonnen, meiner Tochter täte eine 'neutrale', weibliche Vertrauensperson vielleicht gut. Sie könnte sich öffnen, ihre Gefühle zeigen und auch weinen. Es hatte bereits einige Angebote in diese Richtung gegeben. Mir wollte sich meine Tochter nicht öffnen. Ihre Oma wäre mit ihrer Lebenserfahrung und ihrem Einfühlungsvermögen eine sehr gute Gesprächspartnerin. Auch ihr vertraute meine Tochter sich bislang nicht an und 'offiziell' wusste ihre Oma auch noch gar nichts von den Vorfällen.

28.06.2020
Sehr geehrte Frau A., Sehr geehrte Herren Kö. und Ka.,
(...)

Liebe Frau A., (Jugendamt)
ich bitte Sie, für [Name meiner Tochter] eine Gesprächstherapeutin zu finden (weiblich), (...) keine Verhaltenstherapeutin.
[Name meiner Tochter] braucht jemanden, den sie nicht kennt und bei dem sie einmal 'hemmungslos' weinen und sich aussprechen kann. Das sollte nicht sie selbst entscheiden. Sie ist nicht er-wachsen. Das sollten Eltern und Fachleute für sie tun. [Name meiner Tochter] weiß zur Zeit nicht, was sie braucht und ihr gut täte. Bei Verwandten öffnet sie sich wohl nicht, weil sie sich vielleicht' schämt'. Meine Brüder hatten schon versucht, Kontakt mit meiner Tochter aufzunehmen. Sie hatte immer ein gutes Verhältnis mit ihnen. Dass sie derart 'dicht macht', könnte ein 'Alarmzeichen' sein.

Mit Freundinnen ist ein Aussprechen kaum möglich. Dafür hat meine Tochter momentan zu wenige wirklich 'vertrauenswürdige'. Ich habe Freitag gemerkt, dass '[Name meiner Tochter] schwer trägt'. Sie, Fr. A., sind für meine Tochter nicht 'neutral'. Bitte teilen Sie mir doch kurz mit, wenn Sie jemanden gefunden haben, sodass ich die Krankenkasse kontaktieren kann. Vielen Dank! Wir dürfen meine Tochter jetzt nicht allein lassen. Sie war 'früher' nicht so zurückhaltend. Sie 'knabbert'.

- Liebe Herren Kö. und Ka. (Kinderheim),
ich wollte Sie, um 'Schlimmeres' zu verhindern, bitten, dass wir [Name meiner Tochter] durch die **Polizei im Internet** 'tracken' lassen. Sie ist seit vielen Jahren im Internet aktiv und hat Kontakt zu unbekannten Erwachsenen. Meine Tochter ist auf der online-Partnerbörse *www.knuddels.de* registriert und veröffentlicht dort Bilder und Videos. Sie wechselt ständig ihren *Instagram*-Account (…). Ihre IP-Adresse im Laptop und Handy können Sie selbst prüfen. Sie haben auch ihre Telefonnummer, die meine Tochter auch im Netz veröffentlicht. Im Internet nutzt sie häufig das 'Pseudonym' [Name eines Pseudonyms meiner Tochter]. Als Sie berichteten, dass meine Tochter immer in ihrem Zimmer wäre und man keinen Laut hörte, war sie mit Sicherheit im Internet aktiv. Sie liest aktuell nicht, was sie früher zuhause ausgiebig tat. Meine Tochter ist völlig unbeaufsichtigt und wir wollen ja nicht, 'dass sie unter die Räder kommt'.

Sie sprachen davon, dass meine Tochter eine 'weibliche Dame' an die Seite gestellt bekommen solle, die ihr 'sexualisiertes Verhalten' aufarbeiten würde. Darum geht es mir aktuell nicht, sondern darum, jetzt das Schlimmste zu verhindern. (…).Sie hatten selbst in Ihrer Küche bemerkt, dass 'das Thema' für [Name meiner Tochter] nach wie vor von Relevanz ist. (…). **Bitte lassen Sie diesbezüglich den Dingen nicht ihren Lauf (…).**
Wenn ich mich selbst mit der Polizei in Verbindung setzen soll, sagen Sie mir bitte Bescheid! Dann brauche ich aber vorher die IP-Adressen. Bitte zeitnah.
[Name meiner Tochter] lebt jetzt seit 5 Monaten, also schon viel zu lange völlig 'unbehelligt'! Sie kann im Internet tun und lassen, was sie will. Das ist gerade der 'springende Punkt' (...). Es geht nicht darum, dass sie für viel Geld 'einen schönen Wohnplatz hat', sondern dass ihr geholfen wird.[Name meiner Tochter] hat zwei Gesichter, nach außen wird sie immer ihren Pflichten nachkommen, bei Ihnen und in der Schule(...). **Sie bekommen gar nicht mit, was meine Tochter tut und** wie es in ihr drinnen aussieht. Bei uns zuhause hatte ich wenigstens noch die Chance, über Gespräche etwas herauszufinden. Sie wird solange ihren Pflichten nachkommen, **bis etwas passiert.** Dem möchte ich nicht tatenlos zusehen. Bitte verstehen Sie mich richtig. Sie machen Ihren Job bestens, aber [Name meiner Tochter] braucht akut konkrete Hilfe! Es sind bereits FÜNF Monate 'ins Land gegangen'(...). Sie ist in die 'Gesellschaft integriert'. Daran muss nicht gearbeitet werden. Die 'Baustellen' liegen woanders.
Sie hat sich geritzt.

Sie hatte Essstörungen. Sie verwendet Profil-Namen im Internet,die „suizidal" heißen. Sie ist distanzlos (…). Meine Aktivitäten sind insofern 'gehemmt' worden, als dass meine Tochter ausgezogen ist.. Nun sollte aber nicht alles unter den 'Tisch gekehrt' werden, nur weil meine Tochter nach außen 'so perfekt wirkt'.
(…)Es geht jetzt um **zeitnahe Schadensbegrenzung.** Vielleicht ist sie bereits 'Pädophilen' 'ins Netz gegangen'.Die polizeiliche Strafverfolgungsarbeit nimmt viel Zeit in Anspruch. Für solche Recherchen zählt 'jede Minute'. Bitte nicht missverstehen, aber gerade deshalb sollte nicht 'getrödelt' werden. Mit freundlichen Grüßen (…)

Meine 'inneren Alarmglocken' schrillten zu Recht. Meine Intuition gab mir Recht (→ Kap. 4.12; S. 288).

Diese Email war meine letzte Aufforderung an Jugendamt und Kinderheim, hinsichtlich der Internetaktivitäten meiner Tochter endlich aktiv zu werden. Viele Monate führte ich bereits erfolglos Schriftverkehr mit diesen Institutionen. Zwei Tage später wurde ich in Eigenregie tätig (→Kap. 4.18.).

Da das Kinderheim nicht für die Inkompetenz und die Handlungsunwilligkeit des Jugendamtes verantwortlich ist, mailte ich Kö. ein paar 'aufmunternde' Zeilen: 'Sein Kinderheim' sei ohne Zweifel 'eine tolle Einrichtung' und er mache seine Arbeit äußerst professionell und leidenschaftlich. Allerdings habe ich nach wie vor das Gefühl, dass meine Tochter in der Wohngruppe 'fehl am Platze' sei, da ihre Probleme dort nicht behandelt werden können. Ka. halte ich für kompetent, aber für zu jung. Ich beobachtete beim Hilfe-Plan-Gespräch, dass der geringe Altersunterschied zwischen den beiden, dem Betreuer und meiner Tochter, 'problematisch' ist.

Am **04. Juli 2020** schrieb Kö. folgende Email:

wie Sie bereits wissen, habe ich mit Ihrer Tochter über Ihre Befürchtungen, bezüglich Internetnutzung / Soziale Mediennutzung, gesprochen. E. zeigte sich bereit, Ihnen Einblicke in ihr Smartphone zu gewähren. Außerdem kann sie sich vorstellen, gemeinsam mit Ihnen, eine Beratungsstelle aufzusuchen. Z.B. die Suchtberatung des Caritasverbandes und der Diakonie. Sie beraten auch in Fällen problematischer Internetnutzung. Wenn Sie es wünschen, könnten wir einen Termin dorthin gerne begleiten.

Außerdem habe ich mit ihr über ihre Vorstellungen, bezüglich des Kontaktes zu Ihnen gesprochen. Nach wie vor signalisiert sie, dass sie sich gemeinsame Gespräche mit Ihnen vorstellen kann und bereit ist, den Kontakt wieder zu normalisieren, wann immer Sie es für richtig halten.

Bitte sehen Sie es mir nach, wenn ich nicht auf alle Ihre Mails reagieren und Ihnen zurückschreiben kann. Sie können trotzdem sicher sein, dass ich sie ernst nehme und den Inhalt gegebenenfalls an Ihre Tochter weiterleite (wie z.B. die Ferienprogramme).

Ich wünsche Ihnen ein schönes Wochenende.

Original-Email vom 04.07.2020 Copyright Foto . Lienz 2020.

Kö. ist engagiert und professionell. Ihm fehlen die notwendigen Handlungskompetenzen und digitalen/therapeutischen Möglichkeiten, um die Problematik meiner Tochter angehen zu können. Er muss sich an der pädagogischen Ausrichtung und den Schwerpunkten seiner Einrichtung orientieren. Die Option, konstruktiv zu handeln, wird von seiner Rolle als reinem Weisungsempfänger und 'Spielball' des JA 'vereitelt'. Er ist 'nur' ein Vertragspartner des Jugendamtes und stellt Plätze in Wohngruppen zur Verfügung.

Kö. stellt die 'Bühne' für das 'Schauspiel' des Jugendamtes. Autorin des 'Drehbuchs' und Regisseurin des Stücks ist A. (JA) im Alleingang. Salopp ausgedrückt ist Kö. A.'s 'Marionette' . Sie zieht an den Fäden. Kö bewegt sich oder auch nicht, wenn das JA wie üblich überhaupt nicht handelt. Das Drehbuch toleriert keine Korrekturen oder 'zweite Klappen'. Die Regisseurin ist knallhart und passiv. Sie schaut dem Dreh nur zu. Bei konstruktiver Kritik seitens der Darsteller und Involvierten schaut sie geflissentlich weg. Ihr Drehbuch ist ein 'Meisterwerk' und für alle Zeiten **'in Stein gemeißelt'**.

Beim Aufnahmegespräch fragte Kö mich, wie es mir als Mutter gehe und ob ich überhaupt damit einverstanden sei, dass meine Tochter in eine stationäre Wohngruppe ziehe.

Das Jugendamt fragte mich solches kein einziges Mal, weder wie es mir gehe, noch ob ich mit irgendetwas einverstanden sei.

Ich teilte Kö. mit, dass ich einen Gang meiner Tochter zur 'Suchtberatung' nicht mehr begleite. Eine Co-Alkoholikerin wie ich sei machtlos angesichts der Problematik und ich habe mich jetzt aus dem Thema 'ausgeklinkt'. Nur der Betroffene selbst kann sein Problem erkennen und angehen. Dafür ist meine Tochter mit 15 Jahren schon alt genug. Eine Begleitung seitens des Kinderheims wurde ihr zugesagt. Würde meine Tochter nun endlich aus Eigeninitiative handeln, wäre ihr die Angelegenheit ernst und sie auch wirklich zu diesem Schritt bereit. Hierbei würde sie 'zwei Fliegen mit einer Klappe' schlagen: Sie würde therapeutisch auf 'einen normalen Medienkonsum' hinarbeiten und damit gleichzeitig die notwendige Voraussetzung für die Beziehungsarbeit mit ihrer Mutter schaffen. Ich habe mich nun fünf Jahre lang ununterbrochen mit der Thematik auseinandergesetzt. Es sei nun nicht mehr mein Problem und meine Vorgehensweise sei auch notwendig, um meine 'Grenze' aufrechtzuerhalten und mich selbst zu schützen.

Seit meiner Email sind fünf Monate vergangen. Es ist wie immer nichts passiert.
Meine Tochter hat weder eine Beratung aufgesucht noch ist sie von Jugendamt oder Kinderheim dazu angehalten oder dorthin begleitet worden. Aufgrund dessen liegt es nahe zu glauben, dass Kö.'s Email und der Vorschlag meiner Tochter, nur ein Ziel gehabt haben: Die verbale Beruhigung der Mutter. Ich sagte Kö., wenn meiner Tochter nach Kontakt mit mir wäre, würde sie sich schon melden.

Von den auswärtigen Übernachtungen machte meine Tochter anfangs keinen Gebrauch. Ihren Vater trifft sie inzwischen seit neun Monaten jeden Sonntag. Ich bin noch kein einziges Mal gefragt worden, ob sie dort übernachten dürfe.

Nach ein paar Monaten fragte mich das Kinderheim, ob meine Tochter bei ihrer Freundin R. übernachten dürfe. Ich erlaubte es. Dann wollte meine Tochter regelmäßiger bei R. übernachten. Sie bekam auch hierfür meine Erlaubnis.

Im Juli wollte die Einrichtung von mir wissen, ob meine Tochter bei einem gewissen J. übernachten dürfe. Meine Tochter hat seit Mitte **Juni 2020** einen Freund, J (16). Ich war nicht damit einverstanden, dass meine Tochter bereits nach ein, zwei Wochen bei dem Jungen übernachtet. Ich war 'unsicher', weil die beiden sich soeben erst kennengelernt hatten und ich weder J. noch dessen Familie kenne. Mir stellte sich die Frage, ob man einer soeben 15jährigen hierfür eine sofortige Erlaubnis erteilen sollte. Ich bat 'Google' um Rat, um mich dem Thema etwas zu anzunähern. Es war mir bewusst, dass wenn ich die Übernachtung ablehnen würde, die Jugendlichen Alternativen 'draußen' suchen würden. Andererseits darf J. meine Tochter bis 22 Uhr auf ihrem Zimmer besuchen. Genauso kann meine Tochter bis spät abends bei ihrem Freund bleiben. Ich sah nicht ein, dass alles so schnell gehen 'musste'. Zudem war ich äußerst verwundert darüber, dass die Familie des Freundes nicht den Kontakt zu mir suchte.

Obwohl ich die 'Anfrage' der Übernachtung bei J. das erste Mal ablehnte, häuften sich weitere identische Anfragen. Meine Tochter konnte mein 'nein' wieder nicht akzeptieren. Ich weigerte mich, ihr wie vorher Wünsche zu erfüllen und damit den 'Weg leichter machen'. Genauso wenig beabsichtigte ich nach allem, nun Zeit und Energie zu investieren, um zu der Familie hinzufahren und sie kennenzulernen. Meine Tochter 'verlangte' wieder etwas von mir, ohne zu einer Eigenleistung bereit zu sein. Ich war willens, die von mir gesetzte Grenze 'zu verteidigen'. Ein Kompromiss war wünschenswert und trotzdem wollte ich dafür sorgen, dass meine Tochter meine Entscheidung akzeptieren musste.

In einem ersten Versuch, das Thema 'abzuwälzen', teilte ich dem Kinderheim mit, dass meine Tochter ihren Lebensmittelpunkt nun in der Einrichtung habe, während ich seit drei Monaten keinen Kontakt zu ihr hatte. Ich schlug vor, dass die Kinderheimleitung sich J. und seine Familie ansehen und dann selbst eine Entscheidung bezüglich der auswärtigen Übernachtung treffen. Als hätte ich meine Email niemals geschrieben, wurde ich am **14. August 2020** vom Kinderheim angerufen, ob meine Tochter <u>zwei Nächte</u> bei besagtem J. übernachten dürfe. Manchmal kann man sich wirklich nur wundern! Ich hatte der einen Nacht nicht zugestimmt und nun wurde ich nach zwei Nächten in Folge gefragt.

Wenn das Sorgerecht darauf beschränkt ist, dass ich nur darüber entscheiden soll, ob meine Tochter woanders schläft oder nicht, während ich ansonsten überhaupt keine Befugnisse habe, nämlich darauf zu bestehen, dass sie nach Hause zurückkehrt, ist das Sorgerecht eine Farce.

Ich schlug vor, den Gynäkologen-Termin Ende August abzuwarten, um 'Zeit zu schinden'. Des weiteren könnte das Kinderheim mit der Familie abklären, wie die Übernachtungssituation genau aussehen sollte.
Seit diesem Gespräch mit dem Kinderheim sind wieder fast drei Monate vergangen und ich habe nichts mehr gehört. Meine Tochter ist inzwischen vier Monate mit J. zusammen, fragte aber nie wieder nach einer Übernachtung bei ihm. Das ist sehr untypisch für sie.
Ich vermute, sie nutzt meine generelle Übernachtungserlaubnis für ihre Freundin R. aus, um bei J. zu übernachten. Das ist ein erneuter Regelbruch. Ich bin inzwischen dazu bereit, der Übernachtung bei J. zuzustimmen. Aber dafür müsste ein Gespräch stattfinden. Nur Sprechenden kann geholfen werden (→Kap. 6.3., S. 443). .
Dass meine Tochter zum wiederholten Male meine Regel unterlief und damit sowohl mir als auch dem Kinderheim falsche Tatsachen vorspielt, ist für mich nicht akzeptabel und beweist, dass ihr Reifeprozess derzeit noch ruht.
Für eine Wiederaufnahme unserer Mutter-Tochter-Beziehung ist ein solches Verhalten äußerst kontraproduktiv.

4.14. Familiengericht

Ich ließ nichts unversucht. Als sich nach fünf Monaten immer noch nichts tat und niemand zum Handeln bereit oder in der Lage war, schrieb ich selbst das Familiengericht an.

Mein Ziel war es nach wie vor, auf die 'Lücken im System der Erziehungshilfe' und insbesondere auf die 'Inkompetenz' des zuständigen Jugendamtes hinzuweisen. Das Familiengericht nahm mein Schreiben zum Anlass, um sich beim Jugendamt nach den bislang eingeleiteten Maßnahmen zu erkundigen. Am **6. August 2020** erhielt ich Post. Einem Schreiben des Familiengerichts war eine Kopie eines Briefes meiner Tochter vom **15. April 2020** sowie die Stellungnahme des Jugendamtes vom **24. Juli 2020** beigefügt.

Das JA hatte auf drei Seiten alle 'Etappen' unseres Falles für das Gericht chronologisch aufgelistet.

Ich las sehr verwundert das an das Familiengericht adressierte Schreiben **meiner Tochter**. Es wäre die Aufgabe des JA gewesen, mir zeitnah eine Kopie des Schreibens zukommen zu lassen. Stattdessen erhielt ich es mit monatelanger Verspätung erst durch eine höhere Instanz. Der Brief meiner Tochter bewies, dass 'Das Familiengericht anrufen' nicht nur 'leere Worte' seitens A. (JA) waren, sondern dass sie ihrer Drohung unmittelbar Taten hatte folgen lassen.

Das Schreiben an das Familiengericht war überflüssig.
Ich hatte nicht gewagt, die Inobhutnahme zurückzunehmen.

Die Anrufung des Familiengerichts 'trieb' den Keil tiefer zwischen uns. Ich hielt ein weiteres Indiz in den Händen, dass A. 'parteiisch hinter meinem Rücken gegen mich opponierte und dass meine Tochter mir gegenüber nicht loyal war.

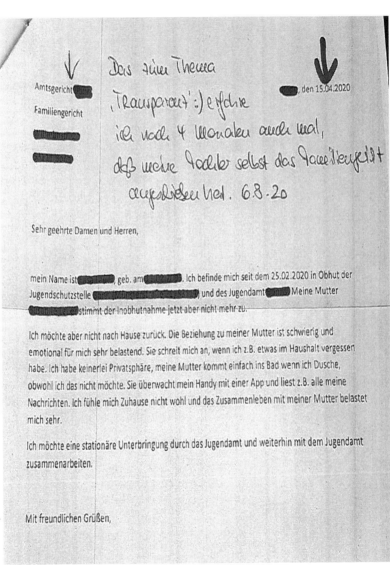

Das zum Thema
‚Transparent‘ :) erfahre
ich nach 4 Monaten auch mal,
daß meine Tochter selbst das Familiengericht
angeschrieben hat. 6.8.20

Amtsgericht ██
Familiengericht
████████
████

██████, den 15.04.2020

Sehr geehrte Damen und Herren,

mein Name ist ██████████, geb. am ██████████. Ich befinde mich seit dem 25.02.2020 in Obhut der Jugendschutzstelle ██████████████████████ und des Jugendamt ██████ Meine Mutter ██████████ stimmt der Inobhutnahme jetzt aber nicht mehr zu.

Ich möchte aber nicht nach Hause zurück. Die Beziehung zu meiner Mutter ist schwierig und emotional für mich sehr belastend. Sie schreit mich an, wenn ich z.B. etwas im Haushalt vergessen habe. Ich habe keinerlei Privatsphäre, meine Mutter kommt einfach ins Bad wenn ich Dusche, obwohl ich das nicht möchte. Sie überwacht mein Handy mit einer App und liest z.B. alle meine Nachrichten. Ich fühle mich Zuhause nicht wohl und das Zusammenleben mit meiner Mutter belastet mich sehr.

Ich möchte eine stationäre Unterbringung durch das Jugendamt und weiterhin mit dem Jugendamt zusammenarbeiten.

Mit freundlichen Grüßen,

Copyright: Foto Resi Lienz 2020.

Irritiert hätte mich, wenn die drei von meiner Tochter aufgeführten Argumente als 'stichhaltig' 'durchgewunken' worden wären. Sie stellte den Sachverhalt aus dem Zusammenhang 'gerissen' und 'verzerrt' dar. Gründe, die in solchen Kontexten Geltung erlangen sind solche wie z.B. Vernachlässigung durch Sorgeberechtigte, Drogenkonsum oder Gewalttätigkeit der Erziehungsberechtigten.

Die Stellungnahme des Jugendamtes ist inhaltlich weitestgehend korrekt. Sie weist nur einen 'Formfehler' auf. Es ist rechtlich gar nicht möglich, einer Inobhutnahme ausschließlich mündlich oder telefonisch zuzustimmen. Und wieder erscheint die bereits von mir dementierte Falschaussage zum vermeintlichen Kontaktabbruch im Mai.

Mich beschlich das Gefühl, ich kommuniziere mit 'Taubstummen' oder Personen, die die Darstellung der Mutter im doppelten Sinne einfach nicht wahrhaben wollen. Das Motiv hierfür ist mir allerdings nach wie vor 'schleierhaft'. Mir ist nicht klar, ob meine Tochter beabsichtigt, mir 'den schwarzen Peter in die Schuhe schieben' möchte oder ob sie die Situation so empfindet, weil ich ihr zum ersten Mal in 15 Jahren nicht mehr 'hinterherlaufe'. Das JA schrieb, meine Tochter wüsste nicht, wie sie mit der Lage umgehen und wieder mit mir in Kontakt treten solle. Diese Behauptung ist 'an den Haaren herbeigezogen'. Wenn meine Tochter etwas von mir will, tritt sie 'in Windeseile' mit mir in Kontakt. Aber eben nur dann. Salopp ausgedrückt, fühle ich mich sowohl vom JA als auch von meiner Tochter 'verulkt'. Eventuell ist diese Darstellung einfach auch nur eine Art 'Strategie', sozusagen eine gemeinschaftlich vereinbarte Legitimation, um nicht mehr in Sachen 'Familienzusammenführung' handeln zu müssen. Ein weiterer Beleg für meine Annahme könnte sein, dass meine Tochter vor dem Hilfe-Plan-Gespräch gegoogelt hat, was man als Ziele in ein solches Dokument eintragen kann. Im Zweifelsfall sind ihre niedergeschriebenen Ziele Plagiate und haben mit den realen Absichten meiner Tochter überhaupt nichts zu tun. Der gegenteilige Satz: 'Sie weiß, wie mit der Situation umgehen, will aber mit der Mutter nicht in Kontakt treten', der schon eher der Realität entspricht, würde als formuliertes Ziel in einem Hilfeplan keinen Sinn machen.

Die Inobhutnahme ist ein massiver Eingriff in das Sorgerecht, dem man oft mit anwaltlicher Hilfe entgegentritt. Es wird dringend dazu geraten, eine Inobhutnahme durch das JA auf jeden Fall zu verhindern, wenn keine Kindeswohlgefährdung vorliegt, da es zu einer Entfremdung zwischen Eltern und Kindern kommt. Das Internet 'quillt' vor lauter analogen, anwaltlichen Stellungnahmen und Ratschlägen 'über'.

Bei uns liegt der Fall anders. Meine Tochter war es, die um die Inobhutnahme gebeten hatte. Diesem Sachverhalt ist mit keinem Anwalt beizukommen. Die vom JA geschilderte Gefährdungsansprache durch die Polizei ist ausschließlich der Mutter zu verdanken. Das Familiengericht sollte glauben, dass es sich um den Verdienst des JA handelte. Noch absurder wird die Situation durch die Tatsache, dass es das JA selbst war, das zunächst keine polizeiliche Intervention wollte.

Das JA behauptet gegenüber dem Gericht, dass es ein Ziel wäre, 'mögliche Gefahren durch die Internetnutzung im Blick zu haben und darauf zu reagieren'.
Diese Aussage kann allenfalls dazu dienen, das Familiengericht zu beschwichtigen, in dem die Illusion erzeugt wird, dass gehandelt würde. Weder das Jugendamt noch das Kinderheim haben ein Interesse, geschweige denn die Möglichkeiten, die 'Internetnutzung im Blick zu haben'.

Das ist genau des 'Pudels Kern' oder der 'Missstand', auf den ich nunmehr seit acht Monaten hinweise.

Am **19. August 2020** folgte ein weiteres Schreiben des Familiengerichts und auch eine zweite Stellungnahme des Jugendamtes. Frau A., inzwischen aus ihrem Urlaub zurückgekehrt, wollte scheinbar die Stellungnahme ihrer Vertretung, Frau Q., noch ein wenig 'zurechtbiegen':

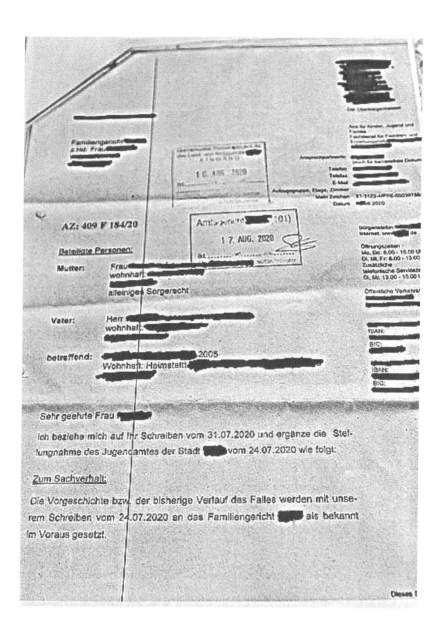

Familiengericht
z.Hd. Frau

AZ: 409 F 184/20

Beteiligte Personen:

Mutter: Frau
wohnhaft:

alleiniges Sorgerecht

Vater: Herr
wohnhaft:

betreffend: 2005
Wohnhaft: Heimstett

Sehr geehrte Frau

ich beziehe mich auf Ihr Schreiben vom 31.07.2020 und ergänze die Stellungnahme des Jugendamtes der Stadt vom 24.07.2020 wie folgt:

Zum Sachverhalt:

Die Vorgeschichte bzw. der bisherige Verlauf des Falles werden mit unserem Schreiben vom 24.07.2020 an das Familiengericht als bekannt im Voraus gesetzt.

Bezugnehmend auf das Schreiben von Frau ▮▮▮ an das Familiengericht der Stadt ▮▮▮ vom 13.07.2020 beziehe ich mich auf die Seite 4, Punkt 1, des Schreibens: Dem Jugendamt der Stadt ▮▮▮▮▮▮▮▮▮ liegt bis heute keine Diagnostik von ▮▮▮▮ vor und uns sind diesbezüglich bisher keine Diagnosen bekannt.

Tochter

Desweitern beziehe ich mich auf die Seite 5, Punkt 7, des Schreibens von Frau ▮▮▮. Das Jugendamt der Stadt ▮▮▮. ▮▮▮▮▮▮▮▮ hätte gegen das Wohl des Kindes, gem. § 1666 Abs.1 SGB VIII, gehandelt, wenn wir ▮▮▮▮ nicht in Obhut genommen hätten. Die Inobhutnahme von ▮▮▮▮ ist auch mit dem Willen der Jugendliche geschehen, _IR_ die das Jugendamt der Stadt ▮▮▮ aufgrund enorme seelischer emotionaler Belastung _IR_ im häuslichen Bereich, um eine Inobhutnahme gebeten hat.
Eine Intervention im häuslichen Bereich durch ambulante, flexible Hilfen, Beratungsstellen etc. _unix_
mit dem Ziel, die familiäre Situation zu stabilisieren und die _____ _1 Z_
Mutter Tochter Beziehung zu verbessern, war zu diesem Zeitpunkt nicht mehr möglich. _25.2.20_
Zwischen Frau ▮▮▮ und ▮▮▮▮ bestand bzw. besteht bis heute keine gemeinsame
Basis und keine gemeinsame Ziele für eine konstruktive Zusammenarbeit mit Fachkräften
der freien Träger der Jugendhilfe.
Außerdem war die Beziehung zwischen ▮▮▮▮ und Frau ▮▮▮ gegenseitig
misstrauisch und vorwurfsvoll.

Aktuelle Situation in der Gruppe:
Telefonischer Kontakt mit Herr ▮▮▮, Leitung der stationären Regelgruppe, „Heimstatt"
e.V. am 10.08.2020

- ▮▮ gibt derzeit ihr Handy, ihr iPad und ihr Laptop abends, so wie mit der
- Einrichtung vereinbart, ab.
- Sie hält sich zuverlässig an die Regel
- ▮▮ hält sich zurzeit an die Regeln der Gruppe/der Einrichtung: Ausgangszeiten
  und Dienste der Gruppe, sowohl unter der Woche als auch am Wochenende _1 Z_
- Sie erledigt zuverlässig und gut ihre Aufgaben in der Gruppe
- ▮▮ verhält sich zurzeit altersentsprechend den anderen Jugendlichen der
  Gruppe gegenüber
- ▮▮ ist die Schule wichtig. Sie habe sogar in den Ferien freiwillig etwas
  für die Schule getan
- ▮▮ lehnt zum jetzigen Zeitpunkt eine therapeutische Anbindung nach wie vor ab

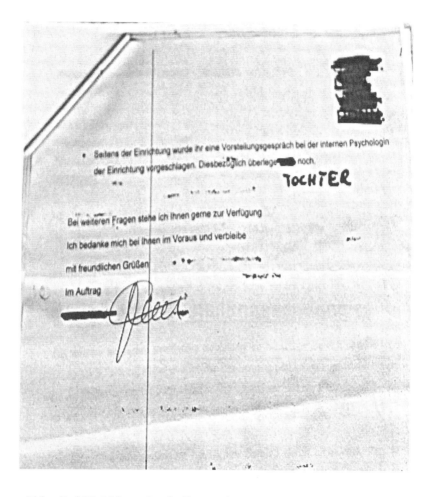

- Seitens der Einrichtung wurde ihr eine Vorstellungsgespräch bei der internen Psychologin der Einrichtung vorgeschlagen. Diesbezüglich überlege ▇▇▇ noch.

TOCHTER

Bei weiteren Fragen stehe ich Ihnen gerne zur Verfügung

Ich bedanke mich bei Ihnen im Voraus und verbleibe

mit freundlichen Grüßen

im Auftrag

Abb.: S. 323-325 zweite Stellungnahme JA vom **12.08.2020**

Zur Richtigstellung des Sachverhaltes schrieb wiederum ich:

(...), den **19.08.20**

An das **Familiengericht**

vorab per Email: postelle@ag.de

**AZ 409 F 184/20 – Ihr Schreiben vom 17.08.20 (Fr. ...)
bzw. Schreiben des JA .../Fr. .....vom 12.08.20 – .....**

Sehr geehrte Frau ....,
ich beziehe mich auf o.g. Vorgang und nehme zum Schreiben des Jugendamtes der Stadt (…) vom 12.08.20 wie folgt Stellung:

I. Die 'enorme seelische, emotionale Belastung' im häuslichen Bereich bestand bis Februar 2020 für beide Parteien, Mutter und Tochter. Der Vorgang wird immer ausschließlich aus 'Sicht des Kindes' betrachtet, auch wenn Ihr Amt 'Jugendamt' und nicht 'Mutter-Amt' heißt, ist ihre Behörde dennoch für die 'Familie als ganzes, komplexes System' zuständig.

II. Der Satz *'Eine Intervention im häuslichen Bereich durch ambulante, flexible Hilfen, Beratungsstellen etc. mit dem Ziel, die familiäre Situation zu stabilisieren und die Mutter-Tochter-Beziehung zu verbessern, war zu diesem Zeitpunkt nicht mehr möglich"* (3. Absatz, S. 2).

Diesen Satz dementiere ich. Er entspricht nicht der Wahrheit! Frau A. spricht vom Februar, als meine Tochter in die Jugendschutzstelle aufgenommen wurde.

Am **02.03.2020** hatten Frau A., meine Tochter und ich einen Beratungstermin im Jugendamt(...), bei denen sich alle drei Anwesende mit dem Vorschlag der ambulanten Hilfen einverstanden erklärten. Da ich bereits im März der 'ganzen Situation nicht mehr traute, 'schnitt ich unsere Sitzung mit', nachweislich auf den 2.3.20 datiert. Meine Tochter erklärt gut hörbar ihr Einverständnis bezüglich der ambulanter Maßnahmen. Die Treffen mit meiner Tochter, die auf diesen Termin folgten, sind allesamt harmonisch verlaufen, was ich Fr. A. auch jedes Mal zeitnah per Email mitteilte (…). Da meine Tochter nie [aus privaten Gründen] Kontakt [mit mir] aufnimmt, scheint sie das entweder nicht zu wollen oder dazu nicht in der Lage zu sein bzw. fachliche Unterstützung zu bedürfen. (…) Es ist sehr merkwürdig und nicht nachvollziehbar(...), warum meine Tochter nach dem 2. März ihre Meinung hinsichtlich ambulanter Hilfen so abrupt geändert haben sollte(...). Alle häuslichen Konflikte waren beendet und beide 'Parteien' sind zur Ruhe gekommen. (…). Mir ist bewusst, dass mein Audio-Mitschnitt unserer Sitzung nicht 'legal' ist.

Meine Tochter wollte unbedingt allein und unabhängig wohnen und dies bereits <u>vor </u>Eintreten unserer häuslichen Konflikte. (…) Mit der Option einer Wohngruppe sah sie ihre Chance gekommen. Frau A. ist auf den 'Zug meiner Tochter aufgesprungen' und ihrer Manipulation 'erlegen'. Natürlich gab es vorher Konflikte, weil meine Tochter auf nicht tolerierbare Weise die Regeln zuhause brach und gefährliche Dinge im Internet 'trieb'. Dr. Winterhoff, bei dem sich meine Tochter kurzzeitig in Therapie befand , sagte, dass meine Tochter stets jemanden finden würde, der 'mit ihr an einem Strang zöge'. Sie sei 'manipulativ'.

Das hat ja auch die 'Rekrutierung' der Eltern der Klassenkameradinnen gezeigt (→Kap. 4.10). Die Diagnostik bei Dr. Winterhoff brach meine Tochter ab. Von dem Besuch bei der Psychologin B. in der Erziehungsberatungsstelle (...) war sie angetan. Sie fühlte sich dort sehr wohl und konnte sich eine weitere Zusammenarbeit gut vorstellen.es kam jedoch dort zu keinen weiteren Terminen mehr, weil die stationäre Unterbringung seitens Fr. A. mit Hochdruck forciert wurde.

III. Bezüglich des Satzes 'Zwischen Frau .....und .....bestand bzw. besteht bis heute keine gemeinsame Basis und keine gemeinsamen Ziele für eine konstruktive Zusammenarbeit mit Fachkräften der freien Träger der Jugendhilfe" (S. 2, selber Absatz).

Dieser Satz wird bereits durch das, was ich unter Punkt II aufführe, dementiert. Meine Tochter hat in ihrem Hilfeplan vom 26.06.20 persönlich geschrieben, 'dass sie zu tun beabsichtige, um den Kontakt zur Mutter wiederaufzunehmen'. Ist das keine Basis, auf die die Arbeit des Jugendamtes nun aufbauen kann? (...). Meine Tochter äußerte den Großeltern gegenüber , dass sie ursprünglich eigentlich 'nur zwei, drei Tage Urlaub von der häuslichen Situation hatte 'nehmen' wollen'. Sie bezeichnete auch ihren Aufenthalt in der JuSchu mir gegenüber noch als 'Urlaub' . Es war also bei meiner Tochter noch kein Gefühl eines Dauerzustandes eingetreten, was heute nach sechs Monaten (die Zeit arbeitet gegen die familiäre Situation) anders aussieht. Damals war [Name meiner Tochter] noch therapiewillig. Sie ist noch nicht erwachsen, unerfahren und überfordert und in eine 'behördliche Maschinerie' hineingeraten, deren 'Motor' Frau A. ist.

Frau A. ist nach wie vor die für uns zuständige Sachbearbeiterin, obwohl ich seit drei Monaten den Wohnsitz außerhalb ihres Zuständigkeitsbereichs habe***. Dass es meiner Tochter in der Einrichtung gefällt, kann ich nachvollziehen. (...) Die Tatsache, dass sie erst kürzlich fragte, ob sie zwei Nächte hintereinander bei ihrem 'neuen Freund' übernachten dürfe, zeigt, dass sie sich nach familiärer Anbindung sehnt und versucht, den Lebensmittelpunkt zu verlagern. (…).

IV. Hinsichtlich des Satzes 'Die Minderjährige befindet sich im Einvernehmen mit der allein sorgeberechtigten Mutter in vollstationärer...' (2. Absatz Ihres Anschreibens),

Das mit dem Einvernehmen ist ein 'zweischneidiges Schwert'. Ich bin gekonnt 'unter Druck gesetzt worden'. Frau A. sagte mir, meine Tochter könne <u>nur</u> in die JuSchu, wenn ich die Inobhutnahme unterzeichne. Da unsere Situation zuhause noch 'angespannt' war und meine Tochter ständig bei Klassenkameraden 'untertauchte', unterschrieb ich. Es war offensichtlich und das sagte meine Tochter auch ständig, dass sie nicht heimkehren wollte.
Frau A. behauptete, ich könnte die Inobhutnahme jederzeit zurücknehmen. (…). Als ich merkte, wie akribisch und determiniert sie nach einem Wohngruppenplatz suchte, erinnerte ich sie am **16.4.2020,** dass wir uns doch im März auf ambulante Hilfen geeinigt hatten. Daraufhin rief Fr. A. mich an und fragte , ob ich beabsichtigte, die Inobhutnahme zurückzunehmen. In solch einem Falle müsste sie das Familiengericht 'anrufen'. Das war eine ausdrückliche Drohung, die mich sehr verunsicherte!
_____*** Für Januar 2021 ist ein Jugendamtswechsel geplant.

Ich war in Bezug auf Behörden wie das Jugendamt und das Familiengericht unerfahren. Ich sagte Fr. A., dass ich nur auf ambulante Hilfen hatte bestehen wollen (…).

Das Schreiben an das Familiengericht(...)erhielt ich erst nach vier Monaten als Kopie. (...).

V. Hinsichtlich des Telefonats Kö./A. vom **10.08.2020**:
Die Abgabe der digitalen Geräte abends in der Einrichtung erfolgt auf Wunsch der Mutter und nach langem Drängen der Mutter.

Fr. A. 'verkauft das Konfiszieren der digitalen Geräte meiner Tochter als 'Idee' des Kinderheims'. Genauso wie immer betont wird, dass [Name meiner Tochter] die Schule wichtig sei und sie sich an die Regeln halte. Das alles hat meine Tochter immer schon getan. Das ist weder ein Verdienst des Jugendamts noch des Kinderheims. Das war überhaupt nicht Bestandteil der ganzen Problematik. Die Themen sind die 'Internetproblematik' und die 'Überforderung seitens der Mutter, Regeln zuhause durchzusetzen. Wenn das Jugendamt stets die gute Schülerin und ihre Fähigkeit, sich bestmöglich [in die Wohngruppe] zu integrieren, in den Fokus rückt, so wird dadurch keinesfalls die Ausgangsproblematik aufgehoben, sondern allenfalls 'verschleiert'.

VI. Was den Satz betrifft 'Das Jugendamt der Stadt (…) hätte gegen das Wohl des Kindes, wenn nicht...' (S. 2, 2. Absatz).
Es war sicher zum Wohl des Kindes <u>und</u> der Mutter, erst einmal vorübergehend – nicht auf Dauer!!!! – eine räumliche Trennung durchzuführen, um zu 'deeskalieren',

zumal beide auch viel zu beengt wohnten. Zwei Wochen hätten hier vollends ausgereicht! Keine sechs Monate oder gar Jahre. Im Anschluss ist es Aufgabe des Jugendamtes, den Weg zur Rückführung einzuleiten und unmittelbar therapeutische Angebote zu initiieren. Diese könnten zunächst auf 'neutralem Boden' z.B. in Räumlichkeiten Dritter stattfinden (im Jugendamt).

Mit der Aussage vom **13.08.2020** war gemeint, (...)dass seit dem **25.02.2020**, das 'Kindeswohl' nach wie vor einer gewissen Gefährdung unterliegt. Es kam zu einigen negativen Vorfällen. Bereits in der Juschu ist meine Tochter polizeibekannt geworden und hat gegen eine Mitbewohnerin Strafanzeige gestellt. (…). In der Jugendschutzstelle wurden meiner Tochter Drogen angeboten. Im Kinderheim hat sie sich um die 'Pille danach bemüht', Internetseiten wie (...) und sanfter Selbstmord' besucht (belegbar). Inzwischen 'arbeitet' meine Tochter bereits mit vier internetfähigen Geräten (...) und ruft 'fragwürdige Internet-Seiten' auf. Vor allem nachts chattete und telefonierte sie mit Unbekannten(...).

Bei einer auf Dauer angelegten Trennung von Mutter und Kind kann zunächst einmal von einer 'Kindeswohlgefährdung' ausgegangen werden, zumal meine Tochter und ich 15 Jahre lang eine sehr enge Beziehung hatten. Es gehört ebenso in den Bereich der Kindeswohlgefährdung, dass im Moment niemand kontrolliert, was meiner Tochter im Internet geschieht.

Frau A. ist es gelungen, die Familie auf Dauer zu trennen. Das Gegenteil ist jedoch Aufgabe des Jugendamtes und äußerst wünschenswert.

Es gelingt dem Jugendamt immer noch nicht, die 'Situation objektiv zu betrachten'(...).

Sie sollten Ihre Aufgabe wahrnehmen, das Kind zu 'bewegen', dass es in die Mutter-Kind-Beziehung zurückfindet. „Die Jugendliche will nicht und 'überlegt", ist keine konstruktive Handlungsgrundlage(...). Meine Tochter befindet sich in der Pubertät. Sie weiß manchmal selbst nicht so genau, was in ihr vorgeht (...).

VII. 'gegenseitige Vorwürfe, gegenseitiges Misstrauen'.

Frau A., ich weiß nicht, ob Sie Kinder haben. Haben Sie welche? Ich bin mir sicher, wenn Ihre Kinder über Jahre 'pornographisches Material 'im Internet verbreiten und sich mit unbekannten Chatpartnern treffen wollen, wären auch Sie als Mutter misstrauisch und irgendwann auch einmal vorwurfsvoll. Und ich bin mir sicher, dass Sie als 'Mutter' nicht tatenlos zusehen würden, wenn sich niemand darum kümmerte. Dass meine Tochter misstrauisch und vorwurfsvoll war, hat schlichtweg damit zu tun, dass sie Regeln kaum gewohnt war und die sehr notwendige mediale Kontrolle einfach nicht akzeptieren wollte. Das ist auch eine Ihrer Aufgaben, das Kind dort hinzuführen und die Mutter dabei zu unterstützen, dass häusliche Regeln eingehalten werden. Es gehört zu ihrem Verantwortungsbereich, an Erziehungsfehlern anzusetzen. (...). Die Mutter hat vom Jugendamt nie Unterstützung erhalten.

(…).

Ich bin froh, dass alles in eine offizielle Dokumentation einfließt, die meiner Tochter zugänglich sein wird, sodass sie, wenn sie älter ist, nachlesen kann, wie die Umstände sich tatsächlich zugetragen haben.

Ich werde weiterhin 'am Ball bleiben' und die 'Machenschaften' des Jugendamtes (...) auf keinen Fall 'totschweigen', im Gegenteil. Sie werden von mir hören und über mich hören!

Da ich im Gegensatz zu Ihnen 'strategisch' und transparent arbeite, teile ich Ihnen das bereits heute mit.

Mit freundlichen Grüßen

…..

Auf mein im Original siebenseitiges Schreiben erhielt ich am **27.08.2020** eine vergleichbar 'minimalistische' Antwort des Familiengerichts:

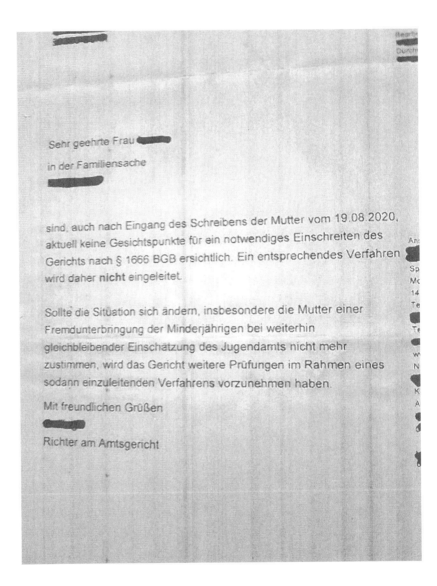

Sehr geehrte Frau ▓▓▓

in der Familiensache

▓▓▓

sind, auch nach Eingang des Schreibens der Mutter vom 19.08.2020, aktuell keine Gesichtspunkte für ein notwendiges Einschreiten des Gerichts nach § 1666 BGB ersichtlich. Ein entsprechendes Verfahren wird daher **nicht** eingeleitet.

Sollte die Situation sich ändern, insbesondere die Mutter einer Fremdunterbringung der Minderjährigen bei weiterhin gleichbleibender Einschätzung des Jugendamts nicht mehr zustimmen, wird das Gericht weitere Prüfungen im Rahmen eines sodann einzuleitenden Verfahrens vorzunehmen haben.

Mit freundlichen Grüßen

▓▓▓

Richter am Amtsgericht

334

Ich hatte es versucht!

Das Familiengericht hatte das JA bedauernswerterweise weder zur 'Vernunft gerufen' noch beanstandet, dass es keinen Aktionsplan und auch keine konkrete Hilfemaßnahmen gibt. Ich habe nicht unbedingt den Eindruck, das Familiengericht 'zöge mit mir an einem Strang'.

Mir kommt es eher so vor, als sei das Familiengericht nun auch noch in das übervolle Boot meiner Tochter eingestiegen.das Antwortschreiben des Familiengerichtes lässt sich auf verschiedene Arten lesen:

I. Die objektive, sachliche Ebene: Für das Familiengericht ist die Angelegenheit erledigt. Von Amtsseite ist es völlig unerheblich, wie viele Schreiben eine Mutter aufsetzt, um vermeintliche Missstände im System der Erziehungshilfe anzuzeigen. Es besteht kein Handlungsbedarf von gerichtlicher Seite.

II. Die subjektive, interpretative Ebene: Das Familiengericht 'hält dem Jugendamt die Stange'. Es sieht keinen Anlass, dem JA auf die 'Finger zu klopfen' und es zum Handeln zu bewegen. Man könnte auch eine latente Warnung herauslesen. Die Mutter möge es tunlichst unterlassen, die Inobhutnahme des Jugendamtes zurückzunehmen. Andernfalls müsste die Angelegenheit dann doch noch vor Gericht geklärt werden. Das will die Mutter bestimmt nicht, weil der Ausgang äußerst ungewiss ist.

Unabhängig von den verschiedenen möglichen Lesarten scheint es offensichtlich, dass jetzt erst einmal 'Hopfen und Malz' verloren sind und somit das vorläufige ' Ende der Fahnenstange erreicht' ist.

Meine Botschaft kommt in den Amtsstuben noch nicht an.

Jetzt bliebe noch die Option, einen Rechtsanwalt für Familienrecht einzuschalten. Das macht allerdings wenig Sinn, da meine Tochter ein Mitspracherecht hat und sowohl eine Therapie als auch die konstruktive 'Bearbeitung' der Mutter-Tochter-Beziehung derzeit ablehnt.

Ich lasse die Angelegenheit nun auf sich beruhen.

Ich bin 'tiefenentspannt', denn ich weiß, dass ich **alles** getan habe, was in meiner 'Macht' steht. Den ein oder anderen Erfolg kann ich 'vermelden'. Meine Arbeit 'lohnt' sich. Und sie hört mit diesem Buch auch nicht auf (…).

Ich 'harre' nun nicht nur der Dinge, die da kommen.
Ich freue mich auf sie!
Ich genieße den Weg.

66

4.15. Einen sicheren Freund erkennt man in unsicherer Sache

Der Titel ist ein Zitat des römischen Politikers, Schriftstellers und Philosophen Cicero (106-43 v.C.).
Bei unsere Krise handelte es sich um eine sehr unsichere Sache und daher war mir ein sicherer Freund äußerst willkommen.

Am innigsten sind meine Freundschaften aus 'Kindertagen'. Sie pflege ich mit Menschen, die mich bereits seit Jahrzehnten gut kennen. Gemeinsam sind wir durch 'Dick und Dünn' gegangen. Es sind Freundschaften mit Seelenverwandten, mit denen ich selbst schon Krisen gemeistert habe, wodurch unsere Verbindung mit den Jahren noch authentischer und inniger wurde. Meine langjährigen Freunde sind weit verstreut: C. in Mailand, K. in der Schweiz, E. im Ruhrgebiet und U. in Rheinland-Pfalz. Meine Studentenfreunde, die ich noch nicht ganz so lange kenne, waren mir im Frühjahr eine große moralische Stütze. Ich ließ mich von ihnen sehr gern ablenken und aufheitern. Interessant war für mich auch der Umstand, dass das 'studentische Jungvolk' der Pubertät zeitlich naturgemäß deutlich näher steht als ich, so dass ich es wagte, die eine oder andere 'Verständnisfrage' zu stellen.

M. gehört zu den langjährigen Freundinnen. Ich kenne sie seit vier Jahrzehnten. Sie ist drei Jahre jünger als ich und als ich sie das erste Mal traf, war sie 'gerade' die Freundin meines Bruders.
„Ihr drei [Geschwister] seid grundverschieden.
Ich mag Euch alle drei, jeden auf seine Art!"
M. ist seit Jahrzehnten mit uns drei Geschwistern gleichermaßen verbunden. Sie und mich einen unsere gemeinsamen Interessen. Sind wir zusammen, geht uns der Gesprächsstoff nie aus. Auch charakterlich ergänzen wir uns gut.

M. wirkt als Mathematikerin nach außen eher 'sachlich' und von ihrer Vernunft geleitet, während ich emotionaler und spontaner bin. So wie ich M. motiviere und dabei unsere Freundschaft manchmal mit neuen Ideen belebe, so 'bremst' sie mich gelegentlich oder regt mich erst einmal zum Nachdenken an, bevor ich eine Entscheidung treffe.

Intensiv ist unsere Freundschaft seit etwa zwanzig Jahren. Anfangs haben wir uns nur auf Geburtstagsfeiern getroffen und sind einmal im Jahr zusammen essen gegangen. Als WhatsApp auf den Markt kam, war das für unsere Freundschaft eine große Bereicherung, denn wir telefonieren beide nicht gern.

Im **September 2019** wurde unser Kontakt intensiver. Erst schrieben wir uns täglich ein paar Nachrichten auf WhatsApp. Ab Jahresende wurden es dann mehr. Irgendwann kamen wir kaum noch hinterher, unsere gegenseitigen Mitteilungen abzuhören und zu beantworten. Jeden Tag waren wir mit einer 'unsichtbaren Nabelschnur' miteinander verbunden. So pflegten wir unseren regelmäßigen Kontakt, auch wenn unsere Terminkalender es nicht immer hergaben, uns öfter 'live' zu treffen.

Ganz innig wurde unsere Freundschaft ab **Sommer 2018**. M. hat zwei Töchter, L. und A., die zwei bzw. drei Jahre jünger sind als meine Tochter. Die meinige war vorwiegend zuhause und hatte wenige Freunde. Mit meinem eigenen Wunsch nach 'Autonomie' wurde ich mit der Zeit flexibler, was meinen Terminkalender und das Eingehen von Verabredungen anging. Es sollte sich nicht mehr alles ausschließlich um meine Tochter und ihre Termine 'drehen'. M. und ich fingen an, miteinander zu wandern, was wunderschön war.

Im Sommer 2018 ging es in unseren Gesprächen über meine Tochter vor allem darum, dass sie 'ständig' online war. Dass sich die 'Problematik' bei uns zuhause 'zuspitzte', hat M. und mich noch näher 'zusammengerückt'.

Ich habe M. vor kurzem noch einmal nach Details des **Sommers 2018** gefragt. Sie sagte, ich hätte ihr erst viel später von 'Nacktfotos' berichtet. **2018** besuchten wir gemeinsam ein Medienseminar.

Am **13.09.2020** schickte ich M. die 'Ritz-Fotos' meiner Tochter, die sie im Mai desselben Jahres' veröffentlicht' hatte.

> „Hallo liebe (…). Ich bin jetzt doch **schockiert!**
> Ich dachte, das wären Fotos aus dem Internet.
> Das sieht schlimm aus!
> Jetzt musst du immer die Arme kontrollieren!"
> [M.'s WhatsApp-Nachricht an mich]

Am **5. Oktober 2018** erzählte ich M., dass meine Tochter unsere WLAN-Leitung 'gehacked' hat. Ich legte M. nahe, dass sie bei ihren Töchtern genauer hinschauen solle, was sie im Internet 'treiben'. Meine Freundin hat bislang alles Digitale bei ihren Kindern mehr oder weniger 'schleifen' lassen. Ich vermute, sie weiß bis heute nicht, was ihre Töchter mit ihren Smartphones so alles 'anstellen'. Sie reguliert aber inzwischen ihre Medienzeit. Ihre beiden Töchter haben auch heute noch eine Mediennutzungszeit von einer Stunde pro Tag. Beneidenswert. Allerdings nutzen sie oft auch oft 'WLAN-Hotspots' außerhalb ihres Zuhauses. Nichtsdestotrotz ist die Situation 'Jugendliche und Internet' bei meiner Freundin bislang niemals 'ausgeufert'. M. teilt sich ihren Laptop mit den Töchtern. Das hätte ich auch mal machen sollen.
Für meine 'Ermahnung' hinsichtlich der Internetaktivitäten ihrer Töchter war M. dankbar:

> **„Ich bleibe am Ball. Gut, dass du so 'hart' zu mir bist!"**

Im **Januar 2020** ließ ich mich bei M. über das 'Müllthema' aus. Das Verhalten meiner Tochter war für für meine Freundin unverständlich. Alle unsere häuslichen Probleme sprengten M.'s Vorstellungsvermögen.
Als ich an einem Tag besonders verzweifelt war, ließ M. alles stehen und liegen und kam sofort. Ich erinnere mich an diese Situation, als wäre es heute. Ich saß an unserem Wohnzimmertisch, M. neben mir. Inzwischen war sie 'im Bilde'. Ich weinte. Es war das erste Mal, dass ich in ihrer Anwesenheit weinte. Sie sagte, es wäre gut, dass ich meine Gefühle endlich herauslassen könnte.

Immer dann, wenn ich mit meiner Tochter etwas unternahm wie z.B. Wanderungen oder Kinobesuche, atmete M. auf. Sie gab sich der Hoffnung hin, dass alles vielleicht doch gar nicht so schlimm sei und wieder in Ordnung komme. Sie hat keine Vergleichsmöglichkeiten. Ihre Töchter sind jünger und 'anders' als meine. M. kann sich in ihrer übergroßen symbiotischen Mutterliebe nicht vorstellen, dass die eigenen Kinder Müttern so etwas antun können und dass es folglich zu derartigen Konflikten und Brüchen in einer Mutter-Tochter-Beziehung kommen kann. Mir geht es da übrigens nicht anders!

M. wirkte bis zuletzt auf mich ein, dass ich meine Tochter immer wieder fragen solle, ob es tatsächlich ihre Absicht sei, in eine Wohngruppe zu ziehen.

Als meine Tochter Schwierigkeiten in Mathe hatte und ich einige Nachhilfestunden für sie zahlen musste, boten wir ihr gemeinschaftlich an, dass meine Freundin ihr in Mathe helfen könne. Meine Tochter wehrte sich stets vehement gegen diesen Vorschlag.

M. hat mich durch unsere Krise 'getragen'. Wir haben uns immer geholfen, so wie es in einer guten Freundschaft sein sollte. Geben und Nehmen waren stets ausgewogen.
Als ich aufgrund meines Umzugs zwei Wohnungen renovieren musste, stattete M. mich mit den nötigen Handwerker-Utensilien aus und 'schwang' auch selbst den Pinsel. Als es in den letzten Monaten terminlich eng bei mir wurde, betreute sie meinen Hund, auch über Nacht und zur großen Freude ihrer Töchter.

Im Oktober machte M. mit ihrer Familie und meinem Hund eine Woche Urlaub in einem Naturschutzgebiet, damit ich mein Buch zu Ende schreiben konnte.Sie suchten extra eine Jugendherberge aus, in der Hunde genehm waren.

Meine Freundin M. war die <u>wichtigste Säule</u> für mich in der Krise.
Wir kennen uns lange. Sie war die einzige, die Bescheid wusste und sie sprang sofort in 'die Bresche'. M. lenkte mich ab und war auch mal ohne Rat, aber dafür immer mit Tat da, wenn ich sie brauchte.
Ich weiß nicht, wie ich die zwei Jahre ohne sie überstanden hätte. Vielleicht gar nicht.

Ich danke DIR von ganzem Herzen, M.!
DU bist ein ganz wertvoller und großartiger Mensch!
Freundschaft muss nicht immer perfekt sein,
nur ECHT!
Und das ist unsere!   67

4.16. Familie

Die Definition von Familie hat sich im Laufe der Jahrhunderte gewandelt.
Hurrelmann definiert Familie heute als

> „(...) eine andauernde Lebensgemeinschaft von jeweils mindestens einem Angehörigen zweier Generationen (...), wobei meist die Angehörigen der älteren Generation für die Versorgung, Erziehung und Unterstützung der Angehörigen der jüngeren Generation zuständig sind"
> (Hurrelmann 2017: 46).

Alleinerziehende stellen eine wachsende Familienform dar.
Bei dieser Familienform lassen sich drei Grundmuster der Bewältigung familiärer Alltagsanforderungen unterscheiden: Die flexiblen Pragmatikerinnen, die Partnerschafts-orientierten Perfektionistinnen und die souveränen Realistinnen (BMFSF 2012c:13).

In unserem Fall könnte die Mutter in der Kategorie der souveränen Realistinnen gesehen werden:
> Es sind überwiegend ältere Mütter mit bereits größeren Kindern. Sie schätzen ihre erworbene Eigenständigkeit, haben ein hohes Selbstbewusstsein und bewerten ihre Situation keinesfalls als defizitär. Eine neue Partnerschaft wird nicht mit dem Ziel angestrebt, einen Vater für das Kind zu finden.

Nirgendwo wird so viel gestritten wie in der Familie (Bründel 2014). Es handele sich dabei häufig nicht so sehr um große Krisen, sondern um Auseinandersetzungen in Form von Gesprächen und Debatten, die allerdings auch schon einmal etwas lauter werden können. Es geht fast immer um Regelsetzungen, die von Kindern anders gesehen werden als von Eltern sowie um Konsequenzen (Bründel 2011).

Kousholt (2011:203) schlägt vor, Familie als eine 'konfliktträchtige Gemeinschaft' ('conflictual community') zu verstehen, in der die Mitglieder durchaus unterschiedliche Perspektiven und Bedürfnisse haben können. Das bedeutet, dass die divergierenden Standpunkte der einzelnen Mitglieder austariert werden müssen (Hurrelmann 2017:81)

Die 18. Shell Jugendstudie hat die Wertorientierung 'Familie' mit Hilfe der Befragung der Jugendlichen im Alter von 15-25 Jahren im Jahr 2019 erhoben:

>>Familie« und »soziale Beziehungen« sind die mit Abstand wichtigsten Wertorientierungen, die so gut wie alle Jugendlichen für sich gewährleistet sehen wollen; sogar wichtiger als »Eigenverantwortlichkeit« (89%) und» Unabhängigkeit« (83%), die doch gerade im Jugendalter als Übergang zum Erwachsensein besondere Entwicklungsaufgaben markieren (…) Familie stellt einen 'sicheren Heimathafen' dar, der jungen Menschen Halt und Unterstützung gibt (…) (Quelle: 18. Shell Jugendstudie-Jugend 2019, S. 20).

Meine Tochter brach im **Frühjahr 2020** den Kontakt nicht nur mit mir, sondern zu <u>allen</u> Familienmitgliedern ab und dass, obwohl sie vierzehn Jahre lang mit allen ein sehr inniges Verhältnis hatte. Sie war und ist ein 'Teil des Rudels'. Ihr Opa, mein Vater, bemühte sich seit **Sommer 2020** redlich um seine Enkelin und den Kontakt mit ihr, damit sie, wie er sagte,' nicht ganz aus dem Familienverband 'herausfalle'. Er scheiterte erst einmal mehr oder minder an seinen eigenen guten Absichten und 'harrte' dann der Dinge, die da kommen. Einmal konnten ihre Großeltern meine Tochter dazu bewegen, sie zuhause zu besuchen. Ansonsten reagiert meine Tochter in der Regel auf die großelterlichen Kontaktversuche und (digitalen) Grüße bis dato selten bis überhaupt nicht.

Am **27. September 2020** besuchte meine Tochter dann ihren Opa und ihre Oma auf deren Einladung hin einmal mit ihrem neuen Freund.

Was die Beziehung zu den eigenen Eltern betrifft, hat die 18. Shell-Jugendstudie herausgearbeitet, dass diese auch weiterhin positiv von den Jugendlichen wahrgenommen wird:

Seit 2002 nimmt der Anteil Jugendlicher, die ein positives Verhältnis zu den Eltern haben, stetig zu: Vier von zehn Jugendlichen (42%) kommen bestens mit ihren Eltern aus, die Hälfte (50%) kommt trotz gelegentlicher Meinungsverschiedenheiten mit ihnen klar.entsprechend zufrieden sind Jugendliche mit der Erziehung durch ihre Eltern, diese bleiben maßgebliche Erziehungsvorbilder: 16% würden ihre Kinder genauso erziehen, wie sie selbst erzogen wurden, und 58% ungefähr so. Weniger als ein Viertel der Jugendlichen (23%) würde ihre Kinder anders oder sogar ganz anders erziehen, als sie selbst von ihren Eltern erzogen wurden (2002 äußerten dies noch 29%). Allerdings ist in den höheren sozialen Herkunftsschichten das Verhältnis von Jugendlichen zu ihren Eltern deutlich besser als in den weniger privilegierten (...) (Quelle: ebenda, S.25).

Ab ihrem dritten Lebensjahr übernachtete meine Tochter drei Jahre lang einmal wöchentlich bei den Großeltern mütterlicherseits, was das Verhältnis damals sehr intensivierte. Bis zum **Frühjahr 2020** besuchte meine Tochter die Großeltern regelmäßig einmal wöchentlich. Unsere Familientreffen und Feste waren immer sehr schön, vor allem die Geburtstage oder die Weihnachtsfeste, die oft von den Großeltern ausgerichtet werden.

Nach dem Auszug meiner Tochter, fing mein Vater an, sich zu sorgen. Er wollte wissen, was los sei, wo seine Enkelin sich aufhielte und wie es ihr gehe. Als mein Vater sich irgendwann nicht mehr 'traute' zu fragen, weil ich eine unsichtbare Grenze gezogen und höflich signalisierte, dass ich jetzt erst einmal nicht über das Thema sprechen wollte, blitzten in seinen Augen 'stumme Fragezeichen' auf. Ich brauchte noch Zeit. Ich wusste, dass sie sich sorgten. Ich ahnte aber auch, dass sie mir nicht würden helfen können. Ich brauchte 'Fachleute' und vor allem Energie, um den Alltag zu 'stemmen', umzuziehen und meinen 'Kampf' mit den Behörden respektive Jugendamt austragen zu können.

Ich verspürte das Bedürfnis, meine Familie an dem teilhaben zu lassen, was geschehen war und ihnen ihre Sorgen zu nehmen, sobald die Zeit dafür 'reif' wäre.

Nach der einen oder anderen Andeutung, dass meine Tochter nicht mehr zuhause lebte, lud ich meine Eltern am **11. Juni 2020** in meine neue Wohnung ein. Wir führten sehr intensive Gespräche. Die Reaktion der Großeltern 'fiel' ein wenig anders aus, als ich vermutet hatte. Die Oma meiner Tochter zeigte sich zunächst ziemlich 'geschockt' angesichts der Dinge, die meine Tochter im Internet tat. Sie bekundete 'Mitleid' mit mir, was für mich eine große Wohltat war. Mein Vater war erleichtert. Er wusste nun, was los war. Er reagierte zunächst gelassen auf die Internetaktivitäten meiner Tochter. Das sei heute 'normal'. Auch er bekomme manchmal 'merkwürdige Werbung', wenn er im Internet 'Schalke-News' schaue. Natürlich ist auch meinem Vater die Gefahr bewusst, der sich meiner Tochter aussetzt. Vielleicht war das 'kecke Statement' seine Art, den 'eigenen Schock' zu überspielen bzw. Brisanz aus der Situation zu nehmen.

Niemand meiner Familie schob mir den befürchteten 'schwarzen Peter' zu. Auch ich bin ein Mitglied des Rudels und die Sachlage war nach den Gesprächen für alle um einiges klarer.

Damals rückte die Herde ganz dicht zusammen. Ich fühlte mich aufgefangen und geborgen. **Endlich!**

Am **28. Juni** lud ich dann meine Brüder und meine Schwägerin ein, um auch sie zu informieren. Sicher sind bei diesen Familientreffen nicht alle Gedanken aufs 'Tapet gebracht' worden, die in den 'Köpfen herumschwirrten', und wahrscheinlich sind auch nicht alle Gefühle offen gezeigt worden. Dazu war die ganze Situation beileibe für alle zu 'spontan' und zu schockierend. Ich hatte 'Heimvorteil', da ich mich ja bereits zwei Jahre lang mit der Situation auseinandergesetzt hatte. Meine Schwägerin empfand die Lage als äußerst 'brisant' und 'gefährlich'. Mein Bruder sagte, dass er mir nicht zu nahe treten wolle, aber dass ich ja wisse, dass unsere Kinder der 'Spiegel' unserer selbst seien und somit die, die wir aus ihnen 'gemacht' haben. Es kam das Thema der Nachverfolgung im Internet auf, das ich dann 'in Angriff nahm' (→Kap. 4.18.).

In den letzten zwei Jahren, während der Krise mit meiner Tochter, veränderte ich mich durch die Belastung und ewige Anspannung zuhause sehr. Schließlich kannte ich mich selbst nicht mehr wieder. Ich war ein anderer Mensch geworden. Jemand, der ich überhaupt nicht sein wollte. Ich hatte mich von mir selbst völlig entfernt und war mir 'fremd' geworden. Schlussendlich hatte ich gar nicht mehr klar denken können und agierte hauptsächlich offensiv nach der Devise 'Angriff ist die beste Verteidigung'. Diese 'Mutation' meinerseits führte zu der einen oder anderen Zwistigkeit in meiner Familie.

Am **28. Juni** diesen Jahres war alles 'vom Tisch'. Das Verhältnis zu meinem Vater und seiner Frau wurde 'innig wie früher'. Ungereimtheiten zwischen mir und meinem Bruder und meiner Schwägerin legten wir zu den 'Akten'.

<u>Zukunftsmusik</u>: Am **25. Dezember 2020** wird unsere Familie zusammen **Weihnachten** feiern, trotz oder gerade wegen *Covid-19*. In einem WhatsApp-Gespräch stellte ich fest, dass es meiner Tochter sehr am Herzen liegt, dabei zu sein (Stand Anfang Dezember 2020). Sie schien enttäuscht, als sie fälschlicherweise glaubte, die Einladung sei ihr noch nicht zugegangen: 'Natürlich bist Du eingeladen!', beruhigte ich sie.

Alles braucht seine Zeit!
'Blut ist in unserer Familie auf jeden Fall dicker als Wasser'.

Das ist schön zu wissen und ein ebensolcher 'Genuss' wie die Tatsache, dass ich mich im **März 2020 '** in die Person zurückverwandelte, die mir bekannt vorkommt und die ich eigentlich immer war.   68

4.17. Treffen mit meiner Tochter (März-Juni 2020)

Nach ihrem Auszug im **Februar 2020** traf ich meine Tochter bislang sechs Mal. Die einzelnen Zusammenkünfte verliefen sehr unterschiedlich.

Treffen 1   02. März 2020 Jugendamt   Sachstandgespräch

Am Morgen des **2. März** rief ich in der Juschu an, in der meine Tochter mittlerweile seit einer Woche lebte. Ich wollte mich erkundigen, wie es ihr gehe und wie die aktuelle Lage sei. Frau St. teilte mir mit, dass man einen positiven Eindruck von meiner Tochter habe und dass sie täglich mit ihr sprechen. Es gebe aber nichts Neues. Alles sei zu 'frisch' und es bestehe zu wenig Klarheit hinsichtlich weiterer Möglichkeiten. Das würde sich sicher nach dem Jugendamtstermin am selben Tage ändern.

Nachmittags fand der Gesprächstermin im Jugendamt statt, ein Termin, bei dem A. (JA) ein ziemlich merkwürdiges 'Zeremoniell' veranstaltete. Bei meiner Ankunft befand sich meine Tochter bereits in einem der Besprechungsräume. Frau A. signalisierte mir, mich zu 'verstecken', da sie unsicher sei, ob meine Tochter mich sehen wolle. Sie sprach zunächst mit meiner Tochter unter vier Augen und ich musste auffällig lange draußen im Flur warten. **Ich war dem Jugendamt gegenüber inzwischen seit geraumer Zeit misstrauisch** und beabsichtigte daher, unser Gespräch aufzuzeichnen. X-mal suchte ich das Badezimmer auf, um die Audio-Datei immer wieder neu zu starten. Schließlich sollte und durfte ich dabei nicht gesehen werden. Als A. mich endlich ins Besprechungszimmer bat, waren wir zu dritt: A., meine Tochter und ich. Meine Tochter machte einen normalen Eindruck. Jedenfalls wirkte sie auf mich nicht so, als hätte sie befürchtet, mich sehen zu müssen. A. zitierte meine Tochter, die mich nicht enttäuschen und verlieren wollte. Ich vermute, dass diese Worte dem Wunschdenken von A. entsprangen. Enttäuscht hatte meine Tochter mich bereits und in den Monaten, die auf diesen Termin folgen sollten, gab sie mir alles andere zu verstehen, als dass sie mich nicht verlieren wollte. Die Atmosphäre war etwas merkwürdig, aber im Grunde lief der Termin in geregelten Bahnen.

Meine Tochter äußerte anfangs Zweifel hinsichtlich der ambulanten Maßnahmen. Diese 'brächten' nichts. Gegen Ende des Termins einigten wir uns. Alle drei Teilnehmer erklärten sich damit einverstanden, dass meine Tochter zwar zunächst in der Jugendschutzstelle wohne, aber dass ambulante Maßnahmen eingeleitet werden. Diese Übereinkunft liegt mir als **Audiobeweis** vor, auch wenn das Jugendamt nachträglich immer wieder behaupte, ambulante Maßnahmen wären nicht mehr möglich gewesen. Unser Termin im JA dauerte zweieinhalb Stunden. Ich fing langsam an, mich auf mein neues Leben zu freuen.

Am **3. März** schicke ich meiner Tochter eine WhatsApp-Nachricht, auf die sie nicht reagierte.
Am **5. März** rief ich meine Tochter an, um ihr Informationen zu ihrer Australienreise im Sommer zu geben.
Bei diesem Gespräch verhält sich meine Tochter schnippisch und respektlos mir gegenüber und beendet abrupt unser Telefonat, ohne sich zu verabschieden. Ich kann bei ihr kein Interesse erkennen, dass sie mit mir Kontakt haben will. Sie scheint mich eher schnell auf ungehobelte Weise 'abwimmeln' zu wollen. **Nach diesem Gespräch mit meiner Tochter fühle ich mich nicht gut** und muss unmittelbar an Dr. Winterhoff denken. Wer bist du eigentlich Tochter, dass du so mit mir umgehen darfst?! Ich bin so 'gestrickt', dass ich mich auch noch für jedes Telefonat bei ihr bedanke. **Ich ziehe noch keine Grenze.** Ich sage meiner Tochter an diesem Tag noch nicht, dass sie so nicht mit mir reden darf. Ich bin 'überrumpelt' und 'irritiert' ob ihres Verhaltens. Ich muss noch 'üben', für meine Bedürfnisse einzustehen. Meine Tochter respektiert mich nicht und am 5. März denke ich etwas desillusioniert, dass ich scheinbar nicht in der Lage bin, das zu ändern.
Am **7. März** lädt sich meine Tochter eine **'Depressions-App'** mit dem Namen *moodpath* auf ihr Smartphone. Ich weise sowohl die Jugendschutzstelle als auch das Jugendamt darauf hin. Jemand müsse meiner Tochter helfen , wenn sie niedergeschlagen sei. Ich bitte darum, dass Sorge dafür getragen werde, dass meiner Tochter nichts geschehe.
Am **7. März** erfahre ich, dass meine Tochter an ihrem Ruf 'arbeitet'.

Sie postete Fotos in der Klassengruppe, auf denen sie raucht.

Treffen 2   09. März 2020 Bürgeramt   Reisepassbeantragung

Sieben Tage später kommt es zu einem zweiten Treffen, das ganz anders verläuft als das im Jugendamt. Der entscheidende Unterschied ist, dass wir 'nur' zu zweit sind und ich ihr daher völlig 'ungeschützt' begegnen muss. Nach diesem Treffen entscheide ich zunächst, dass ich mich nicht mehr alleine mit meiner Tochter treffen will, jedenfalls nicht ohne Mediator. Für ihre Australienreise braucht sie einen Reisepass. Bei unter 16jährigen ist es notwendig, dass dieser gemeinsam mit den Erziehungsberechtigten bei der Stadt beantragt wird. An der Haltestelle der Straßenbahn laufen wir uns bereits über den Weg. Meine Tochter wirkt unruhig und schnippisch. Sie meidet den Augenkontakt mit mir und erinnert mich an 'Mrs Marple auf der Flucht'. An die biometrischen Fotos, die sie für diesen Termin anfertigen lassen sollte, hat sie nicht gedacht. Sie muss im Bürgeramt Fotos machen lassen.

Nach dem Termin frage ich meine Tochter, ob ich sie auf einen Kaffee respektive Kakao einladen darf. „**Warum?**" „Dann können wir uns ein wenig unterhalten." „**Worüber soll ich mit DIR denn reden?**", lautet ihre unmissverständliche Absage.

Der Ton ist unhöflich und meine Tochter gibt irgendetwas vor, dass sie nun unbedingt zu erledigen hätte. Sie sucht schnellstmöglich das Weite. Als ich allein auf dem Vorplatz des Bürgeramtes zurückbleibe, **fühle ich mich erneut miserabel**. Ich hatte meiner Tochter einen Gefallen tun wollen, um mit ihr und für sie einen Reisepass zu beantragen. Das war ihr allerdings kein Gespräch wert. Die respektlose Art, mit der meine Tochter mit mir umging, war für mich schwer 'verdaulich'.

Nach dem **9. März** hören meine Tochter und ich selten etwas voneinander.

Am **15. März** notiere ich in meinem Tagebuch, dass ich 'angekommen' und 'happy' sei. Bereits nach drei Wochen kann ich es mir nicht mehr anders vorstellen, als allein zu leben. Ich notiere, dass meine Tochter und ich nicht zusammen gepasst hätten und dass die letzten zwei Jahre 'der blanke Horror' waren. Ich fange an, diese Jahre in der 'Rückblende' zu sehen und erste Zusammenhänge zu verstehen. In ihrem labilen Zustand muss ich meiner Tochter so manches Mal als 'Feldmarschall' vorgekommen sein. Ich hatte allerdings in der Sache zweifellos Recht und es zeigte sich auch, dass mit ihr einen 'Kuschelkurs zu fahren ' und sie mit 'Glacé-Handschuhen' anzufassen, gleichermaßen zu keinen Ergebnissen führte. Das verzweifelte Wechselspiel zwischen beiden Methoden, war wahrscheinlich nicht der 'goldene Mittelweg'. Einige Fragen werden ggf. für immer unbeantwortet bleiben. Am **26. März** sende ich meiner Tochter ein WhatsApp-Video, das ihr zeigt, dass ich ihr Ex-Jugend-Zimmer ganz allein gestrichen habe. Ich hatte ihr zuvor auch bereits eine Karte in die Juschu gesandt. Sie fragt mich nichts. Fragt nicht nach dem Hund, nicht nach dem Reisepass, nicht nach Oma und Opa. Das, was mir auch leid tut, ist, dass es ihr materiell so gut ging. Sie besaß viele tolle Sachen Ich trage den Musikhocker wehmütig in Richtung Wohnungseingangstür. Nun wird alles bei Ebay 'verscherbelt'. 'Meine' Käufer machen jedes Mal den Eindruck, als mache ich sie mit meinem 'Hab und Gut' ganz besonders glücklich. Es herrscht 'Corona-Lockdown'. Alle Geschäfte sind geschlossen. Die Verkäufe helfen mir, diese Übergangssituation finanziell einigermaßen zu überstehen.Ich wüsste auch gar nicht, wo ich das 'ganze Zeug' meiner Tochter lagern sollte.**April 2020**: Meine Tochter und ich whattsen sporadisch. Ich nehme mir vor, ihr an Ostern einen Schokoladen-Hasen und ein Geschenk zu bringen. In mir keimen Gefühle auf, alte und neue. **Mich durchflutet Zufriedenheit und Liebe.** Liebe für meine Tochter, aber auch für mich und die neue Situation. In meinem Tagebuch schreibe ich von meiner Tochter 'als der armen, kleinen Maus' in der Pubertät und mein Idealismus geht noch davon aus, dass wir später eine 'Top-Beziehung' haben werden.

Treffen 3   05. April 2020 Park der Stadt Kleidungsübergabe

Dieses Zusammentreffen war schön und verlief harmonisch. Das spürte ich allerdings vorher schon intuitiv. Ich wusste, wie ich mich selbst fühlte, welche Entwicklung ich in den vergangenen fünf Wochen durchlaufen hatte und ahnte, dass ich mit neuer Kraft auf meine Tochter würde zugehen können.

<u>Auszug aus meinem Tagebuch</u>:
Entgegen kam mir eine junge Dame mit freundlichem, offenem Gesicht. Sie lächelte und hatte nichts Verbissenes oder Ängstliches an sich. Sie amüsierte sich über meine 'Corona-Maske'.

Ich lade meine Tochter zu einem Eis ein. Sie bedankt sich und sagt, dass sie spätestens um 18 Uhr in der Einrichtung sein müsse, weil es dann Abendbrot gebe.

„Das schaffst du locker. Ich schlage vor, wir quatschen ein bisschen und dann schaust du im Auto, was du von den Sachen mitnehmen möchtest. Ich bin neugierig und habe Fragen. Bitte sage mir einfach, wenn du etwas nicht beantworten möchtest oder es dir zu viel ist.“
„Nein, ich beantworte alles“, erwiderte meine Tochter.

Ich frage nach ihrer Mitbewohnerin, dem Mädchen auf ihrem Profilfoto. Sie sei 17 und seit 3 Wochen in der Einrichtung. Jetzt habe sie ein Zimmer für sich allein. Ihre Geschichte sei sehr traurig. Ihre Eltern waren beide drogenabhängig und haben ihre Zwillingsschwester erschlagen. Dann kam sie in eine Pflegefamilie und in der Pubertät sei die Pflegemutter mit einem Messer auf sie losgegangen. Deshalb sei das Mädchen jetzt in der Einrichtung und soll irgendwann in eine Wohngruppe ziehen. Die leibliche Mutter sei vor kurzem aufgrund ihrer Drogengeschichte verstorben und der Vater habe kein Umgangsrecht. Das Mädchen würde die ganze Nacht telefonieren(…).

Meine Tochter erzählt: In der Juschu solle man um 21.30 Uhr sein und Mädchen und Jungen wohnen getrennt. Sie dürfen sich nicht einfach so besuchen. Jetzt in Corona-Zeiten müsse man wegen der Kontakt-Regel immer genau sagen, wo man hingine.

„Also wissen sie, dass Du mich triffst?", fragte ich. „Ja!"

Meine Tochter habe ein Zimmer im 4. Stock und müsse ständig achtzig Stufen hoch laufen. Inzwischen seien dort 14 Kinder. Gestern seien drei Neuankömmlinge eingetroffen, auch ein gewisser W., mit dem sie zum ersten Mal ferngesehen habe. Jede Etage verfüge über einen Fernseher. Das einzige, was sie in der Juschu störe, sei, dass alle außer ihr mit Drogen zu tun haben. Ihr sei auch schon 'Gras' angeboten worden, aber sie habe abgelehnt. Freitags müsse das Zimmer aufgeräumt sein, sonst gäbe es kein Taschengeld. Seine Wäsche wasche man selbst. Das Geschirr würde in die Spülmaschine eingeräumt. Das wäre alles.
Meine Tochter erzählt auch, dass der Kindsvater sich bei der Juschu-Leitung gemeldet habe und dass er sich Sorgen mache. Er würde sie lieben und immer für sie da sein. Meine Tochter habe seine Nummer nicht mehr und die Einrichtungs-Leitung bereits danach gefragt. Oma und Opa hätten von ihr nur wissen wollen, ob zuhause alles in Ordnung sei. Sie habe das bejaht.

> „Wenn man mal nicht zuhause wohnt, muss das ja nicht heißen, dass nicht alles in Ordnung ist".
> „Oder hast du Opa und Oma etwas gesagt?", fragte ich.
> „Nein".
> „Das wäre auch nicht schlimm, wenn."

Ich erzählte meiner Tochter von meiner Absicht, ihr nächstes Wochenende einen Osterhasen vorbeizubringen. Sie wollte wissen, ob ich eine neue Wohnung hätte. Ich bejahte das.

> „Gut, dann musst du ja nicht auf der Straße wohnen!"

Ich hatte Fotos dabei. Die wollte meine Tochter nicht. Sie habe keinen Tisch und glaube, dass es in der Einrichtung nicht erwünscht wäre, private Fotos aufzustellen.

[Aus heutiger Sicht weiß ich, dass diese Jugendschutzeinrichtung nur 'eine Übergangssituation' war, in der meine Tochter sich nicht sonderlich wohl fühlte und die sie auch noch nicht einmal kurzfristig als 'Zuhause 'aufhübschen' wollte].

Nachdem meine Tochter fast die ganze Zeit 'durch plapperte', ergriff ich das Wort und sagte ihr, dass ich sie sehr lieb hätte. Von mir aus müsste sie nun nicht drei Jahre durch die Gegend 'tingeln'.

„Wir werden uns jetzt anders begegnen, als zwei Erwachsene, obwohl du das auf dem Papier noch nicht bist. Du hast das schlau gemacht, dass du die Reißleine gezogen hast und ich habe in deiner Abwesenheit auch ganz viel verstanden. Dass ich sehr viel mit dir geschimpft habe. Wir hatten uns beide in unser Dilemma hineingesteigert und dann 'verwickelt'. Es ist nicht so schlimm, wenn du Raucherfotos postest und gelegentlich die Handyzeit überziehst."

Also hast du gesehen, dass ich nicht allein schuld war?" ,fragte meine Tochter.

„Du warst natürlich nicht allein schuld, wenn man überhaupt von 'Schuld' sprechen kann, dann warst du höchstens zu 25% verantwortlich. Zu 25% war meine eigene Vorgeschichte ursächlich, zu 25% ich selbst und zu 25 % die Umstände, die beengten Wohnverhältnisse usw. 25% haben Dein Verhalten, deine Fotos und Videos und dein Regelbrechen Anteil."

„Ja, ich weiß", räumte meine Tochter ein.

Ich bin keine Mathematikerin. 25% 'Anteil' für meine Tochter ist äußerst knapp bemessen, wenn man bedenkt, auf welche Art und über welch langen Zeitraum sie 'gegen alle Regeln' handelte. Ich lasse die Prozente jetzt einmal so im Raum stehen. Bei dem Treffen mit meiner Tochter wollte ich wahrscheinlich irgendeine 4-Ursachen-Teilung vornehmen. Trotz der 'mathematischen Schwächen' dieser 'Rechnung', vermittelte sie meiner Tochter jedenfalls - wie beabsichtigt - das richtige Gefühl, dass sie nicht die alleinige Schuld an unserer Situation trägt.

Ich erzählte meiner Tochter, dass es in meiner Ursprungsfamilie kaum Privatsphäre gab und Türen nicht unbedingt als 'Hindernis' betrachtet wurden. Ich konnte richtig sehen,wie in ihrem Kopf 'eine Lampe anging':

„Daher hast du so reagiert, als ich die Tür abgeschlossen habe? Und ich wollte nur deeskalieren".
[Sie benutzt schon das Vokabular des Jugendamtes].

„Wir können richtig vernünftig miteinander reden", stellte meine Tochter fest.
[Auch wenn der Satz nett gemeint ist, spiegelt er noch unseren 'Rollentausch' wieder. Das sind normalerweise Sätze, die 'Erwachsene sagen, jedenfalls nicht der, der in der 'Hierarchie' eigentlich eine Stufe 'untergeordnet' ist].

„Ja", sagte ich, „weil wir beide wieder zueinander finden wollen und uns entwickeln. Ist das bei Dir auch so?", fragte ich meine Tochter."

Sie nickte.
(…)

Obwohl es bereits 18 Uhr war, hörte meine Tochter nicht auf, Fragen zu stellen.
Dann stieg sie aus dem Auto aus.

„Umarmen ist ja nicht wegen Corona, oder?",fragte sie.
„Mir ist das ja egal, aber ich möchte dich nicht krankmachen", kommentierte meine Tochter ihre Frage.

" Ich kann ja mal mit dem Kopf hinten über deine Jacke streifen und mein Gesicht zuhause waschen.", antwortete ich.

Nach unserem Treffen whattste ich nicht. Ich wollte meine Tochter kommen lassen wie die Kupplung eines Autos. Langsam und vorsichtig, damit der Motor nicht 'absaufen' würde. Wir waren jetzt beide Fahranfänger. Genießen, was ist. Es ist schon anders als die zwei Jahre zuvor. Neu.

69
07. April: Meine Tochter ruft an und wir telefonieren lange. Ich will für meine Tochter da sein, aber auf Distanz. Ich erfreue mich des Umstandes, dass ich nun mehr Zeit habe und meine Nerven schone.

9.April: Meine Tochter 'leiht' nachmittags unseren Hund für zwei Stunden aus. Sie beabsichtigt, einen Ausflug in den Wald zu machen. Wir begegnen uns nur bei der 'Übergabe' des Vierbeiners. Die beiden hatten sich fast sieben Wochen nicht gesehen. Die Freude ist auf allen Seiten groß. Ich freue mich mit ihnen.

Ich bemerke, dass ich mich ohne den Hund unvollständig fühle, was mir mit meiner Tochter nicht so ergeht. Ich fahre sie abends in die Einrichtung.

<u>Tagebucheintrag</u>:

„**Hiiilllffeee!** Im Auto war [Name meiner Tochter] ganz die Alte: Fahrig, provokant, pöbelnd, bestimmend, obwohl ich mich sachlich und freundlich verhalten habe. Wenn sie sich Ostersonntag wieder so benehmen sollte, **ziehe ich eine Grenze**. Dann sage ich ihr, dass das so nicht geht. Ich glaube, es 'wurmt' sie auch, dass der Hund und ich glücklich sind. Sie hatte anderes erwartet.
Abends bin ich froh, dass ich vor ihrem Verhalten zuhause 'in Sicherheit' bin.

11. April (Ostersamstag)
Wir telefonieren. **Danach geht es mir schlecht.** Ich habe das Gefühl, dass sie zur Team-Arbeit nicht willig sei und mich 'aussauge'. Sie ist zum Nehmen bereit, aber nicht zum Geben. Alles läuft nach ihrem 'Drehbuch'. Sie führt ständig Ausreden an. Ich habe das Gefühl, dass unsere 'Moralvorstellungen' sehr voneinander abweichen.
12. April (Ostersonntag)
Mir reicht es. Ich war ihr seit ihrem Auszug acht Wochen lang hinterhergerannt. Ich notiere im Tagebuch, dass ich einer Fremdunterbringung nicht zustimmen werde, nur 'weil Madame keine Lust mehr habe, zuhause zu wohnen'.
Ich schreibe meiner Tochter einen deutlichen Brief. In der Nacht versuchte sie zum x-ten Mal , *Kaspersky* vom Smartphone zu löschen. Zusammen mit Ostergeschenken und einer Karte hinterlasse ich alles in der Jugendschutzstelle. Es kommt zu keinem persönlichen Treffen an Ostern.

Ein Wort ergibt das andere. Unser 'Date' fällt schließlich ins 'Wasser'.

Ich bitte meine Tochter, unseren Hund auszuführen, um mich in einer besonderen Situation etwas zu entlasten. Daraufhin teilt sie mir folgendes mit:

„Ich entscheide jetzt, <u>wann ich dich treffe und wann nicht</u>. Ich gehe jetzt meinen Weg und Du kannst mir nicht irgendwelche Aufgaben aufoktroyieren!"

Ich habe allerdings das Gefühl, dass ich das schon kann. Ich bin ihre Erziehungsberechtigte und zuhause hat sie sich geflissentlich um die Aufgaben 'gedrückt'. Den Hund hatten wir ausschließlich unter der Voraussetzung angeschafft, dass wir uns gemeinschaftlich um ihn kümmern. Ich sage meiner Tochter, dass sie sich immer ihre 'Jacke stricke',wie sie gerade passe, und dass ich ihr zu einer Therapie rate, damit sie wenigstens dort erfahre, wie ein Team funktioniert und was Respekt bedeutet. Meine Tochter antwortet, dass sie keine Therapie machen würde und dass sie mir das bereits gesagt hat. Sie setzt noch einen oben drauf:

„Obwohl du erwachsen und lebenserfahren bist, kannst du dir nicht alles erlauben!"

Mir wird bewusst, dass meine Tochter weder zurückkommen noch sich 'zusammenraufen' will.

Sie whattste: „Ich wohne jetzt sogar alleine!"

Ich denke an Dr. Winterhoff und mich beschleicht das Gefühl, dass mit dem Ton und ihrer Wortwahl einmal wieder eine Demarkationslinie überschritten wird.
Ich schreibe meiner Tochter einen 'deftigen' Brief. Bewusst.
Sie ist mental reif.
Sie versteht ihn. **Ich bin maßlos enttäuscht.**

Auszüge aus meinem Brief an meine Tochter, Ostern 2020:

(...)

Da, wo du jetzt bist, wärst du nie, wenn ich beim Kindsvater geblieben wäre oder du mit ihm ganz allein aufgewachsen wärst. Du undankbare, kleine Rotz-göre!!

Schöne Ostern, Mama, wäre nett gewesen, aber nein, das hast du nicht nötig. Und verstehe mich nicht miss, du musst nicht auf Knien rutschen und dich bei mir bedanken, dass ich dich geboren und alleine aufgezogen habe.

Nein, das nicht, aber erspare mir die Art ,wie du jetzt mit mir umgehst, wie mit einem **Fußabtreter!**

Das, was wehtut, ist nicht mehr, dass du gegangen bist. Deinen Weg hättest du auch hier gehen können. Das, was stört, ist, dass du ein tolles Elternhaus zerstört hast, nach dem sich bedürftige Pflegekinder 'die Finger geleckt' hätten (du erinnerst dich an deine Kinderfreundin J.), dass du alles mit Füßen trittst, obwohl man nun bereits in der 7. Woche mit dir den 'Kuschelkurs' fährt - „das Kind muss zur RUHE kommen".

Wovon muss du zur Ruhe kommen?

Dein Leben war nur ruhig. Ein einziges 'Ruhekissen' und dazu noch viele viele Reisen, viele viele teure Kindergeburtstage, viele viele teure materielle Dinge, viel viel, viel . Zu viel?
[es ist nicht so materiell gemeint, wie es hier erscheint].

Davon, dass dich das Veröffentlichen obszöner Bilder und Videos so geschafft hat, du deine Mutter immer belogen und betrogen hast?

Wovon?

Opa ist maßlos enttäuscht von Deinem Verhalten. Ich gebe zu, ich bin davon auch sehr ENT-täuscht. Schuld bin ich, die ich mir ein Bild von dir gemacht hatte. Das hast du in den letzten 2 Jahren revidiert.

Natürlich sollst du dich ablösen und groß werden, dein eigenes Leben leben, aber ist das die feine englische Art? Deine Mutter mit Füßen zu treten? Wenn du so erwachsen bist, warum gehst du dann nicht anständig und würdevoll mit deiner Mutter um?

Und trotz allem, was in den letzten zwei Jahren vorgefallen ist und der Regisseur der letzten zwei Jahre warst du, war ich immer wieder bereit, an mir und uns zu arbeiten, habe dir immer wieder Türen geöffnet,gesagt, dass ich dich vermisse, für dich da bin, dass du ein Zuhause hast. Schall und Rauch.
Mit der Machete schlägst du um dich, bis kein Halm mehr wächst. Mir bleibt ein schales Gefühl, ausgenutzt worden zu sein, so lange wie ich dir dienlich war. Du gehst den Weg des geringsten Widerstandes. Abhauen ist leicht, zurückkommen und sich zusammenraufen weniger.
Aber genau das erwarte ich von einem loyalen Menschen mit Charakter. Jemandem, der erwachsen werden will. Ich habe das Gefühl, dass du ausschließlich um dich und deine Bedürfnisse kreist.

In den vergangenen 7 Wochen hast du mir nicht eine private Frage gestellt, bis auf die, was nun mit den Kosten für den Australienflug sei, eine sehr private Frage. Während ich immer noch Interesse für dich gezeigt habe.

Du verstehst, dass ich das nicht länger mit mir machen lassen möchte.

Es geht nicht, dass ich immer da bin, wenn es dir gerade passt. Auch deine Reaktion darauf, dass ich mich nicht mit *Corona* anstecken will. Das war dir völlig egal.

Und überlege mal ,warum du [dem Hund] angeblich nicht so wichtig bist, nicht weil du 6 Wochen weg warst, du saugst [den Hund] aus, so wie du mich aussaugst. Du willst ihre Liebe haben, aber nichts geben.

Nehmen, nehmen, nehmen, bloß nichts geben. Merkwürdig, dass sich ein Mensch so verhält, der ALLES in seinem Leben von seiner Mutter bekommen hat,vielleicht gerade deshalb.

Du hättest einen autoritären und strengen Vater gebraucht, der dich in deine Schranken verweist (mich nimmst du ja nicht für voll) [...] verzeih, aber du bist ein Kind, auch wenn du gerne schon ganz groß wärst. Du benimmst dich auch so, zudem dazu noch auffällig berechnend, immer schön auf den eigenen Vorteil bedacht. Und ich habe das beileibe nicht verdient, so behandelt zu werden.
Wer bist du [...]? Ein NIEMAND! Ein Niemand, der sich ausgesprochen übel verhält. Im Juni werden es schon zwei Jahre, dass du dich so verhältst – Na, herzlichen Glückwunsch!
Ach so und schöne Ostern (…).

Alles, was ich schrieb, entspricht der Wahrheit. Meiner Wahrheit. So sehe ich es und so empfinde ich es, auch noch heute. Die Emotionen, die den Brief damals 'fundierten', sind verschwunden. Die rationale Sichtweise ist unverändert. Natürlich wirkt solch ein Brief, völlig aus dem Kontext genommen, zunächst einmal 'hart'. Die Wahrheit kann 'hart' sein und schmerzen. Meine Tochter berührte die Wahrheit allerdings scheinbar nicht. Sie änderte ihr Verhalten mir gegenüber nicht. Meinen Gefühlen respektive meiner Enttäuschung hatte ich Luft gemacht und meine Tochter darüber informiert, was ich wirklich denke und vor allem fühlte.

Ich machte ihr klar, dass der Auszug ihre alleinige Entscheidung war und ich sie jederzeit gern wieder zuhause 'aufgenommen' hätte.

Meinen Brief wird meine Tochter ihrer 'Freundin' A. (JA) übergeben haben.

Bild auf meiner Osterkarte an meine Tochter

14. April

Ich notiere einen 'Strategiewechsel' in meinem Tagebuch. Ich möchte dem JA gegenüber 'klare Kante zeigen' und auf die ambulante Erziehungshilfe weiterhin bestehen. Meine Tochter soll nicht 'abgeschoben' werden. Es herrscht erst einmal Stillschweigen.

Am 02. Mai widme ich meiner Tochter einen Song von Andrea Berg. Sie antwortet, dass sie das Lied sehr schön findet.

Treffen 4   05. Mai 2020   Juschu/Kinderheim   Umzugshilfe
Ich fahre mit meinem Auto zur Juschu und lade es bis unters Dach mit den Sachen meiner Tochter voll. Danach fahren wir ins Kinderheim. Wir laden ihr komplettes 'Umzugsgut' aus und tragen es in ihr 'neues Zimmer'.

Der Umgang mit meiner Tochter ist schwierig.

Sie ist genauso wie das letzte Mal im Auto, schnippisch, fahrig, respektlos mir gegenüber. Sie kommandiert mich und das, obwohl ich gerade **ihren** Umzug 'stemme'. Ich habe ihn noch 'terminlich' dazwischen 'geklemmt', obwohl ich im Anschluss ein längeres Gespräch mit dem Kinderheimleiter haben soll.

Als ich abfahrbereit bin, versuche ich ganz vorsichtig, die Angelegenheit zu thematisieren, nicht das Internet, sondern wie wir in Zukunft miteinander umgehen wollen.

Meine Tochter macht sofort 'zu'.

Sie wird sehr unwirsch.

Sie sagt, dass sie nie wieder über so etwas reden wolle.

Treffen 5   10. Mai 2020   Kinderheim   Muttertag

Ich lade mich selbst ein. Natürlich hatte ich meine Tochter vorher gefragt, ob es ihr recht sei. Ich würde gern ihr neues Zimmer 'begutachten', schauen, wie sie lebt und mit ihr Muttertag 'feiern'. Wir waren drei Stunden zusammen. Sie hatte sich wieder verändert, wirkte erwachsener, im Gesicht und überhaupt. Ihr Zimmer war aufgeräumt, der Schreibtisch ordentlich, der Boden geputzt und sie trug Hausschuhe.

Als erstes erklärte sie mir die Hausregeln!
[Fast ein 'Slapstick', sie, die die Regeln mir gegenüber nicht einhielt].

Ich bestellte Essen für uns. *Covid-19* ließ keinen auswärtigen Restaurant-Besuch zu.. Drei Tage habe sie an meinem Muttertagsgeschenk gebastelt. Das rührte mich. **2019** hatte ich gar keines von ihr bekommen. Es sei viel Arbeit gewesen, da kein Klebstoff im Haus sei. Ihr Smartphone hat sie kurz in der Hand, legte es dann aber zur Seite. Wir 'warfen' uns auf ihr Bett. Sie fühle sich wohl. Die Wohngruppe hätte sie nett aufgenommen. Den Kindsvater träfe sie einmal die Woche. Er würde schlecht über mich reden, was sie 'doof' findet. Mit mir könne sie über so viel mehr reden, aber sie wolle den Kontakt zum Kindsvater jetzt erst einmal aufrecht halten. Sie plane bereits den Umzug in Gruppe 2. mit 16.

Es wird wieder offensichtlich, dass sie keine Heimkehr beabsichtigt.
Ein zugleich schönes und merkwürdiges Treffen.
15. Mai. 2020 Tag meines eigenes Umzugs
Meine Tochter kommt auf meine Bitte hin, um sich um unseren Hund zu kümmern. Ich versorge sie mit Essen und Trinken und gebe ihr 5 Euro. Wir sitzen noch ein bisschen mit meinen Freunden auf der Terrasse. Unter vier Augen sage ich meiner Tochter, dass ich mir 'dämlich' dabei vorkomme, wenn ich diejenige wäre, die ihr ständig hinterherlaufe. **Sie könne sich melden, wenn ihr danach sei** und dass das ja auch wichtig ist, dass jeder am Leben des anderen teilnimmt.

Seit diesem 15. Mai hat meine Tochter mich nie gefragt, ob mein Umzug gut geklappt habe oder wie es in der neuen Wohnung sei, wie es mir gehe oder ähnliches. Wir schreiben inzwischen den **12. Dezember 2020.** Sie whattste nur oder rief an, wenn **ich etwas für sie** erledigen sollte.

Treffen 6   26. Juni 2020 Kinderheim: erstes Hilfe-Plan-Gespräch

Eine merkwürdige Situation. Ich kenne meine Tochter, **aber sie ist mir 'fremd'.** Es ist viel zu viel Zeit vergangen und viel zu viel passiert. Zwischendurch tut sie mir fast leid, weil sie im Gespräch 'in die Mangel genommen wird'. Als der Leiter, Herr Kö., kurz den Raum verlässt, um etwas zu holen, zeigt meine Tochter ein 'auffälliges' Verhalten. Sie sitzt ihrem 'jungen' Betreuer, Herrn Ka., genau gegenüber. Sie führen Insider-gespräche. Abends soll in der Einrichtung gegrillt werden, aber Herr Ka. hat Feierabend. Sie 'bezirzt' ihn mit Augen und Worten, er könne doch bleiben. Die Distanz wird von ihrer Seite nahezu auf Null reduziert. Meine Tochter fehlt das Gefühl dafür, dass es sich um ihren 'Vorgesetzten' handelt, der doppelt so alt ist wie sie.
Ich bin froh, als ich den Raum nach dem Termin verlassen kann. Fühlte mich unwohl, 'fehl am Platz'. **Was sollte ich da?** Der Hilfe-Plan läuft ins Leere. Fixierte Ziele werden **nicht** umgesetzt.
Ich sage meiner Tochter, dass sie sich ausschließlich sporadisch mit einem oder zwei Sätzen meldet, um für ihre eigenen Belange etwas zu erreichen, ohne jegliches Interesse an mir. Dass sie Telefongespräche ohne Verabschiedung beende oder mich bei WhatsApp blockiere, gehöre zu den Dingen, **die ich nicht länger bereit wäre zu akzeptieren.** Das sei für mich kein wünschenswerter zwischenmenschlicher Umgang.
Ich sage ihr auch, dass ich ihr alles gegeben habe, Zeit, Energie und vor allem Liebe, dass sie mich aber auch in den letzten zwei Jahren sehr verletzt habe.
Ihre Antwort: Ein Schulterzucken.

Mitte Oktober 2020:
Ich widme in meiner WhatsApp-Status-Meldung meiner Tochter den Song *Immortality* von Celine Dion/den Bee Gees. Meine Tochter sieht es. Sie wird sich aber nicht mit den Lyrics beschäftigen.
Es wäre schön gewesen.
Treffen 7: Am **26.06.2020** hatte ich meine Tochter das letzte Mal gesehen.
Sie besuchte mich am **Sonntag, dem 13.12.2020** (→ Kap. 6.4., S. 443). Ich hielt es für sehr wichtig, dass wir nach diesem langen Zeitraum der 'Abstinenz' zunächst zu zweit 'aufeinander trafen', bevor die Großfamilie sich Weihnachten versammeln sollte. Um Kakao und Kuchen hatte ich mich gekümmert. Der Weihnachtsbaum war geschmückt. Die Voraussetzungen stimmten. Auch in meinem Inneren. Meine Tochter war zwei Stunden zu Besuch. Es war 'nett'. Sie erzählte. Von der Schule, die nicht liefe, und dass sie sich mit dem Kindsvater überworfen hätte. Ich war neutral und zurückhaltend. **'Gebranntes Kind scheut das Feuer'.** Ich kannte sie, aber sie war mir fremd.
Am **25. Dezember 2020** nahm meine Tochter an der Weihnachtsfeier meiner Ursprungsfamilie teil. Ich nicht, weil mir die Veranstaltung in Corona-Zeiten viel zu groß und damit zu risikoreich war, aber vor allem, weil ich merkte, dass ich mit meiner Tochter **auf keinen Fall** in meiner Ursprungsfamilie Weihnachten feiern kann,um dort so tun,als sei nie etwas gewesen. Meine Verletzung und Enttäuschung sitzt sehr, sehr tief. Außer meinem Vater wünschte mir übrigens niemand aus der Familie 'frohe Weihnachten', auch nicht meine Tochter. Ich hatte ihr Geschenke und eine Karte geschickt. However, ich habe den merkwürdigen heiligen Abend überstanden und bin damit einen riesengroßen Schritt weiter, vor allem mental.Seit dem 16.Dezember 2020 befindet sich Deutschland in einem Lockdown. Ab dem 19. Januar '21 sollen die Maßnahmen noch einmal verschärft werden. Die Infektionszahlen und Todeszahlen sind hoch. In den letzten 6 Wochen sind 20.000 Menschen in Deutschland gestorben (Stand 17.01.2021).
Ein Licht am Ende des Tunnels ist nicht in Sicht.

4.18. Big Brother is watching you
Meine Kooperation mit Google 'Hacken'/Tracken' meiner Tochter

Der Titel des Kapitels ist ein Zitat aus Orwells Roman *1984.*

Im **Juli 2020** begann ich mit meinen 'digitalen Ermittlungstätigkeiten' zu Zwecken der Prävention und Strafverfolgung. Ich 'hackte' meine Tochter: Ich loggte mich in ihren Google-Account ein und 'trackte' sie: Ich folgte ihren digitalen 'Spuren' im Netz. Ich beobachtete meine Tochter auf Distanz und dokumentierte, was sie im Internet machte.

Ich versuchte, so umfangreich und effizient wie möglich hinsichtlich der 'Gefahrenabwehr' und der Schadensbegrenzung 'vorzugehen. Dabei konnten bis heute einige Erfolge erzielen werden:

I. Die Kriminalpolizei leitete ein Strafverfahren zunächst gegen diverse 'unbekannte' Pädophile ein und konnte bereits die Identität eines Täters feststellen, gegen den aktuell ein polizeiliches Strafverfahren läuft (→ Kap.4.12., S. 288).

II. Meine Tochter nahm an einem polizeilichen Aufklärungsgespräch teil.

III. Das Kinderheim ließ sich eine Erklärung bezüglich des 'Ritzens' und eventueller Suizidgedanken meiner Tochter unterzeichnen und sammelt abends alle ihre internetfähigen Geräte ein. Ich musste mit ansehen, dass meine Tochter auch im Kinderheim nachts die Webcam laufen ließ, viele dubiose Internetseiten besuchte, mit Unbekannten anonym telefonierte und Dinge 'googelte', die Rückschlüsse auf ihren labilen Seelenzustand und drohende Gefahren zuließen. Ich setzte alle Beteiligten darüber zeitnah in Kenntnis.

In dieser Aufzählung fehlt wieder jemand. Das Jugendamt.

Das Jugendamt 'hüllt' sich wie gewohnt in Schweigen und bleibt seiner passiven Linie treu. Die Institution ist seit dem **06. Mai 2020** inaktiv, seit meiner Tochter der Wohnplatz im Kinderheim zur Verfügung gestellt wurde.

Mein Bruder äußerte bei unserem Familientreffen im **Juni** Verwunderung darüber, dass ich meine Tochter bislang noch nicht 'getrackt' hatte. Ich ging bis dato davon aus, dass eine solche Intervention Aufgabe der Kriminalpolizei sei, daher hatte ich auch das LKA und die Kriminalpolizei über die Sachlage informiert. Mein Bruder fand jedoch, dass es Aufgabe der Mutter sei, die Tochter zu 'tracken', wenn die Behörden sich nicht darum kümmern und wie in unserem Fall 'Gefahr im Verzug' sei.

Der Vorgang des 'Hackens' gestaltete sich für mich als 'digital immigrant' und mit einer Tochter, mit der ich zwei Jahre lang versucht hatte, medial Schritt zu halten, als relativ unkompliziert. Meine Tochter hatte sich eine Google-Email-Adresse eingerichtet.
Sie nutzte dafür meinen Google-Account, in dem unsere Email-Accounts miteinander verbunden waren. Das General-Passwort für den Account war ihr nicht zugänglich.

Seit **2016** existiert der **Google-Service** *Meine Aktivitäten:*
https://myactivity.google.com/myactivity
Google führte das neue Tool vor ein paar Jahren mit dem 'Verkaufsargument' 'mehr Transparenz für Nutzer' ein. Die Hintergründe sind in Wahrheit andere. Fakt ist, dass die Nutzer digitale Fußspuren[12] hinterlassen und damit Google nicht als 'digitaler Bösewicht' dasteht, 'dürfen' die Google-Nutzer an dem 'Eindringen des Internetgiganten in die eigene Privatsphäre' partizipieren und lesen, was Google von den Usern selbst mitliest und speichert. Leider macht davon kaum ein Internetnutzer Gebrauch. **Das Kümmern um den eigenen Datenschutz verläuft nach wie vor 'stiefmütterlich'.**

Am **22. April 2016** veröffentlicht *blog.cloudfender.com* einen Artikel und beschreibt den 'informationellen Kontrollverlust' der User :

Der Suchmaschinendienst Google drängt schon ziemlich tief in die digitale Privatsphäre seiner Nutzer. Ob Standorte, Profildaten, Browserverläufe, Suchhistorie, genutzte Geräte oder Gesprächsverläufe in Gmail – das Unternehmen aus dem kalifornischen Mountain View zeichnet alles auf und wertet aus, was es in die Hände bekommt. Die Ambitionen sind dabei klar: Personalisierte Werbung an Nutzer richten – darauf beruht der überragende Teil der Einnahmen. Doch es geht nicht nur darum, den Nutzer so gläsern wie möglich zu machen und Geld damit zu verdienen. Fakt ist auch, dass manche Daten einfach benötigt werden, um die Funktionalität von Programmen aufrechtzuerhalten oder eben um das Nutzererlebnis in den hauseigenen Diensten zu verbessern. Für viele Nutzer wird es jedoch immer schwerer durchzublicken, was wie wo und wozu aufgezeichnet wird – und wer an den Daten partizipiert und sie zur Verfügung gestellt bekommt. Experten sprechen in dem Sinne auch vom **informationellen Kontrollverlust**.

Um sich in den Email-Account Ihres Kindes 'einzuhacken', müssen Sie das Passwort dafür kennen. Ich führte bei uns zuhause eine Passwort-Liste, die ausschließlich eine Archivfunktion erfüllte. Nie hätte ich die Kenntnis der Passworte meiner Tochter für sekundäre Zwecke 'missbraucht'.

Meine Tochter war daran interessiert, dass ich alle Passworte notierte, da sie über etliche verfügte und sie immer wieder vergaß. Manchmal schrieb sie irgendeinen Zugangscode auf einen kleinen Zettel, der bereits versehentlich mit unserem Papiermüll das Haus 'verlassen' hatte. Außerdem erklärte ich meiner Tochter, dass ich ihre Passworte für den Notfall kennen müsse. Ich wäre für sie verantwortlich. Sollte sie eines Tages 'verschwinden' oder gesucht werden, müsse ich im Ernstfall Zugriff auf ihre Konten haben (→ Kap. 10 Anhang, S. 494).

Ihre **eigenen Google-Aktivitäten** können Sie sich wie folgt ansehen:
Rufen Sie Ihr eigenes Google-Konto auf:
1. Klicken Sie im linken Navigationsbereich auf
   Daten & Personalisierung
2. Klicken Sie im Bereich *Aktivität und Zeitachse* auf **Meine Aktivitäten**.
3. So können Sie sich Ihre Aktivitäten ansehen:
   Lassen Sie sich Ihre Aktivitäten nach Tag und Uhrzeit anzeigen.
   Verwenden Sie oben auf der Seite die Suchleiste und die Filter, um nach bestimmten Aktivitäten zu suchen.

Bei Ihrer Tochter melden Sie das Konto respektive die Email-Adresse Ihrer Tochter in ihrem eigenen Google-Konto wie folgt an:

1. Melden Sie sich auf Ihrem Computer in Ihrem Google-Konto an.
2. Wählen Sie rechts oben Ihr Profilbild bzw. Ihre Initiale aus.
3. Wählen Sie im Menü Konto hinzufügen aus.
4. Folgen Sie der Anleitung, um sich in dem Konto anzumelden, das Sie verwenden möchten.

Wenn Sie das gemacht haben, wechseln Sie rechts oben das Konto und gehen auf das Konto Ihrer Tochter. Dort können Sie ihre Aktivitäten ansehen wie in Ihrem eigenen Konto auch.

Zu den gespeicherten Einträgen gehören z.B. Suchanfragen mit Datum und Uhrzeit, angeklickte Ergebnisse in der Resultat-Liste oder aufgerufene Youtube-Videos. Wer ein Android - Smartphone mit angemeldetem Google-Konto benutzt, füllt sein Aktivitäten-Protokoll auch noch mit besuchten Orten, genutzten Apps, Anfragen an den Google-Assistenten und anderen Daten.

Sie können folglich sehen, welche Seiten Ihre Kinder wann besucht haben, welche Videos sie sich bei Youtube ansehen und auf welche Weise sie verbundene Geräte wie PC, Laptop, iPad usw. nutzen. Aktivieren Sie den Standortverlauf, sehen Sie auch, wo Ihre Tochter sich aufhält.

Es ist für Zwecke des 'Trackens' wichtig, dass Sie zunächst einmal im Email-Account Ihrer Tochter die Weiterleitungsfunktion aktivieren, so dass Emails Ihres Kindes auf Ihre eigene Email-Adresse geschickt werden. **Dieser Schritt ist einer der wichtigsten im ganzen Procedere.** Es geht weniger darum, dass Sie die Emails Ihrer Kinder lesen können.

In dem Moment, in dem Sie sich in das Email-Konto Ihrer Tochter einloggen, um ihre Aktivitäten anzusehen, bekommt ihre Tochter auf ihrem eigenen Email-Account eine Sicherheits-Warnmeldung von Google. Diese Nachricht teilt Ihrer Tochter mit, dass sich jemand von einem anderen Standort und einer anderen IP-Adresse in ihr Konto eingeloggt hat.

Aus diesem Grund sollten Sie Ihre Kinder, wenn es notwendig ist und sie das nicht wissen sollten, immer nur dann 'hacken', wenn Sie sicher sind, dass die Sprösslinge anderweitig beschäftigt sind, am besten fest schlafen, z.B. um 2 Uhr nachts, wenn Ihr eigener Bio-Rhythmus das zulässt. Ich 'hackte' in der Regel um 18.30 Uhr und stellte mir vorher den Wecker , weil ich wusste, dass um diese Uhrzeit im Kinderheim das Abendbrot stattfand und die Smartphones wahrscheinlich weggelegt worden waren.

Meine Tochter mitten in der Nacht zu 'hacken', wäre für mich mit dem Risiko 'entdeckt' zu werden, verbunden gewesen, da meine Tochter vor allem zwischen **2 Uhr nachts und 6 Uhr morgens im Internet** aktiv war.

Da Ihre Google-Accounts miteinander verbunden sind und Sie zuvor die Weiterleitungsfunktion eingerichtet haben, erhalten auch Sie diese Sicherheits-Warnmeldung von Google und sollten sie dann sofort im Email-Account Ihrer Tochter löschen. Bitte auch das Leeren des Papierkorbs nicht vergessen. Wenn Sie auf Dauer 'hacken' wollen, müssen Sie schon alle Spuren verwischen.

Sollten Sie offizielle Beweise benötigen, ist es wichtig, dass Sie von den 'Indizien' Fotos oder Screenshots machen, da Google die Aktivitäten-Daten maximal 18 Monate speichert.

Im Klartext heißt das, dass in Google eine inoffizielle Überwachungs- Software 'steckt'. *'Big brother is watching you'.* Google macht das im eigenen Interesse nicht publik, da das Tool nicht als solches vertrieben wird und die Giganten des Internets per se immer mit dem Datenschutz 'hadern'. Google verfolgt mit seinem 'Service' andere Absichten. Er ist Bestandteil einer 'Verschleierungstaktik' zu kommerziellen und Macht- missbrauchenden Zwecken. Allgemeine Einstellungsinformationen finden Sie unter support.google.com.

Mein Verhalten war zwar tendenziell kriminell, aber durchaus sinnvoll und sehr notwendig Man könnte jetzt mutmaßen, der Apfel falle nicht weit vom Stamm. Doch zwischen meiner Tochter und mir gibt es gewaltige Unterschiede. Während meine Tochter sich mit ihrem Verhalten im Internet größten Gefahren aussetzte, war Anlass meiner digitalen 'Intervention' die Inkompetenz der Behörden. Mein Eingreifen diente der 'Gefahrenabwehr',der 'Prävention' und dem Schutz des Kindeswohls. Ich unterstütze die Institutionen dabei, Straftaten im Internet verfolgen zu können. Die Kriminalpolizei wollte von mir wissen, wie ich an die 'Daten' und 'Informationen' gekommen sei. Ich schwieg.
Meine Mittel wurde von meinem Zweck geheiligt.

Irgendwann kam meine Tochter ans Grübeln. Das Kinderheim sprach sie zeitnah auf die von ihr besuchten Internetseiten an und bat um Aufklärung. Daraufhin rief meine Tochter Google-Hilfeseiten auf, um wohl herauszufinden, wie ihre Mutter an die Informationen gekommen war. Sie versuchte, meine Aktivitäten-Verfolgung auszuschalten (Link → S.373).

Das ist an sich kein Problem und kann jederzeit wieder rückgängig bzw. die Aktivitäten-Verfolgung kann neu eingerichtet werden, solange Ihre Tochter nicht ihr Passwort für ihren eigenen Email-Account ändert. Meine Tochter hat das merkwürdigerweise nie getan.

Sie richtete später bei einem anderen Provider, web.de, eine neue Email-Adresse ein, sodass sie den gemeinsamen Google-Account nicht mehr benötigte und ich folglich keine Einsicht mehr in ihre Aktivitäten hatte. Das war insofern für mich unerheblich, da ich zu jenem Zeitpunkt meine Recherche bereits abgeschlossen und meine Dokumentation fertiggestellt hatte.

Eine weitere 'Aushebelung-Methode' in Sachen 'Verfolgung' ist , ein anderes internetfähiges Gerät zu nutzen, das nicht mit unserem Google-Account verbunden ist oder sich über einen eigenen Google-Account zu registrieren.

Am **27. September 2020** löschte ich unsere Verbindung bei Google sowie die Google-Email-Adresse meiner Tochter endgültig aus meinem Account respektive Smartphone. Das war ein großer und merkwürdiger Schritt nach fünf Jahren, aber andererseits 'durchströmte' mich ein sehr befreiendes Gefühl.

Ich stieg in einem zweiten Schritt auch aus der digitalen Symbiose aus.

Sollten Sie einmal ganz viel Zeit haben, können Sie sich alle Daten herunterladen, die Google jemals über Sie gespeichert hat. 'Ihnen werden Augen und Ohren übergehen'. Nutzen Sie dafür folgenden Link:

https://takeout.google.com/settings/takeout?pli=1 (Aufruf 08.2020).

Natürlich gibt es auch Möglichkeiten, die Google-Aufzeichnungs-Funktion für sich selbst und andere auszuschalten:

https://www.youtube.com/watch?v=fA4QcK7Hhos (Aufruf: 6.11.20)

70

Kontrolle und Jugendschutz:
Eine Analyse der Internetseiten
'knuddels.de' und 'spin.de'

Von diesen Plattformen hatte ich **bis Dezember 2019** noch nie etwas gehört. Sie wurden mir erst bekannt, als meine Tochter 'Bild-Material' online stellte und ich es im Rahmen meiner 'Kontrollen' 'entdeckte'.

www.knuddels.de

Knuddels.de klang in meinen Ohren zunächst einmal 'niedlich'.

Ich ging davon aus, dass es sich um eine Art *'Parship'* für Jüngere handelte.

Am Anfang konnte ich mir den Namen überhaupt nicht merken und sprach von 'Kuschel.de', woraufhin mich meine Tochter 'erbost' korrigierte. Der Titel der Dating-Plattform suggerierte mir, dass es um den 'digitalen Austausch von Zärtlichkeiten' gehen musste.

Weit gefehlt!

Ein 'Knuddel' ist die Währung der User-Comunity, die man in Chats und Spielen online erwerben kann.

So sehen sie aus:

71

Ich beschäftigte mich erst im Rahmen meines Buchprojekts mit dieser Internetseite. In unserer 'heißen Phase' fehlte es mir dafür sowohl an Zeit als auch an Energie.

Knuddels ist ein webbasierter Onlinedienst, der im Wesentlichen einen Chat für Personen ab 14 Jahren anbietet. Bis **Februar 2010** waren ca. 4,1 Mio. Mitglieder registriert. Knuddels bezeichnet sich selbst als eine „Chat-Community" für mittlerweile vorwiegend junge Erwachsene, ihr Marktgebiet ist der deutschsprachige Raum. Der Name Knuddels ist gleichzeitig der Name der entsprechenden Chatsoftware, welche in Java geschrieben ist (Wikipedia, veraltete Daten, Aufruf: 26.08.2020).

Mitte 2005 wurden nach heftiger Kritik in den Medien schrittweise neue Maßnahmen für den Jugendschutz ergriffen.

Innerhalb des Angebots kann man –neben dem Chatten an Spielen und Wettbewerben teilnehmen. Darüber hinaus steht ein Forum und eine Fotogalerie zur Verfügung. Besonders aktive Chatter erhielten nach einiger Zeit sogar eine Homepage und ein Gästebuch. Diese wurden jedoch im Zuge von Modernisierungsmaßnahmen abgeschaltet. Regelmäßig werden Chatter-Treffen organisiert, an denen interessierte Mitglieder teilnehmen können.
Für die Nutzer des Chats stehen verschiedene Chatrooms zur Verfügung, etwa für thematische Schwerpunkte oder regionale Bezüge.

Meine Tochter war in 'Flirt 4' aktiv.

Was die Details zu den Chatrooms, Rängen, technischen Feinheiten usw. bei *Knuddels.de* betrifft, möchte ich um die Konsultation der entsprechenden Internetseite bitten.

Mir geht es vorrangig um das Aufdecken der offensichtlichen Diskrepanz zwischen den vorbildlichen, theoretischen Absichten der 'Macher' der Plattform und der digitalen Umsetzung des Jugendschutzes sowie um die Kontrollmechanismen in der Realität.

Zu diesem Thema lässt sich folgendes auf der Internetseite nachlesen:

Kontrolle

Zur Kontrolle und Überwachung des gesamten Chats waren zunächst nur die Administratoren vorgesehen. Als die Anzahl der aktiven Nutzer stieg, mussten weitere Instanzen geschaffen werden. Um damals nicht-öffentliche, chatinterne Informationen (registrierte E-Mail-Adresse, IP-Adressen verhängte Sperren usw.) nicht von zu vielen Administratoren einsehbar zu machen, setzte man sogenannte Channelmoderatoren ein. Deren Aufgabengebiet ist auf genau einen Channel beschränkt. Ebenso verfügen sie nicht über weitgreifende Rechte, sondern können Nicknames nur innerhalb des Channels das öffentliche Reden verbieten bzw. sie von dort entfernen. Diese Sanktionen sind zeitlich bis zum täglichen Server-Neustart in der Nacht beschränkt. Erstmals wurden im März 2003 gewählte Channelmoderatoren eingesetzt. Ende Juni 2013 gab es im gesamten deutschen Chatsystem rund 1800 Channelmoderatoren.

Seit einigen Jahren haben Administratoren und Ehrenmitglieder eingeschränkte Kontrollmöglichkeiten. Diese reichen jedoch aus, um ihre administrativen Tätigkeiten im Chat ohne Hindernisse ausführen zu können.

Bis 2008 konnten Community-Mitglieder einen textbasierten Hilferuf an die Administration senden. Da dieser nicht mit Nachweisen versehen werden konnte bzw. Nachweise durch Betroffene öfter gefälscht wurden, und es aufgrund dessen zu Fehleinschätzungen von Situationen und Beschwerden kam, wurde das Meldesystem grundlegend überarbeitet. Channelmoderatoren und Administratoren ist es inzwischen möglich, über eine Funktion die letzten drei Minuten der im Channel öffentlichen Nachrichten nachträglich einzusehen.

Darüber hinaus wurde Anfang 2008 ein deutlich sichtbarer Notrufbutton eingeführt, über den man das FAQ-Hilfesystem und auch das *Notrufsystem* (kurz: NRS) erreichen kann. Beschwerden über einen Nutzer oder empfangene Nachrichten können mittels Kategoriensystem gemeldet werden, wobei entsprechende Inhalte (Chatnachricht, Nutzerprofil, Homepage, Fotos) durch das System unfälschbar mit gespeichert werden. Basierend auf Inhalt und Art der gemeldeten Verstöße weist das System den Notruf automatisch einem Bearbeiter zu und speichert ihn unter einer Notruf-ID, welche bei späteren Nachfragen herangezogen werden kann.

Darüber hinaus besitzt der Chat verschiedene Wortfilter. Diese überwachen automatisch die geschriebenen Texte und zensieren beleidigende, unangebrachte Wörter in öffentlichen Nachrichten. Spezielle Jugendschutz-Filter überwachen altersabhängig private Gespräche und können Dialoge beenden.

Jugendschutz

Aufklärung und Prävention

• I. Neu registrierte Chatteilnehmer unter 16 Jahren müssen nach zwei Stunden im Chat einen (wiederholbaren) Jugendschutz-Test ablegen, der Fragen zu den Themen persönliche Daten, Anonymität, Kommunikation mit den Eltern, Treffen im echten Leben, Belästigung, Chatfunktion zum Ignorieren und dem Umgang mit Messengerprogrammen beinhaltet. Wird der Test nicht bestanden, wirkt ein strengerer Textfilter, und es kann nur eingeschränkt bis gar nicht mit erwachsenen Mitgliedern kommuniziert werden.

• II. Neu registrierte Nutzer ab 16 Jahren werden nach zwei Stunden aufgefordert, einen Medienkompetenztest abzulegen. Dieser fragt einerseits Wissen zum Umgang mit den eigenen Daten und zu Sicherheitsmaßnahmen zum persönlichen Schutz der Nutzer ab, aber auch korrekte Verhaltensweisen im Umgang mit Kindern und Jugendlichen, um für dieses Thema zu sensibilisieren.

• Seit dem 5. November 2007 arbeitet Knuddels zusammen mit den Chatanbietern RTL interactive und Lycos Europe in der „Selbstkontrolle Chat", einem Zusammenschluss unter Leitung der FSM.

• III. Alter und Geschlecht müssen seit Anfang 2010 bei der Registrierung angegeben werden und sind deutlich sichtbar

- im Profil zu sehen. Davor existierende Nicks ohne eingetragenes Alter bzw. mit ausgeblendeten Angaben bleiben davon unberührt, solange sie nicht einmal diese Angaben zukünftig eingeben bzw. wieder anzeigen lassen.
- Im Juni 2011 wurde eine Kooperation mit einer Online-Anlaufstelle für Kinder und
- Jugendliche, save-me-online.de, vereinbart, in welcher man verstärkt auf den Schutz der jüngeren Chatter in Knuddels eingeht. Dies geschieht durch eine Verlinkung auf den Kinder- und Jugendlichen-Ratgeberseiten, welche über die Startseite aufgerufen werden können.
- IV. Zu Beginn des Jahres 2013 reagierte Knuddels auf die veränderte Nutzerstruktur und hob das Mindestalter für Neuregistrierungen auf 14 Jahre an. Die bisherigen "Channel" für Kinder wurden aufgelöst und **IV. Knuddels stellte klar, kein Angebot für Kinder zu sein.**

Technische Maßnahmen

- Gespräche zwischen Erwachsenen und Kindern werden über einen Wortfilter überwacht. Sobald jugendgefährdende Inhalte entdeckt werden, werden Gespräche zwischen diesen beiden Chattern blockiert.
- Seit November 2012 gibt es einen Kontaktfilter bei Knuddels. Mit diesem können Nutzer einstellen, in welchem Alter bzw. von welchem Geschlecht sie kontaktiert werden möchten. Ausgenommen vom Kontaktfilter sind eigene Freunde sowie administrativ tätige Benutzer.

- Für Nutzer unter 16 Jahre[n] ist der Kontaktfilter automatisch voreingestellt, **V.** so dass nur Kontakte von Jugendlichen zugelassen werden.
- In Channels mit Altersbeschränkung nach oben und nach unten (vor allem in den Kategorien *Over 20* und *Under 18*) erfolgt eine Trennung der Generationen und Altersstufen. Zwar herrscht eine technische Sperre, das Alter bei einem Nickname willkürlich oder ständig ändern zu können, jedoch hindert dies nicht daran, weitere Nicknames zu registrieren und hier ein anderes Alter anzugeben.
- Für einige Chaträume wird eine Alters-Verifizierung verlangt. Diese erfolgt durch die Eingabe der Daten aus dem maschinenlesbaren Bereich des Personalausweises. In Zweifelsfällen, zum Beispiel bei einer aufgefallenen Falschverifizierung des Alters, wird eine Ausweiskopie angefordert (Vorname, Name, Foto und Geburtsdatum, Rest geschwärzt)

Hilfen für Benutzer

- Ein deutlich sichtbarer Notruf-Button ermöglicht die schnelle Meldung von Verstößen und garantiert eine Sicherung der Beweise, so dass Übergriffe innerhalb weniger Minuten geahndet und betreffende Nutzerkonten gesperrt werden können. → *Siehe auch:* Kontrolle
- Ein ehrenamtliches Jugendschutzteam betreut die Channel-Moderatoren und kontrolliert Chaträume, insbesondere die von Kindern und Jugendlichen besonders stark frequentierten.

- Die Channel-Moderatoren der Channel für jugendliche Nutzer erhalten alle zwei Monate eine Schulung durch das ehrenamtliche Jugendschutz-Team und werden auf Probleme und Gefahren aufmerksam gemacht.
- Ein Jugendschutzbeauftragter ist über ein Online-Formlar erreichbar.

(Quelle: www.knuddels.de Aufruf: 26. August 2020)

Soweit zur Theorie.

Diese liest sich als vorbildlich.

Nun zur Praxis:

Das Problem der Kontrolle und des Jugendschutzes wird hier auf der Basis der eigenen Erfahrung, ohne jeglichen Anspruch auf Vollständigkeit, beschrieben. Die Plattform *knuddels.de* wurde im Rahmen dieses Buches nicht von A bis Z, z.B. alle Chatrooms und online-Möglichkeiten, getestet und analysiert. Es wird der Anspruch, den der Anbieter an sich selbst und seine Plattform stellt, inklusive der Jugendschutzbedingungen mit der Realität verglichen und mit dem, zu dem meine Tochter im Zuge ihrer Aktivität auf *knuddels.de* in der Lage war bzw. mit meinen eigenen Erfahrungen als '17jähriger Sam' im Chatroom 'Flirt 4'.

Das, was beanstandet wird, ist mit römischen Ziffern auf den S. 379-381 gekennzeichnet.

Zu I. und II.:

Natürlich gibt es Jugendliche, die sich bei *knuddels.de* stundenlang in den Chats 'herumtreiben'. Im Ernstfall läuft es jedoch anders ab. Es kommt zu einer **kurzen** Kontaktaufnahme zwischen einem Jugendlichen und einem 'Sexualstraftäter',z.B. einem 'Pädophilen'.

Im Verlauf von Minuten ist 'man' sich 'einig'. Die Chatpartner treffen sich an anderer Stelle wieder, wie auch bei meiner Tochter geschehen. Die Kommunikation erfolgt über private Email-Accounts oder auf anderem anonymen Wege.

Die unter I. und II. beschriebenen Jugendschutz-Maßnahmen greifen somit ins Leere. Sie kommen nicht zum Zuge!

Zu III.:

Meine Tochter gab ihr tatsächliches Alter bei der Registrierung an. *Knuddels.de* war eine der wenigen Plattformen, bei denen sie sich mit ihrem biologischen Alter registrierte. Sie war vierzehn Jahre alt. Ihr Profil enthielt auch die Informationen 'Gelegenheitsraucher' und Sexualität 'andere'.

Zu IV.:

2013 legte *Knuddels* fest, <u>kein Angebot mehr für Kinder</u> zu sein. Laut Jugendschutzgesetz ist man im Alter von 0 bis 13 Jahren ein 'Kind', im Alter von 14 bis 17 Jahren ein 'Jugendlicher' (§ 1.1 JuSchG).
Interessanterweise regelt das Arbeitsschutzgesetz diesen Fakt anders. Laut Arbeitsschutzgesetz § 2, Abs. 1 sind Personen zwischen 7 und 26 Jahren 'Jugendliche'.

Dass *Knuddels* festlegte, kein 'Angebot' mehr für Kinder zu sein, änderte nichts an der Problematik in der Realität. Das Jugendschutzgesetz regelt 'biologische Altersgrenzen'. Ein/e 10-jährige/r kann psychisch/mental 'reif' sein, während das bei anderen 14/15jährigen nicht der Fall sein muss und sie daher in der Theorie einer anderen Schutzgesetzgebung bedürften. Es wäre sinnvoller, die Plattformen nach Altersspannen sortiert anzubieten und dafür Sorge zu tragen, dass sich auch tatsächlich nur User dort 'tummeln', die das entsprechende Alter nachweisen. Man kann sich nicht dadurch seiner Verantwortung entziehen, dass behauptet wird, ab 14 Jahren seien die User keine Kinder mehr und setzt sie dann großen Internetgefahren aus. Plattformen wie *Knuddels* und Co sollten <u>frühestens ab 16 Jahren besucht werden</u>. '

Zu Zeiten meiner Mutter, waren 'Jugendliche' ab 21 Jahren erwachsen. Das hatte gute Gründe. Dass heute 14-Jährige ohne die entsprechende Reife, Lebenserfahrung und psychische Schutzmechanismen überall dort und in gleicher Manier wie Erwachsene aktiv sein können, hält die Autorin für äußerst bedenklich. Die Gefährlichkeit geht meist von 'erwachsenen Chatpartnern' aus. Die jugendlichen 'Opfer' sind oft 'naiv' und 'risikobereit'. Wenn Jugendliche all das im Internet tun können und dürfen, wie es Erwachsene zugestanden wird, dann könnte man in der Theorie Jugendliche vor der Internetgesetzgebung gleich als 'Erwachsene' behandeln. In diesem Fall ist die Unterscheidung zwischen Jugendlichen und Erwachsenen 'sinnlos'. Und das vor allem, weil die notwendige Abgrenzung und Kontrolle im Netz nicht funktioniert!

Um es einmal 'überspitzt' zu formulieren: Es ist paradox und inkonsequent, dass Jugendliche frühere 'Sex-Kinos' und heutige 'Bordelle' nicht 'besuchen' dürfen, dass sie beim Alkoholkauf an der Supermarkt-Kasse ihren Personalausweis vorzeigen müssen, während ihnen im Internet alles möglich ist. Entweder oder. Entweder jemand ist jugendlich oder er ist erwachsen. Jugendliche, **müssen** auf ganzer Linie viel stärker geschützt und reglementiert werden, vor allem im Internet, und das insbesondere, da Eltern aufgrund der heutigen Internetproblematik immer öfter an ihre Grenzen stoßen respektive überfordert sind. Die Gesetzgebung sollte entsprechend geändert werden.

Es ist allerorts zu vernehmen, dass Kinder und Jugendliche 'unsere Zukunft seien'. Auf respektlose, 'psychisch traumatisierte oder hochgradig sexualisierte Jugendliche' lässt sich nur schwerlich eine entspannte und 'glückliche' Zukunft für alle aufbauen, davon abgesehen, dass es Jugendliche eher unglücklich als zufrieden macht, gewisse Erfahrungen im Netz machen zu müssen. Die Theorie, die der Plattform zugrunde liegt, ist lehrbuchhaft. **Es kommt nur leider nicht zu ihrer notwendigen Umsetzung in der Praxis.**

Zu V.:

An dieser Stelle wird es noch problematischer. „Für Nutzer unter 16 Jahre[n] ist der Kontaktfilter automatisch voreingestellt, so dass nur Kontakte von Jugendlichen zugelassen werden".

Meine Tochter hatte im Dezember 2019 und im Januar 2020 mit zwei oder drei Pädophilen 'Chatverkehr' bei *knuddels.de, z.B.* mit besagtem 29jährigen 'Kuru' (→S. 389/390; S. 290; S.292). Ihnen ließ sie Fotos und Videomaterial von sich zukommen und zwar über ihre eigene private Email-Adresse bzw. via Live-Email-Adressen der beiden Pädophilen. Legt man den Paragraphen V der Internetseite zugrunde, mussten diese Personen also ihr Profil/Alter fingiert haben. Insofern funktioniert das System *knuddels.de* (und andere) in der Praxis für Jugendliche nicht!

Im **August 2020** prüfte ich noch einmal, ob meine Tochter bei *knuddels.de* und *spin.de* noch aktiv sei. Sie war es nicht.
Um in den Chatroom 'Flirt 4' einzutreten, legte ich ein Profil eines 17jährigen Sam an. Das war 'kinderleicht'. **Es erfolgte überhaupt keine Überprüfung meiner Person und meines tatsächlichen Alters.** Ich beobachtete die Chat-Verläufe nur, ohne selbst aktiv zu werden oder zu schreiben. Zu 98% waren Jugendliche zwischen **14** und **17** Jahren aktiv. Zwischendurch schrieben ein paar 'Typen' in den 40igern. Die Jugendlichen thematisierten vor meinen Augen auch das Thema 'Pädophilie'. Sie tauschten sich darüber aus, dass irgendwer von irgendwem diesbezüglich 'angesprochen' worden wäre.
Plötzlich schaltete sich ein 40jähriger ins Gespräch ein:
Marco367, verheiratet. Ich sah seine Küche mit Bierflaschen im Hintergrund. Marco367 fragte die chattenden Mädchen, **ob irgendeine Lust auf Besonderes im sexuellen Bereich hätte.** Man könnte sich ja mit **pn** (privater Nachricht) weiter unterhalten. Als ich das Profil von Marco 367 aufrief, verschwand der User innerhalb von Sekunden. Gerade noch rechtzeitig drückte ich den Auslöser meiner Kamera, bevor auch er seine Spuren Netz verwischte.

Obwohl der 'Täter' es überhaupt nicht 'verdient', schwärzte ich dennoch seine Augen. Ich vermute, für die Kriminalpolizei ist es ein nicht allzu großer Aufwand zu prüfen, **wie viele Marcos im März 1967** geboren wurden. Manche Täter sind nicht nur 'gefährlich', sondern wirken auch noch – verzeihen Sie - 'dämlich', wenn sie ihr eigenes Profil anlegen.

72

Am **08. November 2020** werde ich ein weiteres Mal auf *knuddels.de* aktiv. Anlass ist ein Schreiben der Staatsanwaltschaft vom **02. November 2020** (→ Kap. 4.12., S. 290). Es geht um einen gewissen **'Kuru'**, gegen den am **19. Oktober 2020** Strafanzeige gestellt worden war und dessen Alter meine Tochter mit 16 Jahren angab. Das galt es, zu überprüfen. Außerdem wollte ich der Staatsanwaltschaft das Profil und ein Foto von 'Kuru' zukommen lassen. Es stellte sich heraus, dass 'Kuru' **29** Jahre alt und weiterhin bei *knuddels.de* aktiv ist.

Bei meiner Registrierung als Nadine, 14 Jahre alt (Nick: **Nadinecraz14**) gab es im Vergleich zum August 2020 Neuerungen. *Knuddels.de* teilte mir mit, da ich noch keine 16 Jahre alt sei, die Erlaubnis meiner Eltern vonnöten wäre. Auf einem Formular klickte ich an, dass meine Eltern einverstanden sind. **Die erste Hürde war gar keine.** Dann wurde nach meiner Handy-Nummer gefragt, damit man mir einen Registrierungs-Code zusenden konnte. Ich folgte der Anweisung und bekam meinen Code. Vorteil: Relative Rückverfolgbarkeit des Users. Zumindest wird schon mal eine Verbindung zwischen Nutzer und einer Telefonnummer hergestellt. Das gab es im **August 2020** noch nicht. Wie im Schreiben der Staatsanwaltschaft vom **02. November** zu lesen ist, gibt es die Möglichkeit des 'Fake-Anschlusses. Die dritte Neuerung gefiel mir am besten. **Ich versuchte, 'Kuru' eine Nachricht zu schreiben.** Daraufhin wurde mir mitgeteilt, dass sein Kontaktfilter es nicht vorsähe, dass er mit mir schrieb, da ich erst 14 Jahre alt sei. *Knuddels* ist einen Schritt voran gekommen. Glückwunsch. Auch wenn ich jetzt noch die Möglichkeit habe, mich älter zu machen, um mit 'Kuru' 'zu schreiben und ihm dann meine Fotos zuschicken zu können. Die Frage ist, ob er sich für mich interessieren würde, wenn ich 'schon' 18 Jahre alt wäre. Es ist etwas in Bewegung und das ist erfreulich. Doch es ist beileibe nicht ausreichend. *Knuddels.de* hat übrigens einen Moderator ,'James', der sich in die Chats einschaltet und auch schreibt. Er beobachtet die Unterhaltungen. Nichtsdestotrotz werde ich auch heute wieder **eindeutiger Angebote** in den Chats gewahr. **Den jungen Mädchen werden 'Rollenspiele' angeboten und jemand fragt, ob eine Lust hätte, 'dabei zuzusehen'.**

Resi Lienz alias **Janinecraz14** 'undercover'- 'passiv', beobachtend.

FAKE-PROFIL 'Kuru' (knuddels.de)

Täter nicht ermittelbar (→S.292).

Copyright: Screenshots S. 388-390 Resi Lienz 08.11.2020.

Schreibe Kuru eine nette Nachricht!

Kuru (♂ 29) war bisher **52 Min** online.

Profil öffnen

Neu. 8.11.20 Ich bin erst 14 Jahre alt.
Ich könnte jetzt mein Alter fingieren.
Bin ich älter, kann ich mit ihm schreiben.
Es fallen schon mal die 'Pädophilen' für
mich weg, die sich nur für junge
Mädchen interessieren.

SPIN.de

73

Spin.de (to spin/sich drehen) ist eine seit **1996** existierende Online-Community, die einen Chat, Blogs, Foren, Foto-Voting, Onlinespiele und weitere Angebote auf einer Plattform vereint. Spin.de hat nach eigenen Angaben rund eine Million aktive Mitglieder.

Spin.de hat durch soziale Netzwerke wie Facebook und Twitter einen Nutzer-Rückgang erfahren. Seit Sommer **2010** kann sich ein Benutzer auf freiwilliger Basis einer Profilprüfung unterziehen, um sich seine Echtheit bestätigen zu lassen [**auf freiwilliger Basis ist zu wenig!**]. *Spin.*de arbeitet ähnlich wie *knuddels.de* und definiert sich auch offiziell auf seiner Startseite als 'Partnerbörse' bzw. 'Flirt-Plattform'. **Ein Mindestalter lässt sich nicht finden.** Auch bei *spin.de* gibt es eine Währung, mit der man die (jugendlichen) Nutzer an die Internetseite bindet. Menschen spielen gern. Jugendliche wollen gefallen und beliebt sein. So schafft der Provider eine Abhängigkeit zwischen den Sehnsüchten und Bedürfnissen der Jugendlichen und der permanenten Nutzung solcher Internetseiten mit dem Wunsch, im virtuellen Raum die Erfüllung der Bedürfnisse zu finden, die sich in der Realität nicht verwirklichen lassen.

Bei *Spin.de* gibt es sog. „Spin-Punkte" als virtuelle Währung. Sie werden bis zu einer bestimmten Höhe kostenfrei durch tägliches Einloggen [**Achtung:Suchtgefahr!**]oder gestaffelt durch Kauf erworben. Für Spin-Punkte kann man anderen Usern wechselnde virtuelle „Geschenke" unterschiedlicher Wertigkeit zukommen lassen. Dabei handelt es sich jeweils um ein grafisch gestaltetes, größeres Icon des gewählten Geschenks, das man mit einem privaten oder öffentlich angezeigten Grußtext einem anderen Benutzer schicken kann. Typische Geschenke sind eine „Heiße Schokolade" für zehn Spin-Punkte, ein „Schutzengel" für zwanzig Spin-Punkte, ein „Heißer Glühwein" [**bei Jugendlichen?**] für drei Spin-Punkte oder das „Ever-Glowing Heart of Sansibar" für zweihundert Spin-Punkte. Erhaltene Geschenke werden optisch sichtbar am linken Profilrand aufgelistet, wobei eine große Anzahl an erhaltenen Geschenken für ein hohes Ansehen innerhalb der virtuellen Community steht. Für Benutzer, die keine oder wenige „Freunde" innerhalb der „Spin-Community" haben, gibt es die Option des „Geschenke-Roulettes". Dabei handelt es sich um eine virtuelle Variante des 'Wichtelns 'innerhalb der Community.

Jugendschutz

Beiträge und Profile sowie Postings werden auf Verstöße gegen die Nutzungsbedingungen stichprobenartig [**zu wenig!**] geprüft.

Hochgeladene Fotos – insbesondere von minderjährigen Nutzern – werden vor der Online-Publikation geprüft **[Das ist sehr gut. Von meiner Tochter wurde ein Foto abgelehnt. Es kann sein, dass das bei** *spin.de* **war]**.

Verstößt ein User gegen die Richtlinien, kann er aus der Community ausgeschlossen werden. Solche Verstöße können von jedem Nutzer dem Support von *Spin.de* gemeldet werden. In den Chaträumen überwachen Operatoren und in den Foren Moderatoren die Einhaltung der Netiquette***.

Der Betreiber der Website medienbewusst.de hält Spin.de allgemein für Kinder unter 16 Jahren für ungeeignet. Er empfiehlt *Spin.de* nur für Jugendliche,die bereits wissen, wie sie sich in Chats in Bezug auf ihre Privatsphäre verhalten müssen.

In der Rubrik Jugendschutz finden sich vier verschiedene Texte, gestaffelt nach den Kriterien: Für Kinder (unter 14 Jahren), Jugendliche, Erwachsene und Eltern.

Es folgt der Jugendschutzteil für Kinder unter 14 Jahren:

_____***Mischung aus Netz und Etikette, sprich das angemessene Verhalten im Netz

Ausführliche Hinweise für Kinder

Nicht jeder, den du im Chat kennenlernst, ist dein Freund, auch wenn er sich dir gegenüber freundlich verhält. Oft behaupten Erwachsene oder ältere Jugendliche, dass sie in deinem Alter sind und sind es nicht wirklich.

Sei vorsichtig und **rede mit deinen Eltern oder mit Freunden darüber, wenn dir ein Gespräch komisch vorkommt.** Wenn du komisch angesprochen wirst, drück den großen blauen "**Blocken**"-**Knopf,** um das Gespräch zu beenden und oder auf den großen blauen **"Belästigung melden"-Knopf,** um das an einen Chatbetreuer zu melden.

Hier musst du besonders vorsichtig sein:

Verrate niemals deinen Nachnamen, deine Telefonnummer, wo du wohnst oder auf welche Schule du gehst

Wenn dich Leute fragen, wie du aussiehst, was du gerade anhast, was du beim Baden trägst

Wenn dir jemand anbietet, dir VIP, Geschenke oder Geld zu geben, wenn du etwas für ihn tust

Wenn jemand mit dir über Sex oder deinen Körper reden will

Wenn jemand viele Wörter benutzt, die du nicht kennst

Wenn jemand dich nach deinen Geschwistern und Freunden ausfragt, ob du sie schon mal nackt gesehen hast und Ähnliches

Wenn jemand dich fragt, ob du "Ältere magst"

Wenn jemand dich fotografieren oder filmen will oder fragt, ob du eine "Cam" hast

Wenn dich Leute fragen, ob du MSN oder ICQ hast

Wenn dich Leute fragen, ob du schon mal einen Freund oder eine Freundin hattest

Wenn Leute wollen, dass du sie als Papa, Mama, Opa usw. ansprichst

Kuck dir diesen Comic über die "Falsche Paula" mal an, dann verstehst du, worum es geht.

Wenn du unsere Seite betrittst, **denk dir einen Fantasienamen aus.** Vielleicht eine Figur aus einem Film oder Comic oder Buch, die du gerne magst. Nimm niemals einen Namen, der verrät, woher du kommst, wie alt du bist oder wie du heißt.

Dieser Chat hier ist vor allem für Erwachsene gedacht. Wir können dich nicht richtig schützen. Du solltest versuchen, im Internet nur Seiten speziell für Kinder anzusehen. Schau dir mal http://www.fragfinn.de/ an - da findest du viele für dich geeignete Webseiten. Kuck dir auch mal kids.chatten-ohne-risiko.net an - da findest du Chats speziell für dich, wo besser auf dich geachtet wird.

Quelle: https://www.spin.de/help/2006 (Aufruf August 2020).

Wenn dieser Chat also vor allem (**was heißt vor allem?**) für Erwachsene ist, weiß der Betreiber trotzdem, dass Kinder sich dort 'herumtreiben'. Die Profilüberprüfung erfolgt nur auf freiwilliger Basis. Der Anbieter von *Spin.de* räumt ein, dass der Kinderschutz nicht gewährleistet werden kann. **Als logische Konsequenz müsste diese Seite für Kinder 'gesperrt werden'.**

Meine Tochter war mit 14 Jahren auf *spin.de* aktiv. Mit Sicherheit rief sie nicht irgendeine dieser Jugendschutz-Informationsseiten auf. Das interessiert jugendliche Nutzer überhaupt nicht.

Der Betreiber erfüllt ausschließlich die gesetzlichen Vorschriften seiner Informationspflicht. **Das ist weder aktives Handeln noch Eingreifen im Sinne von Unterbinden. Hier ist Handlungsbedarf dringend vonnöten!**

Für das Dafürhalten der Autorin dürften die nun folgenden Hinweise für Erwachsene in dieser Form **nicht für jedermann lesbar,** sprich Kinder und Jugendliche, ins Netz gestellt werden.

Hinweise für Erwachsene

Als Erwachsener solltest du dir wirklich überlegen [?], ob es notwendig [?] ist, dass du Jugendliche oder gar Kinder ansprichst. Du lebst in einer vollkommen anderen Welt als sie, auch wenn dir das vielleicht nicht bewusst ist. Kinder und Jugendliche sollten die Möglichkeit haben, selbständig und ohne Erwachsene, die sie bedrängen, selbst groß zu werden und ihre eigene Jugend zu haben.

Wenn du vielleicht gerade erst 18, 19, 20 geworden bist, bedenke[,] wie massiv die Altersunterschiede noch sein können. Eine Person in deinem Alter mag dir ebenbürtig sein, aber es ist kein Kavaliersdelikt, nur weil du vielleicht bei Leuten in deinem Alter nicht landen kannst, immer jüngere Personen anzusprechen [**Das ist zu 'salopp' ausgedrückt, zudem sind das ja 'böse Unterstellungen', die eher zu 'Taten' anregen, da sie verletzen**], bis du schließlich bei 12-Jährigen landest.[?] Du hast es doch sicher nicht nötig, dir Selbstbestätigung zu holen, indem du dich von einem Kind, das es nicht besser versteht, anhimmeln oder gar sexuell befriedigen lässt[**Was soll das hier auf der Internetseite? Und wenn Kinder das lesen, was denken die dann?**]

Gar keinen Spaß verstehen wir und der Gesetzgeber, wenn Erwachsene versuchen, Kinder oder Jugendliche in sexuelle Gespräche zu verwickeln, ihnen Fotos zu entlocken oder sie zu Treffen zu überreden. Wenn wir dich dabei erwischen, riskierst du nicht nur, hier lebenslang Hausverbot zu erhalten, sondern auch eine Gefängnisstrafe. Sexuelle Kontakte mit Kindern unter 14 sind Kindesmissbrauch, egal wie sehr du dir einredest, dass das Kind neugierig war oder es wollte. Sexuelle Kontakte mit unter 16-Jährigen ist Verführung Minderjähriger.

Rollenspiele mit unter 18-Jährigen, Weitergabe von pornographischen Bildern und Ähnliche[m] sind ebenfalls strafbar. Wenn du ein "gut meinender" Erwachsener bist: Überrede Kinder und Jugendliche nicht dazu, sich zu treffen oder ähnliches, nur um ihnen vorzuführen, wie unsicher das ist. Du setzt dich damit selbst nur einem schlimmen Verdacht aus und erreichst letztendlich sowieso nichts damit. Es kam im Übrigen auch schon vor, dass Täter genau dies als Ausrede benutzt haben. Vergiss es. Selbst wenn das wirklich deine Absicht war: Niemand glaubt dir, also lass es einfach.

Quelle: www.spin.de/Jugendschutz (Aufruf 26.08.2020)

VERBESSERUNGSVORSCHLÄGE:
Anbieter solcher Plattformen sollten ein offizielles Schreiben mit dem Logo der Kriminalpolizei erhalten, das sie unter Verwendung einer offiziellen 'Siez-Form', in die entsprechenden Jugendschutz-Rubriken ihrer Internetplattformen hochladen.
Das wäre eine weitaus professionellere und effizientere Vorgehensweise.
In diesem Fall müsste vorab selbstredend sichergestellt sein, dass nur Erwachsene, die sich vorher als solche eindeutig legitimiert haben, Zugriff auf derartige Texte haben.

Völlig absurd und 'pädagogisch unklug' ist es, wenn Kinder, 'zufällig' auf solche Texte stoßen und damit über für sie bedrohliche, sexuelle Zusammenhänge zwischen Kindern und Erwachsenen lesen, die sie ängstigen und traumatisieren können.
Des weiteren ist es pädagogisch ratsam, positiv zu argumentierten und nicht negative 'Katastrophenfälle' 'schwarz auf weiß' auf solchen Seiten öffentlich zugänglich aufzulisten. Das ist weder altersgerecht noch ein der Problematik angemessenes, geschweige denn professionelles Vorgehen.

5. Songs & Liedtexte meiner Tochter

Meine Tochter überzeugte mich davon, dass wir *'Spotify'* unbedingt bräuchten (→ Kap. 10, S. 506 f). Ich buchte den Familientarif, so dass wir beide auf unseren Geräten Musik streamen und hören konnten. Als meine Tochter auszog, stellte ich *Spotify* auf den Einzeltarif um. Am **12. Juli** merkte ich beim Joggen, dass sich meine Tochter in meinen *Spotify*-Account eingeloggt hatte und Musik hörte. Wahrscheinlich verschaffte sie sich mit unserem alten Passwort Zugang . Parallel *Spotify* zu nutzen, sie auf ihrem Gerät und ich auf meinem, war im Einzeltarif nicht mehr möglich. Derjenige, der gerade Musik hörte, unterbrach den anderen dabei. Ich drückte meine Tochter erst einmal weg und warf sie somit aus *Spotify* heraus, um den Streaming-Dienst nutzen und meine Musik hören zu können. Generell bin an dieser Stelle tolerant. Meine Tochter kann weiter über Spotify Musik hören, solange es mir möglich ist, *Spotify* zu nutzen, wenn mir danach ist und ohne beim Musikhören unterbrochen zu werden.

Als ich ein anderes Mal *Spotify* öffnete, lief die Musik meiner Tochter automatisch ab. Ich konnte ihre Titel-Bibliothek auf meinem Display sehen. Ich hörte all ihre Songs, einen nach dem anderen. Wunderschöne Musik mit eingängigen Melodien und berührenden Texten. Eine Kluft zwischen dem Musikgeschmack der Generationen konnte ich nicht feststellen. Im Gegenteil. Mich erfüllte der Musikgeschmack meiner Tochter mit Stolz.Auf diesem Weg machte sie mir im doppelten Sinne ein Geschenk: Ich darf an ihrer Musik 'teilhaben', ohne meine Tochter hätte ich gar nicht gewusst, dass es diese Songs überhaupt gibt. Und: Ich lernte meine Tochter wenigstens nachträglich über ihre Musik ein wenig besser kennen. Man hört Musik nicht einfach nur so. Bei Balladen mit bedeutungsvollen Texten gibt es immer Anlässe und Motive, warum wir ein bestimmtes Lied in einem speziellen Augenblick ganz besonders gerne hören. Leider reichte meine Buchprojekt-Zeit nur dafür, nur einen Song näher zu 'beleuchten'. **So viele andere wären es auch wert gewesen.**

LA Money von ALMA

(Sollten Sie bei der Lektüre dieses Buches (noch) nicht über S*potify* verfügen, können Sie den Song natürlich auch an anderer Stellen suchen und anhören, wenn Sie mögen, bei Youtube z.B.: https://open.spotify.com/track/6LwBFoBcDfSOAQ0McrGgYk? si=X4lIMK13RuyOlV4YzzBtZQ (Aufruf August 2020).

Lyrics (der englische Original-Liedtext):

LA Money
Kiss you goodbye
Don't start to cry
Girl, comfort me, oh
I gotta win
I gotta run
They are after me, oh
It's not about you
Ooh, it's not about you
Ooh, it's about me
I'm wanted, baby
Most wanted, baby
All these bitches want something from me
Got me fucked up on LA money
Fake ass fiction, saying that they love me
Oh
They don't even know who I am
They don't even know who I am
They don't even know who I am
They don't even know who I am
My famous friends forgot again
That everybody dies
What's happening is not what you see
All the pictures lie, yeah

Der Songtext ins Deutsche übersetzt:
[Von irgendwem, nicht von der Verfasserin des Buches]

Los Angeles Geld
Küss dich auf Wiedersehen
Fang nicht an zu weinen
Mädchen, tröste mich, oh
Ich muss gewinnen
Ich muss rennen
Sie sind hinter mir her, oh
Es geht nicht um dich
Oh, es geht nicht um dich
Oh, es geht um mich
Ich werde gesucht, Baby
Am meisten gesucht, Baby
Alle diese Hündinnen [wörtlich: Flittchen/Huren]wollen etwas von mir
Habe mich mit LA Geld fertig gemacht
Fake Ass Fiction, die sagt, dass sie mich lieben
Fake ass fiction, saying that they love me
Oh
Sie wissen nicht einmal, wer ich bin
Sie wissen nicht einmal, wer ich bin
Sie wissen nicht einmal, wer ich bin
Sie wissen nicht einmal, wer ich bin
Meine berühmten Freunde haben es wieder vergessen
Dass jeder stirbt
Was passiert, ist nicht das, was man sieht
Alle Bilder lügen, ja

Der Song *La Money* wurde am **15. Mai 2020**, am Tag meines Umzugs, veröffentlicht.

Have U seen her?

74

Alma ist eine finnische Songschreiberin mit einer tollen Stimme! Die Musik ist genauso eingängig wie ihre Songtexte. Bereits das Coverfoto ihres Albums ist m.E. sehr beeindruckend und sagt viel über diese Künstlerin aus! ALMA ist nicht nur eine einzigartige und talentierte Songwriterin, sondern übernimmt schon seit Längerem auch die Vorreiterrolle für eine neue Welle starker Frauen, die mit ihrer Musik etwas zu sagen haben. Engagiert, progressiv und eigensinnig spricht sie von Frauenrechten über Körperpositivität bis hin zu Sexualität, Depression, Drogenkonsum und Ängsten, alle Themen offen und direkt an. Alma verarbeitet in diesem Song ihre eigene Vergangenheit. 'LA Money' bezieht sich auf in Los Angeles 'gemachtes / verdientes' Geld. '

Fake ass fiction' heißt wörtlich: Unecht/getäuscht – scheiß – Fikton/Erfindung. Gemeint ist damit, dass der Protagonistin etwas vorgemacht wurde, eine Geschichte erzählt wurde, die überhaupt nicht stimmt. Die Wortwahl (Slang bis fäkal) unterstützt ihre große Entrüstung hinsichtlich dieses Umstandes.

Quelle: http://soundjungle.de/alma-veroeffentlicht-neue-single-la-money-und-debuetalbum-have-u-seen-her (Aufrufdatum: 19.08.20).

Alma beschäftigt sich mit Themen, die Pubertiere und Adoleszente 'umtreiben'. Der Satz, der im Refrain immer wiederholt wird,

'They don't even know who I am'',

ist mir beim Hören sofort 'unter die Haut gegangen' und sowohl in meinem Gedächtnis als auch in meiner 'Seele' haften geblieben. Meine Tochter hatte jahrelang Schwierigkeiten, Anschluss und wirkliche Freunde in der weiterführenden Schule zu finden. Sie fühlte sich 'ausgegrenzt' und 'gemobbt', stand sich dabei allerdings selbst oft im Weg.

Das 'Bild', das ich von ihr als Mutter hatte, passte nicht zu der Art, wie sich meine Tochter in ihrer Klasse 'präsentierte', wie sie von Klassenkameradinnen wahrgenommen und deshalb nicht angenommen zu werden schien.
Ich nahm 'zwei Gesichter' bei meiner Tochter wahr, als würden 'zwei Seelen in ihrer Brust' schwelen. Es gab das 'offizielle Zuhause-Gesicht' meiner Tochter und ein völlig anderes, das sie im Klassenverband und unter Jugendlichen 'aufsetzte' und mit dem sie sich im Internet präsentierte. Meine Tochter mobbte andere auch und grenzte sie aus. Sie 'bestrafte' schnell, wenn ihr jemand nicht unmittelbar Aufmerksamkeit schenkte oder sie kritisierte. Vielleicht hatte meine Tochter das Gefühl, dass die anderen gar nicht wüssten, wer sie wirklich ist. So wie ich die 'Neue', meine Tochter 14+ noch nicht kenne, so kennt sie mich allerdings auch noch gar nicht richtig.

She does not know who I am.

'Jenseits meiner Mutterrolle', weil es dazu bislang weder eine Gelegenheit gab noch die Bereitschaft oder das Interesse bei meiner Tochter vorhanden sind, mich näher kennenzulernen.

Meine Tochter nahm mich, zumindest in den letzten Jahren, als eine Erziehungsberechtigte wahr, die sie über Gebühr kontrollierte und damit ihrer Freiheit und Privatsphäre beraubte. Ein großer Irrtum.

Als Mensch und Persönlichkeit kennt mich meine Tochter noch nicht. Sie 'funktionierte', abgesehen von ihren Interneteskapaden und häuslichen Regelbrüchen.

Wie es aber in meiner Tochter 'drinnen' aussieht, wusste niemand so genau und sie selbst wusste das mit Sicherheit auch so manches Mal nicht.

Eine darüber hinausgehende Song-Interpretation könnte lauten:

'Selbst wenn ich im Internet pornographisches Material verbreite', so ist es nicht das, was (in mir drinnen) passiert. Es ist (m)ein schrecklicher Hilferuf nach Liebe, Anerkennung, Dazugehören wollen und Bestätigung meines Körpers und meiner selbst!

Hier habt ihr meine Fotos und Videos, bitte gebt mir dafür, was ICH brauche!

Diesen Song hörte ich am **14. Juli 2020:**

Logic, Alessia Cara

Der Link zum Hören via Spotify:
https://open.spotify.com/track/5tz69p7tJuGPeMGwNTxYuV?
si=TBZQJhKkTwWkoIdlVmvanw

Copyright: Screenshot R.Lienz 2020

Ein Gedicht

Der Weg entsteht beim Gehen,

beim Gehen entsteht der Weg,

und im Blick zurück

sieht man den Pfad,

den man nie wieder betreten muss.

Aus: 'Wanderer', Gedicht von Antonio Machado.

6. Perspektiven
6.1. Stand Juni-Oktober 2020

Am **10. Juli 2020** gestaltet sich das 'digitale Portfolio' meiner Tochter wie folgt:

1. Vier verschiedene **Email-Adressen,** davon zwei, die keinerlei Rückschlüsse auf ihre Identität erlauben.

2. Vier diverse **Instagram-Profile**, von denen drei so anonym sind, dass sie weder eine digitale Auffindbarkeit meiner Tochter im Netz noch Rückschlüsse auf ihre Person zulassen. Um Spuren zu verwischen, ändert sie ständig die Instagram-Profile bzw. legte neue an. Das letzte, dokumentierte Instagram-Profil meiner Tochter weist zum Zeitpunkt acht 'Follower' auf. Sie selbst folgt **155** 'Instagramern'.

3. Es werden drei bis vier **Kontakte zu unbekannten Pädophilen** im Netz nachgewiesen und strafverfolgt (→ Kap. 4.12.). Bis zur Auflösung des gemeinsamen Google-Accounts, am **27. September 2020,** bestand zwischen meiner Tochter und zwei der Unbekannten weiterhin nachweislich Kontakt: Von einem 'Täter', 'soulmate' (→ Nr.4, S.292) hat meine Tochter noch eine ausländische Handy-Nummer auf ihrem Smartphone abgespeichert. Der Kontakt 'Lioba' (→ Nr. 3, S. 292) ist nach wie vor von ihr bei WhatsApp eingepflegt. Es ist davon auszugehen, dass dies auch heute noch so ist.

4. Drei internetfähige Geräte: ein Smartphone, einen Laptop und ein Ipad. Ende Juni 2020 befasste meine Tochter sich damit, ein weiteres Smartphone über Ebay zu kaufen.

5. Am **29. Juni 2020** um 1:30 Uhr war meine Tochter wieder auf *Knuddels.de* aktiv.

6. Sie war vor vor allem zwischen 2 und 3 Uhr nachts auf zweifelhaften Internetseiten 'unterwegs'. So chattete und telefonierte meine Tochter z.B. am **25. Juni 2020** um **2:25 Uhr** nachts auf den Plattformen *'Truecaller. Caller ID* und *Block fraud & scam calls'*, Dienste, die keine Rückverfolgbarkeit der Anrufe ermöglichen, und um 23.51 h auf *'Gmail, Connected 2.me Chat Anonymously'*.

Meine Tochter setzte nachts im Kinderheim ihre Webcam und die Handykamera ein. Sie führte besorgniserregende Online-Suchen wie 'Edeka Schwangerschaftstest', 'Pille danach mit 15 kaufen' 'schmerzhafte Wege Selbstmord' (…) durch.

7. Im **September 2020** bucht meine Tochter, unerlaubterweise Zusatzleistungen auf ihr Smartphone auf. Mitte **Oktober 2020** ließ sie einen Betrag von meinem Konto durch den Handyprovider abbuchen (→ Kap. 6.2.).

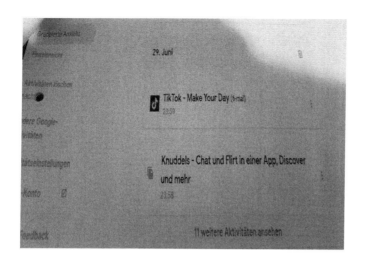

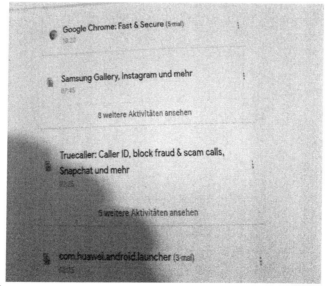

75/76

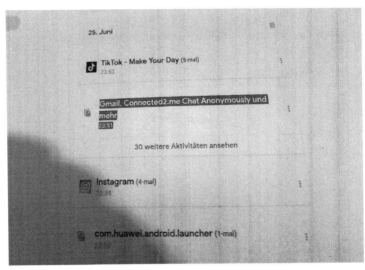

25. Juni

TikTok - Make Your Day (5-mal)
23:52

Gmail, Connected2.me Chat Anonymously und
mehr
23:51

30 weitere Aktivitäten ansehen

Instagram (4-mal)
23:34

com.huawei.android.launcher (1-mal)
23:28

com.sec.android.app.camera
13. Juni

G com.sec.android.app.camera
Verwendet: com.sec.android.app.camera
21:48 · Details

G com.sec.android.app.camera
Verwendet: com.sec.android.app.camera
20:25 · Details

G com.sec.android.app.camera
Verwendet: com.sec.android.app.camera
19:47 · Details

G com.sec.android.app.camera
Verwendet: com.sec.android.app.camera
19:07 · Details

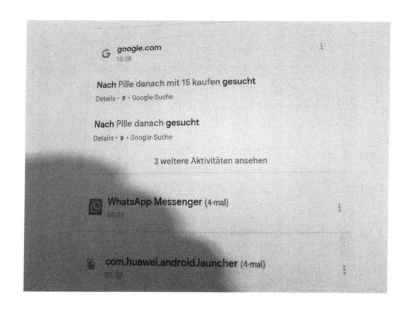

google.com
10:28

Nach Pille danach mit 15 kaufen gesucht
Details · ♀ · Google-Suche

Nach Pille danach gesucht
Details · ♀ · Google-Suche

3 weitere Aktivitäten ansehen

WhatsApp Messenger (4-mal)
08:26

com.huawei.android.launcher (4-mal)
05:30

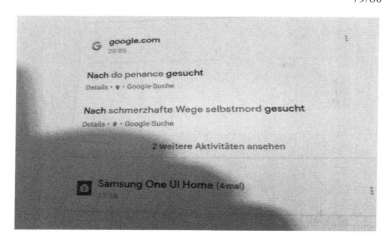

google.com
20:05

Nach do penance gesucht
Details · ♀ · Google-Suche

Nach schmerzhafte Wege selbstmord gesucht
Details · ♀ · Google-Suche

2 weitere Aktivitäten ansehen

Samsung One UI Home (4-mal)

TOCHTER (allgemein):

Mitte **Oktober 2020** stellt meine Tochter Fotos von sich und ihrem Freund J. in ihren WhatsApp-Status. Zu sehen ist ein offensichtlich verliebtes und glückliches Pärchen.

Meine Tochter wurde in die Familie ihres Freundes integriert. Sie waren bereits gemeinsam segeln. Das weiß ich von ihren Großeltern. Man spielt zusammen Karten und die Mutter J.'s fährt meine Tochter abends wieder in die Einrichtung. Sechs Monate sind die beiden nun schon zusammen, eine relativ lange Zeit für eine Beziehung in einem solchen Alter.

Mit dem Kinderheim war meine Tochter bereits zwei Wochen lang auf einer Ferienfahrt. Sie nähert sich mit großen Schritten ihrem 16. Geburtstag. Ich freue mich für meine Tochter. Ich freue mich, dass sie wohlauf und glücklich ist und ihre erste Liebe genießt. Ich hätte mir gewünscht, dass sie dies bei uns zuhause hätte tun können. Das Leben hat einen anderen Weg eingeschlagen. Die Tatsache, dass meine Tochter nun einen festen Freund hat, ist generell positiv. Die Beziehung wird sie hoffentlich davon abhalten, weiterhin großen 'Unfug im Internet zu treiben'. Ihr 'Drang', sich im Netz unangemessen selbst darzustellen, wird reduziert oder verschwunden sein. Die Liebe zu J. wird ihr 'das geben', was sie so verzweifelt suchte und dringend brauchte.

Meine Tochter ist es wert, geliebt zu werden. 81

MUTTER:

In der Theorie hätte ich mir für unserer Mutter-Tochter-Beziehung folgende Varianten vorstellen können:

Option 1: Meine Tochter macht mit 18 Jahren **2023** das Abitur. Sie möchte sich 'abnabeln' und zum Studium in eine andere Stadt ziehen oder sie plant, mit ihrem Freund zusammenzuziehen. Alternativ wohnt sie in dem Wohnheim der Behörde, bei der sie ihre Ausbildung macht.

Option 2: Meine Tochter macht mit 18 Jahren **2023** das Abitur. Wir haben inzwischen ein Haus zur Miete oder eine größere Wohnung gefunden. Sie hat eine Etage für sich allein. Alle haben die notwendige Privatsphäre und fühlen sich in der Gemeinschaft wohl. Alternativ könnte der Freund meiner Tochter bei uns einziehen, da wir inzwischen über genügend Platz verfügen.

In der Realität ist folgender Fall eingetreten:

Optionslos: Unsere Mutter-Tochter-Beziehung wird **2020**, meine Tochter ist gerade fünfzehn, drei Jahre vor Ende ihres 'juristischen Haltbarkeitsdatums', jäh unterbrochen. Meine Tochter zieht aus.

Die Wiederaufnahme einer 'normalen Beziehung' liegt noch in weiter Ferne. Im Frühjahr fühlte es sich an, als wäre ein 'Traum zerplatzt'.

Im Herbst empfinde ich es nicht (mehr) als Scheitern. Ich wurde gezwungen, etwas früher aus meinem 'Traum' aufwachen als geplant. Nun bin ich wach.

Anselm Grün schreibt in seinem aktuellen Buch *Quarantäne!*, dass man aus einem **Kreislauf** nur ausbrechen kann, wenn man zuerst die Situation akzeptiert (Grün 2020: 46 f). Das habe ich. Nicht im **Februar 2020**, aber ab **Mai**. Ich habe akzeptiert, dass das 'Konzept' einer sich auf natürliche Weise verändernden Mutter-Tochter-Beziehung bei uns nicht realisierbar war. Grün behauptet, man dürfe das und solle es sogar betrauern. Dabei macht der Autor eine wichtige Unterscheidung zwischen 'betrauern' und 'nachtrauern'. Nachtrauern entziehe Energie und lege den Fokus auf die Vergangenheit. 'Betrauern' hieße, in Krisenzeiten, in der Gegenwart trauern, dass etwas nicht wahr geworden sei. Dabei müssten wir auch nicht so tun, als sei 'der geplatzte Traum völlig in Ordnung'.

Der 'geplatzte Traum' ist mit Sicherheit nicht zu 100% in Ordnung, obwohl es für alle Beteiligten zunächst die beste Entscheidung war, ihn platzen zu lassen. Ich gehe davon aus, dass meine Tochter, obwohl sie jetzt einen Freund, eine Clique und regelmäßigen Kontakt zu ihrem Vater hat, also wichtige Bereicherungen ihres Lebens erfährt, nicht rundherum glücklich ist. Sie wohnt in keinem richtigen Zuhause und wahrscheinlich braucht sie auch ihre leibliche Mutter. Meine Tochter ist noch nicht erwachsen. Wir beide waren ganz eng 'verbandelt'. Sie braucht die Gespräche mit mir und Mütter verlassen das 'Universum' schneller als einem lieb ist und dann fehlen sie sehr. Ich habe das am eigenen Leib erfahren. Niemand weiß, wie lange wir bleiben dürfen.

Ich leite meine Identität als Mutter nicht vom geplatzten 'Mutter-Traum' ab, sondern von all den Jahren, in denen ich Mutter sein durfte. Ich habe mich bemüht und stets versucht, mein Bestes zu geben. Ich habe mein Kind geliebt und war immer für es da. Ich bin meiner Rolle und meiner Verantwortung grundsätzlich gerecht geworden.

Grün spricht davon, 'den Gipfel <u>wieder</u> in den Blick nehmen'. Man bekäme neue Lust, eine gute Spur ins Leben einzugraben, wäre bereit, zu einem <u>anderen</u> Gipfel aufzubrechen, der reize und nicht mehr zu dem, der nicht mehr möglich sei (Grün 2020:49).

Auf diesem Weg befinde ich mich bereits seit einem halben Jahr und es macht mir große Freude, emsig auf ihm entlang zu laufen.

82

6.2. Grenzziehung auf Distanz

Ab **Mai 2020** erhielt ich sporadisch WhatsApp-Nachrichten meiner Tochter. Nichts Persönliches. Sie wollte <u>ausschließlich</u> ihre Belange klären. Diesen Nachrichten fehlten sowohl die Anrede als auch eine Art 'Grußformel'. Selbst in modernen Zeiten wie der aktuellen, empfinde ich das als respektlos, schließlich bin ich auf dem Papier noch ihre Mutter und sie will ja etwas von mir. Manchmal muss mir ein saloppes 'Hallo' reichen.

Meine Tochter ist noch nicht 'aufgewacht'. Sie versteht noch nicht, wie sie 'konstruktiv' vorgehen kann, um unserer Beziehung einen positiven 'Kick' zu geben. Vielleicht will sie das auch gar nicht. Es ist zu vermuten, sonst würde sie sich mir gegenüber anders verhalten.

<u>Ein paar Beispiele</u>:

◆ Meine Tochter braucht eine **Zeugniskopie**. Es ist Frühjahr. Ich bin noch nicht 'stark genug'. → Ich scanne das Zeugnis <u>sofort</u> ein und whatse es ihr.

◆ Ich '<u>soll</u>' ein **Formular für die Krankenversicherung** ausfüllen. → Ich weise meine Tochter darauf hin, dass sie das sehr gut alleine kann. → Es wird 'gemosert' (Manipulationsversuch): Bei mir gehe das so so schnell und ich könne das so gut. → Ich bleibe hartnäckig. Das Thema ist erledigt.

◆ Ich werde mit diversen **Übernachtungsanfragen** 'bombardiert'. → Zunächst diskutiere ich das mit meiner Tochter aus. → Sie wird 'ungehaltener' und fordernder. → Ab da kläre ich diesen Sachverhalt nur noch mit dem Kinderheim direkt. → Meine Tochter unterläuft meine Übernachtungs-Regel. Sie handelt, wie sie meint. Das Kinderheim sanktioniert nicht.

- Meine Tochter 'verlangt' nach ihrer **Bankverbindung**. → Sie trägt ihre EC-Karte nebst Kontodaten seit Jahren ungenutzt in ihrem Portemonnaie 'spazieren'. Ich sage ihr, dass ich das Bankkonto aufgelöst habe. Es wäre sowieso wegen Nichtnutzung seitens der Bank stillgelegt worden und ich war die einzige, die es für Taschengeldüberweisungen gebraucht hat. → Es folgt: Ihr Schweigen, welches mir weitaus lieber ist als ein verbaler Angriff in meine Richtung.
- Einen Tag später fragt meine Tochter nach **meiner Adresse**. Es ist September. Ich bin bereits vor vier Monaten umgezogen und meine Adresse ist überall hinterlegt. Sie 'will' **'ihr' Fahrrad** abholen. → Ich sage ihr, dass sie das Fahrrad nie genutzt hat. Es sieht aus wie 'nagelneu' und ist bereits drei oder vier Jahre alt. Ich hatte es ihr zwischendurch für 380 € gekauft, ohne Anlass. Ich teile meiner Tochter mit, dass das Fahrrad 'in meinem Bestand' bleibt, schließlich müsse ich auch noch ihre Schulden abbezahlen. → Sie fragt: 'Welche Schulden'?→ Ich teile ihr mit, dass sie in **2019** eine Warmwasserrechnung von € 1.238,00 fabriziert hat. → Es folgt: Ihr Schweigen. Angenehm. → Ich whattse meiner Tochter, dass bei Ebay Fahrräder verschenkt oder für 50 Euro verkauft werden. → Ihr Freund kauft ihr ein Fahrrad für 50 € und das, obwohl sie das Doppelte an Geld jeden Monat zur Verfügung hat. Ich kenne die Zusammenhänge nicht, aber mir kommt es 'ausbeuterisch' vor. Mit dem Fahrrad 'baut' sie einen Unfall. Ich bekomme eine entsprechende Meldung aus dem Kinderheim.
- Am **16. Oktober 2020** 'kauft' meine Tochter **Datenvolumen für ihr Smartphone** ein. Gefragt hat sie mich nicht. Der Provider bucht von meinem Konto ab. → Ich lasse über das Kinderheim mitteilen, dass ich das als Regelbruch empfinde und dass sie den Betrag stante pedes auf mein Konto zu überweisen hat, sonst

würde ich den Handy-Vertrag kündigen. Bei meiner Tochter sind weder Loyalität noch ein Unrecht-oder Schuldbewusstsein vorhanden. → Am **26.10.2020** bekomme ich ihre Nachricht, dass sie das Geld überweise, was auch tatsächlich geschieht. → **Meine Grenzziehung hat funktioniert.** Ein Leben ohne Smartphone-Nutzung wäre schmerzhaft bis unvorstellbar für sie. Auf meine Nachricht, die ich am selben Tag um 7.30 Uhr 'nachschiebe', erhalte ich keine Antwort. Meine Tochter wird ihre Gründe haben, im Zweifel ist es Desinteresse.

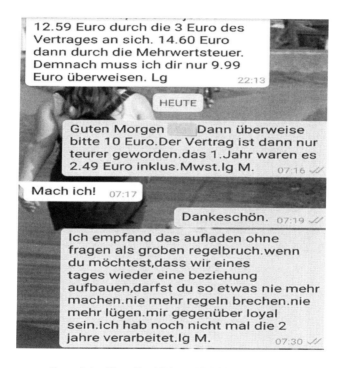

Copyright: Foto Resi Lienz 10.2020.

Seit meinem 'Ausstieg' aus der Symbiose mit meiner Tochter, sorge ich dafür, dass ich ihr gegenüber konsequent Grenzen ziehe und auch einhalte.

Es fällt mir sehr leicht. Die 'räumliche Distanz' ist hilfreich, da ich mich vor 'emotionalen Ausbrüchen' meiner Tochter in 'Sicherheit' wiege und auch immer die Möglichkeit habe, den 'Stecker zu ziehen', i.S.v. mich zurückzuziehen. Ich bin nicht mehr dazu 'gezwungen', mich von ihr manipulieren lassen.

Würde ich mich wie 'früher' verhalten, müsste ich das mit dem 'Rückfall' in unsere Symbiose 'bezahlen'. Die Gefahr besteht aber überhaupt nicht mehr. Ich bin heute ein ganz anderer Mensch. Problematisch wäre es auch für meine Tochter. Ich würde sie psychisch auf der unreifen Stufe einer Dreijährigen halten, wenn ich in alte Verhaltensmuster zurückfiele.

Zu meinem 'neuen' gesunden Verhalten gehört, dass ich ihre WhatsApp-Nachrichten wie bei einem neutralen 'Geschäftspartner' sachlich abhandele oder auch mal ignoriere, wenn sie mir zu respektlos und fordernd erscheinen.

Meine Tochter lernt dadurch, zumindest in der Theorie, eine Mutter kennen, die ihr völlig unbekannt ist. In den seltenen Momenten, in denen sie mir begegnet, z.B. bei den Hilfe-Plan-Gesprächen, sage ich ihr auch persönlich, dass ich mir einen anderen zwischenmenschlichen Umgang mit ihr wünsche. Nur um sicher zu gehen, dass sie nicht eines Tages behauptet, sie wüsste nicht, was sie 'falsch gemacht hätte'.

Ich denke vorrangig an meine seelische Gesundheit und bleibe meiner Linie jetzt 'wahnsinnig' gern treu.

Sie ist mir zur Gewohnheit geworden.

6.3. Persönliche Tipps

I. Wenn Sie alleinerziehend sind und Ihre Tochter ist im Grundschulalter, gehen Sie bitte nicht Vollzeit arbeiten und lassen Ihre Tochter ohne Aufsicht allein.

Auch dann nicht, wenn Sie das Gefühl haben, Ihre Tochter sei vernünftig und würde keine Dummheiten machen.

Es ist manchmal nicht leicht.

Ich arbeitete nur fünf Monate in Vollzeit und meine Tochter besuchte derweil die Kita. Eigentlich sollte sie bis 17 Uhr dort bleiben. Oft wurde sie allerdings früher nach Hause geschickt, weil sie sich 'daneben benahm' (ein Versagen der Kita). Damals hatte meine Tochter nachmittags oft bis zu vier Stunden Zeit, bis ich nach Hause kam. Sie hatte nichts zu tun und war einsam. Das sagte sie mir aber erst, als ich nicht mehr in Vollzeit arbeitete. Meine Tochter wollte mir nicht im Weg stehen, teilte sie mir später mit. Solche Gedanken hatte sie bereits mit sieben Jahren.

In jener Zeit kam es vor, dass meine Tochter im Internet 'hantierte' und eine Schulkameradin ihr Gesellschaft leistete. Sie sahen sich Dinge im Internet an, die nicht für sie bestimmt waren!

II. Schützen Sie Ihren PC von Anfang an mit einem Passwort, das für Ihre Kinder nicht zugänglich ist.

III. Ebnen Sie Ihrer Tochter niemals freiwillig den Weg zum Jugendamt.

Sie wissen nicht, wer im Jugendamt sitzt, ob die 'liebe Großmutter' oder gar der 'böse Wolf'. In allen Familien gibt es Probleme und temporäre Schwierigkeiten. Sie können sich auch im Jugendamt beraten lassen und Erziehungshilfe in Anspruch nehmen. Aber behalten Sie als Mutter unbedingt das Zepter in der Hand.

IV. Achten Sie noch vor der Pubertät auf die Hierarchieebenen. Versuchen Sie nicht, die beste Freundin Ihrer Tochter zu sein.

V. Checken Sie Ihre Regeln zuhause einmal im Jahr und passen Sie sie dem Alter Ihrer Tochter an.

Einige Regeln sind verhandlungsfähig, andere nicht. Ab dem 13. Lebensjahr ist die Erziehung abgeschlossen.

VI. Fordern Sie, aber unterfordern und überfordern Sie nicht!

Bürden Sie Ihrer Tochter nur altersgerechte Verantwortung auf, um sie nicht zu überfordern und auch um eine Positionsverschiebung in der Hierarchie zu vermeiden!

VII. Wenn Sie merken, dass in Ihrer Mutter-Tochter-Beziehung etwas gravierend falsch läuft, **holen Sie sich rechtzeitig Hilfe.** Bleiben Sie am Ball, denn 'steter Tropfen höhlt den Stein'. Konflikte 'schaukeln sich hoch' und sind irgendwann nicht mehr handelbar.

VIII. Kaufen Sie Ihrer Tochter keinen PC, solange die Pubertät nicht in 'ruhigen Bahnen' verläuft.

Wenn Sie es für unabdingbar halten, dass Ihre Tochter einen eigenen Computer besitzt, sorgen Sie dafür, dass sie ihn in öffentlichen Räumen nutzt, z.b. im Wohnzimmer, und dass er möglichst mit keiner Webcam ausgestattet ist.

Achten Sie darauf, dass alle **Jugendschutzeinstellungen** eingerichtet sind. Sorgen Sie dafür, dass Ihr Pubertier niemals nachts einen PC mit Webcam im eigenen Zimmer zur Verfügung hat.

IX. Schauen Sie hin. Lassen Sie sich regelmäßig zeigen, was Ihre Tochter im Internet macht, welche Seiten sie besucht, wen sie kontaktiert und wie sie sich selbst in ihrem Profil und in Plattformen präsentiert.

X. Unterschreiben Sie keine 'In-Obhut-Name' beim Jugendamt.

Es sei denn, Sie wissen, dass Sie selbst drogen- oder alkoholabhängig sind und derzeit nicht für ihre Kinder sorgen können und es auch keine alternativen Unterbringungsmöglichkeiten bei Freunden oder Verwandten gibt. Nur dann. In allen anderen Fällen kämpfen Sie! Schalten Sie zur Not einen Anwalt für Familienrecht ein.

Wenn Sie erst einmal in den Mühlen des Jugendamtes hineingeraten sind, ist es nur schwer, dort wieder herauszukommen.

XI. Fragen Sie Ihre Tochter nicht, ob Sie sich gemeinsam einen Film im Fernsehen angucken!

Das würden Sie mit ihrer Katze auch nicht tun. Ihre Katze ist einfach im Raum oder eben nicht. Ihr Haustier bestimmt nicht über Sie. Natürlich sind ihre Kinder keine 'Haustiere'. Es ist nur ein überspitzter Vergleich, der der Verdeutlichung dienen soll. Wenn Ihre Tochter im Zimmer ist und das, was Sie gerade im Fernsehen schauen, ist jugendgerecht, lassen Sie Ihre Tochter im Zimmer und lassen Sie Ihren Film laufen. Aber kreieren Sie nicht über Jahre eine 'Gemeinsam-Fernseh-Tradition' und lassen Sie auch nicht ausschließlich Ihre Tochter das Familienprogramm bestimmen.

XII. Schaffen Sie sich Freiraum. Ziehen Sie Grenzen.

Die Quantität der auftretenden 'untypischen' Verhaltensweisen zeigt, ob Sie sich in einer Ersatz-Partnerschaft befinden oder in einer normalen Mutter-Tochter-Beziehung. Natürlich können Sie mit ihrer Tochter gelegentlich einen Film gucken, aber sehen Sie sich Ihren Abendablauf bitte genau an. Wie oft kommt etwas vor, wer bestimmt und ist es eher eine Ausnahme oder die Regel? Ihre Tochter und Sie brauchen Ihren Freiraum, auch räumlich abgegrenzt. Und es darf nicht zu oft vorkommen. Wenn es so läuft wie bei uns, dann haben Sie das Familiensystem auch mit diesem 'Ritual' unterlaufen. Ihre Tochter ist in der Hierarchie mit Ihnen 'gleichrangig'. Wer das Fernsehprogramm ständig bestimmt und allabendlich neben Ihnen auf dem Sofa sitzt, reißt die Zügel immer weiter an sich und bestimmt am Ende ganz über Sie! An dieser Stelle muss ich allerdings eine Lanze für meine Tochter brechen: Ich habe sie das Fernsehprogramm bestimmen lassen und mich 'geziert', selbst eine Wahl zu treffen, die ihr missfallen könnte.

XIII. Achten Sie darauf, dass Sie für sich genauso viele Schuhe kaufen wie für Ihre Tochter.

Wenn Sie das nicht tun, erlebt Ihre Tochter sie in ihrer Fremdwahrnehmung als 'bedürfnislos' und sich selbst als wichtiger als Sie es sich selbst sind. Das kann zu einem Ungleichgewicht sowohl in der Mutter-Kind-Beziehung als auch in der Wahrnehmung Ihrer Tochter führen. Ihre Tochter nimmt sie 'als weniger wert und wichtig' wahr, was zusammen mit dem gesamten Teufelsmix in der Pubertät Grundsteine für den späteren 'Autorität-Respekt-Verlust' legen kann. Achten Sie darauf. Gönnen Sie sich ein paar schöne Schuhe! Oder irgendetwas anderes.Erfüllen Sie sich Wünsche und Träume.

XIV. Keine Zwei-Raum-Wohnung für Ihre Tochter und Sie!

Amseln Grün spricht von 'Nischen' und 'Freiräumen' , die man für sich selbst schaffen muss. Das funktioniert nicht in einer 2-Zimmer-Wohnung. Nicht nur das 'Kind' braucht seinen 'Raum':

> Man zieht sich zurück in sein Zimmer, doch schon bald wird auch das immer enger und bedrückender – wenn man überhaupt ein Zimmer hat. Es ist ,als würde uns die Luft zum Atmen abgeschnürt, als hätten wir nichts mehr, wo wir einmal für uns sein können (Grün 2020: 57 f).

Das Interessante an diesem Zitat ist, dass ich es genau so über Jahre emp-funden habe und auch für mich selbst so formulierte, ohne Grüns Buch gekannt zu haben. Es war auch noch gar nicht erschienen.

In unseren 2-Zimmer-Wohnungen fühlte ich mich nicht zuhause. Zumindest die letzte Wohnung, in der wir seit zweieinhalb Jahren lebten, war weder ein Zuhause für mich noch für meine Tochter, obwohl sie ein eigenes Zimmer und somit einen Rückzugsort mit einer Tür hatte.

Doch in dem Moment, in dem der mögliche Rückzug nur für einen von beiden gilt, gibt es Spannungen und Konflikte. Auch meine Tochter emp-fand ihren Rückzugsort nicht mehr als einen solchen, so wie in einem 'Kriegsgebiet', in dem den Menschen die 'Bomben um die Ohren fliegen', sich auch schwerlich ein Rückzugsort oder Ruhe finden ließe.

Somit stellte sich auch die Frage nach Nähe und Distanz lauter und radikaler, weil die äußeren Möglichkeiten eingeschränkt waren (Grün 2020: 71).

Das Stresslevel ist erhöht wie in wirklichen Quarantäne-Zeiten.

Meine Tochter und ich befanden uns in einer **zweijährigen Quarantäne** mit allen negativen Begleiterscheinungen.

Der Psychologe Michael Thiel spricht von einem **'Dichte-Stress'** als wichtiger Auslösefaktor von Stress.

Bei 'Eigenbrötlern' oder eremitisch veranlagten Menschen wie der Autorin wird der Dichte-Stress mangels Eigenraum potenziert. Jeder Mensch benötigt einen Schutzraum, um sich zu entfalten, einen räumlichen, einen psychologischen und einen mentalen Schutzraum (→Kap. 2.2.).

Die mentalen Schutzräume hängen oft mit den physisch gegebenen zusammen (Grün 2020: 72).

Der Bruder wird laut Grün erst durch Distanz zum Bruder. Erst wenn Distanz garantiert ist, kann Nähe möglich werden.

Ich selbst würde mich eher als einen distanzierten 'Typen' bezeichnen. Nicht, wenn ich 'draußen' bin. Da bin ich kommunikativ und extrovertiert. Doch ich bin nicht wirklich 'gesellig' und brauche viel Zurückgezogenheit und Alleinsein, um Kraft zu schöpfen. Ich genieße das Alleinsein mit mir. Ich brauche nicht jeden Tag 'Menschen um mich', ich muss nur wissen, dass es sie gibt und natürlich treffe ich sie auch sehr gern.

Mein Distanzbedürfnis war in unserem Wohnraum nicht realisierbar, zumal meine Tochter auch oft zuhause war.

Die Tatsache, dass ihrer Mutter kein eigenes Zimmer zustand, prägte die Fremdwahrnehmung meiner Tochter und untergrub dadurch weiterhin meine Autorität und ihren Respekt mir gegenüber.

'Mama' war es nicht wert, ein Zimmer, einen Raum im übertragenen Sinne, für sich allein zu haben.

Es gibt immer eine Möglichkeit, eine Drei-Raum-Wohnung zu beziehen.

Wenn Sie sich aktuell einer größere Wohnung finanziell nicht leisten können, bemühen Sie sich um eine WBS-Wohnung. Wenn 'alle Stricke reißen', 'pumpen' Sie erst einmal Ihre Familie und Ihre Freunde an und teilen Sie ihnen unumwunden mit, wie wichtig es für Ihre Mutter-Tochter-Beziehung ist, dass jeder ein eigenes Zimmer, eine Nische und einen Rückzugsort hat.

Viele Familienväter 'verziehen sich' nicht ohne Grund zum Handwerken, Basteln oder Bierchen trinken in den Keller.

Ich wage aus heutiger Sicht zu behaupten, in Abhängigkeit vom jeweiligen Charakter der Protagonisten, dass die Wohnsituation ein entscheidendes Kriterium für ein gelungenes Umschiffen einer Krise in der Pubertät sein kann.

Entstammen Sie einer südländischen Familie wie z.B. Polen, Italien etc., mag das aufgrund Ihrer Sozialisation, Ihrer Vorstellung von Familie und von Zusammenleben auf engstem Raum anders sein.

Bei uns war die Wohnsituation jedenfalls eines der K.O.- Kriterien für unsere Mutter-Tochter-Beziehung.

XV. Infotext Statusmeldungen bei WhatsApp:

Über den Zustand Ihrer Tochter können Sie etwas herauszufinden, für den Fall, dass bei Ihnen zuhause 'traditionelle Kommunikation' gerade 'old school' sein sollte oder Ihre Tochter wie die meinige bereits ausgezogen ist, indem Sie ihren **Status-Info-Text bei WhatsApp** mitlesen.

Rufen Sie den Kontakt ihrer Tochter in Ihrem Smartphone auf und tippen das kleine 'i' an.

Normalerweise ändern die Damen den Info-Text ständig, spätestens alle 1-2 Wochen.

An der Stelle, an der der erwachsene User einfach den vorgegebenen Eintrag stehen lässt:

Hey, I am using WhatsApp,

seinen Namen einpflegt, einen Kommentar zum Profilbild oder einen kleinen jugendfreien 'Joke' hinzufügt, findet man bei den TeenagerInnen heute einen sehr wichtigen und aussagekräftigen Satz, den man auf keinen Fall unterschätzen sollte und der die momentane Befindlichkeit des Schreibers an die Außenwelt kommuniziert.

Der Infotext (**Statusmeldung Nr. 1**) meiner Tochter lautete bis zum **25.08.2020** wie unten abgebildet. Über das sprachliche Niveau lässt sich streiten, aber die Meldung spiegelte exakt das damalige 'Motto' meiner Tochter wider.

Statusmeldung Nr. 1 bis zum **26.08.2020**

Info und Telefonnummer

Nur wer Angst hat vor dem Fall muss sein ganzes Leben kriechen.

Vor 4 Tagen

Die **Statusmeldung Nr. 2** auf dem Smartphone meiner Tochter **vom 26.08.20** erscheint erfreulich 'sozialverträglich' im Vergleich zur vorangegangen und könnte bedeuten:

Meine Tochter scheut aus Gründen der Pubertät alterstypisch keine Risiken und ist auch bereit, neue Wege zu gehen [keine Angst vor dem 'Fall'].

Andererseits ist sie aber keineswegs bereit, sich unterzuordnen [zu kriechen].

Diese Statusmeldung tauchte bei meiner Tochter Ende Oktober noch einmal auf.

Statusmeldung Nr. 3 vom 04.09.2020

Die **Statusmeldung Nr. 3**, die meine Tochter am **04.09.2020** in das Infofeld ihres Smartphones 'tippt', ist kurz und bündig und besteht aus vier Worten. Oberflächlich betrachtet, handelt es sich um einen einfachen Vergleich zwischen dem Nutzer des Smartphones und einem Säugetier. Liest man den Infotext zwischen den Zeilen, symbolisiert dieser eine 'allgemeine Verunsicherung, v.a. weiblicher Pubertiere, hinsichtlich des eigenen Körpers und dessen Wertschätzung. Ich würde meine Tochter als relativ normalgewichtig bezeichnen. Sie ist nicht 'unterernährt', aber auf keinen Fall 'dick'. An ihr ist 'etwas dran', was ja auch schön ist. Hier wird einem Säugetier Unrecht getan, das nun mal über ein gewisses Gesamterscheinungsbild verfügt, zu dem auch ein entsprechender Körperumfang nebst hohem Eigengewicht gehört.

Statusmeldung Nr. 4 vom 10.09.2020

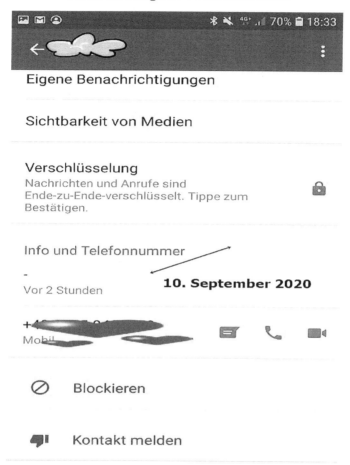

Am **10.09.2020** stellt meine Tochter ein bezauberndes Profilbild von sich und ihrem Freund in den Status.

Mit dem Pärchen-Profilbild verschwindet zunächst jeglicher Infotext.

Ich wartete einen Tag in der Vermutung, es würde an einem neuen Profil-Infotext 'gefeilt'. Er blieb aus. Die Infozeile blieb und bleibt leer.

Ein gutes Zeichen?

Eine leere Infozeile, mit der der Besitzer des Smartphones sich nicht selbst 'herunterputzt' ['fett wie ein Wal] oder Aggressivität [Statusmeldung Nr. 1] nach außen 'strömen' lässt, könnte heißen:

Ich bin glücklich! Ich brauche solche Infotexte nicht mehr.

Statusmeldung Nr. 5 vom 16.09.20

Sechs Tage später gibt es dann doch wieder eine neue Statusmeldung meiner Tochter. Hierbei handelt es sich um eine Zeile eines Songs ihrer Lieblingsband, *Twenty one pilots*, ein amerikanisches Musiker-Duo, das sich 2009 gründete. Der internationale Durchbruch gelang dem Duo 2015 und seit mindestens 2019 spricht meine Tochter von dieser Band. Die Musiker haben während der *Covid-19*-Pandemie den Song 'Level of Concern' veröffentlicht, der Hoffnung während dieser schweren Zeit verbreiten soll. Die Musiker schrieben ihn in völliger Selbstisolation. Sie werden ihre Musik vom Hören kennen. Für den Song *'Stressed out'* bekamen sie den Grammy Award 2017. Oberflächlich betrachtet, verheißt der neue Infotext meiner Tochter nichts Besorgniserregendes.Er scheint vielmehr ein Bekenntnis zu ihrer Band.

Allerdings heißt die Titelzeile übersetzt **'Neonfarbene Grabsteine versuchen, nach meinen Knochen zu rufen'*****.

Demnach geht es prinzipiell erst einmal wieder um die 'Todesthematik'. In dem Song, dem 7. des aktuellen Albums, geht es vorrangig um **'verletzte Gefühle'** und **'Missverständnisse'** *Twenty one pilots* haben in ihren Songs davor viel über Selbstmord, Selbstmordabsichten, Depressionen usw. geschrieben und gesungen. Das erfahre ich allerdings erst jetzt im Rahmen meines Buchprojektes. Insofern ist das natürlich neben eingängiger Musik wiederum eine Thematik, die Jugendliche in ihren Bann zieht und auch in diesem Song ist von Selbstmord als Option die Rede, die aber mit der Verneinung 'No' als möglicher Ausweg revidiert wird. Es geht schwerpunktmäßig um 'Selbstmorde' unter VIPs.

Communicating, further engraving An earlier grave is an optional way,
no

Eine weitere Gravur (auf einem Grabstein) wird mitgeteilt
Ein vorzeitiger Tod ist ein möglicher Weg, nein

————— ******* Das Wort 'tryna' steht hier für 'trying to', dt. 'versuchen'.

Statusmeldung Nr. 6 vom 6. November 2020

'Eigentlich' hatte ich mit meinem Buch schon lange fertig sein wollen. Da ich gerade in dem Kapitel 'Statusmeldungen' arbeite, schaue ich aus Neugier in den Kontakt meiner Tochter. Als ich das kleine 'i' antippe und der Infotext erscheint, entweicht mir ein Ausruf der Rührung: 'Wie schön!'. Es ist wahr und die Liebe zu ihrem Freund J. ist mit Sicherheit eher ein 'Zuhause', ein Gefühl der Geborgenheit als das Wohnen in einer Gruppe im Kinderheim.

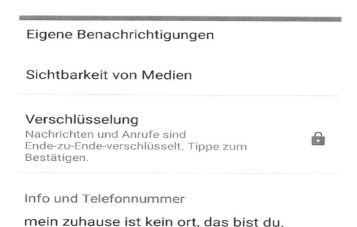

Eigene Benachrichtigungen

Sichtbarkeit von Medien

Verschlüsselung
Nachrichten und Anrufe sind Ende-zu-Ende-verschlüsselt. Tippe zum Bestätigen.

Info und Telefonnummer

mein zuhause ist kein ort, das bist du.
Vor 3 Tagen

6.4. Versuch eines persönlichen Blicks in die 'Zukunft'

Die stationäre Unterbringung meiner Tochter in einer Wohngruppe hat gezeigt, dass häusliche Medienkontrolle und die durch ihre Regelbrüche und ihren 'Widerstand' zwangsläufig eingetretenen Konflikte und die völlige Abwesenheit einer Internet-Kontrolle in einer Einrichtung der Erziehungshilfe keine tragfähigen Alternativen sein können.
Als meine Tochter auszog und damit meine mediale Kontrolle wegfiel, ist die Situation noch weiter ausgeufert (→Kap.6.1.,S.407-411).

Meine Tochter behauptete stets, sie wäre im Internet so 'maßlos' aktiv, weil ich sie kontrollierte. Das ist eine typische 'Ausrede' von Suchtkranken: Ich trinke, weil Du mich kontrollierst. Die Ursachen und die Verantwortung für das Suchtverhalten liegen beim Abhängigen selbst.

Während unserer Krise und auch noch nach dem Auszug meiner Tochter 'durchlief' ich 'einen ganzen Strauß möglicher Gefühle' (→Kap. 6.6..). Die verschiedenen Phasen und unterschiedlichen Emotionen sind dabei durchaus vergleichbar mit denen, die wir durchleben, wenn wir lieben und dann verlassen werden. Zum ersten Mal in meinem Leben empfand ich auch temporär 'Hass'. Dieses Gefühl war mir bis dato sowohl völlig unbekannt als auch unvorstellbar.

Niemand kann uns derart verletzen wie jemand, dem man vertraut und den man geliebt hat.

Meine Tochter ist nur bedingt 'verantwortlich':

➤ 1. Sie ist erst fünfzehn Jahre alt und damit vor dem Gesetz noch nicht erwachsen. Sie ist psychisch noch nicht reif und

➤ ihr fehlt es an Lebenserfahrung und Handlungskompetenz.

➤ 2. Meine Tochter ist in der Pubertät. Ihr Gehirn ist eine 'chemische Baustelle' und einige ihrer Sinne sind 'getrübt'.

➤ 3. Sie hat alle Symptome einer Suchtkranken gezeigt. Für ihre Abhängigkeit ist sie allerdings selbst verantwortlich und kann sie auch nur selbst 'bearbeiten'.

➤ 4. Meine Tochter ist von mir erzogen worden. Ihr 'brachialer' Ablösungsprozess wurde durch die von mir geschaffene 'Symbiose' mitverursacht. Mein Erziehungsstil hat meiner Tochter den 'falschen' Platz in unserer Hierarchie zugewiesen und ihr damit zu viel Freiheit und Eigenverantwortlichkeit zugestanden. Durch alle diese Faktoren wurde ihre 'irrige' Fremdwahrnehmung meiner Person geprägt und ihr 'Fehlverhalten' gefördert.

➤ **!Nichtsdestotrotz:** Meine Tochter bricht Regeln. Sie ist mir gegenüber nicht loyal und hat mit ihrem Internetverhalten maßlos übertrieben. Das Fehlverhalten meiner Tochter habe ich gefördert. Dennoch bleibt für mich eine **'Verständnis-Lücke'**. Ein Rest, der bleibt, wenn man die Punkte 1-4 als Ursachen für ihr Verhalten zugrundelegt. Aus meiner Sicht war das Verhalten meiner Tochter derart extrem und ungewöhnlich, dass für mich diese 'Lücke' bleibt. Ich könnte versuchen, sie mit 'Charakter' zu 'füllen'. Ich weiß aber nicht, ob das Wesen meiner Tochter als Begründung herangezogen werden kann. Etwas fehlt noch.

Eine Krise ist immer auch eine Chance. 'Beziehungsarbeit' ist dann möglich, wenn man an seiner eigenen Sichtweise auf den anderen und auf die Vorfälle, die sich ereignet haben, 'feilt'.Wenn wir ins Gespräch kommen, akzeptieren, was ist und uns bemühen, den anderen zu respektieren und seine Wertvorstellungen zu achten. Meine Tochter und ich sind beide **nicht mehr die Menschen,** die wir vor **Februar 2020** waren. Ich bin keine symbiotische Mutter mehr und meine Tochter ist noch autonomer und freier als zuvor. Beide haben im letzten halben Jahr neue Erfahrungen gesammelt. Meine Tochter hat sich bereits ein wenig selbst 'bewiesen', dass sie es auch ohne ihre Mutter schafft. Das war ihr Ziel. Das sehe ich und erkenne es an. 'Beziehungsarbeit' bedeutet, dass wir uns gegenseitig als 'neue' Personen annehmen und nicht versuchen, uns in 'überholte Rollen' zurück zu drängen.

Meine Tochter wird irgendwann 18 Jahre alt und erwachsen sein. Ihr steht nun die Aufgabe bevor, 'psychisch nachzureifen' und 'medial zu gesunden'. In der Regel bleibt eine Sucht ein Leben lang bestehen. Die inneren Strukturen, die Ursachen und Motive, die der Sucht zugrunde liegen, bleiben.

Ich übernehme die Verantwortung für unsere 'Symbiose' und meinen Erziehungsstil. Meiner Tochter obliegt es nun, in ihrer psychischen Nach-Reifung irgendwann zu einem gewissem Einsichtvermögen zu gelangen. Sie wird Verantwortung übernehmen müssen, so wie ich es auch tue. Sie wird für ihr Verhalten im Internet, für ihre Mediensucht, aber auch für die Art, wie sie ihre Mutter behandelt hat, gerade stehen müssen. Alles 'unter den Tisch zu kehren', darf keine Option sein. Für mich ist es jedenfalls keine. Eine Beziehung ist nur authentisch, wenn 'Baustellen bearbeitet' werden und man gemeinsam 'wächst'. Das gelingt nur, wenn wir gemeinschaftlich die Vergangenheit aufarbeiten, indem wir sie zu verstehen versuchen und dann akzeptieren als das, was sie ist, ein Teil unserer Geschichte, der nun vorbei ist:

Wer die Vergangenheit nicht kennt, ist dazu verurteilt, sie zu wiederholen`

(George Santayana, spanischer Philosoph, 1863-1952).

Meine Tochter wird, selbst wenn sie es nicht verstehen sollte oder wollte, akzeptieren müssen, was sie als **Protagonistin** in der Krise in meinem 'Inneren' 'angerichtet' hat. Wie ich auch. In ihrem Inneren.
Meine Tochter hat ausreichend Zeit, die dafür notwendigen 'Instrumente' zu erwerben, wie z.B. eine gewisse psychische Reife, die Fähigkeit zur Introspektion, Reflexionsfähigkeit, Motivation und vor allem den Willen, eine krisenhafte Situation anzugehen, mit der Mutter zu kooperieren und etwas in der Beziehung zum Positiven zu verändern.

Über ein leise dahin gehauchtes 'Sorry' würde ich mich natürlich sehr freuen.

Die Autorin Susanne Hühn schreibt etwas Bemerkenswertes. Man könne Reue nicht einfordern Um etwas zu bereuen, müsste man den Weg der Selbsterkenntnis gehen und dazu ist meine Tochter noch zu jung, zu unerfahren und noch viel zu sehr ihrer 'pubertären Ego-Schleife' verhaftet. Von meiner Tochter hängt es ab, ob es wieder zu einer Annäherung zwischen uns kommen wird. Mein Part ist derweil, ihrem von mir nicht gewünschten Verhalten Grenzen zu setzen und zu äußern, was ich unter 'Respekt' und einem 'gesunden Miteinander' verstehe (→.Kap. 6.2.).

Das Interesse meiner Tochter und ihr Wille werden darüber entscheiden, ob sie aus Eigeninitiative handeln können wird. Zum ersten Mal in den fünfzehn Jahren, seit wir uns 'kennen', sollte sie wirklich etwas 'leisten', um etwas zu bekommen. Meine Tochter ist es von mir gewohnt, alles stets 'gratis' und ohne Eigenleistung zu erhalten. **Die Zeiten sind nun vorbei.**

Ich habe meiner Tochter 'bis zum bitteren Ende' alle Türen offengehalten und ihr immer wieder Brücken gebaut.

> Meine Tochter warf alle Türen zu
> und riss die Brücken hinter sich ab.

Sie 'wischte' mich aus ihrem Leben, so wie sie ständig über ihr
Smartphone-Display wischte, um eine App zu schließen.

Die **Mutter-App** wurde geschlossen.

Eine Mutter 'wirft' man nicht weg wie eine 'eine heiße Kartoffel', nur weil
die 'Luft oben dünn geworden ist' respektive die Medienregeln zu
restriktiv erscheinen.

83

Mir gefällt es sehr , <u>nicht mehr</u> als 'siamesischer Zwilling' leben zu
müssen.

Auf meine Würde achte ich jetzt!

P.S. Am **12. November 2020** meldet sich meine Tochter:

Hallo,
Ich wollte bescheid sagen,
dass ich am Montag meinen
Untersuchungstermin beim
Frauenarzt hatte und soweit alles in
Ordnung ist, also nichts auffälliges.
Dazu wollte ich dir noch zu deiner
letzten Nachricht sagen, dass ich
das aufladen als nicht so schlimm
empfunden habe, da du ja extra
mein Konto für den Handyvertrag
aufgelöst hast, auf dem mehr Geld
war als dafür nötig.
Außerdem bin ich gerne loyal,
doch habe ich das Gefühl, dass du
dich zu sehr auf das konzentriert
was passiert ist und nicht was
jetzt ist bzw. nur meine Fehler
siehst und nicht einsiehst, welche
Vertrauensbrüche du selber
zugelassen hast. Vielleicht denkst du
ja mal drüber nach, wir sehen uns ja
dann im Dezember spätestens. Lg

06:57

Ich antworte ihr:

Guten Morgen, liebe xxx,

danke für Deine Nachricht.

Ich halte WhatsApp generell für kein geeignetes Medium, wichtige Dinge zu besprechen. Dennoch ist es natürlich schön, dass Du Dich meldest.

Im einzelnen:

1. Danke für Deine Info bzgl. des Gynäkologen-Termins. Das ist schön, anderes hätte mich auch gewundert. Du bist jung und kerngesund. Du bist ja auch aus anderen Motiven zum Arzt gegangen.

2. Mit dem Aufladen: Es ist 'kriminell', auf das Konto eines anderen zuzugreifen oder zugreifen zu lassen, für das man keine Vollmacht hat. Du musst vorher mit mir sprechen, bevor du etwas vorhast. 'Denken' reicht hier nicht aus ('Ich habe gedacht...'). Ich habe dir das mit dem Konto erklärt. Es waren 250 € auf dem Konto. 100,00 € kostet noch die vollständige Abzahlung Deines Smartphones. 60,00 € betragen Deine Telefongebühren im Jahr (4.99 € im Monat) und zwar jedes Jahr und Du hast trotz Warnung eine Wasserrechnung von 1.258,00 € in 2019 'produziert', die ich monatlich mit 150,00 € abbezahle. Wir wollen das auch nicht weiter vertiefen, aber 250 € sind bei weitem <u>nicht</u> ausreichend für die Kosten, die durch deine 'Flucht' entstanden sind.

3. Ich freue mich, dass Du loyal sein möchtest.

4. Dein Gefühl täuscht dich. Ich konzentriere mich nicht auf das, was passiert ist oder Deine 'Fehler'. Ich hatte neun Monate Zeit, mich mit dem 'Thema' zu beschäftigen. Meine 'Erziehungsfehler' sind mir bewusst. Ich habe einfach nur noch 'Verständnis-Lücken'. Ich kann mir dein Verhalten nicht 100% ig erklären. Es gehört zu einer authentischen Beziehung, dass man auch über das spricht, was war und es nicht einfach unter den Tisch kehrt. Damit meine ich aber keine Einzelheiten, sondern grundsätzlich.

Ich wünsche Dir einen schönen Tag, liebe Grüße, Deine Mutter

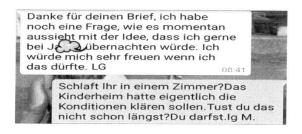

Danke für deinen Brief, ich habe noch eine Frage, wie es momentan aussieht mit der Idee, dass ich gerne bei J übernachten würde. Ich würde mich sehr freuen wenn ich das dürfte. LG 08:41

Schlaft Ihr in einem Zimmer?Das Kinderheim hatte eigentlich die Konditionen klären sollen.Tust du das nicht schon längst?Du darfst.lg M.

Leider sah ich das freudige Gesicht meiner Tochter nicht. Bedankt hat sie sich. Die Zeit war reif für meinen 'positiven Bescheid'. Sie und J. sind seit sechs Monaten ein Paar und meine Tochter hat mich 'anständig' gefragt. Nachdem ich im November anbot, den Elternsprechtag in der Schule wahrzunehmen, was meine Tochter nicht für nötig erachtete, sie wollte 'Schuldefizite' verschleiern, und nachdem ich 'Ungereimtheiten' zwischen Schule und Kinderheim klärte, **kroch meine Tochter so langsam aus ihrem 'Schneckenhaus'** und wurde bisweilen nachrichten-technisch regelrecht 'geschwätzig', was im Kontrast zu meiner Zurückhaltung steht. **'Gebranntes Kind scheut das Feuer'.** Ich musste an die Psychologin B. denken. Meine Tochter fragte nach 'Opas Weihnachtsfeier'. Sie weiß, wo 'ihre Wurzeln' sind. Sie sind ihr wichtig. Mir ist es gelungen, meiner Tochter 'Wurzeln' **und** 'Flügel' zu verleihen. Am **29. November** fragt sie mich dann plötzlich, ob ich Zeit hätte. Sie müsste etwas vorbeibringen. Im ersten Moment 'überrumpelt' mich ihr Vorschlag. Er kommt völlig unerwartet und für mich viel zu 'abrupt'. Ich frage nach. Sie hätte einen Mini-Adventskalender für mich gebastelt. Das rührt mich. Ich brauche etwas Bedenkzeit. Ich antworte, dass ich mich eigentlich nicht hatte nur zu zweit treffen wollen. Das ist für sie o.k. Daraufhin will sie mein Geschenk vor meine Haustür legen. Ich merke an, dass ich es unschön fände, wenn sie sich wie ein Dieb wieder davon schleichen würde. In den folgenden Tagen gewöhne ich mich an den Gedanken und merke,dass ich mich latent auf ein Wiedersehen freue und besorge 'Nikolaus-Präsente' (→ Kap. 4.17., S. 365). **Ich bin bereit.** Meine Tochter möchte wissen, ob ich J. kennenlernen möchte. Ja, aber noch nicht. Ich sage ihr, dass ich langsam vorgehe. Bloß nichts überstür-zen! Ab jetzt gilt: **In meinem Tempo und zu meinen Konditionen.**

6.5. Fazit
Digital:

Es herrscht eine auffällige Diskrepanz zwischen den von Medienexperten, Psychologen und Kinderärzten empfohlenen Mediennutzungszeiten für Jugendliche und der Realität, sprich der Lebenswelt und den Bedürfnissen der Generation ?/Z (Greta) und den Ergebnissen der 18. Shell-Jugendstudie sowie analogen, wissenschaftlichen Untersuchungen.

Legt man die Initiative *'Schau hin'* zugrunde, so wird für Jugendliche eine Medienzeit von 'zehn Minuten pro Lebensjahr am Tag' oder 'eine Stunde pro Lebensjahr in der Woche' empfohlen. Überträgt man diese Empfehlung auf einen 15jährigen Jugendlichen, so beträgt die tägliche Medienzeit für dieses Alter 150 min (2,5 Stunden) bzw. 15 Stunden pro Woche. Das entspricht 2 Stunden 14 Minuten/Tag. 'Schau hin' steht mit seinen Empfehlungen nicht allein da. Mehr oder weniger gleichen sich die Ratschläge aller vergleichbaren Initiativen. Der Digital-Report 2020[4] kommt auf eine durchschnittliche tägliche Smartphone-Nutzung bei Jugendlichen von 3,7 Stunden. Diese Ergebnisse werden auch in der 18. Shell-Jugendstudie angeführt. Die Untersuchung belegt, dass Jugendliche ab 15 Jahren circa 4 – 4,5 Stunden täglich im Internet aktiv sind. Hierbei wird von einer Nettonutzungszeit, also einer aktiven Handynutzungszeit, ausgegangen. Nicht mit eingerechnet werden die Nutzungszeiten, in denen das Smartphone 'betriebsbereit' in der Nähe des Jugendlichen liegt und zwischendurch 'kurz' genutzt wird.

Zwischen den theoretischen Forderungen und der digitalen Realität liegt somit eine durchschnittliche **tägliche Nutzungszeitdiskrepanz** von 1,2 Stunden (Digital-Report) bzw. 1,5 bis 3,5*** Stunden (18. Jugend Shellstudie) und von mindestens 8,4-14 (24,5 Std.***) Std./ Woche.

_____*** betrifft die 'Ausreißer-Kandidaten' der Jugend Shellstudie, die 6 Stunden täglich im Internet unterwegs sind.

Der Autorin wurden die Shell-Jugendstudien erst im Rahmen ihres Buchprojektes bekannt. Sie hatte sich nie zuvor mit offiziellen Datenerhebungen zu Mediennutzungszeiten beschäftigt. Damit ist sie sicher keine Ausnahme, sondern eher die Regel. Mütter werden normalerweise nicht mit solchen wissenschaftlichen Untersuchungen 'versorgt', z.B. in Medienworkshops oder durch den Kinderarzt. In der Regel erhalten sie ausschließlich Empfehlungen für Mediennutzungszeiten.

Diese 'Einseitigkeit der Berichterstattung' erzeugt in der häuslichen Erziehungssituation einen gewissen Handlungs-Druck bei den Sorgeberechtigten. Es ist ihnen ein wichtiges Anliegen, die Empfehlungen zur Mediennutzung-Zeit zuhause umzusetzen, damit das eigene Kind 'in der Norm und gesund bleibt'. Bei der Autorin war das der Fall. Durch einen elterlichen Anspruch dieser Art entstehen oder potenzieren sich häusliche Konflikte zwischen Eltern und Kindern, vor allem bei Müttern, die zum Perfektionismus neigen oder als Alleinerziehende die Hauptlast in der häuslichen, 'digitalen Auseinandersetzung' tragen.

Wenn 8,7 Millionen Jugendliche im Alter von 15-24 Jahren in Deutschland, so viele Jugendliche waren es im Jahr 2017, ihr Smartphone durchschnittlich 4. 4,5 bis 6 Stunden täglich nutzen, können sich Mütter viel Zeit und einige Konflikte zuhause ersparen, wenn ihnen das bekannt ist. Mit den realen Daten im Hinterkopf lässt sich der Medienkonsum des eigenen Kindes etwas entspannter betrachten. Seit dem 10. Lebensjahr meiner Tochter hatte ich ständig nur einen Gedanken im Kopf: Wenn meine Tochter das Smartphone mehr als zwei Stunden am Tag nutzt, kommt es zu einer 'Katastrophe', dem psychischen und mentalen 'Super-Gau'. Also bat ich sie, die tägliche Medien-Nutzungs-Zeit von drei Stunden bitte nicht zu überschreiten.

Die 18. Shell-Jugendstudie zeichnet ein Bild von 'aufgeweckten', politisch interessierten und glücklichen Jugendlichen der Generation ?/Z und das trotz oder aber mit einer täglichen Smartphone-Nutzungszeit von einigen Stunden.

Ich bin weder Psychologin noch Ärztin und möchte fachliche Erkenntnisse zu den Folgen der Mediennutzung auf gar keinen Fall in Frage stellen. **Aktuell existiert allerdings noch keine Untersuchung zu den Langzeitfolgen einer übermäßigen Smartphone-Nutzung.** Die Internetsucht ist bis dato auch noch nicht ausreichend erforscht.

Es stellt sich die Frage, ob es hilfreich sein könnte, den Druck auf die Eltern hinsichtlich der Thematik 'Smartphone-Nutzung' durch die strikten Empfehlungen zur Medienzeit ein wenig abzumildern. Die digitale Entwicklung kann und sollte nicht aufgehalten werden. Wünschenswert wäre eine Annäherung zwischen den Empfehlungen für die Mediennutzungszeit und den wissenschaftlichen Nutzungserhebungen. Zusammen mit den medialen Empfehlungen könnte z.B. ein Hinweis als Internetlink auf Ergebnisse der Shell-Jugendstudien erfolgen. Erziehungsberechtigte könnten sich so ein authentisches Bild der digitalen Realität der Jugendlichen machen und würden nicht so sehr an der Diskrepanz zwischen den Empfehlungen und dem scheinbar übergroßen Medienkonsum ihres Kindes 'verzweifeln'. Das bedeutet allerdings nicht, dass Erziehungsberechtigte automatisch jeden Trend mitmachen. Auch sie wissen intuitiv, dass es unmöglich 'gesund' sein kann, den ganzen Tag auf ein kleines Display zu 'starren'. Druck erzeugt Gegendruck. Die Mutter selbst macht sich schon eine Menge Druck. Die Verantwortung für das eigene Kind wiegt schwer. Der Druck, der von außen dazukommt, macht die digitale Situation nicht leichter. Ich hätte mir gewünscht, dass ich nicht so unter Druck gestanden hätte, nur weil ich ständig die empfohlenen Mediennutzungszeiten als 'Damoklesschwert' über 'meinem Haupt schweben' sah. Der Verzicht auf einen fünfjährigen 'Kampf' um digitale Zeiten meiner Tochter hätte ein Potential eröffnet: Schau hin! Ich hätte mehr Zeit, Energie und Nerven zur Verfügung gehabt, mich noch genauer damit zu beschäftigen und vor allem mir erläutern zu lassen, was meine Tochter da eigentlich im Internet macht und nicht hätte tun sollen. Die Gesamt-Gesprächssituation hätte sich zuhause erheblich konfliktfreier gestaltet. Es ist für Alleinerziehende mitunter schwer, in der Erziehung 'locker zu lassen', da sie oft, auch wenn sie es nicht zugeben, unbewusst versuchen eine 'dreiköpfige Familie abzubilden'.

Persönlich:

Meine Tochter zog mit 15 Jahren das Leben in einem 'Kinderheim' dem mit der eigenen Mutter vor. Ursächlich hierfür waren ein fünfjähriger 'Kampf' rund um das Thema 'Smartphone', die Mediensucht meiner Tochter, ihr Verhalten im Internet, die damit verbundenen häuslichen Konflikte und vor allem das 'Ausbleiben' ambulanter Erziehungsmaßnahmen.

Die Hauptverantwortung für die 'Entfernung' einer 15jährigen aus einem liebevollen Elternhaus sowie für die 'Entfremdung' zwischen Mutter und Tochter trägt das örtliche **JUGENDAMT!**

Das Jugendamt unterlässt es bereits seit **zehn Monaten**, meine Tochter mit etwas Nachdruck zum Handeln zu bewegen bzw. sich produktiv mit ihrer inneren und äußeren Realität auseinanderzusetzen.
Eine 'Auseinandersetzung' findet überhaupt nicht statt weder mit der inneren noch der äußeren Realität. Legt man Hurrelmanns Ausführungen zugrunde, wird das Ziel der Jugend- bzw. Erziehungshilfe auf ganzer Länge verfehlt:

Ziel aller Unterstützungsangebote, an denen sich die Jugendhilfe beteiligt, ist die Aktivierung [aktive Hinführung zur Therapie] selbstgesteuerter Handlungspotenziale von Kindern zur Bewältigung der Entwicklungsaufgaben. Hierzu gehört die Stärkung der personalen Ressourcen ebenso wie die Stützung und Stabilisierung der sozialen Ressourcen im unmittelbaren Lebensraum von Familie [Erziehungshilfe für die Mutter], Gleichaltrigen und Nachbarschaft. Je mehr es gelingt, Kindern eine Hilfe zur Selbsthilfe anzubieten, desto eher sind sie in der Lage, sich produktiv mit ihrer inneren und äußeren Realität auseinanderzusetzen (Hurrelmann 2017:185).

Denkbar sind zwei mögliche Therapieformen:

Eine Therapie zum Thema 'Internetsucht' bzw. 'einem gesunden Umgang mit Medien' und eine Art 'Gesprächstherapie' mit dem Ziel der Erziehungsunterstützung, bei der die Meditation durch Dritte erfolgt. Damit Mutter und Tochter sich wieder annähern können, ist Intervention notwendig. Die Vorfälle der Vergangenheit sollten aufgearbeitet werden, da sie auf beiden Seiten 'Wunden verursacht' und 'Narben hinterlassen' haben. Es wäre wichtig, dass Mutter und Tochter auf neutralem Terrain sachlich Ziele 'abstecken', um zu definieren, wie ein zukünftiges Miteinander sich konstruktiv gestalten könnte und um, wie die Psychologin richtig feststellte, 'zukünftige Stolpersteine im Umgang miteinander zu vermeiden'.

Das Jugendamt konstatierte bereits im **Juni 2018,** dass meine Tochter und ich eines Mediatoren bedürften. Aussitzen seitens des Systems der Erziehungshilfe darf keine Option sein. Das Jugendamt wird seiner Funktion der 'Familienhilfe' nicht gerecht. Mit einer reinen Deeskalation und Wohnraumveränderung ist das 'Problem' aus Sicht der Behörden bereits 'behoben'. Das ist in etwa so, als setze man einen 'Alkoholiker' in einen einsamen Wald und in dem Moment, in dem er von niemandem mehr gesehen wird und auch keine häuslichen Auseinandersetzungen mehr stattfinden, höre das Problem auf einmal auf zu existieren. Das ist 'Augenwischerei'. Der Alkoholiker wird weiter trinken und die Beziehungen zu seinen Mitmenschen werden aufgrund seines Verhaltens weiterhin 'gestört' sein.

Beziehungen müssen gestaltet werden, vor allem solche, die bereits einen 'Schiffbruch' erlitten haben.

Die digitale Reglementierung meiner Tochter diente nur dem Zweck ihres Schutzes. Die häuslichen Konflikte wurden nicht von mir verursacht. **Sie waren eine logische Konsequenz.**

6.6. Mutter (Gefühle während des Schreibens)

Gefühle sind mitunter eine 'schwierige Sache'. Sechs Monate habe ich mich mit diesem Buch beschäftigt. Dabei waren meine Gefühle nicht durchgängig präsent. Wenn sie da waren, waren es stets andere.

Oft war ich während des Schreibens die 'neutrale Dritte', die ein Buch über eine authentische Mutter-Tochter-Beziehung zweier 'Fremder' schrieb. Resi Lienz war dann 'außen vor' und 'ihr' vorrangiges Gefühl war **'emotionale Gleichgültigkeit'**.

Mein 'Innenleben' hing während des Schreibens auch davon ab, mit welchem Kapitel ich mich aktuell beschäftigte, wie sich meine Tochter zum Zeitpunkt verhielt und auf welchem Stand ich mich in meiner eigenen emotionalen und mentalen Entwicklung befand.

Mein Gefühlsleben sah im **Februar 2020** völlig anders aus als heute im **Dezember.** Bevor ich anfing zu schreiben, war ich oft traurig, verzweifelt, wütend und enttäuscht.

In unserer Krise, als wir noch zusammenwohnten, beobachtete ich meine Tochter mitunter völlig emotionslos wie einen lichterloh brennenden Strohballen. Der 'Strohballen' soll hier als Metapher für ihre Internet-Sucht dienen. Ich 'kippte' eimerweise Wasser über diesen 'Strohballen', um das Feuer zu löschen und meine Tochter dazu zu bewegen, endlich aufzuhören, sich selbst zu schaden. Der 'Strohballen' brannte in unserer Krise völlig ab. Zurück blieb ein 'Haufen Asche'. Das Feuer (die Sucht) war zu mächtig oder das Wasser (mein 'Eingreifen/ meine 'Macht') zu wenig. **Beides wird eine Rolle gespielt haben.**

Ich wollte und ich konnte nicht mehr. In solchen Momenten wollte ich nichts mehr hören und sehen. Sollte meine Tochter doch in ihr eigenes 'Unglück rennen'.

Im Sommer diesen Jahres sah ich eine Folge des *SWR-Nachtcafés* mit dem Titel *'Was uns trennt und was uns verbindet'*.
Es ging um die Geschichte des Vaters eines dreizehnjährigen drogenabhängigen Jungen. Die Schilderung des Sorgeberechtigten passte wie 'die Faust aufs Auge'. Seine Verzweiflung war 'hautnah' spürbar, 'greifbar'. Am Ende zog der Vater die 'Reißleine' und brach den Kontakt zu seinem Sohn zunächst ab. Es fiel ihm sehr schwer, doch seine Erziehungs-Handlungen waren ins 'Leere gelaufen' und er wollte sich nun selbst schützen.

Es gibt im Leben Zeiten, da trennt uns so viel mehr als uns verbindet.

Es gab Monate, da hatte ich nur noch das Gefühl, meine Tochter und mich verbänden allenfalls eine gemeinsame Vergangenheit und ein paar Gene.

Es war gut und sehr wichtig, auch wenn ich das zunächst nicht wahrhaben wollte, dass ich als 'machtlose Co-Abhängige' gezwungen wurde, sowohl aus der 'Symbiose' als auch aus unserer ausweglosen Situation 'auszusteigen'.

Die Deeskalation funktionierte.

Sie war für mich eine Chance, mein nun mehr 'fruchtloses' Reglementieren meiner Tochter zu beenden und meiner Verzweiflung 'Herr zu werden'.

Ich konnte mich endlich auf mein eigenes Leben konzentrieren.

Liebe ist religiösem Glauben ähnlich: Jemanden zu lieben heißt, an etwas zu glauben, was er repräsentiert. Ich liebe, solange ich daran glaube, dass diese Person etwas darstellt, was mir wichtig ist: ihre Güte, ihre Integrität oder ihre Liebe. Irgendwann hören die Menschen auf, an diese spezifische Liebesgeschichte zu glauben, und denken: Ich glaub nicht mehr daran, dass du dieser großartige Mensch bist, besser als all die anderen; ich glaub nicht mehr, dass unsere Geschichte einzigartig ist; ich seh überall Leute mit besseren Geschichten. Sich zu entlieben

heißt aufhören, an den anderen zu glauben [so ging der Text weiter]. Quelle: Irgendwo im Internet gefunden. Ich glaube noch an meine Tochter.

Ab dem **Frühjahr 2020** 'nisteten' sich dann so langsam Zufriedenheit und Ruhe in mein Leben und in mir ein.

Zweimal in zehn Monaten ist es vorgekommen, dass ich 'emotionale Ausbrüche' durchlebte. Ich hörte ein Lied mit einem auf unsere Situation passenden Text und brach in Tränen aus. Intensive, positive Gefühle für meine Tochter überkamen mich 'wie aus heiterem Himmel'. Meist hörte ich dann das Lied in Endlosschleife, um es später meiner Tochter auf digitalem Wege zu widmen. Es war eine Reminiszenz auf eine schöne Vergangenheit. Das darf ja auch so sein. Sie nimmt uns keiner.

Weihnachten 2020 naht. Auch wenn dieses Weihnachten dank **Covid-19** so völlig anders werden wird als alle Weihnachten zuvor. Man sagt, wenn jemand stirbt oder eine Beziehung zu Ende geht, sei das erste Jahr von Bedeutung. Im ersten Jahr durchlebt man alle Jahreszeiten, alle Jahres- und Festtage zum ersten Mal ohne den anderen. Das erste Weihnachten ohne meine Tochter 'steht vor meiner Tür'. 'Unsere Weihnachten' waren voller Traditionen. Vierzehn Jahre lang fertigten wir unsere Weihnachtskarten selbst. Wir fotografierten uns mit Weihnachtsmützen auf dem 'Haupt' in weihnachtlichen Ambiente, drinnen oder draußen im Schnee, und dann verschickten wir jedes Jahr dreißig handgeschriebene Weihnachtskarten an unsere Liebsten. Das machte uns große Freude. Jedes Mal hob ich eine Weihnachtskarte auf und konnte auch daran sehen, wie meine Tochter von Jahr zu Jahr wuchs und sich veränderte. Der Christbaum wurde immer liebevoll geschmückt und am Backen von Weihnachtsplätzchen versuchten wir uns auch. Wir können allerdings beide besser kochen als backen. Unsere Wohnung zierte jedes Jahr reichlich Weihnachtsdekoration in allen Formen und Farben und viele Kerzen brannten nahezu unentwegt. Lichterketten hingen an den Fenstern und auf der Terrasse stand ein hell leuchtendes Rentier.

Der Heiligabend gehörte immer uns beiden, meiner Tochter und mir.

Wir fuhren zum Grab meiner Mutter und sangen dort Weihnachtslieder.

Am 24. Dezember gingen wir nachmittags oder abends in die Kirche und dann wurde 'feudal' gekocht. Wir dinierten und genossen unsere kleine private Weihnachtsfeier. Als meine Tochter noch ganz klein war, war es manchmal stressig. Ich weiß noch, wie es an einem Heiligabend in Strömen goss. Auf dem Friedhof-Parkplatz zog ich meiner Tochter ihre Matsch-Sachen aus und machte sie schön zurecht, damit wir noch rechtzeitig in die Kindermette kamen. Das war nicht so einfach, weil es im Auto eng war und meine schmutzige Tochter 'quirlig'. Am **25. Dezember** wurde dann immer mit der Großfamilie gefeiert.

?????

24.12.2020

Weihnachtskarten? Grab meiner Mutter? Kirche? Dinner?

Und jetzt? Wie mache ich das mit den Weihnachtskarten? Fotografiere ich mich mit dem Hund? Lasse ich die Tradition einschlafen? Es gibt so wenige Menschen, die noch mit der Hand Weihnachtskarten schreiben.

Ergebnis meiner Überlegungen:
Ich mache fast so weiter wie gehabt. Nur Weihnachtskarten schreibe ich dieses Jahr nur vier Stück an die Menschen, die auch jedes Jahr Karten per Hand schreiben und zusenden, an die 'treuen Gesellen'. Ein wunderschöner Weihnachtsbaum steht bereits geschmückt im Wohnzimmer. Aktuell 'tobe' ich mich an der Innendekoration aus. Ich werde meine Mutter 'besuchen' und selbstredend Weihnachtslieder für sie singen. Ich werde in die Kirche gehen, allerdings muss ich wegen Covid-19 meinen Platz dort dieses Jahr rechtzeitig online buchen, und ich werde mich abends feudal bekochen. **Warum denn auch nicht?** Es sind schließlich 'meine' Traditionen und sie machen mir große Freude. Und ansonsten bin ich offen für alles, was kommt.

Wo sich eine Tür schließt, öffnet sich eine andere.

Das Gefühl, das mich am meisten während des Schreibens 'heimsuchte',
immer mal wieder, war das der **Enttäuschung**. Es überkommt mich aber
auch nur dann, wenn es der Maßstab aller Dinge ist, dass die eigenen
Kinder dankbar und respektvoll zu sein haben, unabhängig davon, was
vorgefallen ist. Ich war in unserer Beziehung auch nicht immer dankbar
und respektvoll meiner Tochter gegenüber. Die ständige Frage:
Wie konnte sie mir so etwas antun? Meine Tochter wird schon ihre
Gründe gehabt haben. Ich habe ihr ja auch einiges 'angetan'.

Für mich persönlich sind 'Dankbarkeit' und 'Zugehörigkeit' wichtige
Werte. Ich bin meiner Ursprungsfamilie dankbar und fühle mich ihnen
zugehörig, daher pflege ich den regelmäßigen Kontakt. Ich brach in
meiner Jugend nie mit irgendwem in der Verwandtschaft den Kontakt ab,
im Gegenteil. Ich pflegte ihn stets und in großem Stil bis in die kleinste
verwandtschaftliche Verästelung, ohne jede Unterbrechung in meiner
Pubertät. Meine Tochter scheint anders und auch noch nicht so weit zu
sein, 'Dankbarkeit' und 'Zugehörigkeit' in diesem Ausmaße empfinden zu
können.

Ich finde, dass sich meine Tochter streckenweise 'ganz schön
daneben benommen hat'. **Das weiß sie aber auch.** Meine Enttäuschung ist
nicht in der Zeit entstanden, als wir in der Krise waren und sie noch
zuhause wohnte, sondern erst danach. Mich enttäuschte ihr Verhalten, das
sie in den Monaten seit **Februar 2020** gezeigt hat und die Diskrepanz
zwischen ihren Worten (→Hilfeplan) und ihren nicht erfolgten Taten. Der
Audiomitschnitt im Badezimmer, dass sie wissentlich meinen Ruf
schädigte, dass sie sich weigerte, mit mir zusammen ambulante
Maßnahmen in Angriff zu nehmen. Dass sie zumindest bis Oktober
respektlos mir gegenüber auftrat und die Regeln brach. Die Zukunft ist
noch nicht geschrieben.

Manchmal log ich mir ein wenig in die 'Tasche' oder machte mir etwas vor. In solchen Momenten hatte mein großer Stolz die 'Zügel in der Hand'. Dann war ich mir sicher, dass meine Gefühle für meine Tochter für immer 'erloschen' wären, dass ich überhaupt nichts mehr fühle, weil sie mir so viel Schlimmes angetan hat. Vielleicht 'koppelte' ich mich auch aus Eigenschutz selbst von meinen Gefühlen 'ab'.

Wenn ich in Erinnerungen schwelgte und an all die schönen gemeinsamen Momente zurückdachte und daran, wie verdammt ähnlich wir uns charakterlich sind, wie viel Spaß wir miteinander hatten und haben könnten, dann empfand ich wieder etwas für meine Tochter.

Unsere 'Geschichte' hat kein 'Happy End', aber ein offenes Ende, aus dem sich durchaus noch eines entwickeln kann.

Meine liebe E., ich sage es Dir jetzt auf diesem Wege. Ich liebe dich. Von ganzem Herzen. Das wird sich auch nicht ändern. Ich liebe Dich, weil ich Deine Mutter bin. Du bist mein 'Kind' und wirst es immer bleiben. Die letzten zwei Jahre waren für uns beide nicht leicht. Wenn Du dieses Buch eines Tages lesen solltest, wirst Du feststellen, dass ich, wie Du sicher auch, ganz viele verschiedene Gefühle gehabt habe. Ein Gefühl hat mich aber die ganze Zeit begleitet, auch wenn ich es nicht immer gemerkt und auch manchmal verdrängt habe. Eines habe ich auf jeden Fall gelernt: Es stimmt nicht, dass jede Liebe 'stirbt'. Scheinbar gibt es auch eine Liebe, die Mutterliebe, die für immer Bestand hat. Genauso verhält es sich mit dem Satz, den ich Dir immer gesagt habe, erinnerst Du Dich? **Du bist das Beste, das mir je 'passiert' ist.** Auch dieser Satz ist wahr und wird es immer bleiben, egal, was passiert. Ich liebe das Mädchen, das Du bist zu Deinem 13. Lebensjahr warst. Die 'Neue' kenne ich noch nicht. Sie ist mir etwas 'unheimlich' und hat mir viele schlaflose Nächte und Kummer bereitet. Du wirst Deinen Weg gehen. Pass immer auf Dich auf. **Ich begleite Dich in meinem Herzen.** Deine Mutter 20. Oktober 2020

84

Die letzte Seite

Was bleibt.

Schöne Erinnerungen!

Gefühle!

Und diese Mannschaft (…)

© Foto Resi Lienz 2020   Wir bleiben. Jeder von uns hat eine Geschichte.

(…) 'nur' eine kleine Auswahl der Kuscheltiere meiner Tochter (…). 85

7. Danksagung

Ich danke **meiner Tochter**. Sie machte mich zur Mutter und ermöglichte, dass ich einen 'kunterbunten Strauß an Gefühlen' erleben durfte. Durch ihre 'Flucht' 'bescherte' sie mir ein neues, spannendes Leben, mit dem ich so gar nicht gerechnet hatte. Ich verwirkliche derzeit Träume. Dieses Buch gehört dazu.

Ich danke **meinem Vater**, der vom ersten Moment an mein Buch glaubte und es mit großer Leidenschaft und Akribie lektorierte. Unsere wöchentlichen Sitzungen bereiteten uns beiden große Freude. Mein Vater machte seinen 'Job' großartig! Inzwischen ist er ein Fachmann auf den Gebieten 'Pubertät 2.0' und 'digitaler Jugendschutz'. Ich bin sehr stolz auf ihn. Wir sind ein starkes Team. Es ist übrigens 'seine Schuld', dass es in diesem Buch so viele Zeichnungen gibt. Sie bereichern es.

Ich danke **meiner Familie und der Frau meines Vaters**. Wir sind ein 'merkwürdiger Patchwork-Haufen', aber immer wenn es hart auf hart kommt, hält das Rudel zusammen. Vor allem die Frau meines Vaters bemüht sich seit Jahrzehnten mit ihrem Einfühlungsvermögen, ihrer Resilienz und ihrem Charme sehr erfolgreich, die 'Großfamilie' 'zusammenzutreiben'. Ich danke meiner **Nichte C.** für ihre juristische Unterstützung.

Ich danke **meiner verstorbenen Mutter,** die ich immer in meinem Herzen trage. Es gibt keinen Menschen, dem ich ähnlicher wäre als ihr. Danke, Mama! Ich liebe dich.

Ich danke **meinem Bruder O.** für die Widmung, 'Inbetriebnahme' und Gestaltung meiner Homepage. Obwohl er immer zu tun hat, 'stürzte' er sich für seine Schwester 'kopfüber' mit Leidenschaft und Professionalität unmittelbar in dieses neue Projekt.

Ich danke meiner **Freundin M.**, die mir in diesen zwei Jahren der Krise mit einer Ruhe, Geduld und einem großen Einfühlungsvermögen so 'richtig auf die Pelle gerückt' ist. Ohne sie wäre ich sicher nicht 'halb so heil' durch diese Zeit gekommen. Ich danke ihr auch für ihre 'mathematische Schützenhilfe' bei der Auswertung der Statistik.

Ich danke **meinen 'Studenten-Freund*innen'**, mit denen ich unheimlich viel Spaß habe und die immer da und immer nah sind. Sie empfinden Resi Lienz als eine Bereicherung ihres Lebens, was mir sehr schmeichelt. Ich danke **Luki, Johannes und Jonas** für ihren unermüdlichen Elan und Fleiß und dass sie mir mit Freude und Humor bei meinem Umzug halfen. Ich danke **Luki, Jaqueline und Becky,** dass sie sich auf mein Buch freuen und zu Abstimmungen über Veröffentlichungsformen, Diskussionen zum Buchcover, Leseproben etc. immer leidenschaftlich bereit waren. Ich danke **Jonas** für seinen juristischen Beistand hinsichtlich der Frage des Urheberrechts. Ich danke **Orazio** für seine Ideen in Sachen Marketing (Photographie, Flyer usw.).

Ich danke meiner **Dozentin, Frau L.,** die mir in ihren Seminaren zum 'wissenschaftlichen Arbeiten' das Rüstzeug an die Hand gab, um den Inhalt meines Buches in die richtige 'Form zu gießen'. Sie war von meiner Idee gleich angetan.

Ich danke der **Psychologin, Frau B.,** eine der wenigen, bei der ich in dieser Krisensituation das Gefühl hatte, dass auch ich einen Ansprechpartner habe, der sich in meine Lage versetzt.

Ich danke Herrn **Polizeihauptkommissar L.,** der seinen Job ernst nahm und als Vater zweier Kinder sich mit sehr viel Professionalität, Engagement und Einfühlungsvermögen 'unserer Sache' annahm. Dafür dass er nicht nur meiner Tochter 'ins Gewissen redete', sondern auch sofort die Strafverfolgung der Pädophilen im Netz einleitete.

Ich danke dem **Kinderheim**, insbesondere dem Leiter Herrn Kö. und dem Betreuer meiner Tochter Herrn Ka., dass sie meiner Tochter einen professionellen und 'ruhigen Zufluchtsort' bieten und für ihre Leidenschaft, mit Jugendlichen zu arbeiten.

Ich danke Herrn **Dr. Winterhoff**, dafür, dass er niemals aufgibt, seine interessanten Botschaften zu vermitteln. Ich danke ihm vor allem dafür, dass er mich aus der Symbiose mit meiner Tochter löste.

Ich danke Herrn **Prof. Dr. Dr. h.c. Klaus Hurrelmann** für seine Leidenschaft und die Shell-Jugendstudien, die er in den letzten Jahrzehnten erstellte und leitete und für die er mitverantwortlich ist. Ich danke ihm für die Bücher, die er verfasste und seine Theorie, mit der er mein Buch fundiert 'untermauerte'. Ich danke Prof. Hurrelmann für seine freundliche Unterstützung und den professionellen und sympathischen Email-Kontakt zwischen uns und natürlich auch für sein 'Geleitwort' zu meinem Buch!

Ich danke meiner **neuen Nachbarschaft** für die herzliche Aufnahme. Ich fühle mich angekommen und 'zuhause'.

Ich danke dem **Tradition-Verlag** und insbesondere **Herrn Haunert** für seine unermüdliche, sehr hilfreiche und stets freundliche Unterstützung in der Manuskript-, Buchsatz- und Edition-Phase.

Ich danke all meinen **Freunden und Bekannten**, die mich umgeben und mein Leben auf einmalige Weise bereichern.

Ich danke **mir** selbst dafür, dass ich ein solch 'unermüdliches Stehauffräulein' bin und meinem Alias als 'Terrier' sowie meinem Pseudonym 'Resi Lienz' alle Ehre mache.

Wer 'träumt', ist nicht alt und Träume sind oft der Anfang von etwas ganz Großem, wenn man dann wirklich zur Tat schreitet. Träumen Sie!
Und vor allem: Verwirklichen Sie Ihre Träume!
Wenn nicht jetzt, wann dann?!

Ich danke meinen **Leser*innen**, dass sie dieses Buch lesen und wünsche Ihnen viel Freude dabei!

Ihre Resi Lienz im Dezember 2020

10. Anmerkungen & Bildnachweise

Kapitel 1: Einleitung :

[1] S.13: https://www.ksv.at/node/986. Aufruf: 04.09.2020.

Kapitel 2.2.: Das Thema Grenzen

[2] S.31: Neil Postman (1931-2003), ein amerikanischer Medienwissenschaftler, kritisierte bereits 1983 in seinem Buch *Das Verschwinden der Kindheit* die Medien [Damals ausschließlich das Fernsehen. Das Internet war noch nicht kommerzialisiert]. Postman kritisierte die 'totale Enthüllung' durch das Medium Fernsehen, durch das auch private und intime Bereiche des Lebens offengelegt würden. Der Medienwissenschaftler fürchtete den Zusammenbruch moralischer Verhaltensregeln, speziell aber den Abbau des Schamgefühl. Da dieses Medium (das Fernsehen) Ereignisse so darstelle, als geschähen diese im Augenblick der Sendung, erzeuge es eine von Postman als „unzivilisiert" charakterisierte Bestrebung direkter Bedürfnisbefriedigung und Gleichgültigkeit gegenüber der – in zivilisierteren Zeiten noch geheimnisumwobenen – Welt des Kindes.

Postman konnte damals noch nicht ahnen, in welchem besorgniserregenden Ausmaß die 'Kommerzialisierung des Internets' in den 90igern und das Aufkommen des Smartphones 2007 diese inzwischen leider zur Realität gewordenen Befürchtungen Postman's und damit die damit verbundenen Gefahren potenzieren würden. Durch die Tatsache, dass das Medium (das Fernsehen) die 'Grenze' zur Erwachsenenwelt 'auflöse', eine Rolle, die heutzutage vor allem das Internet einnimmt, das heißt Kindern/Jugendlichen bleiben Inhalte für Erwachsene nicht mehr verborgen, sondern im Gegenteil, heutzutage verschaffen sie sich direkten Zugang zu diesen, sprach bereits Postman von einem 'Verschwinden der Kindheit'. Postman's Begrifflichkeit ließe sich heute durch den Terminus 'Verschwinden der Jugend', durch das Internet verursacht, ergänzen. Wenn Kinder und Jugendliche in einem äußerst sensiblen, fragilen und wichtigen Entwicklungsstadium ihres Lebens auf ihre Kindheit und Jugend verzichten (müssen), kann das nicht ohne Folgen für ihre Psyche und ihre weitere Entwicklung bleiben, nämlich dann, wenn im Internet unmittelbare Bedürfnisbefriedigung und Konfrontation mit nicht altersgerechten / traumatisierenden Internet-Inhalten[3] sowie ein 'theoretisches Vorziehen' erst später anstehender (sexueller) Entwicklungsstufen möglich ist. Für eine solche Konfrontation sind die 'Seele und Psyche' des Kindes/Jugendlichen zu einem bestimmten Zeitpunkt in ihrem Leben auf keinen Fall [ausreichend] 'gewappnet', davon abgesehen, dass das Internet in großer Quantität Inhalte 'zur Schau stellt', die selbst 'gestandene' Erwachsene schockieren oder gar traumatisieren.

[3] S. 461. Gibt man das Wort 'Porno' ins Internet ein, erscheinen **1,6 Milliarden Einträge** und frei zugängliche Pornos. Aufruf: 21. Juli 2020.

Kapitel 3: Pubertät / Smartphone =teuflischer Mix

[4] S. 46/S.444: https://www.mcschindler.com/digital-2020-zahlen-zur-globalen-nutzung-von-smartphones-internet-und-social-media/ Aufruf 15.07.2020.

[5] S. 63: Anmerkung auf der Textseite.

Kapitel 3.4: Das Gefahrenpotential des Smartphones für pubertierende Mädchen:

[6] S. 66: Artikel verfasst im Rahmen der Thematik Psychologie/Pubertät von Christiane Tovar und Tobias Aufmkolk. Verfassungsdatum: 20.08.2020. s. auch WDR-Beitrag der Reihe 'Planet Wissen' *Die Pubertät ist eine intensive Zeit* vom 03.02.2017 (verfügbar bis 03.02.2022). Aufrufdatum: 07.09.2020.

[7] S 67:

Florenz – Fernsehen – egal mit welchen Inhalten – beschleunigt das Heranwachsen bei Kindern

Dies hat eine Studie der Universität von Florenz in der Stadt Cavriglia ergeben, berichtet der Media Guardian. Laut Untersuchung produzieren Kinder, die keinem TV, Computer und Video ausgesetzt waren, weitaus mehr das Hormons Melatonin. Eine der Funktionen des Hormons dürfte, laut Studie, die Verlangsamung der sexuellen Entwicklung von Kindern sein. Dies würde das in den letzten Jahrzehnten auftretende Phänomen des frühzeitigen Erwachsen-Werdens erklären.

In der Studie wurden Medien bezüglich der Auswirkungen auf den menschlichen Organismus „als bloße Quellen von. Licht und Strahlung"gesehen.

Die Mehrzahl solcher bis dato erfolgten Untersuchungen zeigen einen Fokus auf die psychologischen Komponenten und nicht auf die körperlichen. Die Untersuchung wurde an 74 Kindern im Alter zwischen sechs und 12 Jahren durchgeführt, wobei von einem durchschnittlichen Fernsehkonsum von drei Stunden pro Tag ausgegangen wurde. In der Untersuchungswoche wurden sie aufgefordert, mehr zu konsumieren. Dann folgte eine Woche lang der Entzug von TV, Computern und Videospielen und die Eltern wurden ersucht, die Verwendung von künstlichem Licht zu reduzieren. Am Ende der Untersuchung lag der Melatonin-Spiegel um 30 Prozent über dem am Anfang gemessenen Wert. Ein markanter Anstieg zeigte sich vor allem bei ganz jungen Kindern. Andere US-Studien haben bereits einen Zusammenhang von vermehrtem Fernsehkonsum und der Zahl der frühen sexuellen Erfahrungen und Teenager-Schwangerschaften bewiesen. Melatonin ist auch bekannt für Auswirkungen auf das Schlafverhalten. Die jetzige Untersuchung in der Toskana könnte auch Aufschlüsse über Schlafstörungen bei Kindern geben, da eine mögliche Verbindung zu Medienkonsum bestehen könnte. Zu Beginn der Studie hatten Eltern und Großeltern der Probanden jedoch mit Nebenwirkungen zu kämpfen, nämlich wie sie die Kinder ganz ohne Fernsehen beschäftigen könnten. Vereinzelt sollen kleinere Kinder ohne Fernseher sofort zu weinen begonnen haben. Gestartete Beschäftigungs-Initiativen schafften aber bald Abhilfe und es wurde mit Büchern, Brettspielen und Outdoor- Aktivitäten ein Ersatzprogramm erstellt.

Eltern ermunterten ihre Kinder zusätzlich, vermehrt Radio zu hören und organisierten Lesungen. Bei der Schlussveranstaltung, die das Ende der Studie markierte, zerstörte der Bürgermeister von Cavriglia am Hauptplatz noch symbolisch ein Fernsehgerät (pte)[lf].

Quelle: https://www.digitalfernsehen.de/news/medien-news/maerkte/studie-fernsehstrahlung-fuehrt-zu-fruehreife-385776/ Aufrufdatum: 11.10.2020.

[8] S. 75: Dallas Bed and Rest Studie (1966). https://www.ahajournals.org/doi/10.1161/CIRCULATIONAHA.119.0410 46 Aufruf 20.09.2020.

Kapitel 3.5: Facetten medialer Süchte Internetsucht-Kommunikationssucht-Sexting:

[9] S. 83: http://www.fv-medienabhaengigkeit.de/fileadmin/images/Dateien/Symposium_2013/Woelfling_FVM_Symposium2013.pdf Aufrufdatum 07.09.2020.

[10] S.84: „Internetsucht". Verfasserin: Julia Dobmeier. Verfassungsdatum: 09.12.2019. https://www.netdoktor.de/krankheiten/internetsucht/ Aufruf: 07.09.2020.

[11] S. 86 https://www.weplatz.de/

Kapitel 4.18.: 'Hacken' und 'Tracken' meiner Tochter

[12] S. 367 https://t3n.de/news/digitaler-fussabdruck-google-daten-nutzer-transparenz-579686/ (Aufruf August 2020)

Immortality **(Bee Gees/Celine Dione) – Lyrics – Hören Sie gleichzeitig das Lied dazu!**
#https://music.youtube.com/watch?v=cNBmfHy-nwg&list=RDAMVMcNBmfHy-nwg

Bildnachweise

Kapitel 1 Einleitung :

1   S. 9   © CC BY-SA 4.0 CasetteVHS96 - Eigenes Werk –
                    Illustration vom 23.02.2020

2   S. 10   Tab. 1: Hurrelmann und Albrecht, 2014:17

3   S. 11   © Photographie/Kurzbiographie 2020 Beltz Verlag/Prof.
                    Dr. Hurrelmann

4   S. 12   Tab.: Scholz 2012

5   S. 17   © Zeichnung Zdenek Sasek (Stock) 2020

6   S. 19   © Foto Resi Lienz 2020 © Illustration Tochter Lienz
                    2020

7   S. 21   © Foto Resi Lienz 2020

8   S. 22   © Foto Resi Lienz 2009

Kapitel 2 Die Mutter-Tochter-Beziehung in der Pubertät

9   S. 29   Abb. 8 Hurrelmann/Bauer 2015b:157

Kapitel 3 Pubertät & Smartphone – ein teuflischer Mix!

10   S. 45   Abb. 8.1. Jugend Shellstudie 2019

Kapitel 3.2 Kontrolle ./. Vertrauen

11   S. 58   © Zeichnung Ni Cole on Mum's/Mother's Daughter Art
                    Pinterest

**Kapitel 3.4. Das Gefahrenpotential des Smartphones für
                      pubertierende Mädchen**

12   S. 74   © Zeichnung Busse-Cat-Art.de 2018

13   S. 75   © Gratis-Malvorlagen 2020

14   S. 77   © canstockfoto.at – lizenzfrei 2020

15   S. 79   © Ersteller:Zdenek Sasek Urheber: Getty Images/iStock
                    photo 2020

**Kapitel 3.5.   Facetten medialer Süchte Internetsucht-
                    Kommunikationssucht Sexting**

16   S. 92   © predigt-online.de 2020

Kapitel 4.1. Chronologische Übersicht der Ereignisse

9. Literatur

Albert, Mathias; Hurrelmann, Klaus; Quenzel, Gudrun & Kantar u.a. (2019): Jugend 2019: Eine Generation meldet sich zu Wort. In: 18.Shell Jugendstudie – Jugend 2019 . Weinheim Basel: Beltz Verlag.

Albert, Mathias; Hurrelmann, Klaus; Quenzel, Gudrun (2015): Jugend 2015: Eine neue Generationsgestalt? In:Albert, Mathias; Hurrelmann, Klaus; Quenzel, Gudrun u.a.: 17. Shell Jugendstudie. Jugend 2015. Frankfurt am Main: Fischer Verlag.

Arp, Claudia (2002[17]): Und plötzlich sind sie 13. Oder: Die Kunst, einen Kaktus zu umarmen. Brunnen Verlag.

BMFSFJ (Hrsg.) (2012c). Alleinerziehende in Deutschland. Lebenssituationen und Lebenswirklichkeiten von Müttern und Kindern. Berlin.

Borbonus, Renè (2011): Respekt! Wie Sie Ansehen bei Freund und Feind gewinnen. Berlin: Ullstein.

Bründel, H. (2011): Interne Konflikte und Krisen. In: Macha, H./Witzke, M. (Hrsg.):Familie. Handbuch der Erziehungswissenschaften 5, Studienausgabe Stuttgart: UTB. S. 471-480.

Bründel, H. (2014): Schülersein heute. Herausforderungen für Lehrer und Eltern.Stuttgart: Kohlhammer.

Grün, Anselm (2020): Quarantäne! Eine Gebrauchsanweisung. So gelingt friedliches Zusammenleben zu Hause. Freiburg/Basel/Wien: Herder Verlag,.

Hall, Edward T./Reed Hall, Mildred (1990): Understanding cultural differences. Yarmouth.

Hühn, Susanne (2019): Jede Wunde lässt sich heilen. Wie wir emotionale Verletzungen und Kränkungen aus der Vergangenheit loslassen. München: Gräfe und Unzer Verlag.

Hurrelmann, K./Bauer, U. (2015b): Einführung in die Sozialisationstheorie. 11. Aufl. Weinheim und Basel:Beltz.

Hurrelmann, Klaus/Bründel, Heidrun (2017): Kindheit heute. Lebenswelten der jungen Generation.Weinheim Basel: Beltz Verlag.

Hurrelmann, Klaus/Albrecht, Erik (2020): Generation Greta.Was sie denkt, wie sie fühlt und warum das Klima erst der Anfang ist. Weinheim Basel: Beltz Verlag.

Kagge, Erling (2018): Gehen. Weiter Gehen. Eine Anleitung.Berlin: Insel Verlag.

Kousholt, D. (2011). Researching family through the everyday lives of children across home and day care in Denmark. Ethos 39 (1), S. 98-114.

Leung, Louis (2008): Linking Psychological Attributes to Addiction and Improper Use of the Mobile Phone among Adolescents in Hong Kong. Im Internet: (http://www.com.cuhk.edu.hk/ccpos/en/pdf/mp6.pdf) Abfrage: 15.07.2020.

Postman, Neil (1987): Das Verschwinden der Kindheit, Fischer Verlag,. [Die Verfasserin hat das Buch nach dessen unmittelbaren Veröffentlichung gelesen. Das Internet bezieht sich heute oft auf die 14. Auflage, 2003, wenn von Postmans Werk die Rede ist].

Siggelkow, Bernd & Büscher, Wolfgang (2008): Deutschlands sexuelle Tragödie. Wenn Kinder nicht mehr lernen, was Liebe ist. Asslar: Gerth Medien GmbH.

Viorst, Judith (2000 [9]): Kontrolle ist gut, Vertrauen ist besser. München: Heyne.

Wahlgren, Anna (2004): Das Kinderbuch. Wie kleine Menschen groß werden. Weinheim/Basel: Beltz.   .

Winterhoff, Michael(2008[21]): Warum unsere Kinder Tyrannen werden.- Gütersloher Verlagshaus.

Witzer, Brigitte(2012): Risikointelligenz. Offenbach: GABAL Verlag.

Zimmermann, Pia(2016 [2]): Generation Smartphone. Wie die Digitalisierung das Leben von Kindern und Jugendlichen verändert. Munderfing: Fischer & Gann Verlag.

10. Anhang

Weiterführende Informationen, Dokumentationen & Links
Anlaufstellen und nützliche Links

Medienworkshops

Oft bieten die Schulen, die Ihre Kinder besuchen, z.B. über Medienpädagogen der Caritas Medienworkshops an. Ich habe einen solchen im Juni 2018 besucht. Man erhält dort viele wichtige Informationen, auch hinsichtlich des 'Spagats' zwischen Erziehungsverantwortung und Privatsphäre der Jugendlichen und kann auch selbst Fragen stellen. Normalerweise informieren die Schulen die Eltern über solche Workshops, wenn die Jugendlichen in dem entsprechenden Alter sind, wenn nicht, fragen Sie bitte nach, hier ist ein Beispiel:

C:\Users\SUSANN~1\AppData\Local\Temp\Flyer_Fachtag_ Digitalisierung_18_09_2018.pdf
(Aufruf 21.08.2020) Link ist leiderinzwischen nicht mehr abrufbar.

Internetseite Dr. Winterhoff:

www.michael-winterhoff.com

Zum Begriff der 'Inobhutnahme':

https://www.juraforum.de/lexikon/inobhutnahme#familiengericht
(Aufruf: August 2020)

Überwachungssoftware Kaspersky safe kids (als eine Möglichkeit)
https://support.kaspersky.com/de/safekids/android
Kaspersky Safe Kids ist ein Produkt von Kaspersky zum Schutz von Kindern vor digitalen Bedrohungen. Zur Verwendung von Kaspersky Safe Kids ist ein Benutzerkonto bei My Kaspersky erforderlich. Wenn Sie noch kein Benutzerkonto bei My Kaspersky haben, dann erstellen Sie eines. Sie können Kaspersky Safe Kids auf Geräten mit den Betriebssystemen Windows, Android, iOS und Mac installieren. Nach der Installation erhalten Sie dic kostenlose Programmversion mit einer beschränkten Funktionalität. Um die Beschränkungen aufzuheben, aktivieren Sie die Premium-Version (Kosten 2018-2020 - € 15,00/Jahr) mit einem Aktivierungscode für Kaspersky Safe Kids oder Kaspersky Total Security. Die Anleitung finden Sie im Artikel.

Mithilfe von Kaspersky Safe Kids können Sie Folgendes:
- Dauer der Benutzung von Geräten kontrollieren;
- Zeit für Spiele und soziale Netzwerke einschränken;
- Detaillierte Berichte über die Aktivitäten des Kindes im Internet abrufen;
- Aktivitäten des Kindes in sozialen Netzwerken verfolgen;
- Informationen über den Aufenthaltsort der Kinder und über das Verlassen des erlaubten Bereichs erhalten;
- Installation von Apps überwachen;
- Zugriff auf Apps und Websites einschränken;
- Informationen über den Akkustand auf dem Gerät des Kindes abrufen.

Wenn Ihr Kind ein iOS-Gerät verwendet, ist Folgendes möglich:
- Sie können nur den Zugriff auf Apps kontrollieren, die nach Alter nicht für das Kind geeignet sind. Sie können den Zugriff auf Apps einer bestimmten Kategorie, z. B. Spiele, nicht einschränken.
- Die Kontrolle im Internet ist nur in dem Browser verfügbar, der in Kaspersky Safe Kids für iOS integriert ist.

Links, die Ihre Kinder nutzen (...)

Link zur Umgehung der WLAN-Sperre

https://www.youtube.com/watch?v=Wy1cYquUEjM
Aufruf: Juli 2020.

Hierbei handelt es sich um einen 'halbseidenen' Tipp. Mit 'halbseiden' ist gemeint, dass es sich im Grund um eine ' strafrechtlich bedeutsame' Vorgehensweise handelt. Erfreulich ist, wie selbst Jugendliche einander im Netz davon abraten, die Methode zu nutzen und alternativ vorschlagen, lieber mit den Eltern zu sprechen, um das WLAN-Kontingent zu erweitern oder die Sperre aufzuheben. Googeln Sie mal! Nichtsdestotrotz wird diese Methode im großen Stil von Jugendlichen genutzt.

Link zur Änderung einer eigenen IP Adresse

https://praxistipps.chip.de/ip-adresse-aendern-so-gehts_3329
Aufruf: Juli 2020.

Anmerkung: Dies ist ein offizieller und somit legaler Praxistipp von 'Chip', der für 'illegale' Zwecke von Jugendlichen z.B. 'missbraucht' wird. Eine eigene IP-Adresse zu generieren ist nicht möglich oder nur der 'landläufige' Ausdruck für das Ändern der eigenen IP-Adresse, was dann eine Umgehung der WLAN-Sperre möglich macht.

Dokumentation des von mir besuchten Elternforum

'Kommunikation mit Kindern und Jugendlichen in Zeiten von Web 2.0'
Was ich tun kann, damit Kommunikation gelingt!

Dieses kostenlose Seminar fand an drei Abenden einmal wöchentlich statt. Die Schule meiner Tochter machte mich auf die Veranstaltung aufmerksam. In der Theorie wurde das Seminar für uns genau zum richtigen Zeitpunkt angeboten.

Diese Kurse werden in der Regel dann angeboten, wenn die Schulen und die Veranstalter davon ausgehen, dass die Jugendlichen im passenden Alter sind und ihre Eltern sich unter Umständen in einer schwierigen Phase befinden, in der sie Hilfestellung hinsichtlich des Umgangs mit ihren Kindern in der Pubertät respektive deren Umgang mit den Medien benötigen könnten.

Die Veranstaltung war sehr interessant und auch unterhaltsam. Einige wichtige Informationen wurden an die Teilnehmer weitergegeben. Ein solches Seminar ist auf jeden Fall empfehlenswert.

Es nahmen auch Eltern teil, die berichteten, dass ihre 'Kinder' noch gar nicht derart 'mit den Geräten hantierten'. Andere Erziehungsberechtigte sagten, dass sie glaubten, die Situation im Griff zu haben. Es ist sicher nie von Nachteil, gerade bei einem solch bedeutsamen Thema wie den 'digitalen Medien', sich so viele Informationen wie möglich geben zu lassen bzw. auch einmal die eine oder andere Veranstaltung zu besuchen.

Um den Rahmen des Buches nicht zu sprengen, habe ich nicht wie ursprünglich geplant, die gesamte Dokumentation des Elternforums als Anhang eingestellt.

So könnte es gehen …

Der inhaltliche Spannungsbogen:

1. Abend (06.06.2018):
Pubertät und Elternrolle

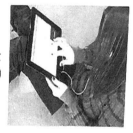

2. Abend (20.06.2018):
Herausforderung Web.2.0

3. Abend (04.07.2018):
Kommunikation, die gelingt

IS

© Dokumentation: Institut für Systemische Organisationsentwicklung (ISO), B. Severin, 2018. Foto Resi Lienz 2020.

Pressemitteilungen
zum Thema 'Kinderpornographie und Missbrauch (im Netz)'

dpa Meldung vom 02.12.2019 Bergisch Gladbach
Über Video-App: **Unbekannter erpresst Nacktbilder von Mädchen**
02.12.2019, 12:54 Uhr | dpa
Über eine Video-App soll ein Unbekannter mindestens zwei Mädchen aus
dem Raum Bergisch-Gladbach gezwungen haben, Nacktfotos und -filme
von sich zu verschicken. Andernfalls würde ihren Eltern etwas Schlimmes
passieren. Wie ein Sprecher der Polizei am Montag bestätigte, läuft ein
Ermittlungsverfahren in dem Fall. Zuvor hatte der WDR berichtet. Die
Eltern eines zehnjährigen Mädchens stellten vor einer Woche Strafanzeige
bei der Polizei. Die App "Likee", über die der Unbekannte mit den
mutmaßlichen Opfern in Kontakt trat, hatte das Mädchen zu dem Zeitpunkt aber von ihrem Handy gelöscht. Techniker der Polizei versuchen
nun, den Chatverlauf wiederherzustellen. Währenddessen meldete sich ein
zweites Mädchen bei der Polizei in Bergisch Gladbach. Auch sie sei
genötigt worden, pornographisches Material von sich zu verschicken.
Nähere Angaben zu den mutmaßlichen Opfern machte der Polizeisprecher
nicht.Die App "Likee" wird von Asien aus betrieben. Sie dient unter
anderem zur Bearbeitung kurzer Videos, die man dann auch teilen kann.

Pressemitteilung vom 23.04.20
Der Kampf gegen Kindesmissbrauch und Kinderpornografie wird auch
dauerhaft im Innenministerium verankert. Das hat Minister Herbert Reul
am Donnerstag, 23. April 2020 in der Sitzung des Innenausschusses des
Landtags angekündigt. Das Referat „Kindesmissbrauch / Besondere
Kriminalitätsangelegenheiten" wird im Bereich des Landeskriminal-
direktors in der Polizeiabteilung des Ministeriums angesiedelt. „Damit
bekommt dieser Phänomenbereich auch dauerhaft die Aufmerksamkeit,
die er verdient. Wir haben das Thema jahrzehntelang unterschätzt −als
Polizei, aber auch als gesamte Gesellschaft. Das darf in Zukunft nie
wieder passieren", so der Minister. Die organisatorische Neuerung ist
eines der Ergebnisse der Arbeit der Stabsstelle „Kindesmissbrauch /
Kinderpornografie", die am 23. April 2019 im Ministerium ihre Arbeit
aufgenommen hatte.

Der Minister hatte die Stabsstelle damals damit beauftragt, die Strukturen und Prozesse bei der kriminalpolizeilichen Bearbeitung von Kindesmissbrauch und Kinderpornografie in der nordrhein-westfälischen Polizei umfassend zu analysieren und anschließend Verbesserungsvorschläge zu erarbeiten. Die Resultate der zwölfmonatigen Arbeit stellte der Leiter der Stabsstelle Ingo Wünsch heute im Innenausschuss in einem Abschlussbericht vor. „Mit der Arbeit der Stabsstelle haben wir die NRW-Polizei bei der Bekämpfung des sexuellen Missbrauchs und der Kinderpornografie neu aufgestellt. Die Stabsstelle hat damit ihren Auftrag vollumfänglich erfüllt", so der Leitende Kriminaldirektor in seinem Resümee. Reul dankte Wünsch und dessen Team für die Arbeit und die konsequente Vorgehensweise.Als Lehre aus dem Fall Lügde *setzt die Polizei in Nordrhein-Westfalen im Kampf gegen sexuellen Missbrauch an Kindern und Kinderpornografie neue Maßstäbe. So wurde das Personal in diesem Bereich auf rund 400 Polizeibeschäftigte nahezu vervierfacht. Alle Ermittler arbeiten inzwischen landesweit nach einheitlichen Standards. Die 47 regionalen Kreispolizeibehörden und das Landeskriminalamt wurden zudem durch Datenautobahnen zu einem „virtuellen Großraumbüro" vernetzt. Bis 2021 werden allein für die dafür erforderliche Hardware und Software mehr als 32 Millionen Euro investiert. „Das schafft Synergien und vermeidet Doppelt-und Dreifach-Arbeiten", so Reul. Fälle des sexuellen Missbrauchs sollen zudem künftig − ebenso wie Kapitalverbrechen − in den 16 sogenannten Kriminalhauptstellen des Landes bearbeitet werden. Reul: „Die Botschaft ist klar: Kindesmissbrauch hat in der Kriminalpolizei denselben Stellenwert wie Mord."Die Statistik zeigt, wie groß der Handlungsbedarf weiterhin ist: Die Zahl der Fälle im Bereich Kinderpornografie stieg 2019 im Vergleich zum Vorjahr um mehr als 67 Prozent auf 2.359, die Aufklärungsquote lag bei 93,2 Prozent. Im vergangenen Jahr gab es zudem 2.805 Fälle von sexuellem Missbrauch an Kindern, das sind 15,8 Prozent mehr als 2018. Hier war die Aufklärungsquote mit 83,7 Prozent so hoch wie nie in den vergangenen 20 Jahren. „Wir klären hier jetzt Stück für Stück das Dunkelfeld auf", sagte Reul.

Der Minister will den Kampf gegen diese Art der Kriminalität mit Nachdruck fortsetzen. „Das war ein Kraftakt und bleibt ein Kraftakt", betonte er. „Und wir werden nicht nachlassen."

*Der Missbrauchsfall Lügde ist ein Kriminalfall des schweren sexuellen Missbrauchs von Kindern sowie der Produktion und Verbreitung von Kinderpornografie in Lüdge (NRW) . Tatort war der Campingplatz Eichwald im Ortsteil Elbrinxen zwischen Anfang 2008 und der Festnahme des Haupttäters am 6. Dezember 2018. Die Staatsanwaltschaft Detmold geht von 1000 Einzeltaten innerhalb von rund 10 Jahren aus. Der Fall wurde am 29. Januar 2019 von den Ermittlungsbehörden öffentlich bekannt gegeben.

Quelle: https://polizei.nrw/kinderpornografie (Aufruf 23.08.20)

'Aktuelle Stunde' (WDR-Fernsehen, 18 Uhr) vom 18.08.20
Die 'Aktuelle Stunde' des WDR-Fernsehens (WDR 3) berichtet am Abend des 18.08.20, dass am selben Tage eine 14jährige in der Wohnung eines 36jährigen Sexualstraftäters unversehrt aufgefunden worden war. Zwischen ihr und dem 36jährigen Sexualstraftäter war es im Vorfeld zum Austausch pornographischen Materials in Chats gekommen. Da die 14jährige zum Zeitpunkt des Geschehens allerdings noch 13 Jahre alt war, handelt es sich bei diesem Chataustausch und das 'Locken' des Mädchens in die Wohnung des Mannes um eine Straftat. Die Mutter hatte den Chatverlauf der Tochter gelesen und so konnte die im Sauerland lebende zuvor vermisste 14jährige wieder aufgefunden werden. Dem Mädchen war nichts geschehen. Am 18.08.20 mittags fragte der WDR 2 bereits in seinem Nachrichtenmagazin, was Eltern in solchen Fällen tun können: Über die Gefahren aufklären, hieß es. [Unser Fall zeigt allerdings, dass das auf keinen Fall ausreichend sein kann. Resi Lienz hat mit der WDR-Redaktion Kontakt aufgenommen.(ohne weitere Quellenangabe, da das Video der WDR Mediathek nur bis zum 28.08.20 verfügbar sein wird.Was das 14jährige Mädchen betrifft, hatte deren Mutter insofern 'Glück', als dass die Tochter wohl nicht wie in unserem Fall ihre Geräte mit Passwort und Fingerabdrücken geschützt hatte und sich auch nicht auf den Eltern unbekannten Webseiten mit fingierten Profilen und unzugänglichen Passworten herumtrieb].

Pressemitteilung vom 29.07.20 (Morgenpost)

Berlin. Die Drogenbeauftragte der Bundesregierung warnt vor einer gefährlichen Zunahme des Medienkonsums bei Kindern und Jugendlichen durch die Corona-Krise: „Kinder und Jugendliche spielen und chatten satte 75 Prozent mehr als vor der Corona-Pandemie – das ist ein heftiger Anstieg, der so nicht weitergehen darf", sagte Daniela Ludwig (CSU) unserer Redaktion. Hatice Kadem, eine Berliner Jugendpsychiaterin bestätigt dieses Dilemma. Quelle:https://www.morgenpost.de/vermischtes/article229614210/ Corona-Krise-laesst-Medienkonsum-von-Kindern-explodieren.html(Aufruf 29.07.20) Bericht von Julia Emmrich vom Tag. Hier findet sich auch ein Radiobeitrag, in dem der Kinder-/Jugendarzt Jakob Maske interviewt wird, den täglich Hilferufe 'überforderter Eltern' und 'trauriger Kinder' mit 'Depressionen',erreichen.

Pressemitteilung vom 23.08.20 (WDR 2 Radio, vormittags)

Thema der Pressemitteilung ist der aktuelle Kriminalstatistik-Report. So hätten sich die Fälle der Verbreitung 'pornographischen Materials im Internet' in der letzten Zeit um 2/3 erhöht (+ 66,67%). Den Kriminalbeamten sei ein erheblicher Anteil an Material aus Amerika, von dort angesiedelten Servern gemeldet worden. Ein Problem sei auch die Verbreitung von 'Nacktbildern' und 'pornographischen Materials' der jugendlichen Internetnutzer. Oft sei ihnen die Illegalität ihrer Handlungen genauso wenig bewusst wie die Gefährlichkeit der Veröffentlichung diesen Materials im Netz.

Pressemitteilung vom 03.09.2020 - Onlineveröffentlichung 13:26 Uhr
Das 'Phänomen' durchzieht die ganze Gesellschaft und macht auch vor Fußballspielern, Idolen von Jugendlichen und Erwachsenen nicht halt. Die Veröffentlichung des pornographischen Materials durch Metzelder erfolgte exakt in dem Zeitraum, in dem auch meine Tochter Bildmaterial online zur Verfügung stellte und via Whatsapp, der App, die am meisten von Kindern und Jugendlichen genutzt wird. Es ist eine 'Schande', dass berühmte Mitglieder unserer Gesellschaft kriminelle Straftaten vorleben, die die Polizei und Eltern verzweifelt versuchen, bei Kindern und Jugendlichen zu verhindern! Ein 'Vorbild' stelle ich mir anders vor. Christoph Metzelder - Bild: Oliver Killig, dpa Anklage gegen Christoph Metzelder liegt am Amtsgericht Düsseldorf
Gegen Ex-Fußball-Nationalspieler Christoph Metzelder ist beim Amtsgericht Düsseldorf eine Anklage der Staatsanwaltschaft Düsseldorf wegen „Verbreitung kinderpornografischer Schriften in 29 Fällen und Besitzes kinderpornografischer und jugendpornografischer Schriften in einem weiteren Fall eingegangen". Das gab das Amtsgericht Düsseldorf in einer Pressemitteilung am Freitagmittag bekannt.
Am Donnerstag hatte eine Gerichtssprecherin bereits bestätigt, dass das Verfahren „jetzt bei uns" liege. Um welche Vorwürfe es gehe, wollte sie am Donnerstag aber noch nicht sagen.

Der Pressemitteilung zufolge ist die Anklage am Mittwoch beim Amtsgericht eingegangen. Demnach soll Metzelder im Zeitraum vom 9. Juli 2019 bis zum 1. September 2019 über die Kommunikationsplattform WhatsApp einer Zeugin zehn Bildaufnahmen mit kinderpornografischem Inhalt, einer weiteren Zeugin 16 Bild- und zwei Videodateien mit kinderpornografischem Inhalt sowie einer dritten Zeugin eine Bilddatei mit kinderpornografischem Inhalt übersandt haben. Unter dem 3. September 2019 soll er auf seinem Mobiltelefon **297** Dateien mit kinder- und jugendpornografischem Inhalt besessen haben.

Eine Stellungnahme von Metzelders Anwalt lag bis Freitagmittag Medienberichten zufolge noch nicht vor. Auch in seinem Fall gilt die Unschuldsvermutung.

Quelle:https://www.augsburger-allgemeine.de/panorama/Anklage-gegen-Metzelder-Das-sagt-das-Gericht-id58053121.html (Aufruf 03.09.2020).

Pressemitteilung vom 18.09.2020

https://www1.wdr.de/nachrichten/rheinland/weiterer-prozess-miss-brauchskomplex-bergisch-gladbach-100.html (Aufruf: 18.09.2020)
Weiterer Prozess im Missbrauchs-Komplex Bergisch Gladbach
Am Kölner Landgericht beginnt heute ein weiterer Prozess im Zusammenhang mit dem Missbrauchskomplex Bergisch Gladbach. Ein 33 Jahre alter Mann soll zwei Kindern sexuelle Gewalt angetan und Fotos mit kinderpornographischem Inhalt verbreitet haben.
Der Mann stammt ursprünglich aus Köln. Die Taten soll er laut Anklage in seiner Wohnung in Bergisch Gladbach verübt haben.
Laut Anklageschrift soll der Dachdecker fünf sexuelle Missbrauchshandlungen an zwei Kindern aus seinem familiären Umfeld begangen haben. Die Kinder sollen zum Tatzeitpunkt sechs und zwei Jahre alt gewesen sein.

Mit falscher Identität im Netz unterwegs

Zudem soll sich der Angeklagte Kölner in sozialen Netzwerken als 16-Jähriger ausgegeben haben. So sei es ihm gelungen, heißt es in der Anklage, dass zwei 11-jährige Mädchen ihm Nacktbilder schickten. Außerdem gehen die Ermittler davon aus, dass der 33-jährige Angeklagte bis zu 25.000 Fotos und Videos kinderpornografischen Inhalts besessen und zum Teil auch ausgetauscht hat. Mehr als 250 Tatverdächtige im Missbrauchskomplex

Die Polizei hatte den Mann im vergangenen November festgenommen. Das ist nun der zweite Prozess vor dem Kölner Landgericht in dem Missbrauchskomplex von Bergisch Gladbach.

Im August begann bereits die Verhandlung gegen Jörg L. Er ist der Hauptbeschuldigte in dem Komplex. Mit seiner Festnahme im vergangenen Oktober begann die **beispiellose Aufklärung eines ebenso beispiellosen pädophilen Rings.**

Autor nicht angegeben. Hochladedatum: 18.09.2020 – 9:44 h

Pressemitteilung vom 30.09.2020 – 'Fall Bergisch Gladbach'Fall Bergisch Gladbach Staatsanwaltschaft fordert lange Haftstrafe für zentralen Verdächtigen

Vor dem Landgericht Köln muss sich ein Vater verantworten, der seine heute dreijährige Tochter missbraucht und die Taten gefilmt haben soll. Die Anklage fordert mehr als dreizehn Jahre Haft und Sicherungsverwahrung.

30.09.2020, 14.27 Uhr

Im Prozess gegen eine Schlüsselfigur im Missbrauchskomplex Bergisch Gladbach hat die Staatsanwaltschaft eine Freiheitsstrafe von dreizehneinhalb Jahren für den Angeklagten gefordert. Zudem beantragte sie am Mittwoch die anschließende Unterbringung des Familienvaters in der Sicherungsverwahrung, wie ein Sprecher des Landgerichts Köln mitteilte.

Die Nebenklage, die die Tochter des 43-Jährigen vertritt, habe sich den Anträgen angeschlossen. Die Plädoyers wurden unter Ausschluss der Öffentlichkeit gehalten.

Dem gelernten Koch und Hotelfachmann war in dem Prozess vorgeworfen worden, seine 2017 geborene Tochter immer wieder sexuell missbraucht zu haben. Den Großteil der Taten habe er dabei mit seinem Smartphone dokumentiert und Aufnahmen an [gleichgesinnte] Chat-Partner weitergeleitet.

Zu den Vorwürfen hatte sich der Angeklagte im Prozess geäußert, allerdings ebenfalls unter Ausschluss der Öffentlichkeit. Mit dem Plädoyer seines Verteidigers wurde am Mittwochnachmittag gerechnet. Das Urteil soll in der kommenden Woche fallen [Am Dienstag, dem 06.10.2020].

Der Angeklagte gilt als eine der wichtigsten Figuren im sogenannten Missbrauchskomplex Bergisch Gladbach, weil Ermittler bei ihm auf zahlreiche digitale Kontakte stießen, die sie zu vielen weiteren Verdächtigen führten. Mittlerweile erstrecken sich die Ermittlungen auf ganz Deutschland.

ala/dpa Quelle: Spiegel online. Aufruf: 30.09.2020

1. „Kinder machen Fehler. Das nutzen die Täter aus."

Alicia Kozakiewicz wurde als 13-Jährige entführt und vergewaltigt – von einem Mann, der sich im Internetforum als Teenager ausgegeben hatte.
Aktualisiert: 22.06.20 19:14 – Sie war 1995 eine der ersten Opfer von 'Pädophilie im Netz'.

Alicia Kozakiewicz wurde als 13-Jährige entführt und vergewaltigt – von einem Mann, der sich im Internetforum als Teenager ausgegeben hatte. Ein Gespräch über ihr Leben mit dem Trauma, ihren Kampf gegen Missbrauch und Kinderpornografie – und wie Eltern ihre Kinder vor den Gefahren des Internets schützen können

Alicia Kozakiewicz, Sie waren eines der ersten Kinder der Welt, die über das Internet zum Opfer von Pädophilen wurden. Was ist damals passiert?

Als ich 13 war, war ich ein ganz normales, etwas schüchternes Mädchen. Doch in den ersten Chatrooms, die es damals im Internet gab, war ich sehr selbstsicher und habe leicht neue Menschen kennengelernt. Ich fühlte mich dabei absolut sicher. Schließlich stand der Computer im Wohnzimmer meiner Eltern. Ich dachte, sie sind bei mir und können auf mich aufpassen. Weder meine Eltern noch ich, noch die allermeisten anderen Menschen hatten damals ein Bewusstsein für die Gefahren, die das Internet birgt.

In einem Chatroom haben Sie damals einen Mann kennengelernt, der sich als 13-Jähriger ausgegeben hat.

Wir haben über Monate gechattet. Und dann, am 1. Januar 2002, wollten wir uns erstmals persönlich treffen. Ich kann mich noch genau an den Moment erinnern, der mein Leben für immer verändern sollte. Ich saß mit meiner Familie in unserem Haus in Pittsburgh beim Neujahrsdinner. Jeder, der uns so gesehen hätte, hätte uns für die perfekte, glückliche Familie gehalten. Dann log ich meine Eltern an. Ich sagte, ich hätte Bauchschmerzen und bat darum, auf mein Zimmer gehen zu dürfen.

Aber Sie gingen nicht auf Ihr Zimmer.

Stattdessen schlich ich mich aus dem Haus. Dort hatte ich mich um 19 Uhr mit meinem „Freund" aus dem Chatroom verabredet. Draußen war es ganz still. Eine innere Stimme sagte mir: „Alicia, geh zurück! Du machst einen Fehler." Dann hörte ich eine andere Stimme, die meinen Namen rief. Es war nicht die Stimme eines 13-Jährigen, es war die Stimme eines Mannes. Diese schreckliche Stimme höre ich heute immer noch.

Was passierte dann?   ©privat

+

„Ich fühlte mich dabei absolut sicher": Alicia Kozakiewicz als 13-Jährige am PC.

Er packte mich, zerrte mich in sein Auto und fuhr los. Er drückte meine Hand so fest, dass ich dachte, er würde sie mir brechen. Er sagte, dass er mich fesseln und in den Kofferraum stecken würde, wenn ich schreie. Ich schrie nicht. Ich dachte nur noch: Überlebe! Überlebe! Überlebe! Ich wollte nicht in den Kofferraum.

Wer im Kofferraum landet, kommt da nicht lebend wieder raus. Leichen liegen im Kofferraum. Das wusste ich aus dem Fernsehen. Er war ein großer Mann, ich war ein kleines Mädchen. Ich wusste, dass ich nicht gegen ihn kämpfen konnte. Ich wusste, dass ich keine Kontrolle mehr über mein Leben hatte. Ich weinte, er fuhr. Ungefähr fünf Stunden.

Wohin brachte er sie?

Schließlich hielt das Auto, und er zerrte mich in den Keller seines Hauses. Es war stockfinster. Dann schaltete er das Licht an. An der Wand hingen jede Menge Geräte. Heute weiß ich, dass es Sexspielzeuge waren. Es war ein Verlies. Damals dachte ich nur: Dies ist der Ort, an dem Menschen gefoltert werden. Er setzte mich auf einen Tisch, zwang mich, ihm in die Augen zu gucken und sagte: „Was jetzt passieren wird, wird sehr wehtun. Es ist okay, wenn du weinst."

Was tat er Ihnen an?

Er legte mir ein Hundehalsband an, zog mich aus, nahm mir meine Identität, entmenschlichte mich – und vergewaltigte mich das erste Mal. In den nächsten vier Tagen hat er mich immer wieder gefoltert und vergewaltigt. Immer wieder! Ich weiß nicht mehr, wie oft. Als ich mich gewehrt habe, hat er mir die Nase gebrochen. Außerdem hat er mir nichts zu essen gegeben.

Hatten Sie die Hoffnung aufgegeben?

Nein! Ich wollte überleben. So lange wie möglich. Aber mir war klar, dass er mich schließlich umbringen würde. Nachdem, was er mir angetan hatte, hatte er keine andere Option. Und ich wusste, dass es kein angenehmer Tod werden würde, denn es bereitete ihm Lust, mich zu foltern.

Sie wurden dann nach vier Tagen von der Polizei befreit. Was geschah am Tag Ihrer Rettung?

An meinem letzten Tag in Gefangenschaft, hat mein Entführer mich in seinem Schlafzimmer im ersten Stock am Boden fest gekettet und verließ das Haus. Plötzlich hörte ich, dass die Tür im Erdgeschoss mit einem lauten Knall geöffnet wurde. Ich dachte: Jetzt er ist gekommen, um mich zu töten. Ich rollte mich unter das Bett, um mich zu verstecken. Dann hörte ich eine laute Stimme: „Da drüben bewegt sich was!" Dann rief die Stimme: „Rauskommen! Hände über den Kopf!" Nackt kroch ich unter dem Bett hervor und starrte in den Lauf einer Pistole. Ich dachte: Jetzt sterbe ich. Das war's! Aber dann drehte der Mann sich um, und ich sah, dass auf dem Rücken seiner Jacke FBI stand. Dann stürmten viele Polizisten ins Zimmer. Sie gaben mir etwas, um mich zu bedecken, sie befreiten mich und retteten mein Leben!

Wie hatte das FBI Sie gefunden?

Während der Entführer mich folterte und vergewaltigte, ließ er die Kamera mitlaufen und streamte live, was er mir antat. Einer der Zuschauer erkannte mich. Er hatte mich auf einem Vermisstenplakat gesehen. Aus Angst, man könnte ihm auf die Schliche kommen, rief er das FBI an. Über die IP-Adresse hat das FBI das Haus gefunden, in dem ich gefangen gehalten wurde.

Im Zuge der Ermittlungen mussten Sie sich Ausschnitte des Videos Ihrer eigenen Vergewaltigungen anschauen, um sich zu identifizieren ...

Ja. Missbraucht und gefoltert zu werden, ist das eine. Aber das Ganze danach durch die Augen des Täters zu sehen, ist etwas anderes. Zu wissen, dass die schlimmste Zeit deines Lebens anderen Lust bereitet hat, ist so entwürdigend, dafür gibt es keine Worte.

Es ekelt mich an, dass es heute noch immer Menschen gibt, die diese Videos sehen wollen. Wenn man mich googelt, schlägt Google oft „Livestream" vor. Die Vorstellung, dass diese Filme vielleicht noch immer irgendwo kursieren, ist für mich unerträglich. Es ist, als würde der Missbrauch nie aufhören, als sei man für immer in der Gewalt des Täters.

Der Täter wurde zu 19 Jahren und sieben Monaten Gefängnis verurteilt. Macht es Ihnen Angst, dass er voraussichtlich in weniger als zwei Jahren freikommt?

Er wird wegen mir 20 Jahre im Gefängnis gesessen haben. Natürlich habe ich Angst davor, dass er sich rächen will. Er weiß nicht, wo ich lebe, aber er weiß, wo meine Eltern leben.

Wenige Monate nach Ihrer Befreiung beschlossen Sie, kein passives Opfer zu sein.

Ja, denn alles, was ich tun wollte, war andere Kinder vor einem Schicksal wie meinem zu bewahren. Darum habe ich mit 14 Jahren das **Alicia-Project** gegründet, ging an Schulen, erzählte meine Geschichte und erklärte den Kindern, wie sie sich schützen können. Ich habe vor dem Kongress und mit dem FBI gesprochen, damit sie mehr tun können, um Kinder vor dieser neuen Form von Kriminalität zu schützen.

Sie haben bereits ein Jahr nach Ihrer Entführung öffentlich über das gesprochen, was Ihnen widerfahren ist. War das nicht unerträglich?

© *privat*

Alicia Kozakiewicz im „National Center for Missing and Exploited Children" in Alexandria im US-Bundesstaat Virginia.

Ja, es fiel mir unglaublich schwer, und es fällt mir immer noch schwer, darüber zu sprechen. Das Verbrechen wird immer Teil meines Lebens sein. Es hat mir die Kindheit geraubt. Viele schreckliche Details der viertägigen Folter habe ich verdrängt. Therapeuten haben mir gesagt, dass ich das Verlorene durch Hypnose wieder hervorholen könnte, aber das will ich gar nicht. Ich habe schon so noch immer Flashbacks. Ich habe akzeptiert, dass dies mein ganzes Leben lang passieren und es mich jedes Mal so überwältigen kann, dass ich weinen muss.

Trotzdem haben Sie sich entschieden, offen über das Erlebte zu sprechen.

Ja, denn es war und ist für mich die beste Therapie. So konnte ich dem, was mir widerfahren war, zumindest einen Sinn geben.

Ich habe in den letzten 17 Jahren vor Hunderttausenden Menschen gesprochen, darunter auch viele Eltern, deren Kinder getötet wurden. Sie zu treffen, ist am Schlimmsten. Auch wenn ich und andere Überlebende wissen, dass uns keine Schuld trifft, empfinden manche von uns in diesen Situationen eine Schuld, überlebt zu haben.

Seit vier Jahren sind Sie verheiratet. Wie gehen Sie und Ihr Partner mit Ihrer Vorgeschichte um?

Ich werde oft gefragt: Wie konntest du dich, nachdem was dir angetan wurde, überhaupt verlieben? Wie kannst du jemandem vertrauen? Wie kannst du mit einem Mann intim sein? Es hat in der Tat Jahre gedauert, bis ich begriffen habe, dass es bei einer Vergewaltigung um Macht und Kontrolle geht, bei echter Liebe ist das nie der Fall. Natürlich war es auch für meinen Mann am Anfang nicht einfach, damit umzugehen. Meine sehr vertrauensvolle Beziehung zu ihm war ein wichtiger Teil meines Heilungsprozesses.

*Mittlerweile arbeiten Sie als **Expertin für Internetsicherheit und Beraterin für Kinderschutz**. Gerade jetzt, da viele Kinder wegen der Corona-Krise nicht zur Schule gehen können, surfen sie viel unbeaufsichtigt im Internet. **Die EU-Polizeibehörde Europol warnt zudem, dass Täter während der Pandemie im Netz verstärkt nach kinderpornografischem Material suchen.***

Das ist eine große Gefahr! Viele Kinder haben Angst, langweilen sich und fühlen sich einsam. Das können Täter ausnutzen.

Was raten Sie Eltern, um Ihre Kinder vor Onlinegefahren zu schützen?

Es ist wichtig, dass sie mit ihren Kindern über die Gefahren des Internets sprechen, auch wenn das unangenehm sein kann.

Manche haben vielleicht die Sorge, dass sie ihre Kinder unnötig verängstigen …

Wir bringen Kindern doch auch bei, dass sie nach rechts und links gucken sollen, bevor sie eine Straße überqueren, dass sie keinen heißen Topf anfassen und ihre Finger nicht in Steckdosen stecken sollen. Wir weisen sie also ständig auf potenziell tödliche Gefahren hin, ohne sie dadurch zu traumatisieren. Es wäre doch absurd, wenn wir so tun würden, als gäbe es ausgerechnet im Internet keine Gefahren. Wir müssen in altersgerechter Weise ihr eigenes Urteilsvermögen stärken. Denn letztendlich müssen sie selbst die Verantwortung für ihre eigene Sicherheit übernehmen.

Wann sollten Eltern mit Kindern über diese Gefahren sprechen?

Sobald die Kinder anfangen, das Internet zu nutzen. Auch wenn sie dort nur Online-Computerspiele spielen. Eltern müssen kontrollieren, was ihre Kinder im Internet tun, sie sollten die Apps und sozialen Netzwerke, die ihre Kinder nutzen, kennen und wissen, wie man sie bedient. **Dazu müssen sie auch alle Passwörter ihrer Kinder kennen und die Privatsphäre-Einstellungen und Onlineaktivitäten ihrer Kinder auf allen Geräten überprüfen.**

Manche kritisieren ein solches Verhalten als übergriffig.

Natürlich ist es besser, wenn das nicht heimlich geschehen muss. Deshalb ist es überaus wichtig, dass Kinder wissen, sie können sich mit jedem Problem ihren Eltern anvertrauen! **Aber wenn es nicht anders geht, haben Eltern auch das Recht und die Pflicht, ihre Kinder heimlich zu kontrollieren.**

Sollten Eltern die Handys, Tablets und Computer Ihrer Kinder konfiszieren, wenn sie sich Sorgen machen?

Nein! Gerade in Zeiten von Corona sind diese Geräte oft ihre wichtigste Verbindung zur Außenwelt. Wenn Kinder Angst haben, dass ihnen die Geräte weggenommen werden, könnte es sie davon abhalten, Hilfe zu suchen.

Welche Kinder sind Ihrer Erfahrung nach besonders gefährdet?

Alle Kinder sind gefährdet. Unabhängig vom Geschlecht und vom sozialen Status der Eltern. Statistisch sind Kinder im Alter zwischen neun und 14 Jahren am stärksten gefährdet. Jedes Kind hat in der Pubertät Probleme mit der Identitätsfindung. Hinzu kommt, dass für viele Kinder und Jugendliche die virtuelle Welt mittlerweile wichtiger als die echte Welt ist. Likes und Follower in sozialen Netzwerken sind ihnen heute extrem wichtig, davon hängt ihr Selbstbewusstsein ab. Und um viele Follower zu haben, muss man oft schockieren. Viele Kinder und Jugendliche geben deshalb mehr von sich preis oder zeigen mehr, als sie eigentlich wollen. Trotz der Me-too-Bewegung **werden Mädchen heutzutage hypersexualisiert.** Viele Mädchen denken deshalb, dass es ihre wichtigste Aufgabe sei, sexy zu sein.

Kommt es auch deshalb immer wieder vor, dass vor allem Mädchen Nacktbilder von sich machen und diese per Whatsapp verschicken?

Das ist leider ein anhaltender und sehr gefährlicher Trend. Viele Mädchen und Frauen werden später von ihrem Ex-Partner mit solchen Bildern erpresst.

Wie finden die Täter im Internet ihre Opfer?

Kinder und Jugendliche sind impulsiv und können die Risiken ihres Handelns oft nicht gut einschätzen. Alle Kinder machen Fehler. Das machen die Täter sich zunutze.

Sie suchen gezielt nach anfälligen, wehrlosen Kindern – und jedes Kind ist irgendwie anfällig: hat Probleme mit den Eltern oder seinen Freunden, findet sich nicht schön oder hat Ärger in der Schule. Geübte Manipulatoren finden schnell diese verwundbaren Stellen. Sie hören zu, bestätigen die Kinder in dem, was sie denken, sagen, was sie hören wollen, schenken ihnen Zeit, geben vermeintlich gute Ratschläge und den Eindruck, dass sie die einzigen Mensch der Welt sind, die immer und uneingeschränkt für die Halt und Anerkennung suchenden Kinder da sind. Sie spenden Trost und versuchen, einen immer größeren Keil zwischen ihre Opfer und ihre Familie und Freunde zu treiben. Das ist nichts anderes als Gehirnwäsche, und es kann die Persönlichkeit eines Kindes in kurzer Zeit total verändern. Im schlimmsten Fall verschließt es sich dann gegenüber seiner Umwelt und ist nur noch für den Manipulator aus dem Internet zugänglich.

Wo können die Täter den Kontakt zu ihren potenziellen Opfern knüpfen?
Sie gehen im Internet dorthin, wo die Kinder und Jugendlichen sind. Das sind unter anderem soziale Netzwerke, Dating-Apps für Jugendliche und Gaming-Plattformen.

Also spielt sich das alles im nur im Internet ab?
Nein, sie lauern ihnen auch im wirklichen Leben auf. Viele Kinder posten ständig, wo sie sind, andere haben Geotagging-Funktionen aktiviert. Eltern sollten diese Ortungsfunktionen auf den Geräten ihrer Kinder deshalb unbedingt ausschalten.

Wer sind die Täter?
Wie die Opfer kommen sie aus allen gesellschaftlichen Milieus. Weil die Kontaktaufnahme im Internet heute fast immer mit Fotos und Videos geschieht, werden die Täter jünger.

Die meisten 14-jährigen Mädchen würden sich nicht mit einem Mann treffen, der aussieht, als sei er 65 Jahre alt, mit einem 19-Jährigen hingegen durchaus.

Interview: Philipp Hedemann (Verfasser) Quelle: Frankfurter Allgemeine (FAZ)online Aufruf 31.10.20

Pressemitteilung vom 30. Oktober 2020
Härtere Strafen für Täter und eine wirksamere Prävention sieht der **Entwurf eines Gesetzes zur Bekämpfung sexualisierter Gewalt gegen Kinder** (19/23707) vor, den der **Bundestag** am **Freitag, 20. Oktober 2020,** in erster Lesung zusammen mit einem Antrag von Bündnis 90/Die Grünen (19/23676) beriet.

In dem Entwurf der Fraktionen der CDU/CSU und SPD sind vor dem Hintergrund der durch das Internet begünstigten Zunahme solcher Delikte unter anderem die Verschärfung des Strafrechts, die Erweiterung der Ermittlungsbefugnisse sowie eine verbesserte Qualifikation von Richterinnen und Richtern sowie Staatsanwältinnen und Staatsanwälten vorgesehen.

Mit einer begrifflichen Neufassung der bisherigen Straftatbestände des „sexuellen Missbrauchs von Kindern" als „sexualisierte Gewalt gegen Kinder" solle das Unrecht dieser Straftaten klarer umschrieben werden. Im Anschluss an die anderthalbstündige Debatte wurden der Gesetzentwurf der Koalitionsfraktionen und der Antrag der Grünen in den Ausschuss für Recht und Verbraucherschutz überwiesen.

Ministerin: Strafrecht allein reicht nicht

Wie **Bundesjustizministerin Christine Lambrecht (SPD)** eingangs der Debatte betonte, gibt es kaum widerlichere und erschütterndere Verbrechen als sexualisierte Gewalt gegen Kinder. Sie träfen ins Mark und forderten dazu auf, mit allen zur Verfügung stehenden Möglichkeiten zu handeln. Sie sei daher froh, einen Gesetzentwurf vorstellen zu können, der genau diesen Ansatz verfolge.

In einem Dreiklang sollten die Strafen erhöht werden, sollten Ermittlerinnen und Ermittler jede Möglichkeit bekommen, um solche schrecklichen Straftaten verhindern zu können, und sollte die Gesellschaft in die Lage versetzt werden, die Opfer besser zu schützen. Es reiche nicht, allein mit dem Strafrecht zu reagieren.

CDU/CSU: Mehr für den Kinderschutz tun

Thorsten Frei (CDU/CSU) sagte, er sei froh und dankbar, dass man anders als in der Vergangenheit nicht bei öffentlicher Empörung stehenbleibe, sondern es mit zahlreichen Maßnahmen schaffe, effektiv etwas für mehr Kinderschutz zu tun. Die Koalition habe deshalb entschieden, den Gesetzentwurf gemeinsam einzubringen, um ihn zu beschleunigen.

Jeder Tag, an dem der Gesetzentwurf früher im Gesetzblatt steht, sei ein guter Tag für den Kinderschutz. Im parlamentarischen Verfahren müsse die Diskussion über den Entwurf jetzt fortgesetzt werden, denn es könne noch viel mehr getan werden. Seine Fraktion gehe jeden Schritt mit, der mehr Kinderschutz bedeute.

SPD: Starken Fokus auf die Prävention legen

Auch **Dirk Wiese (SPD)** betonte den Dreiklang des Gesetzentwurfs. Die Strafrechtsschärfungen seien richtig und notwendig und keine reine Symbolpolitik. Gleichzeitig sei es richtig, einen sehr starken Fokus auf die Prävention zu legen. Auch die Qualifizierung der Justiz und die Stärkung des Kindes bei Anhörungen sei elementar, denn dies trage dazu bei, dass Taten verhindert werden.

Deswegen sei es wichtig, dass die Koalition hier einen Schwerpunkt setze und gemeinsam vorangehen werde. Gleichzeitig sei es wichtig, die Kinderrechte generell zu stärken und in in den Blick zu nehmen.

Hier habe es in der vergangenen Woche eine grundsätzliche Verständigung gegeben, Kindeswohlprinzipien im Grundgesetz zu verankern.

AfD fordert öffentliches Register von Sex-Tätern

Die Opposition unterstützte den Gesetzentwurf, forderte aber gleichzeitig weitergehende Maßnahmen. **Tobias Peterka (AfD)** warf der Koalition vor, mit dem Gesetz viel zu lange gewartet zu haben und dabei in hektischen Aktionismus verfallen zu sein. Der Entwurf konzentriere sich auf die richtige Hochstufung der Tatbestände.

Es erschließe sich jedoch nicht, sagte der Abgeordnete mit Verweis auf psychische Schäden, warum sexualisierte Gewalt ohne Körperkontakt milder bestraft werden soll und warum es nur ein Jahr Mindeststrafe für Tauschbörsenbetreiber geben soll. Peterka forderte unter anderem die Untersagung von Kettenbewährungen und ein öffentlich einsehbares Register von Sex-Tätern.

FDP für eine evidenzbasierte Strafrechtspolitik

Dr. Jürgen Martens (FDP) sagte, es sei viel zu lange von sexuellem Missbrauch von Kindern gesprochen worden, als ob es einen zulässigen Gebrauch von Kindern gäbe. Es gebe Einigkeit in der Notwendigkeit zu handeln, um solche Taten zu bestrafen, zu verfolgen und, wo immer es gehe, zu verhindern. Die Frage sei jedoch, ob mit dem Gesetzentwurf immer das Richtige getan werde. Martens sprach sich für eine evidenzbasierte Strafrechtspolitik aus. Die Heraufstufung der Taten zu Verbrechen ziehe Folgeprobleme nach sich. So würden mehr Richter und Staatsanwälte gebraucht. Bei Bagatellfällen bestehe die Gefahr der sogenannten Überstrafe. Auch neue Befugnisse der Ermittlungsbehörden nützten nichts, wenn diese nicht personell und sachlich besser aufgestellt werden, sagte Martens.

Die FDP sehe den Schwerpunkt der Bekämpfung von sexualisierter Gewalt in der Prävention. Dafür seien im Justizhaushalt aber keine Mittel eingestellt.

Linke: Keine Toleranz für sexualisierte Gewalt

Dr. André Hahn (Die Linke) betonte, dass es im Kampf gegen sexualisierte Gewalt gegen Kinder keine Toleranz geben dürfe. Das Ziel des Entwurfs unterstütze seine Fraktion ausdrücklich. Allerdings habe sie Zweifel, ob dieses mit dem vorliegenden Entwurf erreicht werden kann. Mit Symbolpolitik lasse sich das komplexe gesellschaftliche Problem nicht bekämpfen. In der parlamentarischen Beratung müsse der Gesetzentwurf noch deutlich verbessert werden, gerade auch mit Blick auf die zahlreichen Anregungen und Vorschläge, die der Deutsche Anwaltverein dem Parlament übermittelt habe, unter anderem zum Wegfall der sogenannten minder schweren Fälle.

Für einen wirksamen Schutz der Kinder vor sexueller Gewalt werde ein Kulturwandel gebraucht, betonte Hahn. Schweigen schütze die Falschen. Lediglich ein Drittel der sexualisierten Gewalterfahrungen werde überhaupt mitgeteilt und nur ein Prozent von Ermittlungsbehörden oder Jugendämtern verfolgt. Das müsse sich dringend ändern.

Grüne: Trauma-Ambulanz für Kinder einführen

Annalena Baerbock (Bündnis 90/Die Grünen) sagte, es sei absolut richtig und wichtig, dass die Koalition diesen Gesetzentwurf vorlege und dass die Bekämpfung von sexualisierter Gewalt gegen Kinder ganzheitlich angegangen werde. Es sei gut, das die Union endlich bereit sei, nicht nur auf das Strafrecht zu schauen. Viele Vorschläge der Grünen zur Verbesserung der familiengerichtlichen Verfahren seien in das Gesetz eingeflossen. Kinderschutz im umfassenden Sinne gelinge jedoch nur durch einen

Perspektivenwechsel in Bezug auf Kinder als Rechtssubjekte auch im juristischen Verfahren und nicht nur als Objekte.
Kinderschutz brauche Prävention und den im Gesetz vorgeschlagenen Dreiklang, sagte Baerbock. Zudem müsse unbedingt eine Trauma-Ambulanz für Kinder eingeführt werden. Der Entwurf könne daher nur der Anfang einer notwendigen Debatte sein. Dies sei man den betroffenen Kindern schuldig, denn trotz der Gesetzesreform gehe die sexualisierte Gewalt gegen Kinder weiter.

Gesetzentwurf der Koalition
Wie es in dem Entwurf heißt, ist die Bekämpfung sexualisierter Gewalt gegen Kinder eine der wichtigsten gesellschaftspolitischen Herausforderungen unserer Zeit und zentrale Aufgabe des Staates. Trotz der Anstrengungen des Gesetzgebers bestehe weiterer Handlungsbedarf. Der Entwurf schlägt vor, den bisherigen Straftatbestand des sexuellen Missbrauchs von Kindern in drei Straftatbestände aufzuspalten, um den Deliktsbereich übersichtlicher zu gestalten und entsprechend der jeweiligen Schwere der Delikte abgestufte Strafrahmen zu ermöglichen.
Sexualisierte Gewalt gegen Kinder soll künftig bereits im Grundtatbestand als Verbrechen geahndet werden. Die Verbreitung, der Besitz und die Besitzverschaffung von Kinderpornographie sollen ebenfalls als Verbrechen eingestuft werden. Mit der Schaffung einer neuen Strafnorm soll zudem das Inverkehrbringen und der Besitz von Sexpuppen mit kindlichem Erscheinungsbild unter Strafe gestellt werden.

Zu den weitergehenden Ermittlungsbefugnissen der Strafverfolgungsbehörden gehören Anpassungen der Straftaten-Kataloge der Telekommunikationsüberwachung, der Onlinedurchsuchung sowie bei der Erhebung von Verkehrsdaten.

Fehlende Abschreckungswirkung der Strafen

Zur Begründung heißt es in dem Entwurf, die in den Jahren 2017, 2018, 2019 und 2020 bekanntgewordenen Missbrauchsfälle von Staufen, Bergisch Gladbach, Lügde und Münster zeigten in aller Deutlichkeit auf, dass das Strafrecht, das an sich bereits heute empfindliche Strafen für sexualisierte Gewalt gegen Kinder und die Delikte der Kinderpornografie vorsehe, nicht die erhoffte Abschreckungswirkung entfalte.

Ausweislich der Polizeilichen Kriminalstatistik seien die Fallzahlen für die Delikte der Kinderpornografie im Jahr 2019 im Vergleich zum Vorjahr um rund 65 Prozent gestiegen. Für die Delikte des sexuellen Missbrauchs von Kindern weise die Statistik für 2019 einen Anstieg von von rund elf Prozent im Vergleich zu 2018 aus. Das die Taten kennzeichnende schwere Unrecht spiegele sich jedoch nicht immer in den verhängten Strafen wider. Vor diesem Hintergrund sei eine deutliche Verschärfung der Strafrahmen nötig.

Bisherige Gesetze nicht ausreichend

Der Grundtatbestand der sexualisierten Gewalt gegen Kinder soll künftig ein Verbrechen sein mit einem Strafrahmen von einem Jahr bis zu 15 Jahren Freiheitsstrafe (bisher als Vergehen mit Freiheitsstrafe von sechs Monaten bis zu zehn Jahren bedroht). Für die Verbreitung von Kinderpornografie sieht das Gesetz eine Freiheitsstrafe von einem Jahr bis zu zehn Jahren vor (bisher drei Monate bis fünf Jahre) vor.

Das gewerbs- und bandenmäßige Verbreiten soll künftig mit Freiheitsstrafe von zwei bis 15 Jahren geahndet werden können (bisher sechs Monate bis zehn Jahre). Der Verkauf, Erwerb und Besitz von Sexpuppen mit kindlichem Erscheinungsbild soll mit Geldstrafen oder bis zu fünf Jahren Freiheitsstrafe geahndet werden. Zur Begründung des Verbots heißt es, es bestehe die Gefahr, dass die Nutzung solcher Sexpuppen die Hemmschwelle zu sexualisierter Gewalt gegen Kinder absenke.

Zugleich seien Maßnahmen notwendig, um eine effektivere Strafverfolgung zu ermöglichen. Da der Grundtatbestand der sexualisierten Gewalt gegen Kinder und Kinderpornografie, die sexualisierte Gewalt zeigt, als Verbrechen eingestuft werden, soll auch in diesen Fällen die Telekommunikationsüberwachung, die Online-Durchsuchung sowie die Erhebung von Verkehrsdaten möglich sein. Mit einem ganzen Bündel weiterer Maßnahmen, die insbesondere auch die Prävention betreffen, soll der Schutz von Kindern vor sexualisierter Gewalt weiter verbessert werden.

Antrag der Grünen

Auch nach dem Willen der Grünen soll der Schutz von Kindern und Jugendlichen vor sexualisierter Gewalt deutlich erhöht werden. In ihrem Antrag (19/23676) fordern sie unter anderem, das Gerichtsverfassungsgesetz so zu ändern, dass spezifische Kenntnisse für Familienrichter auf den Gebieten des Kindschaftsrechts, des Kinder- und Jugendhilferechts, der Psychologie, der Pädagogik und der sozialen Arbeit festgeschrieben werden.

Die Grünen sprechen sich dafür aus, dass im Bundeszentralregister Verurteilungen wegen sexuellem Missbrauch von Kindern grundsätzlich zeitlich unbefristet und in das erweiterte Führungszeugnis aufgenommen werden.

Für eine bessere Prävention sollen Kinder und Jugendliche besser vor Risiken durch Cybergrooming und Cybermobbing geschützt werden. (mwo/30.10.2020)
Quelle: www.bundestag.de   Aufruf 31. Oktober 2020

SPOTIFY

(Englisch: *to spot* „entdecken", auch „Fleck,Ort" und *to identify* „identifizieren")

SPOTIFYist ein Audio Streaming Dienst, der seit Oktober 2006 vom ursprünglich schwedischen Start-up-Unternehmen Spotify Technology S.A. entwickelt wurde.

Neben Musik können auch Hörbücher und Podcasts und Videos gestreamt (zu Deutsch: heruntergeladen) werden. Der Onlinedienst ist mittlerweile in mehr als 90 verschiedenen Ländern verfügbar, auch in großen Teilen Europas und Amerikas. Mittels *Spotify* können über 60 Millionen Musiktitel von einer Reihe großer Musiklabels wie Sony, Warner Music Group und Universal sowie zahlreicher kleiner Labels und mehr als 1,5 Millionen Podcasts mit Internetverbindung gehört und/oder auf die eigene Bibliothek abgelegt werden werden. Eine Suche über Interpreten und Songnamen ist möglich, auch über Liedzeilen oder einzelne Wörter des Songs. Bei *Spotify* werden Songs in Rubriken sortiert angeboten, so dass Sie mit Sicherheit fündig und von der Musik beseelt sein werden.Musikhören ist auch ohne Internetverbindung möglich, zum Beispiel beim Joggen im tiefsten Wald oder auf 'Internet-feindlichem' Gebiet. Der Dienst ist auf den meisten modernen Geräten verfügbar, darunter PCs, Smartphones und Tablets. Nutzer können mithilfe der bereitgestellten Apps den gesamten verfügbaren Musikkatalog durchsuchen und Wiedergabelisten erstellen und diese mit anderen Nutzern teilen. *Spotify* benutzt ein Freemium-Modell. Einfache und grundlegende Dienstleistungen sind kostenlos und werbefinanziert, erweiterte oder zusätzliche Funktionen sind Teil eines „Premium"-Angebots. Das Freemium-Modell ist ziemlich 'nervig', weil dauernd Werbung mitten im Hörgenuss eingespielt wird und man z.B. Songs nicht beliebig vor- oder zurück-spulen kann, wenn man mal gerade einen Song nicht hören will. Zudem ist Musikhören ohne Internet nicht möglich und Musik kann nur bis zu 14 Tage lang auf Reisen gehört werden. Mit 299 Millionen aktiven Nutzern, von denen 138 Millionen zahlende Abonnenten sind, ist *Spotify* 2020 der weltweit größte Audio Streaming Subscription Service.

Zum 7. Geburtstag meiner Tochter, war *Spotify* auch in Deutschland verfügbar, seit dem 13. März 2012.

Freemium: Nutzer: viele   Kosten: 0 €   Nachteil: Werbung

Premium: Nutzer: 2 in einem Haushalt   Kosten 9,99 € monatlich

Family: bis zu 5 Familienmitglieder   Kosten: 14,99 € monatlich

Student: 1   Kosten: 9,99 € monatlich
        50% Rabatt auf 4 Jahre
(Stand 2020)   Nachteil: Werbung

Freemium kann man nur 14 Tage auf Reisen nutzen. Sowohl bei Freemium als auch bei Student ist kein Vor-/Zurückspulen von Songs möglich. Nicht alle Optionen wurden geprüft.

Weitere Infos entnehmen Sie bitte der *Spotify*-Internetseite. Der Support ist etwas anstrengend, das Produkt ist top!

Hinsichtlich der Kosten: 'Früher' kaufte ich mindestens einmal im Monat eine Schallplatte, später eine CD für 30-40 DM (umgerechnet in Euro: ca. 15-20 €). Demnach ist *Spotify* aufs Jahr umgerechnet nicht teurer, im Gegenteil, auch wenn man nichts Gegenständliches in Händen halten oder sammeln kann. Der Online-Musikdienst bietet einen rein virtuellen Hörgenuss. Ob CDs 100-200 Jahre konservierbar sind, bleibt abzuwarten. Noch gibt es weder Erfahrungsberichte noch Studien zu diesem Thema, da CDs solange noch nicht auf dem Markt sind. Schallplatten waren jedenfalls nicht immer jahrzehntelang konservierbar.

Statistik: Stationäre Unterbringung von Jugendlichen (2005)

Im Jahr 2005 [im Geburtsjahr meiner Tochter] waren in Deutschland 59.407 Kinder und Jugendliche in Pflegefamilien untergebracht, 72.382 Jungen und Mädchen lebten im Heim [zum Vergleich 2005 lebten 13,74 Millionen Kinder Jugendliche in Deutschland[1]]. Die Zahl der Heimkinder sinkt seit einigen Jahren, was auch mit den Kosten für eine solche Unterbringung zu tun hat.

https://de.statista.com/statistik/daten/studie/197783/umfrage/minderjaehrige-kinder-in-deutschland/ (Aufruf: 01.09.2020)

Kinder- und Jugendhilfe, Bsp. Baden-Württemberg (2010)

Die Kinder- und Jugendhilfe unterstützt nicht nur einzelne junge Menschen, sondern auch deren Familien. 2010 erhielten 12 232 Familien mit insgesamt mehr als 26 000 Kindern sozial-pädagogische Familienhilfe (nach § 31 SGB VIII). Diese Hilfeart gibt den Familien in ihren Erziehungsaufgaben, bei der Bewältigung von Alltagsproblemen, aber auch bei der Lösung von Konflikten Hilfe zur Selbsthilfe. So besuchen zum Beispiel vom Jugendamt bestellte Familienhelferinnen und Familienhelfer regelmäßig die Familien und helfen, schwierige Alltagssituationen zu bewältigen. Dadurch wird angestrebt, eine Unterbringung von Kindern außerhalb des Elternhauses zu vermeiden. In der Hälfte der betreuten Familien lebte im Jahr 2010 das Kind oder der Jugendliche bei einem allein erziehenden Elternteil. Die Gründe für eine Hilfegewährung sind vielschichtig:
Eingeschränkte Erziehungskompetenz, unzureichende Betreuung der jungen Menschen und familiäre Konflikte wurden als Hauptgründe genannt

Dominanz der ambulanten und teilstationären Hilfen

Von den gut 111 300 erzieherischen Hilfen insgesamt waren im Jahr 2010 rund 85 900 und damit mehr als drei Viertel ambulante oder teilstationäre Hilfen [demnach gehören 'wir' zu den 25% die vollstationäre Hilfe nötig haben. Allerdings. entstammen diese Zahlen auch Baden Württemberg, einem Bundesland neben Bayern, in denen die Dinge in einigen Bereichen besser zu laufen scheinen als anderswo]. Lediglich rund17 000 Hilfen (15 %) fanden außerhalb des Elternhauses statt. Während sich die Zahl der ambulanten oder teilstationären Hilfen seit 2007 um rund 11 % erhöht hat, stieg die Zahl der Hilfen außerhalb des Elternhauses lediglich um 4 %. Dagegen erhöhte sich die Zahl der sonstigen Hilfen besonders stark um 47 %. Dahinter verbirgt sich vor allem ein deutlicher Anstieg der Eingliederungshilfe für seelisch behinderte junge Menschen von rund 5 000 Fällen im Jahr 2007 auf rund 7 100 im Jahr 2010.Der Anstieg aller Formen der erzieherischen Hilfen zeigt aber, dass insgesamt der Bedarf an Hilfen zur Erziehung in den letzten Jahren gewachsen ist und vermutlich auch in den kommenden Jahren weiter ansteigen wird.

Quelle: Statistisches Monatsheft Baden-Württemberg 5/2012 (Aufruf 01.09.2020)

Weiterführende Informationen und Hilfen zum Thema "Kinder und Internet" finden Sie hier:

Aktion "Kinder sicher im Netz" "Polizeiliche Kriminalprävention der Länder und des Bundes" (ProPK) und der "Freiwilligen Selbstkontrolle Multimedia" (FSM). Ausführliche Informationen und Tipps rund um die Sicherheit Ihrer Kinder im Internet, insbesondere rund ums Chatten.

- Das Bundesministerium für Familie, Senioren, Frauen und Jugend bietet zu diesem Thema die Broschüre "Ein Netz für Kinder - Surfen ohne Risiko?" zum Bestellen oder Herunterladen mit weitergehenden Tipps und Hinweisen an.
- jugendschutz.net, eine Gründung der Jugendminister aller Bundesländer und angebunden an die Kommission für Jugendmedienschutz, bietet die Broschüre "Chatten ohne Risiko? - Zwischen fettem Grinsen und Cybersex" an, die "neben einem Chat-Atlas mit ausgewählten Chats auch eine rechtliche Bewertung von Übergriffen im Chat sowie Sicherheitshinweise für Kinder, Jugendliche und Eltern" beinhaltet.
- Vom saarländischen Ministerium für Inneres, Familie, Frauen und Sport wird in Zusammenarbeit mit der Stiftung Hänsel und Gretel das Projekt "KlickX! - gegen sexuellen Missbrauch im Chat" durchgeführt.

- Auf der Internetseite werden u.a. folgende Informationen angeboten: Für Mütter und Väter (Was ist ein Chat?, Missbrauch im Chat, Täterstrategien, Was man wissen muss, Schutz vor Missbrauch, Was tun bei Missbrauch?, Pornografiekonsum)
  - Für Mädchen und Jungen (Tipps, Misstrauen ist clever, Wie man sich wehren kann, Chattiquette)
  - Rechtliches (Strafbarkeit)
- polizei-beratung.de, die Internetseite der "Polizeilichen Kriminalprävention der Länder und des Bundes" (ProPK), bietet auf ihren Seiten unter "Aktionen" zum Thema "Kinderpornographie" folgende Informationen an:

  - Begriffe
  - Rechtliche Grundlagen
  - Schutzmechanismen
  - Polizeiliches Einschreiten
  - Das können Sie selbst tun
  - Hilfseinrichtungen/Ansprechpartner
  - Unsere Partner
  - Weitere Initiativen

Elternkurse:

Als meine Tochter drei Jahre alt war, begann ich, mich als Mutter 'auszubilden' und hatte den Elternkurs **'Starke Eltern – Starke Kinder'** besucht. 'Opa' passte auf meine Tochter auf und das gern. Er fragte, ob das
'überhaupt nötig' wäre. Ich würde solche Kurse weiterempfehlen. Diese
Kurse werden oft vom Kinderschutzbund organisiert und deutschlandweit
angeboten, auch online.
Weitere Informationen finden Sie unter folgendem Link:

www.sesk.de

Studien zu Kindern und Freizeitaktivitäten (Alter: 0-13 Jahre)

- World Vision Kinderstudie 2013 (6-11 Jahre)
- miniKIM 2014 (2-5 Jahre)
- DIVSI U9-Studie 2015 (3-8 Jahre)
- KIM 2014 (6-13 Jahre)
- KidsVA 2015 (6-13 Jahre)

Thema: Suizidgedanken junger Menschen

„Ich bin noch da, Dokumentation, 2020 (ZDF),
Video verfügbar bis 08.09.2025.

*Suizidgedanken junger Menschen. Es ist nach wie vor ein Tabuthema,
dabei ist Suizid die zweithäufigste Todesursache unter den
15- bis 25jährigen. Junge Menschen können schwer am Leben
verzweifeln.*

An dieser Stelle möchte ich auch einmal ein **großes Lob an das ZDF**
aussprechen. Es ist 'grandios' und wichtig, dass der Sender eine
Dokumentation **5 Jahre lang** verfügbar hält!

In fremden Händen

Jugendämter greifen zunehmend in Familien ein und bringen Kinder in Heimen oder Pflegefamilien unter. Manche Entscheidungen der Ämter sind verheerend – und wer einmal in die Mühlen geraten ist, kommt so leicht nicht mehr heraus. Sechs Leidensgeschichten.

- In Deutschland gibt es rund **600 Jugendämter.** Sie sind kommunale Behörden und sollen sicherstellen, dass Kinder geborgen und gesund aufwachsen. Sie planen Spielplätze, sie beraten Jugendliche, die sich beim Einstieg ins Berufsleben schwertun, sie unterstützen Eltern bei der Erziehung. Das Jugendamt soll aber nicht nur helfen, sondern auch kontrollieren, dass Kinder in ihren Familien nicht vernachlässigt oder misshandelt werden. Andernfalls kann es eine Inobhutnahme verfügen: Das Kind wird aus seiner Familie genommen und in einer Pflegefamilie oder einem Heim untergebracht. Die Zahl der Kinder, die Jugendämter aus ihren Familien nehmen, steigt: Vor zehn Jahren waren es rund 25 000 Kinder, vergangenes Jahr fast 50 000. In der Öffentlichkeit wird diese Entwicklung oft damit erklärt, dass Eltern mit ihrer Erziehungsaufgabe zunehmend überfordert seien. Es gibt aber Fälle, die eher den Verdacht nähren, dass ein Apparat außer Kontrolle geraten ist: dass Familien, die vielleicht Hilfe bräuchten, mit staatlicher Gewalt schikaniert und auseinandergerissen werden – mit wenig Rücksicht auf Gesetze und auf das Gut, das über allem steht: das Kindeswohl.

•

Thomas Mörsberger — Vorsitzender des Deutschen Instituts für Jugendhilfe und Familienrecht: Ich werde zunehmend konfrontiert mit Fällen, bei denen in haarsträubender Weise Familien belastet werden durch völlig unberechtigte Interventionen, etwa in Form einer Fremdplatzierung per Inobhutnahme. Und ich spreche nur von Fällen, bei denen das Jugendamt dies auch – natürlich nicht öffentlich – zugegeben hat. Den Optimismus, dass durch massives Eingreifen per se das Gute passiere, kann ich nicht teilen.

Lore Peschel-Gutzeit — Familienrechtsanwältin, ehemalige Justizsenatorin in Hamburg und Berlin: Das Bundesverfassungsgericht hat wiederholt festgestellt, dass sowohl Familiengerichte als auch Jugendämter Kinder oft zu schnell und ohne notwendige Ermittlung von Alternativen in Obhut nehmen beziehungsweise von den Eltern trennen. Und dass sie sich auch bei der Rückgabe von fremd-untergebrachten Kindern an die Eltern zögerlich und damit pflicht- und verfassungswidrig verhalten.

Autoren: Katrin Langhans/Rainer Stadtler – Süddeutsche Heft 5/2015 – Familien
In dem Online Bericht sind viele Einzelfälle geschildert.
#https://sz-magazin.sueddeutsche.de/familie/in-fremden-haenden-82012
Aufruf: 02.10.2020

Im Sommer 2018 widmete meine Tochter mir ihr Buch (...)

Dass du ein guter Mensch bist, sehe ich daran, dass
du hilfsbereit bist, nicht eingebildet oder
egoistisch!

Dass du eine gute Mutter bist, sehe ich daran, dass
du dich super um mich kümmerst und
so zusagen "alles" für mich
machst :P

Ich wünschte, jeder hätte eine Mama, die genau so
toll und liebenswert ist
so wie du.

Was nur Mama kann:
Mir Abends toll vorlesen, mit mir über
verschiedene Dinge reden oder perfekt
organisieren!

Meine Tochter beschreibt mich in ihrem 'Buch' im Sommer 2018 als hilfsbereit, nicht eingebildet und nicht egoistisch. Ich würde mich super um sie kümmern und alles für sie tun. Sie wünschte, jeder hätte so eine Mama, die so toll und liebenswert sei wie ich.

Für dich soll's rote

☐ Hosen

☒ Rosen

☐ Nimosen

regnen.

Diese Farbe steht dir besonders gut:

Braun und Rot

Meine Mutter hatte einen Haufen Ärger mit mir,
aber ich glaube, sie hat es genossen.

(Mark Twain)

Alle Synonyme für Mama, die mir für dich einfallen:

Mutmacher, Löwenmutter, Freudeschenker, Lachsack :)

Dieser berühmten Mutter bist du am ähnlichsten:

☐ Mutter Teresa   ☐ Marge Simpson
☐ Ursula von der Leyen ☐ Nina Hagen
☐ Angelina Jolie   ☒ Margie Kinsky

'Mutmacher, Löwenmutter, Freude-Spender, Lachsack' sind Synonyme, die meiner Tochter zu ihrer Mutter einfallen.

518

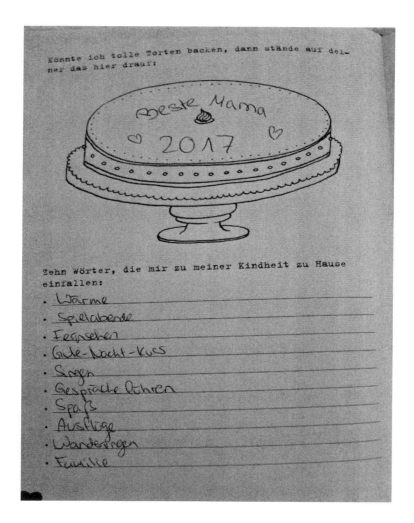

Könnte ich tolle Torten backen, dann stände auf deiner das hier drauf:

beste Mama
♡ 2017 ♡

Zehn Wörter, die mir zu meiner Kindheit zu Hause einfallen:

- Wärme
- Spieleabende
- Fernsehen
- Gute-Nacht-Kuss
- Singen
- Gespräche führen
- Spaß
- Ausflüge
- Wanderungen
- Familie

'Wärme, Spieleabende, Fernsehen, Gute-Nacht-Kuss, Singen, Gespräche führen, Spaß, Ausflüge, Wanderungen, Familie', sind 'Schlüsselworte', die meiner Tochter zu ihrer Kindheit einfallen.

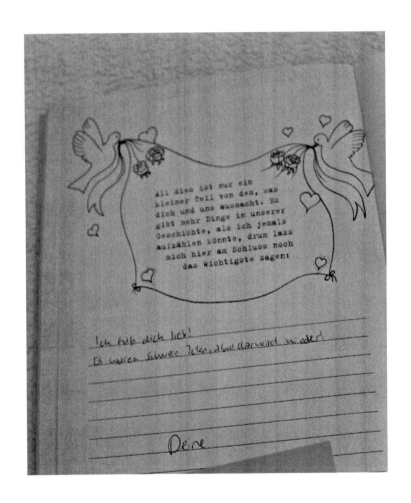

'Ich hab dich lieb! Es waren schwere Zeiten, aber das wird wieder!', schreibt meine Tochter im **Sommer 2018.**

copyright: **2011**, Tochter Lienz 6 Jahre alt.

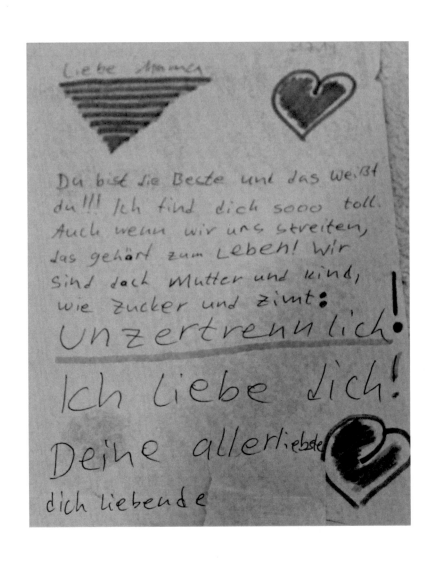

2014, Tochter Lienz 9 Jahre alt.

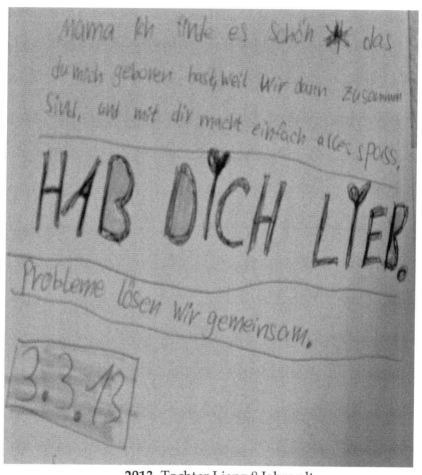

2013, Tochter Lienz 8 Jahre alt

'Das Wort meiner Tochter in Gottes Ohr':)